KB047174

너무
움직이지
마라

너무 움직이지 마라

질 들뢰즈와
생성변화의 철학

지바 마사야 지음 김상운 옮김

바다출판사

목차 ———————————————————————————————————

이부자리를 펴고 잠자리에 들면,
아무도 당신에게 이불을 덮어주러 오지 않을 것입니다.
질 들뢰즈·클레르 파르네, 『디알로그』*

---

* [옮긴이] 질 들뢰즈 지음, 허희정 옮김, 『디알로그』, p.68, 105쪽.

일러두기

1. 이 책은 千葉雅也, 『動きすぎてはいけない: ジル・ドゥルーズと生成変化の哲学』, 河出書房新社, 2013을 완역한 것이다.

2. 저자는 외국어 문헌을 일본어 번역본에서 인용할 때 번역을 수정한 대목이 있다. 그러나 이 책에서는 때로는 원문을 중시했고 때로는 저자의 수정 인용을 중시했다.

3. 기타 표기 방식은 다음과 같다.

  1) ① 원문의 이탤릭체는 고딕체로 표기했다.

   ② 인용자가 강조한 경우에는 각주에서 이를 알렸다.

   ③ 옮긴이가 본문의 내용이나 인용문, 주석에 단어나 문장을 덧붙인 경우는 [ ] 안에 넣었다.

  2) 단행본과 정기간행물 등은 겹낫표(『 』)로 표기했으며, 논문·기사·단편·시·장절 등의 제목은 홑낫표(「 」)로 표기했다. 음악이나 미술 등 예술 작품명은 〈 〉로 표기했다.

  3) 원저 제목과 번역본 제목이 다를 경우, 본문에서는 원저 제목에 충실했으나 각주로 표기할 때에는 번역본의 제목을 표기했다. 또 일본어 번역본 제목은 맨 처음에만 수록했으며 이후 한국어판 제목, 프랑스어판 쪽수, 한국어판 쪽수, 일본어판 쪽수의 순서로 표기했다.

4. 들뢰즈, 들뢰즈·가타리의 저작 표시

  1) 인용은 다음의 원문과 한국어 번역본, 일본어 번역본에 준한다. 번역문은 원문을 참조해 모두 변경했으나 저자의 의도를 살리기 위해 일본어 번역본이나 저자의 번역을 그대로 수록한 경우가 있다. 이럴 때에는 그 이유를 모두 표기해 두었다.

  2) 프랑스어판, 한국어판, 일본어판의 순서로 쪽수를 표기했다.

  3) 한국어 번역본이나 번역 '글'이 있더라도 원문의 제목을 번역해서 사용했으며, 번역본이 없는 경우에는 들뢰즈·가타리의 원문 제목을 표기했다.

  4) 들뢰즈, 들뢰즈·가타리 저작 목록은 본서의 「역자 후기」 뒤에 첨부하였다.

5. 번역 용어

일본에서 사용되는 용어와 한국에서 사용되는 용어에 다른 점이 있다. 이 때문에 일본어 원문을 읽는 분들이나 관련된 문헌을 한국어로 번역하는 분들을 위해 번역 용어를 작성하여 부록으로 첨부하였다.

서론

절단론

질 들뢰즈Gilles Deleuze. 1925년에 태어난 프랑스 철학자.

　그는『차이와 반복』과『의미의 논리』라는 두 권의 주요 저작을 완성한 1968년과 1969년, 항생물질내성결핵 때문에 한쪽 폐를 절제하는 수술을 받고 잠시 요양하지 않을 수 없었다. 그 후 파리8대학(뱅센느 대학교)의 철학 교수로 정년퇴임을 했지만 말년에 천식 발작이 악화돼 인공호흡기를 달았기에 외출도 연구도 할 수 없었다. 들뢰즈는 살아가기를, 단순히 살아가기를 즐기고 '긍정affirmer'하라는 메시지를 계속 보낸 사람이다. 그런 그가 1995년 11월 4일, **그저 죽는 것**도 마찬가지로 긍정한 듯 아파트에서 산소마스크를 스스로 빼고disconnect 창문으로 뛰어내렸다.

　미셸 푸코Michel Foucault(1926~1984)나 장-프랑수아 리오타르Jean-François Lyotard(1924~1998), 자크 데리다Jacques Derrida(1930~2004) 등과 나란히 들뢰즈는 프랑스인다운 **색다른** 논리와 화려한 문체를 구사하고, 20세기 후반에 가장 해방적이며 위태롭기도 한 사유의 경로를 개척했다.

제2차 세계대전 후의 프랑스 철학·사상은 1960년대에 크게 바뀐다. 유행은 '실존주의'에서 '구조주의'로 옮겨갔다. 장-폴 사르트르Jean-Paul Sartre(1905~1980) 등의 실존주의자는 "실존은 본질에 앞선다"라는 표어를 통해 개개인이 독특한 인생(=실존)을 개척할 자유를 북돋았다. 그러나 그것은 1960년대에 인류학자 클로드 레비스트로스Claude Lévi-Strauss(1908~2009)의 구조주의에 의해 비판된다. 구조주의에서는 역사에서 작동**되고** 있는 관계들의 패턴='구조'에 주도권을 부여한다. 실존주의는 우리의 주체성을 믿으려 했다. 다른 한편으로 구조주의에 따르면, 우리의 문화는 구조의 '반복'에 의해 추동되어온 것이다. 그리고 1960년대 후반 동안 논의 상황이 더욱 새로워진다. 사물의 구조 자체에 깃든, 구조를 불안정하게 만드는 부분―구조 자체의 무의식의 구멍―에 주목하고 그것을 동인으로 한 **구조의 변화**를 생각하려고 한 사람들의 활약이 주목을 끌었다.[1] 선두를 달린 푸코는 서양 근대에 대한 독자적인 '고고학'을 하면서, 사회구조가 일정한 다수자적인major 가치관을 유지하기 위해 자신의 구멍을 소수자적인minor 삶의 양태(광기나 도착, 범죄 등)에 기대어 배제하는 모습을 예리한 필치로 그려냈다. 데리다는 주로 철학·사상의 텍스트를 표적으로 삼아 이 텍스트들의 수미일관된 듯이 보이는 구조에 사실상 잠복해 있는 구멍이 아이러니로 가득 차 있음을 폭로해 보여주는 '탈구축' 논자로서 활약한다. 그리고 들뢰즈는 사물, 우리의 마음, 뇌, 신체가 다른 구조로 '생성변화devenir'하기를 그치지 않는다는 것을 존재론의 수준에서 '긍정affirmer'했다.

1　佐藤嘉幸, 『権力と抵抗──フーコー·ドゥルーズ·デリダ·アルチュセール』, 人文書院, 2008年 [사토 요시유키, 『권력과 저항: 푸코, 들뢰즈, 데리다, 알튀세르』, 김상운 옮김, 난장, 2012년] 참조.

'다른 식으로autrement' **되기**(생성변화하기)의 긍정.

학문적 앎이라고 부를 수 있을지 위태로울 때까지 위기적=비평적 critical 문체로, 도처에서 해체되고 있는 세계를 그려내는 이 패거리는 나중에 영어권, 주로 북미에서 '포스트구조주의'로 묶이게 된다.

포스트구조주의라는 약간 볼품없는 명칭은 당사자들이 한 말이 아니고 분명 아무런 내용도 없는 것이라고는 하지만, 나는 꼭 그런 것만은 아니라고 생각한다. 여러 가지 다른 바가 있기는 하지만, 시대를 구분할 때 무난한 딱지를 붙여두면 이 패거리의 대체적인 위험함, 위태로움을 쉽게 다룰 수 있기 때문이다.

그리고 포스트구조주의에서 중심적인 인물은 틀림없이 들뢰즈다.

왜냐하면 포스트구조주의란 '차이différence'를 문제로 삼는 사조思潮이며, 20세기 후반에 '차이' 개념을 일대 쟁점으로 끌어올렸던 것이 바로 들뢰즈이기 때문이다.

들뢰즈의 가장 대표적인 저작은 박사학위 논문인 『차이와 반복』이다. 청년 들뢰즈가 이 대작을 향해 내딛은 결정적인 한걸음은 1956년에 발표된 논문 「베르그손에게서의 차이의 개념」이었다(이것은 예전에 『차이에 관하여』라는 일본어 제목으로 단행본으로 나왔지만, 지금은 초기 들뢰즈의 논집인 『무인도』에 수록되어 있다).[2]

그렇다면 들뢰즈 철학에서 '차이'는 어떤 기능을 발휘하는 개념이었는가?

---

2 [옮긴이] 들뢰즈의 『무인도』와 『광기의 두 체제』는 한국어로 완역되지 않았고, 이 중 몇몇 글을 모아 다음 책으로 간행되었는데, 여기에 이 글이 번역 수록되어 있다. 질 들뢰즈 지음, 박정태 옮김, 『들뢰즈가 만든 철학사: 생성과 창조의 철학사』, 이학사, 2007년.

0-1 『안티 오이디푸스』와 『천 개의 고원』

잠시 우회하자. 우선 **일본에 있는** 우리에게 대체로 **들뢰즈답다는 느낌**이 뭔지를 지금까지의 경위를 감안해 분명히 밝혀두고자 한다. 이렇게 함으로써 2010년대의 지금, 들뢰즈를 다시 읽는다는 상황을 제대로 전망해두려는 것이다.

1970년대부터 들뢰즈는 정신분석가이자 좌파 활동가인 펠릭스 가타리와 협동하게 되는데, 이들은 첫 번째 공저인 『안티 오이디푸스: 자본주의와 분열증』(1972)을 통해 프랑스 안팎에 충격을 주었다. 본서에서는 이 두 사람을 한데 엮어 부를 때는 들뢰즈·가타리로 표기한다.[3]

많은 독자들에게 『차이와 반복』처럼 들뢰즈가 홀로 이룬 업적과 들뢰즈·가타리의 업적을 구분해서 이것들의 같고 다름을 운운하는 것은 전문적인 것처럼 받아들여지고 있는 듯하다. 많은 독자들은 혼자인 들뢰즈를 들뢰즈·가타리라는 용광로에서 떼어내기 어려울 것이다. 그들의 『안티 오이디푸스』는 1970년대 대륙철학에서 가장 큰 선풍을 일으킨 책 중 하나이다. 그러나 이런 대접이 완전히 뒤바뀌어 속편인 『천 개의 고원: 자본주의와 분열증 2』(1980)가 프랑스에서는 냉대를 받은 반면, 이 책의 도화선이 된 선언문 「리좀: 서문」은 프랑스보다 오히려 세계와 **일본**에 터무니없을 정도로 엄청난 충격을 주었다. 『안티 오이디푸스』는 1968년 5월에 프랑스를 뒤흔든 학생·노동자의 반체제운동(5월혁명)을 메아리쳤고, 다방향으로 작렬하는 욕망을 주제로 삼았다. 그로부터 약 10년 후, 『천 개의 고원』은 다방향으로 [뻗어나가는] 역동성을 '리좀'이라는 새로운 개념으로 재정의한다.

---

3 또 혼자인 들뢰즈와 들뢰즈·가타리 모두에 공통적인 사항일 경우에는 들뢰즈(&가타리)로 표기한다.

일본에서 이 개념은, **대략** 제2차 세계대전으로 자폭한 근대의 부국강병 체계, 패전 후 새로 단장한 '일본주식회사'의 경직화로부터 우리를 해방시키는 결정적인 문구라며 축복받아온 듯하다.

리좀rhizome이란 무엇인가? 리좀이란 수평적으로 증식하여 퍼져나가는 줄기와 뿌리이다(뿌리줄기). 잔디처럼 특권적인 중심 없이 다 방향으로 '선'이 얽혀 있는 것. 그러한 리좀이 바람직한 '관계'로 간주된다. 리좀적인 관계. 이것은 '수목tree'적인 관계를 재빨리 빠져나가는 것이다. 수목에서는 특권적인 중심(뿌리·줄기)에 파생적인 요소(가지·잎)가 종속되어 있다. 『천 개의 고원』에서는 수목적으로가 아니라 리좀적으로 사고해야 한다고 권하고 있다. 나무에서 리좀으로—이것은 1980년대 이후 현대 사상의 지침이 되었다.

앞서 말한 『안티 오이디푸스』는 프로이트가 창시한 '정신분석'의 기존 방식에 대한 비판서였다. 이 책이 지닌 도발성 덕분에 들뢰즈·가타리의 이름은 프랑스에 널리 퍼지게 됐다. 원래 소파에 누워 천정을 보면서 '자유연상'의 독백을 하고 유소년기의 사정事情, 그중에서도 아버지와 어머니를 둘러싼 생각의 뒤엉킴, 이른바 '오이디푸스 콤플렉스'로 거슬러 올라간다[4]—기억을 해석함으로써 '신경증neurose'을 치료한다—는 정신분석 치료가 병원의 정신과에서 독립하여 사회 속에 뿌리 내린 프랑스였기 때문에, 『안티 오이디푸스』는 의의가 있었다. 다른 한편, 정신분석이 전혀 보급되지 않은 일본에서는 파리의 그 사회적 떠들썩함이 똑같이 공유되지 않았다.

---

4 이 글에서는 이하 들뢰즈·가타리의 책 제목으로 『안티 오이디푸스』를 사용하지만, 정신분석의 용어로는 관례에 따라 '외디푸스 콤플렉스'로 표기한다. [옮긴이] 그러나 우리나라의 경우에는 초창기를 제외하고는 외디푸스 대신 오이디푸스로 표기되고 있으므로, 이런 점을 감안해 모두 '오이디푸스'로 적는다.

정신분석이라는 특수한 사항은 차치하더라도,『안티 오이디푸스』에서 얻을 수 있는 정치적인 슬로건은 1970년대 이후의 일본에도 딱 들어맞았다. 그것은 정신분석의 기초이기도 한 아버지 중심의 핵가족, 이를 단위로 한 근대국가에 대한 반대anti라고 요약할 수 있는 슬로건이다.

들뢰즈·가타리는 시대의 막혀 있음에 해독제를 제공하는 듯했다.

1960년대 좌파 학생운동의 퇴조 이후, 구체제만이 아니라 젊은 반체제도 결국 우리를 '부권적父權的'으로 한 덩어리로 뭉치게 하는 올바른 이념의 강매에 불과했다는 환멸이, 급격히 성장한 소비사회 속에서 끊임없이 나왔다. 혁명의 꿈은 무너졌다. 그런 상황과 어떻게 선을 그을 것인가, 체제/반체제의 전제에 있는 '낡은 근대'의 지반으로부터 어떻게 이륙할 것인가라는 과제에 대해 들뢰즈·가타리의 등장은 신선한 바람을 불어넣었다. 이런 식으로 들뢰즈·가타리의 일본 수용을 정착시켰던 것은 1981년부터 세이도샤青土社의『현대사상』에 게재되기 시작해 거품경제가 본격화하기 직전인 1983년에 [단행본으로] 출판된 아사다 아키라의『구조와 힘』; 그리고 이듬해인 1984년에 출판된『도주론』이다.

아사다의 논의는 가속하는 자본주의를 선명하게 찬양살인[5]하는 것이었다고 말할 수 있을 것이다.

근대modern의 본질로서의 자본주의는 기존의 '질적인' 대립을 점

---

5 [옮긴이] 호메고로시(褒め殺し)는 '필요 이상으로 칭찬하여 오히려 상대방을 불리한 상황에 빠지게 하거나 의욕을 잃게 함'이라는 뜻이어서 이렇게 의역했다. 글쓴이는 옮긴이의 편지에 대한 답신에서 이것을 영어로 'backhand compliment', 우리 식이라면 '뒷담화' 정도의 의미라고 지적했다. 그러나 곧바로 "어떤 것을 아이러니하게[반어적으로] 비판하기 위해 어떤 것에 너무도 많은 불평불만을 퍼부어대는 것"이라고 지적했다. 이런 언저리의 의미로 새겨야 할 것이다.

점 해체하고 모든 행위를 화폐라는 '양적'인 1차원으로 환원해버린다. 아사다에 따르면, 우리는 화폐를 더 얻고 더 사용하고 더 얻고 … 라는 식의 '일정한 방향'을 향해 경주하도록 강제되고 있다. 하지만 이것은 구질서로부터의 해방이기도 하며, 자본주의의 진전은 미미한 차이들을 더욱 더 활성화해간다―하지만 이것은 즉각적인 상품화=착취와 뗄 수 없는 관계에 있다.[6] 이렇게 바꿔 말해보자. 자본주의는 전통적 '의미'의 위계질서를 해체하고―들뢰즈·가타리는 이것을 '탈코드화', '탈영토화'라고 부른다―모든 것을 교환가치로 '비의미화'하는 운동이다. 비의미적인 양의 수준에서 사물의 (질적인) 벽을 무화시키고 모든 것을 접속하게 만든다. 시장이란 이른바 '비의미적 접속'의 평면이다.

아사다는 소비사회에 대해 성마르게 파괴하거나 산과 들에 은둔하는 것이 아니라, 소비사회에 내재적인 혁명을 지향했다―그의 담론은 이렇게 수용될 수 있었다. 다방향으로 뻗어나간 욕망의 차이화를 따라 '도주'하고, 근대 속에서 근대 이후post-modern를 개척하는 것. 그런 도주를 해내는 자를 아다사는 '스키조 키즈'―나아가 '즐거운 사람들gay people'―라고 불렀다.

---

6 浅田彰, 『構造と力』, 勁草書房, 1984年, 제4장. [아사다 아키라 지음, 이정우 옮김, 『구조주의와 포스트구조주의: 구조에서 힘으로』, 새길, 1995.] "전반적인 **탈코드화**décodage를 원리로 하는 유일한 문화, 이것이 … 근대 자본주의이다. 이 단계 이전의 사회는 변별적인 **질적 위치의 체계**로서 정리되고 질서지어졌다. 그것이 이제 산산이 흩어져 해체되고 동질화되어 **양적인 흐름의 운동** 가운데 던져지는 것이다. … 여기서 질적인 차이 등은 아무런 문제도 되지 않는다. 마르크스가 말했듯이 화폐란 급진적인 평등주의자niveleur이고, 모든 것을 양적인 대소 관계로 환원해버리는 것이다. 자본이 된 화폐는 있을 수 있는 모든 것으로 되면서 세계를 자기 자신의 운동으로 빨아들인다"(일본어판, 170쪽; 한국어판 136-137쪽). [옮긴이] 여기서 niveleur은 égalitaire와 달리 비유적이거나 경멸적인 의미가 담겨 있다.

이 '스키조'라는 가벼운 약칭은 정신 '분열증'(스키조프레니아 schizophrenia, 조현병)[7]을 **이상화한**, 『안티 오이디푸스』에 독특하게 있는 '건강화된 분열증'이라고도 불리는 발상에 대응한다. 이것은 원래 가타리의 색깔이 짙게 배어 있는 발상이다.

우리는 사물에 '전체'적으로 빠짐없이 질서를 부여하고 싶다—모든 요소를 서로 접속시키고 싶다—는 '망상délire'을 품을 때가 있다. 그렇게 하려고 노력하는 경우가 종종 있다. 세간의 다수자성 majority(다수파)을 한 덩어리로 뭉치게 하는 **성실한** 질서·규범은 병적인 망상 못지않게 망상적이다. 오히려 그것이야말로 가장 끈질긴 망상일 것이다. **하나의** 배타적으로 올바른 이데올로기(에 의한 사물의 전체화)에 집착한다면, 체제/반체제는 둘 다 망상적이다. 이런 의미에서 대체로 '오래된 근대'는 '파라노'—'파라노이아'(망상증)의 약자—였다고 진단된다.[8] 이로부터 벗어나는 것은 분열증적[스키조]으로 되는 것이다. 그것은 조직화되지 않은 독불장군 스타일의 한 마리 외로운 늑대가 되는 것과 같으며, 그런 자들은 전체적인total=파라노적인 관리의 눈을 속이고, 비밀의 뒷문으로 거래를 한다. 건강화된 분열증, 그것은 하나의 이념적인 '전체성totalité'을 신봉하지는 않지만 그래도 **잘** 살고 있는 무법자outlaw의 상태, 사물의 도주=누수fuite[9]를 그럭저럭 해나갈 수 있는 상태이다. 아사다는 『도주론』에 수록된 에세이에서 다음과 같이 말했다.

---

7 [옮긴이] 글쓴이는 'schizophrenia'를 일본어로 '통합실조증統合失調症'이라고 표기하고 있는데, 한국에서는 이를 '조현병調絃病'으로 고쳐 부르고 있다.

8 [옮긴이] paranoia를 글쓴이는 '망상증'이라고 옮기고 있는데, 한국에서는 '편집증'으로 옮겨진다. 따라서 '파라노'는 '편집증자'로 볼 수 있다. 그리고 바로 이 때문에 본문의 '파라노'를 굳이 '편집증' 등으로 옮기지 않는다.

… 아이들은 예외 없이 스키조 키즈이다. 금방 [정신이] 산만해지고 한 눈을 팔며 다른 데로 샌다. 오직 '따라잡고 앞질러라'라는 편집증적 추진력drive에 의해 움직이고 있는 근대 사회는 이런 스키조 키즈를 강제로 편집증자로 만들어 경주 과정에 억지로 끌어들이는 것을 존립 조건으로 하며, 오이디푸스적 가족을 시작으로 하는 장치는 이를 위한 정류기整流器 같은 것이다.[10]

아사다는 근대의 '따라잡고 앞질러라'에서 포스트모던의 '달아나고 또 달아나라'로의 이행을 제언한다.[11] 요컨대 정신이 산만하고 한 눈을 팔고 다른 데로 샌다고 한들 뭐가 문제냐는 것이다. 아이로 생성 변화하기.

아사다가 가타가나로 표기한 '스키조/파라노'는 1984년 제1차 유행어 대상·신어 부문에서 동상을 수상한다. 그때 금상에 빛났던 것은 인내의 드라마 〈오싱〉에 대한 국민적 공감대를 드러낸 '오싱드롬'이었다.[12]

이상의 논의는 『천 개의 고원』에서 읽을 수 있는 다음 구절과 직결된다. 「서문: 리좀」의 끝 부근에 나타나는 극히 '팝pop'적인 한 구절 또는 노래, 각운rhyme 같은 부분이다.

---

9 [옮긴이] 흔히 도주선, 탈주선이라고 할 때의 fuite에는 도망, 도주, 탈주라는 뜻 외에도 물이나 빛 따위가 새는 누수, 누출 등의 의미가 있다.

10 아사다 아키라淺田彰, 「스키조 문화의 도래スキゾ·カルチャーの到来」(초출: 『월간 펜月刊ペン』, 1983년 4월호), 『도주론: 스키조 키즈의 모험(逃走論──スキゾ·キッズの冒険)』 수록, 筑摩書房, 1984년, 26쪽[아사다 아키라 지음, 문아영 옮김, 『도주론: 스키조 키즈의 모험』, 민음사, 2012(2판), 30-31쪽].

11 아사다 아키라淺田彰, 「도주하는 문명逃走する文明」(초출: 『ブルータス』, 1983년 1월 1·15일号), 『도주론逃走論』 수록.

n에서[으로], n-1에서 쓰자, 슬로건을 통해 쓰자. 뿌리 말고 리좀을 만들어라! 결코 심지 마라! 씨를 뿌리지 말고, 꺾어 꽂아라! 하나도 아니고 여럿도 아니고, 다양체다! 선을 만들되, 결코 점을 만들지 마라! 빠름[속도]은 점을 선으로 바꾼다! 빨리빨리, 비록 제자리에서라도! 기회의 선, 엉덩이의 선, 도주선[ligne de fuite]. 너희들 안에 있는 '장군'을 깨우지 마라! 올바른 관념들이 아니라, 단지 하나의 관념을[관념만으로도 좋다](고다르). 짧은 관념들을 가져라! 지도를 만들어라, 사진도 없고 디자인도 없는. 장밋빛 표범이어라. 그리고 당신들의 사랑이 여전히 말벌과 서양란, 고양이와 개코원숭이만 같아라![13]

해석하자. 우리는 "제자리에서라도[그 장에 있는 그대로도]" **움직이지 않고** 이 일상에서, 여러 가지 정해진 '점'을 뒤흔들며, **움직이지 않고 움직일 수 있다.** [여기서] 점은 '법'을 가리킨다고 생각하자. 이 경우 '법'은 좁은 의미의 '법률'뿐 아니라 다양한 '~이지 않으면 안 된다'라는 '도덕morale'이다. 우리는 지금 여기서, 굳게 믿었던 도덕으로부터 스스로 거리를 두고, 다수의 '도주선'을 서핑surfing하며,[14] 소원했던 **타자들**

---

12 [옮긴이] 〈오싱〉은 1983년 4월 4일부터 1984년 3월 31일까지 일본 NHK에서 방송된 드라마로, '오싱'이라는 할머니를 주인공으로 삼아 1901년부터 1983년까지 일본 사회의 변천을 다루었는데, 특히 일본이 경제대국으로 등장하게 된 과정이 드러나 있다고 평가를 받는다. '오싱드롬'은 이 드라마에서 유래한 말로, 엄청난 고생을 필사적으로 견디면서도 밝음을 잃지 않고 타인에게 친절한 주인공 '오싱'의 모습에서 유래했다. 이 드라마는 전후의 피폐한 상황을 극복하고 풍요로운 삶을 누리게 된 일본인의 심정에 '양질의 일본인'상으로서 공감대를 불러일으켰다.

13 들뢰즈·가타리, 『천 개의 고원』, p.36, 53~54쪽, 59頁.

14 [옮긴이] 본서에서는 불가피하게 일본어의 가타카나 표기를 영어로 번역하는 선에서 그친 경우가 있다. 여기서 '서핑'도 마찬가지이다. 이 용어는 맥락상 "하나의 도주선이 막히면 다른 도주선으로 자유롭게 갈아타는 것을 계속한다"는 의미이다.

에게 자신을 **접속시킬 수 있다.** 두 개 이상의 이질적인 것들의 접속. 마치 '말벌과 서양란'이 수분受粉의 매개에 있어서 각각의 성욕을 교차시키는 마주침이듯이, 이질적인 아이디어가 난무하게 만든다. 그것은 우연한 율동적rhythmical 접속(말벌의 선, 엉덩이의 선)을 시작試作하는[15] 것, 또는 자신의 뇌와 신체를 여러 개의 도주선 **자체로 삼아** 살고 병들고 늙어서 죽는 것이다. 들뢰즈·가타리에게 'n-1'이라는 표현은 하나의 특권적인 중심이 없는 (그것을 마이너스하여) 다양성·복수성을 의미한다. 리좀을 만드는 것. 그것은 규범적이지 않은 **다른 식의 인생으로 생성변화하는 것**이다. 들뢰즈(&가타리)에게 **단순하게 산다**는 것은 이런 것이다. 다수자성의 굴레에 대한 마음 씀 따위는 포기하고(n-1의 뺄셈), 단순하게 살아가는 것이다. 그리고 단순하게 죽는다.

그러나 이것은 어디까지 위험하고 위태롭다고 말하는 것일까?

0-2 비의미적 절단의 원리

스키조로의 생성변화는 리좀으로의 생성변화다. 둘 중 어느 표현을 사용하든 특권적인 중심이 없고 규범성이 없는 단순한 생로병사, 이것을 들뢰즈·가타리는 권장했다. 『천 개의 고원』에서 리좀의 첫 번째 원칙은 '연결접속connection의 원리'라고 한다.

리좀의 어떤 점이든 다른 어떤 점과도 [연결]접속될 수 있으며, [연결]접속되어야만 한다. 이것은 하나의 점, 하나의 질서를 고정하는 수목

---

15 [옮긴이] 시작하다의 始作과 한자가 다르다는 점을 염두에 둘 것.

내지 뿌리와는 매우 다른 것이다.[16]

나무에서 리좀으로. 이 지침을, 아사다의 해석에서는, 그때그때 임시적일ad hoc 뿐[17] 타자에게 접속하거나/하지 않거나의 권유로 보고 있는 것 같다. '스키조 키즈'는 쾌활하게 절단과 접속을 오간다switch. 그러나 들뢰즈에게서는 더 낮은 속도, 둔해진 상황에 대한 주목도 중요했다. 들뢰즈는 실제로 숨이 가쁠 수밖에 없는 사람이며 알코올에 빠진 사람이기도 했다. 그의 담론에는 자기 자신으로부터의 도주의 매력과 위태로움이 어른거리고 있다.

접속하거나/접속하지 않거나 한다는 것. 『천 개의 고원』은 앞서 말한 '연결접속의 원리'에 덧붙여 리좀의 '비의미적 절단rupture asignifiante의 원리'에 관해 다음과 같이 설명하고 있다.

비의미적 절단[단절]의 원리. 이것은 구조들을 나누거나[분리하거나] 혹은 하나의 구조를 가로지르는, 의미를 너무 많이 갖고 있는 절단들 coupures에 대항하는 것이다. 리좀은 어떤 곳에서든 끊어지거나 꺾일 수 있으며[리좀은 적당한 한 점에서 끊어지거나 꺾이거나 해도 상관없다], 자신의 이러저러한 선들을 따라 혹은 또 다른 선들을 따라 다시 자라난다.[18]

---

16 『천 개의 고원』, p.13, 19쪽, 23頁.

17 [옮긴이] 글쓴이가 자주 사용하는 단어인데, 영어에서 ad hoc은 '즉석', '그때그때'라는 뜻으로 글쓴이가 괄호 안에 넣은 '그때에 한하는 임시적으로'라는 의미가 있지만, 다른 한편으로 일본에서는 '임시적이기는 하나 무엇 하나를 위해 특별하게 마련된 것'이라는 의미도 갖고 있다. 이를 감안해 '임시·특별하게' 등으로 옮겼다.

18 『천 개의 고원』, p.16, 24쪽, 28頁. [옮긴이] 글쓴이는 rupture(단절)와 coupure(절단)를 구별하지 않고 모두 '절단'으로 옮기고 있다. 글쓴이의 의도를 존중하여 구별하지 않고 번역했다. 마찬가지로 asignifiante도 글쓴이의 뜻에 따라 '탈기표작용적'이 아니라 '비의미적'이라고 옮겼다. [ ] 안은 옮긴이의 번역이다.

철학은 대개 뒤엉켜 있는 사물物事에 유의미한 절단을 하고, 사물을 이해하기 위한 노력이라고 믿어진다. 그에 반해 '비의미적' 절단 [단절]이 일어나도 좋다는 것은 몹시 허술하다[19]고 생각될지도 모른다. 하지만 중요한 것은 '의미를 너무 많이 갖고 있는 절단들coupures trop signifiantes'의 회피이다. 그것은 정해진 논리(로고스)의 전횡專橫을 피하고, 보탬/덜어냄[加/減]을, 균형balance을 배려하는 것이며, 정확하게는 너무 지나치게 배려하지 않는다는 무배려의 부족함/과도함이며, 그것에 의해 사물을 **나눈다=안다**는 것이 아닐까?[20] 의미를 너무 많이 갖고 있는 이해가 아닌 **다른 식으로 안다는** 것. 이런 것을 다시금 철학하지 않으면 안 된다고 생각한다.

접속과 절단, 코넥시옹connection과 쿠퓌르coupure.
혹은 '연합'과 '해리', 아소시아시옹association과 디소시아시옹 dissociation.
이어짐[연결]과 나뉨[분리]—사이의 '와et'에 들뢰즈(&가타리)의 철학은 거주하고 있다.
우선, 절단 A—권력의 강한 굴레로부터 당신을 절단하기, 이것과 정면에서 싸우지 않기. 그리고 접속—굴레의 옆쪽으로, 마음대로 접속되어

---

19 [옮긴이] '허술하다'고 옮긴 것은 일본어로 'いい加減なこと'이다. 원래 'いい加減'는 '적당하고 알맞으니까 그것을 넘어서면 오히려 좋지 않다'는 뉘앙스를 담고 있다. 아래의 대목에서 글쓴이는 이것을 이용해서 말장난을 하고 있다. 그러니까 'いい加/減さ'에서 빗금 (/)이 없으면 '허술함'이지만, 빗금이 있을 경우에는 '부족함/과도함'의 의미가 된다는 것이다.

20 [옮긴이] 위의 「리좀」의 번역문에서 'séparent les structures'를 '구조들을 나눈다'라고 번역한 이유가 여기서 드러난다. 글쓴이는 分けて=分かってしまう라고 하는데, 이것은 '나누다=알다'라는 말장난으로 이어진다.

가는 관계의 리좀을 찾아낸다. 뿐만 아니라 더 나아가, 절단 B—그 리좀을 여기저기서 절단하기. 리좀을 '유한'하게 하기, 다양하게 부분적인 '무관심indifférence'—이것이 '의미를 너무 많이 갖지 않는' 것이리라—의 칼에 의해. 그런 위에서 재접속하고, 그리고 또한 절단하며, 재접속하는 것이다.

절단 A는 트리에서 리좀**으로의** 절단이며, 절단 B는 리좀 **자체의** 절단이라고 할 수 있다. 절단 A를 한다면, 절단 B도 필수적이다. 도주는 그렇기에 적어도 두 번 가속되어야 한다. 첫 번째는 굴레를 비웃는 것으로 끝나버리는 유머humor적인 최고속의 기어top gear로서.

0-3 접속적/절단적 들뢰즈

이 절에서는 선행 연구에 대해 본서가 지닌 위상을 분명히 밝힌다.

　일본의 비평가들은 비평이라는 체계적·망라적이지 않는 그때마다의 임시적인 판단—대상에 관계하는 막대한 사정을 잘 분리하여 논하는 것—에 입각해 리좀의 비의미적 절단[단절]의 중요성을 직감할 수 있었는지도 모른다. 들뢰즈의 원제『자허-마조흐 소개』(1967)를 1973년에 일본어로 처음 번역해『마조흐와 사드』라는 일본어판 제목으로 출판했던 하스미 시게히코蓮實重彦는 들뢰즈의 데뷔작인 흄론『경험주의**와** 주체성』(1953)부터『차이**와** 반복』을 경유해 그 당시에는 최신작인『안티 오이디푸스: 자본주의**와** 분열증』에 이르는 여정에서 들뢰즈가 접속사 '와'에 연연하고 있음을 꿰뚫어봤다. 하스미의 해석에서는 상반되는 접속**과** 절단[단절]이 모순을 뛰어넘는 것이 아니라고 간주된다. 즉 하스미에 따르면,

'와'란, 명확한 경계선의 명시를 사명으로 갖고, 병치된 두 요소의 무분별한 용해나 성급한 양자택일, 한쪽에서 다른쪽으로의 연역 또는 귀납 혹은 변증법적 대립 관계를 선험적으로 살려내는 것이 아니다.[21]

나뉘어 있는 것/이어져 있는 것을 동시에 긍정한다는—절단과 접속을 헤겔적인 변증법(모순의 종합)으로 처리하지 않는다는 들뢰즈의 입장은 도대체 어떤 입장인가? 들뢰즈는 이것에 '이접적 종합synthèse disjonctive'[22]이라는 역설적인 개념을 부여하기도 한다.

들뢰즈는 『자허-마조흐 소개』에서 마조히즘과 사디즘이라는, 뒤집어보면 많은 점에서 일치하는 듯이 보이는 이 둘을 각기 별개의 욕망으로서 **일단 절단**하고, 또 어떤 식으로 병립하게 만든다는 논의를 하고 있다(자세한 것은 8장). 『자허-마조흐 소개』는 바로 '와'의 철학으로서의 들뢰즈 철학의 성격character을 보여주는 모범적인 연기이다. 처음에 이것이 『마조흐**와** 사드』라는 제목으로 일본에 소개되었던 의의는 매우 크다. 이 경우의 '와'는 접속보다 절단을 강조하는 것이다.

다른 사물'과' 리좀을 이루는 것, 이것이 생성변화다.

나의 '여성으로의 생성변화'나 '말미잘로의 생성변화'는 내가 여성이나 말미잘의 성질들—및 이것들을 매개로 접근할 수 있는 다른 사물의 성질들—과 다양한 '관계relation, rapport'를 이루는 것이다. 그런데 '리좀으로의 생성변화'라는 표현은 장황하다. 생성변화란 관계의 리좀을 이루는 것이며, 리좀론=생성변화론이기 때문이다. 리좀이

---

21 蓮實重彦, 『批評あるいは仮死の祭典』(初版: 1974年), せりか書房, 1990年, 63頁. 이것은 1973년의 『바다[海]』에 처음 수록된, 일본에서 가장 초기의 들뢰즈론이다.
22 [옮긴이] 글쓴이는 접속적이라고 했는데, 오자이다.

라는 말은『천 개의 고원』의 주변에 속해 있지만, 생성변화 쪽은 혼자인 들뢰즈도 빈번하게 사용하고 있다. 따라서 이 글에서는 **리좀적인 것의 관계를 둘러싼 고찰을 생성변화론으로서 전개한다**는 방법을 취하기로 한다. 리좀의 '접속의 원리와 비의미적 절단의 원리'는 생성변화라는 **자타 관계의 변화**의 원리라고 주장할 수 있는 것이다.

만일 어떤 사물이든 타자로 생성변화하고 있는 중이라면, 그리고 그것이 들뢰즈의 '차이의 존재론'의 풍경이라면, 세계의 도처가 접속 가능한 동시에, 도처에서 관계의 비의미적 절단이 부족함/과도함의 빗금이 그어지게 된다. 예를 들어, 내가 말미잘로 계속 되고 있다고 하더라도, 나는 말미잘의 모든 성질과 관계되는 것이 아니며, 또한 말미잘을 중계中繼하여 모든 타자에 관계되거나 하는 것이 아니다. 생성변화란 **부분적인 관계맺음과 무관계화**라고 생각된다. 그리고 문제는 관계 개념을 어떻게 이해할 것인가이다. 이 글에서는 들뢰즈가 처음부터 흄 연구의 맥락에서 지지했던 '관계의 외재성'이라는 생각을 생성변화론의 한복판에서 찾아낸다.

이 글의 첫 번째 과제는 들뢰즈(&가타리)의 생성변화론에서 비의미적 절단을 다시금 중시하는 것이다. 이것은 지금까지의 해석에서는 충분하게 이루어지지 않았다. 왜 그런가?

한편으로 많은 논자들은 접속의 원리를 우선시하고, 앞의 절단 B='리좀의 도중에서의 유한화'를 명시하지 않고 접속의 확대를 목적화하는 경향이 있다. 이것은 안토니오 네그리와 마이클 하트가 창안한, 전 지구적 '제국'에 맞서는 '다중multitude'(다수다양한 사람들)의 연대라는 정치 영역으로 이어진다.[23] 네그리와 하트의 이론은 들뢰

---

23 Michael Hardt & Antonio Negri, *Empire*, Harvard University Press, 2001[안토니오 네그리·마이클 하트 지음, 윤수종 옮김,『제국』, 이학사, 2001].

즈·가타리에 크게 의거하고 있다.

슬라보예 지젝은 들뢰즈에 대해 논한 『신체 없는 기관』(2003)에서 네그리와 하트를 다음과 같이 야유했다. "생산적 생성변화의 존재론은 … 총체화하는 권력 체계[체제]에 저항하는 … 다중의 자기-조직화라는 좌파적 논점—억압적이고 물상화된 [대문자] 체계에 대립하는 자생적spontaneous이고 위계 없는, 살아 있는 다중이라는 낡은 통념, 철학적으로는 관념론적인 주관주의와 연결된 좌파 급진주의의 낡은 통념—으로 분명히 이어진다."[24] 요컨대, 지나치게 낙관적이라는 것이다. 들뢰즈·가타리는 새로운 공동성이 '자생적'으로 생긴다는 것을 존재론의 수준에서 보증하고 있느냐는 것이다. 이를 다음처럼 바꿔 말할 수 있을 것이다. 권력에 맞서 게릴라마냥 이곳저곳에서 터져나오는 저항은 **반드시 서로서로 접속될 수 있으며, 모든 이슈와 관계될 것이다.** 왜냐하면 우리 모두는 늘 이미 서로가 서로로 생성변화하고 있기 때문이다. 즉 우리는 원래 '공-존재'이기 때문이다—억압은, 폭력은 공-존재라는 **자연을 상실해버린** 결과이며, 그 자연에 숨을 다시 불어넣을 것이라는 식이다.

지젝은 『신체 없는 기관』의 앞부분에서 잭슨 폴록이 "궁극적인 '들뢰즈적 화가'일 것이다"고 말한다.[25] 폴록의 '액션 페인팅'에서 그림물감이 사방팔방으로 세차게 흩뿌려지고 뒤엉키는 것이야말로 범凡-생성변화의 세계일 것이라는 얘기이다. 하지만 지젝은 '마조히즘'을 논하는 **혼자인** 들뢰즈를 이것에 대립시키고, 이 후자에 표를 던진

24 Slavoj Žižek, *Organs Without Bodies: On Deleuze and Consequences*, Routledge, 2003, p.28[슬라보예 지젝 지음, 이성민·김지훈·박제철 옮김, 『신체 없는 기관: 들뢰즈와 결과들』, 도서출판b, 2006, 71쪽].

25 Ibid., p.5. 20쪽, 20頁.

다. 들뢰즈·**가타리**의 스키조적 열광에 대해 마조히즘의 금욕성을 대립시키는 것이다. 왜냐하면 정치를 진척시키려면 끈적끈적한=마조히즘적 자세로 지지부진한 교섭을 참아내는 것이 필수적이기 때문이다.

지젝의 논의에 대해서는 서로 관련된 두 가지를 지적해야만 한다. 첫째, 들뢰즈가 폴록적이라고 보는 것은 널리 유포되어 있는 묘사이지만, 들뢰즈의 회화론은 이를 부정한다. 들뢰즈는 프랜시스 베이컨을 논한 『감각의 논리』(1981)에서 베이컨이 그려낸 신체가 일그러지고 비틀려지고 뭉뚱그려져 있지만 전면적으로 추상화되어 있지 않다는 점을 높이 평가하고, 폴록을 포함한 '추상표현주의'로부터 베이컨을 구별하는 서술을 하고 있다(8장에서 논한다). 둘째로, 들뢰즈가 폴록적이라는 것을 가타리화된 들뢰즈에 대한 야유로 받아들이더라도, 이것은 비의미적 절단[단절] 개념을 무시하는 것이다. 즉 범-생성변화의 세계를 **접속 과잉**일 뿐인 세계라고 규정짓고 있는 셈이다.

그러나 들뢰즈(&가타리)의 거처[체류지]는 접속과 절단 사이의 '와'에 위치한다.

그 거처는 자주 접속의 극단으로/절단의 극단으로 갈라 찢긴 듯 보이기도 한다. 그러므로 본서는 텍스트 곳곳에서 '접속적 들뢰즈'와 '절단적 들뢰즈'를 두 개의 극으로 나눈다는 구도를 택하되, 그 도중에 서서히 이 둘의 병립을 문제화한다. 그리고 본서에서는 접속적/절단적이라는 각각의 면이 들뢰즈의 베르그손주의/흄주의에 대응한다는 가설, 들뢰즈의 철학사적 배경과 관련된 이 가설을 최대의 가설로 채택한다.

대체로 '들뢰즈주의자'는 우리가 상호 간의 끊임없는 생성변화에 있어서 반드시 서로 접속한다고 생각하게 했다는 것을 들뢰즈·가타리의 장점으로 꼽고 이를 지지하는 것 같다.

가령 토드 메이는 논문 「언제가 들뢰즈적 생성변화인가」(2003)에
서 다음처럼 말한다. "필연적으로 소통[교통]하는 세계 ―동일성들의
지각 가능한 세계 아래에서 그리고 내부에서 익명적이고 생산적인,
차이의 한 세계. 이 세계에 도달한다는 것은 차이를 긍정한다는 것이
다."[26] 사실 이런 '소통 필연성'을 존재론적인 전제로 삼는 것은 특수
한 전체성(국가나 사회 등)을 능가하는, 궁극의 '잠재적virtuel'인 전체성
의 설정이 아닐까? 그런 전체성으로의 '내재immanence'는, 설령 기쁜
것이기는 해도, 모종의 '파시즘'과 닮지 않았을까? 바로 이런 의심 때
문에, 일찍이 알랭 바디우는 들뢰즈를 거듭 탄핵했다(3장에서 논한다).
그런데 푸코는 『안티 오이디푸스』의 영어판에 붙인 서문에서 이 책을
"비파시즘적인 삶의 입문서"로서의 "윤리학"이라고 평했다.[27] 그러나
바디우는 들뢰즈가 비파스시트들을 포섭해서 이들이 서로 필연적으
로 소통하는 '차이의 **하나의** 세계'를 보증하는 **것 같다**며 이를 경계하
고 비판한다. 접속적 들뢰즈의 극단화는 이른바 '존재론적 파시즘'의
관점을 드러낸다.

영어권에서는 바디우의 영향을 받아 다음과 같은 해석도 나오
고 있다. 피터 홀워드에 따르면, 들뢰즈에게 잠재적인 것(차이의 **하나의**
세계)은 지금 여기의 세계, 사물에 동일성이 있는 세계―즉 '현동적
actuel'인 세계(서서히 사용되기 시작한 '잠재적/현동적'에 관해서는 0-4 「CsO,

---

26 Todd May, "When is a Deleuzian becomings?," *Continental Philosophy Review*,
36-2, 2003, p. 151.

27 Michel Foucault, "Préface à la traduction américaine du livre de Gilles Deleuze
et Felix Guattari, L'Anti-Oedipe: capitalisme et schizophrénie", *Dits et Ecrits*, 3,
Gallimard, 2001, pp. 133-136[미셸 푸코 지음, 「서문: 비-파시스트적 삶의 입문서」, 들
뢰즈·가타리 지음, 김재인 옮김, 『안티 오이디푸스: 자본주의와 분열증』, 민음사, 2014,
5-10쪽].

LSD, H2O」에서 설명한다)[28] — 에서 **절대적인, 따라서 유일한 외부**이며, 이것의 희구는 요컨대 '바깥-세계성out-worldliness'의 희구라는 불가능한 꿈이다. 그렇기에 들뢰즈의 철학은 역사에 대한 현동적인(현동적일 수밖에 없는) 개입에 소극적이며 비정치적이라고 여겨진다.[29] 이런 해석에 따르면, 즉 이런 식으로 들뢰즈를 **올바르게** 읽으면, 들뢰즈를 정치적으로 이용할 수는 없게 되지만, 들뢰즈를 **오해하여** 많은 활동가들이 독려받고 있는 상황을 어느 정도 차분하게 만드는 정도의 의미 밖에는 갖지 못할 것이다. 들뢰즈에게서 '현동성'의 지위에 관해서는 5-3 「두 개의 현동성」에서 홀워드를 다시 언급하면서 검토한다.

들뢰즈의 잠재성은 곧 '세계 외적인 유토피아'라는 비판에 대해 제임스 윌리엄스 등은 잠재성이란 현동적인 세계에서 변혁의 싹이지 결코 세계 외적인 것이 아니라고 반론을 편다. 그렇지만 텍스트의 사실로서 들뢰즈 철학은 상반되는 해석을 모두 허용하고 있다고 판단할 수밖에 없을 듯하다.[30]

파시즘이라는 참화를 배경으로 한 20세기의 현대 사상은 '비전체성으로'라는 충동으로 뒷받침되었다. 포스트구조주의에서의 이런 충동에 대한 설명으로, 이 글에서는 아사다 아키라와 가라타니 고진의 고찰을 토대로 아즈마 히로키의 데리다론인 『존재론적, 우편적』(1998)을 중요시한다. (1) 아즈마에 따르면, 포스트구조주의에서는 체계(공동체, 텍스트, 사고되는 세계 등)의 비전체성을 말하고자 하면서, 체

---

28 [옮긴이] actuel과 actualité는 각각 '현실적', '현실성'으로 번역되어야 하지만, 글쓴이가 '현실'이라는 단어를 actuel과 réel을 구별하지 않고 사용하고 있는 탓에, 엄밀하게 분간하기 어려웠다. 따라서 이 책에서는 불가피하게 '현동적, 현동성'으로 옮긴다.

29 Peter Hallward, *Out of This World: Deleuze and the Philosophy of Creation*, Verso, 2006.

계의 전체성의 '결여'를 뭔가의 '단수적인' 개념으로 보여주는 것을 주제로 삼았다(자크 라캉의 '실재계le Réel'가 이를 대표하며, 들뢰즈의 잠재성도 이것의 일종이다). 데리다의 탈구축 역시 애초에는 구조에 하나의 틈새(=비전체성)를 낸다는 것이었다. 그러나 1970년대의 데리다는 이런 '부정신학'성을 명확하게 (자기) 비판한다. 포스트구조주의의 여행은 '부정신학 체계'를 명시한 뒤, 이로부터 탈출하는 것이다.

그리고 (2) '부정신학 체계'는 정치·윤리적으로 비판된다. 즉 "공동체가 이질발생적[이질적][31]이라는 것, 그 구성원에게 아무런 실체적인positive 공동성共同性도 없다는 것이 거꾸로 사람들을 배타적으로 묶을 수 있는 것이다. 우리는 그것을 '부정신학적 공동체'라고도 부를 수 있다."[32] 다음과 같이 부연하자. '이질발생적'인 비파시스트들은 실현될 수 없는 (아니, 실현해서는 안 되는) 궁극의 바람직한 공동화共同化를 '이념'으로서 품고, 그것에 대한 헌신이라는 하나의 점을 매개로

---

30 잠재성의 '우선성priority'을 인정하면서 홀워드와 가까운 입장을 취하는 것은 Jack Reynolds, "Wounds and Scars: Deleuze on the Time and Ethics of the Event," *Deleuze Studies*, 1-2, 2007. 이 논문에 대한 윌리엄스의 비판, 그리고 잭 레이놀즈의 응답은 들뢰즈에 대한 비판/옹호의 전형적인 패턴이다. 다음을 참조하라. James Williams, "Why Deleuze Doesn't Blow the Actual on Virtual Priority: A Rejoinder to Jack Reynolds," Deleuze Studies, 2-1, 2008. Jack Reynolds, "Transcendental Priority and Deleuzian Normativity: A Reply to James Williams," *Deleuze Studies*, 2-1, 2008. 이 두 번째 글에서 레이놀즈는 들뢰즈의 일관성을 의심함으로써―"들뢰즈에게는 자기 자신의 동력engine을 본인도 잘 모르는 때가 있다(우리 중에서 자신의 동력을 일관되게 알고 있는 자가 과연 있을까?)"(p. 101)―잠재성의 우선성을 강조하면서, 잠재성과 현동성의 불가분성도 인정한다. 또 비슷한 논쟁이 아사다 아키라와 마에다 히데키前田英樹 사이에서 오갔다. 다음을 참조하라. 浅田彰·柄谷行人·財津理·蓮實重彦·前田英樹, 「ドゥルーズと哲学」, 『批評空間』, 제2기 9호, 1996년. 마에다에 따르면, "들뢰즈의 잠재성 개념에 관해서는 잠재성을 언제나 현동화와 대칭시켜 생각할 필요가 있다." 아사다는 이를 인정하면서도 "예를 들어 『차이와 반복』에서 [들뢰즈는] 잠재적인 것이 그 자체로서 실재성을 갖는다고 써버렸"는데, 이것이 "철학자의 한계라고 말할 수 있을지 모른다"고 말한다(29-31頁).

소통을 필연화한다. 그 이념은 **무한하게 미세한** 이질발생성에 대한 배려이다. 그렇지만 현실의=경험적인 비파시스트들은 관심이 다양하게 치우칠 수밖에 없으며(유한성), 아무리 노력해도 '무한'의 다양성을 품을 수는 없다. 그렇다면 비파시스트의 무리에서는 (a) 무한의 이질발생성에 헌신하고 있다고 **자인하는** 자들과 (b) 비교적 불철저한 자들 사이에서 '배타적'인 대립이 생긴다. 아즈마가 경계한 '부정신학적 공동체'는 (a)에 대응하는 것 같다.

(3) 데리다나 들뢰즈는 일단 부정신학 체계를 세련되게 만든 뒤에 거기서 탈출한다. 아즈마에 따르면, '부정신학 비판'을 통해 명시되는 것은 이곳저곳에서의 소통의 '복수적'인 실패 가능성이며, 이것을 아즈마는 '복수적인 초월론성'이라고 표현했다. 그리고 앞서 서술한 '부정신학적 공동체'를 이루는 것이 아니라, **무한하게 미세하지 않은** 이질발생성과 마주치고, 잘못 마주쳤을 뿐인 상황을 아즈마는 '우편 공간'이라고 부른다.[33]

위와 같은 상황을 감안해 이 글은 전후戰後의 '비전체성으로'라는 선율을 다음과 같이 변주한다. (A) 전체성에 대한 '단수적인 외부성'이라는 피안**의 또 다른 피안에 대한 물음**, 혹은 차안에 대한 물음—데리다-아즈마의 부정신학 비판 등—을 들뢰즈에 대한 바디우의 '존재론적 파시즘 비판'에 대응시킨다.[34] 나는 들뢰즈에 대한 바디우의 공

---

31 [옮긴이] 글쓴이와 마찬가지로, 일본에서는 'hétérogénéité'를 이질혼교성, 이종혼교성, 이질발생성으로 번역하는 경우가 많은데, 본서에서는 이를 모두 이질성이나 이질발생성으로 번역했다.

32 東浩紀,『存在論的, 郵便的——ジャック・デリダについて』, 新潮社, 1998年, 109頁. 아즈마 히로키 지음, 조형일 옮김,『존재론적, 우편적: 자크 데리다에 대하여』, 도서출판b, 2014, 132쪽.

33 데리다에게서 '우편'에 관해서는 앞의 책, 83-88頁.

격이 크게 성공을 거두는 측면이 있음을 일단 인정한 후, 이를 몰아낼 수 있는 부분들에 판돈을 걸 것이다. (B) 단수적인 외부성이라는 피안의 또 다른 피안, 아니 차안이란 '복수적인 외부성'이다. 이것을 들뢰즈(&가타리)에게서 **관계의 복수적인 비의미적 절단**에 대응시키자. 부정신학적/우편적이라는 '데리다-아즈마의 이원성'은 어떻게 외부성=타자성을 사유하고 처우할 것이냐는 인식론적·실천적인 구별이었는데, 이 글에서는 이를 받아들여 **존재론적 내지 형이상학적으로**, 접속 과잉이 되었던 사물/비의미적 절단에 의해 산산이 흩어진 사물이라는 대비를 검토하게 된다.

포스트구조주의는 '존재론'이나 '형이상학'을 일차적이라고 간주하는 서양 철학을, 존재자=모든 사물을 포섭하는 전체화의 시도라며 경계해왔다. 이들 중에서 들뢰즈는 예외적으로 "나는 순수한 형이상학자라고 느끼고 있습니다"라고 말했다.[35] 들뢰즈 철학은 우리의 사고 프레임에서 분리된 사물 자체의 세계(혹은 자연)를 그려내려는 경향을 현저하게 갖고 있다. 2장에서 논하겠지만, 들뢰즈의 형이상학은 포스트구조주의 이후 2000년대 중반부터 활성화되고 있는 '사변적'인 '자연철학'을 복권시키는 배경이 되고 있다. '사변적 실재론speculative realism' 또는 '사변적 전회speculative turn'라고 불리는 운동의 대표자인 퀭탱 메이야수와 그레이엄 하먼 등은 들뢰즈에게서 많은 것을 얻고 있는 듯하다.[36] 다른 한편, 이런 사변적 전회가 일어나기 전인 1990년대 말부터 데리다의 제자인 카트린느 말라부는 데리다 이후를 자각적으로 개척하고자 하는데, 그 역시 자연철학적 고찰을 하고 있다.[37]

---

34 또한 『존재론적, 우편적』은 바디우의 들뢰즈 비판에 대해 언급하지 않았다.

35 다음에 수록된 인터뷰. Arnaud Villani, *La Guépe et l'orchidée. Essai sur Gilles Deleuze*, Belin, 1999, p.130.

이런 동향을 임시로 '포스트포스트구조주의'라고 부르기로 하고, 이 글에서는 포스트포스트구조주의의 선구자로서의 들뢰즈를 사물 자체의 비의미적 절단에서 간파하고자 한다.

내가 생각하기에 포스트포스트구조주의의 요체는 **다른 한면에서는** 접속보다는 절단, 차이différence보다는 무관심＝무차별indifférence, 관계보다는 무관계이다. 이렇게 말하면 마치 황량한 사조思潮럼 생각될까? 그러나 근본적으로 산산이 흩어진 세계에서 재접속을, 차이의 재긍정을, 다시 관계맺기를 모색하는 것이 포스트포스트구조주의의 또 다른 일면이다.

절단되면서도 재접속되는 것, 이것을 '개체화individuation'론에 입각해 고찰하는 것이 본서의 두 번째 과제이다. 개체화란 사물이 하나의 **모둠[통합]**[38]으로 존재하게 되는 것이다.

데리다의 경우에 비해 들뢰즈가 지닌 특징은 형이상학으로의 경도인 동시에, 구조를 산산 조각 내면서 다른 방식으로 재구성하는 것―(다른 것으로부터 절단된) 개체의 새롭게 가상의 상태를 만드는 것―에 대한 적극성이라고 생각된다. 이 때문에, (c) 이 글에서는 '복수적인 외부성에 있어서의 개체화'를 사물 자체의 경험에 빗대어 묻게 된다. 개체화, 이것은 부분들의 이산성(산산이 흩어져 있음)을 업신여기지 않고, 빈틈투성이의 신체를 가까스로 **통합하는[모둠으로 정리하는]** 것이다.

---

36 대표적인 저작은 Quentin Meillassoux, *Après la finitude. Essai sur la nécessité de la contingence* [2006], Seuil, éd. revue, 2012. Graham Harman, *Tool-Being: Heidegger and the Metaphysics of Objects*, Open Court, 2002.

37 다음을 참조하라. Catherine Malabou, *La Plasticité au soir de l'écriture. Dialectique, destruction, déconstruction*, Léo Scheer, 2005.

비의미적 절단 → 재접속=개체화(='기관들 없는 신체'를 만들기)

　앞의 0-1 「『안티 오이디푸스』와 『천 개의 고원』」에서는 자본주의의 전면화에서 시장은 '비의미적 접속의 평면'이라고 간주했다. 그것은 전근대로부터 미루어져온 의미의 위계의 해체, '탈코드화', '탈영토화'의 결과이다. 들뢰즈·가타리가 바라는 리좀적인 접속은 당연히 어떤 것의 위계로의 회귀가 아니라, 또 의미의 모든 것에 값을 매기는 것도 아니라 다방향으로의 비의미적 접속이다. 그렇지만 자본주의의 해방적/강박적이라는 양면성에 대응하는 비의미적 접속은 이곳저곳에서 끊기기도 한다. 이것을 비의미적 절단이라고 부르는 것이다.

　여기서 리좀의 반대편에 '의미적 접속'과 '의미적 절단'이라는 표현을 둬보자.

　기존의 의미적 접속/절단은 국가·회사·학교 등, 그리고 핵가족에 무겁게 얽매여 있는 것에 있어서 자신의 정체성identity을 다른 것으로부터 구분하는 것이다. 아사다의 포스트모던론에서 도주 개념은 이에 관해 두 개의 성질을 띤다고 생각된다. 한편으로 아사다적인 도주는 전-모던과 모던의 의미적 접속/절단**으로부터의 절단으로서의 비의미적 접속**의, 문화적으로 바람직한 면에 판돈을 걸고 있다(0-2 「비의미

38　[옮긴이] 이 책에서 번역하기가 까다로운 단어 중 하나가 '마토마리まとまり'이다. '통합, 합침, 정리, 결착決着' 등으로 번역되는데, 통합과 합침은 거의 비슷한 뉘앙스를 지닌다. 반면 정리는 흩어져 있는 것에 질서를 부여한다는 의미기도 하지만 그렇게 해서 결말이나 결론을 내린다는 의미가 되기도 하고, 따라서 '해결'이라는 의미도 있다. 이렇게 다의적인 데다가, 이 다의성을 가지고 '노는' 저자의 글 때문에 이 단어를 일의적으로 옮기기는 어렵다고 생각한다. 게다가 이 단어를 '산산이, 뿔뿔이 흩어져 있다'라는 단어와 가깝게 또는 멀게 두면서 놀고 있기 때문이다. 아무튼 이런 점을 감안해서 최대한 공통의 요소를 뽑아내려고 했으니 그것이 바로 '모둠'이다. 그러나 동사형으로 쓰일 경우를 포함해 몇몇 경우에는 '통합[모둠으로 정리]하다' 등으로 옮기기도 했다.

적 절단의 원리」에서 언급되는 절단 A: 나무에서 리좀으로의 절단). 다른 한편으로 아다사는 문화적인 비의미적 접속의 확대가 일종의 관성에 빠지는 것을 경계하고 있으며, 이로부터 벗어날 필요성을 자각했다—**즉 비의미적 접속의 비의미적 절단**에 자각적이었다는 것이다(절단 B: 리좀의 절단).

… 오늘 밤에도 또 몇 만, 몇 십만의 소년, 소녀 들이 서로 통화하고 있다는 것은, 생각해보면 실로 팝pop적인 광경이 아닐까? 물론 현재의 전자 미디어는 점점 더 고도의 수준에 이르고 있다. 아이들에게 그런 미디어는 자연스러움 그 자체이며, 아무런 저항도 없이 [자유자재로] 사용할 수 있는 무기인 것이다. 그들은 그것에 의해 기존의 정보 체계를 국소적으로 변주하고modulate 다양한 간극을 만들어내며 도처에서 새로운 연관을 산출할 것이다. 그러나 거기에는 차이의 말소와 획일화로 향하는 정반대의 가능성도 있다. 어떤 워크맨 중독자에게서 볼 수 있듯이, 미디어와 한 쌍이 되어 자폐적 영역을 만들어내고 매스 컨트롤mass control을 경유한 획일적인 정보에 계속 몸을 맡기는 증상이 그 예다. 이것을 일렉트로닉 마더 신드롬electronic mother syndrome이라고 부르자.[39]

새로운 미디어에 의한 '연관'의 증식에 있어서 사람들은 "획일적

---

39 浅田彰, 「スキゾ・カルチャーの到来」, 『逃走論』, 31頁[『도주론』, 34–35쪽]. [옮긴이] 본문에서 mass control을 한국어로 바꾸지 않고 그대로 음차하였다. '매스'는 대중을 뜻하기도 하고 대중매체, 즉 미디어를 뜻하기도 한다. 맥락상 이 두 가지를 모두 가진다. 따라서 control을 통제라고 할 경우, 미디어를 통한 대중 통제라는 의미가 된다. 한편, 이하에서의 control은 한국의 경우 대체로 '통제'로 옮겨져왔으나, 이 말의 어감이 너무 강해서 전체주의 사회에서나 이 용어가 의미 있다는 잘못된 인상을 주기 때문에 '관리'로 어조를 완화했다.

인 정보"에 포위된 '자폐적' 상태에 빠져든다……. 이런 아사다의 경계는 인터넷으로 항시 정보=광고를 계속 받고 있는—'워크맨 중독'에서 스마트폰 중독으로—오늘날의 생활을 예리하게 건드리는hit 듯하다. 들뢰즈도 생활의 구석구석을 지원한다는 형태로 확대되는 '관리 사회control society'의 부드러운soft 권력을 비판했다. 사랑의 확대를 자칭하는 관리 사회=복지의 확대가 우리의 고독을 앗아간다.

우리는 관리 사회로 접어들고 있습니다. 이것은 감금을 통해서가 아니라 계속되는 관리와 즉각적인 소통을 통해 작동하는 사회입니다.[40]

열린 장소에서 쉴 새 없는 관리라는 형태들로 다가오는 것과 비교하면, 가장 가혹한 감금조차 달콤하고 행복한 과거의 일부로 보일 수 있습니다. '소통의 보편자'를 추구하는 것은 우리를 몸서리치게 할 뿐입니다.[41]

1970년대 후반부터 1980년대 일본의 이른바 '뉴아카데미즘'에서는 학제적·영역횡단적 담론의 접속이 문화인류학(야마구치 마사오山口昌男, 쿠리모토 신이치로栗本慎一郎, 나중에 나카자와 신이치中沢新一)의 자기장을 활용해 추진되었다. '뉴아카데미즘'의 주변에는 앎의 링크에 따른 즐거움이 넘쳐났다. 접속하는 앎이라는 이념은 1990년대 말 이후 인터넷이 보급됨으로써 일상화되고 범용화된다. 그 과정의 한복판에서 아사다의 비평은 언제나 비할 데 없는 고속의 절단성을 **의지**意志**하고 있는 듯** 보인다.

---

40 질 들뢰즈, 『대담 1972~1990』, p. 236, 194쪽, 350頁.
41 질 들뢰즈, 『대담 1972~1990』, p.237, 195쪽, 350頁.

요체는, 스스로 '혼탁한 세상'의 한가운데를 배회하고 위험에 자신을 드러내고, 더욱이 비판적인 자세를 굽히지 않는 것이다. 대상과 깊이 관계 맺고 전면적으로 몰입하는 동시에, 대상을 가차 없이 뿌리치고 [대상과의 관계를] 끊어버리는 것. 동화同化와 이화異化 의 팽팽한 긴장감이야말로, 진정으로 앎[지식]이라고 부를 만한 뛰어나고 비판적인 critical[임계적인] 체험의 경위element라는 것은 새삼 말할 것도 없다. 간단히 말하면, 지루해하면서도 호응하고, 호응하면서도 지루해하는 것, 바로 이것이다.[42]

여기서 나타난 "대상을 가차 없이 뿌리치고 [대상과의 관계를] 끊어버린다"라는 표현은 매우 강한 것이자 가혹한 표현으로 느껴지기도 한다. 이 경우 절단은 능동적 지성에 의한 결별의 태도나 다름없다. 스키조 키즈는 제멋대로 결별한다. 발랄한 결별. 그러나 아이의 '산만해지다', 또 '한눈을 팔다', '다른 데로 샌다'라는 표현은 산만하게 만들어**버린다**, 시점이 [다른 데로] 옮겨져**버린다**, 그리고 **배회해버린다**처럼 훨씬 비의지적인 몸짓을 보여주고 있지 않은가. 스키조 키즈의 본성은 **수동적·타성적인 비-앎**에 있어서의 절단이 아닌가. 이것은 특정한 대상에 대한 집중, 시야 협착, 정형화된 태도―'자폐적'인―로까지 통하고 있을 것이다. 오히려 '워크맨 중독자'야말로―정확하게 말하면, 상이한 대상에의 중독=의존addiction을 재핑zapping하고 있는 상태야말로[43] 스키조 키즈의 실상[실제 모습]이 아닐까? 아사다가 말하는

---

42 浅田彰, 『構造と力』, 6頁. [옮긴이] 이 책은 앞에서도 표기했듯이 아사다 아키라 지음, 이정우 옮김, 『구조주의와 포스트구조주의』, 새길, 1995로 번역 출판됐으나 국역본에서는 해당 내용을 찾을 수 없었다. 옮긴이의 추정일 뿐이지만, 국역본은 1983년의 것을 저본으로 삼은 반면, 글쓴이는 1984년이라고 표기했고, 그 사이에 서론 비슷한 것을 새로 썼기 때문일 수도 있다.

"진정으로 앎이라고 부를 만한 가치가 있는 뛰어나고 비판적인 체험"
은 다양하게 중독적이기 때문에, 혹은 다양한 '어리석음bêtise'을 면치
못할 것이기 때문에, 그만 절단하여/절단되어 버린다는 것에 의거하
고 있을 것이다. 이런 주제는 아사다의 수사에 깔려 있었지만 충분하
게 전경화되지 않았다.

뛰어나게 **비의미적** 절단이라고 불려야 할 것은 "진정으로 앎이라
고 부를 가치가 있는" 결별이 아니라 오히려 중독이나 어리석음, 인
식 불능이나 피로, 그리고 장애 같은 '유한성finitude' 때문에 이곳저곳
을 활주하고 있는 절단이다. 특이한 유한성 때문에 우발하는 비의미
적 절단은 "뛰어나고 비판적인 체험"에 못지않게 어떤 '본능'이나 '공
동 환상'으로 간주되는 것을 갈기갈기 깨뜨려버린다.

20세기 말의 많은 포스트모던론에서는 비의미적 접속의 장려—
화폐적이 아니라 문화적인—를 주로 하며, 비의미적 접속의 과잉에
의한 **문화적 질식**에 대한 비의미적 절단은 2차 주제일 수밖에 없었다.
21세기의 전 지구적인 네트워크 사회에 들어와서야 비의미적 절단은
초미의 관심사가 된다.[44] 정보의 홍수에서는 의지적인 선택보다는 우
연한 순간에 취사선택된 몇 가지 정보에만 반응할 수밖에 없다는 것
이 전경화된다. 이것을 문명의 타락이라고 말하는 것으로 끝내버릴
수는 없다. 정보의 홍수에 농락당하는 우리의 뜻대로 되지 않은 추태
는 철학적 시사로 풍부하다.

---

43 이런 복수의 중독 상태의 횡단을 나는 '트랜스 어딕션trans-addiction'이라고 부른 적이 있
다. 千葉雅也, 「トランスアディクション——動物-性の生成変化」, 『現代思想』 제37권
8호, 2009년. [옮긴이] '재핑'이란 예를 들어 텔레비전를 시청할 때 채널을 이리저리 자주
바꾸는 일을 가리킨다.

44 다음을 참조하라. Steven Shaviro, *Connected, or, What it Means to Live in the Network
Society*, University of Minnesota Press, 2003.

사물의 유한성은 비의미적으로 설정될 수밖에 없을 것이다.

하나의 책에 대해 탈고를 결정하는 것은 다양하게 균형을 고려한 다음에 내리는 것이라 해도 비의미적 절단이다. 계약서에 하는 사인도, 동거의 시작도, 취침 전의 마지막 한 잔도 비의미적 절단이다. 정보의 홍수에 있어서 생로병사는 이처럼 사물을 다른 것도 아닌 그것으로서 성립시키는—개체화하는—비의미적 절단이 일상의 매순간임을 폭로하는 것이다. 어떤 시점에 트위터의 타임라인으로 잘라낸 불완전한 정보에 의해 행동거지가 좌우될지도 모르는—파고들어가 조사할 기력조차 없이—추태. 혹은 소셜네트워크서비스(SNS)의 메시지 한 개를 놓쳐서—피로 때문에—어떤 회합에 참여하는 것을 선택하지 못함으로써 다른 행동이 가능해지는 것. 의지적 선택도 아니고 주도면밀한 '대중 통제mass control'도 아니라, 우리의 유한성에 의한 비의미적 절단이 새로운 사건의 계기trigger가 된다. 포지티브하게 말해서, 우리는 **우연적인 정보의 유한화**를 의지적 선택(의 경직화)과 관리사회의 쌍방으로부터 우리를 도주시켜주는 원리로서 '잘 사용'할 수밖에 없다. 모던하고 견고한hard 주체성으로부터도, 포스트모던한 관리로부터도 벗어나는 중간지대, 아니 **중간추태**를 긍정하는 것이다. '포스트포스트모던'이라는 상황을 임시로 특징짓고자 한다면, 그것은 정보의 홍수에서 빚어진 다양한 유한성에 의한 비의미적 절단이 전경화되고 있는 상황이라고 할 수 있다. 포스트포스트모던의 바람[風]은 **유한성의 다양성** 사이를 획획 지나간다. 무한히 풍부하게 얽혀 있는 차이의 네트워크를 전전하는 것이 아니라, 어떤 유한성에서 다른 식의 유한성으로, 어리석음에서 다른 식의 어리석음으로, 가난함에서 다른 식의 가난함으로 이동teleportation하는 것이다. 우리의 지성은, 정체성identity은, 그 기저infra에 있어서는 우연히 날아 들어온 것에 지나지 않는 단편적인 주어진 것의 숙고되지 않은 콜라주—아래에서 언급하는 흄적인 '연합'—일 것이다.

문화적인 비의미적 접속의 희망에서 출발해, 그 비의미적 절단**도** 필요하다고 단서를 다는 것이 포스트모던론이었다. 거꾸로, 비의미적 절단의 불가피함에서 출발해, 비의미적 접속을 부분적으로 밖에는 가능하지 않다는 전제 아래서 시행착오를 거치는 것이 포스트포스트모던의 과제이다. 이런 상황과 불가분하게, 포스트포스트구조주의에 의한 '무관심', '무관계'에 초점이 맞춰지고 있다.

그리고 포스트포스트구조주의에서는, 몹시 사변적으로, 우리의 약함뿐 아니라 사물·세계 그 자체의 비의미적 절단을 논하는 데 이르고 있다. 위와 같은 것을 보조적인 선으로 삼아 이 글에서는 들뢰즈에게서의 '존재론적 유한성'이 시사하는 것을 과장되게 부각시키자.

*

들뢰즈의 두 개의 몰골을 이 글에서는 두 개의 철학사적 배경에 입각해 분할한다.

접속적 들뢰즈를 애호하는 논자는 대개의 경우 들뢰즈의 철학사적인 기초가 앙리 베르그손의 존재론이며 이것과 유착된 스피노자주의라고 인식한다. 접속적 들뢰즈는 베르그손주의(→스피노자주의)에 입각한다. 이 경우의 베르그손주의는 모든 사물을 **존재 전체의 연속성에 있어서의** 차이화의 과정에 내재시키는 입장이다.

절단적 들뢰즈의 배경은 데뷔작인 『경험주의와 주체성』(1952) 이후 거듭 재부상했던, 이른바 '들뢰즈 철학의 유년기'에서의 흄주의이다. 그 핵심은 사물의 개념적 동일성이 없는 상황, 감각적인 '주어진 것=데이터'가 산산이 흩어져 날아오는 장면에서 이것들의 '연합

association'에 의해 '주체화'가 이뤄진다고 하는 '연합설'이다.

흄에게 주체 S가 언제나 S=S라고 하는 동일성은 선험적(사전적)인 것이 아니다. 주체는 언제나 주체화 과정의 도중에 있다. 주체는 후험적(사후적)인 경험의 불연속적 변전變轉의 **연결 자체**이며—영상의 한 장면과 그것들을 비추는 속도에 의한 의사적疑似的인 연속화를 생각하자—(스피드는 점을 선으로 바꾼다!)—때문에 그것은 해체될 위험에 열려 있다. 이 글에서는 접속=연합의 반대인' 절단을 '해리dissociation'라고 표현한다. 흄의 연합설의 이면裏面을 '해리설dissociationism'이라고 불러보자. 들뢰즈·가타리의 건강화된 분열증의 균형 붕괴는 이 '흄적인 해리설'로 기운 것이라고 추정된다. 그리고 연합설 및 해리설을 가능케 하는 원리는 '관계의 외재성'인 것이다.

*

배경에서 꿈틀거리고 있는 철학자의 이름이 나왔기에, 여기서 들뢰즈의 행보를 소개하고자 한다.[45]

들뢰즈는 파리4대학(소르본대학) 출신으로, 전형적인 엘리트코스에는 들어가지 못했다. 프랑스에는 일반 대학université과는 별개로 '그랑제꼴grandes écoles'(대학교)이라는 들어가기 어려운 엘리트 양성 학교가 있으며, 대학 교수를 지망하는 사람은 그중 하나인 고등사범학교École normale supérieure에 도전한다. 데리다도 이 학교 출신이다. 들뢰즈는 애석하게도 고등사범학교에 불합격하고 소르본 대학교에 진학했다. 1944년은 나치의 점령에서 파리가 해방된 해이다. 프랑스에

---

45 들뢰즈의 경력에 관해서는 다음을 참조했다. François Dosse, *Gilles Deleuze et Félix Guattari: Biographie croisée*, Éditions la Découverte, 2007 [프랑수아 도스, 『질 들뢰즈와 펠릭스 가타리: 교차적 평전』, 이재원 외 옮김, 난장, 2016 근간 예정].

서 대학교와 고등학교의 교수나 교사가 되려면 고등사범학교 출신이거나 그도 아니면 아그레가시옹agrégation이라는 교수자격시험에 합격해야 한다. 들뢰즈는 1948년에 이 시험에 붙고, 같은 해에 아미앵에 있는 고등학교에 취직했다. 이후 1953년에는 오를레앙에 있는 고등학교로, 1955년에는 파리에 있는 루이르그랑 고등학교로 옮겼으며, 1957년에는 소르본 대학교에서 조교가 됐다.

학업을 처음 마무리한 것이 흄을 다룬 고등연구자격논문(박사학위 논문을 쓰기 전의 단계로, 프랑스의 독특한 단계)인데, 이를 기초로 오를레앙에 있었던 때인 1953년에 『경험주의와 주체성』을 출판했다. 들뢰즈의 두 번째 출발이라고 할 수 있는 것은, 30대의 나이로 접어든 1956년인데, 이때 논문 「베르그손에게서의 차이의 개념」을 발표했으며 또 영국문학을 전공한 파니 그랑주앙Denise Paul 'Fanny' Grandjouan과 결혼한다. 1960년에 첫째인 줄리앙이, 1964년에 둘째인 에밀리가 태어난다.

들뢰즈의 두 번째 저작은 이보다 약간 전인 1962년의 『니체와 철학』이다.

사생활에 대응시키면, 흄에 대해 논한 『경험주의와 주체성』은 독신인 들뢰즈의 총괄이며, 「베르그손에게서의 차이의 개념」은 결혼을 통한 재출발, 『니체와 철학』은 아이가 태어난 이후라고 할 수 있다. 이런 대응은 각각의 작업이 지닌 방향성을 어느 정도는 나타내고 있는 것 같다. 들뢰즈의 행보와 관련된 '병력학pathography'적인 접근법은 감안할 가치가 있을지도 모른다.

『니체와 철학』이후 들뢰즈는 다산多産의 시기에 접어든다. 1963년 『칸트의 비판철학』, 1964년 『프루스트와 기호』, 같은 해 리옹 대학교 조교수. 1966년 『베르그송주의』, 1967년 『자허-마조흐 소개』.

박사논문인 『차이와 반복』은 1968년, 같은 해에 그 부논문 『스피노자와 표현의 문제』, 또 이듬해에 『의미의 논리』도 간행, 신설된 파리8대학(뱅센느 대학교)의 교수가 됐다.

초기 들뢰즈의 철학사 연구의 주요 선은 흄→베르그손→니체 순이다. 이 글에서도 이 순서를 따라 논의를 전개한다(2·3·4장).

1970년대는 들뢰즈·가타리의 시기이다. 1972년 『안티 오이디푸스』, 1975년 『카프카』, 같은 해 초에 미국 방문. 잡지 『세미오텍스트』를 창간한 실베르 로트랑제Sylvère Lotringer의 초청으로 가타리, 푸코와 함께 강연을 했다. 때는 1976년으로, 이때 『리좀』은 이미 완성된 듯하며, 들뢰즈는 칠판에 리좀을 그림으로 그려서 보여줬다고 한다. 1977년에는 클레르 파르네와 공저한 『디알로그』가, 1980년에는 『안티 오이디푸스』의 속편인 『천 개의 고원』이 출판됐다.

그러나 1980년대의 들뢰즈는 단독으로 작업하는 것으로 다시 돌아갔다. 1981년 『감각의 논리』, 1983년 『시네마 1: 운동-이미지』, 1985년 『시네마 2: 시간-이미지』로 예술론이 이어진다. 1987년에는 파리8대학을 퇴직했고, 이듬해에는 마지막 시기의 수업에 기초해 『주름: 라이프니츠와 바로크』를 출판했다. 이 책은 들뢰즈가 한 명의 철학자를 다룬 마지막 책이다. 만년에 이르러 들뢰즈는 비평과 철학 사이를 누비고 있었다.

1990년대는 [들뢰즈의] 말년이다. 1990년에 인터뷰집인 『대담 1972-1990』, 이듬해인 1991년에 가타리와 공저한 『철학이란 무엇인가』(실질적으로 들뢰즈 한 명이 썼다고 한다), 1992년에 사무엘 베케트론인 「소진된 것」을 출판했고, 마지막 저작은 1993년에 나온 문학논집 『비평과 임상』이었다.

들뢰즈의 일본 수용에 관해 보충하자. 하스미가 들뢰즈의 방법론적 책이라고 소개한 『마조흐와 사드』[46]가 나온 후에, 이듬해인 1974년에는 『베르그송주의』의 번역과 『니체와 철학』의 번역이 이뤄지고, 철학사 연구자로서의 들뢰즈의 솜씨도 소개된다. 이후 원작이 출판된 바로 그다음 해인 1977년에 「리좀: 서문」을 도요사키 고이치豊崎光一가 번역했다.[47] 따라서 리좀이라는 말은 일본인이 처음으로 들뢰즈(& 가타리)와 공유할 수 있는 동시대성의 징표인 것이다.

*

1990년대부터 들뢰즈에 대한 학술 연구에서는 베르그손·니체·스피노자의 삼위일체를 통해 들뢰즈를 철학사에 자리 매김하는 작업이 늘어난다.[48] 이 셋 중에서 들뢰즈의 최대 거점으로 간주되는 것이 베르그손이다. 제자인 에릭 알리에즈는 "들뢰즈의 글쓰기의 정합성coherence을 규정하는 방법의 수준에서든, 차이의 지위에 관해서든, 우리가 마주치는 것은 바로 베르그손이다"라고 말한다. 비판자인 바디우도 "들뢰즈는 베르그손의 마술적인 독자이며, 내가 생각하기에 베르그손은 스피노자보다 훨씬 더, 아마 니체보다도 훨씬 더 들뢰즈의 진정한 스승이다"라고 단언한다.[49]

이와 대조적으로 들뢰즈와 베르그손 사이의 거리를 끼워 넣은 해

---

46 [옮긴이] 일본어 번역본이 두 개이므로 불가피하게 이 대목에서만 『자허-마조흐 소개』라는 원제로 번역하지 않았다.

47 [옮긴이] 번잡함을 피하기 위해 본문의 일부를 여기에 옮겨둔다. 『ベルクソンの哲学』, 宇波彰, 法政大学出版局 ; 『ニーチェと哲学』, 足立和浩, 国文社 ; 『リゾーム序』, 朝日出版社, 『エピステーメー』, 臨時増刊号.

48 들뢰즈의 행보를 베르그손→니체→스피노자라는 흐름으로 정리한 초기의 연구로서는 Michael Hardt, *Gilles Deleuze: An Apprenticeship in Philosophy*, University of Minnesota Press, 1993[마이클 하트, 『들뢰즈 사상의 진화』, 김상운·양창렬 옮김, 갈무리].

석이 소수의 논자—내 좁은 식견에서긴 하지만 특히 일본의—에 의해 강조되고 있다. 아주 이른 시기에 이뤄진 것이 1997년 『비평공간』의 토의인데, 여기서 아사다는 들뢰즈를 "베르그손의 흐름을 이어받은 순수하게 프랑스적인 철학자라는 전통 속에 집어넣고 싶어 하는 경향"에 대해 우려한다. 그리고 이를 이어받아 우노 쿠니이치宇野邦一는 『시네마 2: 시간-이미지』(1985)에서 "중요한 것은 지속, **연속성**의 논리보다는 균열 혹은 **불연속성**의 논리이다. 가령 고다르의 얼핏 보면 엉망진창인 몽타주에서 볼 수 있듯이 이미지와 이미지 사이의 일종의 연결 오류 같은 것이며, 심지어 이미지와 소리 사이의 균열이며, 이런 균열을 몇 가지 수준에서 논하면서 베르그손으로부터 멀어져간다"라고 말한다.[50] 아사다는 들뢰즈가 (바디우, 홀워드, 레이놀즈가 비판한) 순수한 잠재성의 희구로부터 구체적이고 다양한 타자, 사회에 열리게 됐던 것은 가타리의 공적이라고 보며(즉 가타리가 들뢰즈를 정치적으로 만들었다), 혼자인 들뢰즈와 들뢰즈·가타리를 구분하고 후자의 편을 드는 태도를 거듭 보여준다. 아사다도 흄주의의 맥락을 중시하지 않은 것 같다. 그러나 혼자인 들뢰즈의 흄주의는 가타리와의 협동을 이끌어낸 마중물로 재평가될 수 있다. 들뢰즈의 고다르론을 베르그손 비판=흄주의의 표시로 해석하는 것은 충분히 가능한데, 이것은 히라쿠라 케이平倉圭에 의해 제시되고 있다.[51]

---

49 Eric Alliez, "On Deleuze's Bergsonism", *Discourse* 29(3), Wayne State University Press, 1998, pp.226-246[Edited by Gary Genosko, *Deleuze and Guattari: Critical Assessments of Leading Philosophers*, Volume 1: Deleuze, Routledge, 2001, pp.394-411에 재수록.] 또한 Alain Badiou, *Deleuze. La clameur de l'Être*, Hachette, 1997, p.62[알랭 바디우 지음, 박정태 옮김, 『들뢰즈: 존재의 함성』, 이학사, 2001, 103쪽].

50 浅田彰·宇野邦一, 「再びドゥルーズをめぐって」, 『批評空間』 第II期一五号, 1997年, 122-123頁. 강조는 인용자.

또 히가키 타츠야檜垣立哉에 따르면, "베르그손의 잠재성의 사고가 지나치게 '일자'에 의거하고 있기" 때문에 들뢰즈는 베르그손을 '넘어서고자' 했다. 이를테면, "그의 '일자'에는 어딘가에서 정신성이 부여되어버린다. 그러나 들뢰즈는 이런 베르그손의 사고를 어디까지나 유물론적인 확산이라는 방향에서, 그리고 그로부터 끄집어낸 '절대적인 차이'의 편에서 파악하고 싶었던 것이다."[52] 이런 것과 대조되는 것은 역시 베르그손주의에 크게 의거하는 피에르 몽테벨로일 것이다. 몽테벨로는 들뢰즈의 자연철학을 "인간 없는 철학"으로 본다는 점에서는 포스트포스트구조주의에 가깝지만, 나는 다음의 결론에 전혀 동의할 수 없다. "들뢰즈의 철학은 '일자/전체'를 인간 없이 사고하고, '열려진 것'을 유일한 주관성으로, 유일한 실재적인 초월론적인 것으로, 모든 사물들의, 그리고 그 때문에 결국에는 또한 … 인간적 주관성의, 발생의 유일한 장소로 설정하는 것이다."[53] 이에 반해 이 글에서 보여주고자 하는 것은 '일자'이자 '전체'로서의 세계상으로부터 분명하게 벗어나고 있는 들뢰즈의 측면이다.

들뢰즈의 흄주의는 일본 안팎에서 충분히 문제화되지 않았다. 『경험주의와 주체성』에 대한 해석은 (a) 대개 주체화 과정을 논한다는 평가로 수렴된다. 그리고 대부분의 연구자는 (b) 들뢰즈에게 흄의 이산성/베르그손의 연속성이라는 대립이 무효하다고 생각하는 듯하다. 이 두 가지는 『경험주의와 주체성』을 처음으로 영어권의 흄 연구사와

---

51 다음을 참조하라. 平倉圭, 『ゴダール的方法』, インスクリプト, 2010년.

52 檜垣立哉, 『ドゥルーズ入門』, ちくま新書, 2009年, 64頁.

53 Pierre Montebello, "Deleuze, Une Anti-Phénoménologie?", *Chiasmi International*, Vol 13, 2011. [Pierre Montebello, "Deleuze, an anti-phenomenology," *Pli: The Warwick Journal of Philosophy*, "Special Volume: Deleuze and Simondon," 2012, p.].

꼼꼼하고 정성스럽게 대비한 제프리 A. 벨의 『들뢰즈의 흄』(2009)에 대해서도 마찬가지라고 할 수 있다.[54] 이 글에서는 흄의 원자론을 '해리'의 주제로 변환하여, 이것이야말로 베르그손에 대한 들뢰즈의 비판적 맥락의 핵심에 놓여 있다는 해석을 제시한다.

독서가들은 들뢰즈·가타리와 혼자인 들뢰즈를 종종 뒤섞어버리며, 리좀이라는 한 단어에서 잘 드러나듯이 '와'의 난무로서의 **엉망진창인** 도주선이 지닌 위태로움에 대한 동경을 애매하긴 하지만 오늘날에도 계속 품고 있을 것이다. 이런 대략적인 들뢰즈(&가타리)의 대중화는 그(들) 자신이 원한 것이기도 했다. 우리는 이렇게 **대략적으로 사랑받았던** 철학이 지닌 이 **대략적임의 세부**에 쏟아야 할 시선을 다시 궁구해야만 한다. 이를 위해 '들뢰즈 철학의 유년기'에서의 흄주의에 주목하고, 이것과 모종의 관련 속에서 '들뢰즈 철학의 소년기'에서의 베르그손주의에 관해서도 새로운 해석을 시도할 필요가 있다.

0-4 CsO, LSD, H2O

흄은 자신이라는 동일성identity도 포함해, 만상萬象의 안정에 관해 '회의'한 사람이었다. 자아든 세계든, 이질적이고 산산이 흩어져 있는 사

---

54 Jeffery A. Bell, *Deleuze's Hume: Philosophy, Culture and the Scottish Enlightenment*, Edinburgh University Press, 2009. 3장에서 설명하지만, 베르그손은 심리학의 '관념연합설'(흄 철학은 그 원천의 일부이다)을 거부했다. 이 점과 관련해 벨은 "흄의 작업에 크게 의존하고 있기 때문에 들뢰즈의 프로젝트도 유사한 비판에 열려 있을 것이다. 이 유사한 비판은 들뢰즈에게 베르그송의 사상이 지닌 중요성을 고려하면 특히 성가실troubling 것이다"고 말한다(p. 2). 벨은 이른바 '흄/베르그손 문제'가 들뢰즈에게 잠복해 있을 가능성을 인정하고 있다. 하지만 이 '성가심'을 더 악화시키지 않으려 하고 있다.

물이 그때마다 임시로 연합되어 있는 결과가 아닐까? 이런 생각은 우리가 처한 다양한 위기pinch에 대응한다. 들뢰즈·가타리의 도주선은 안정된 자아로부터의 도주선이기도 하다. 그것을 사납게 날뛰게 한다는 것은 이성이 갈가리 찢어발겨진다는 것이다. 더 이상 무엇이 무엇**인지**, 누가 누구**인지** 알지 못하게 **되는** 것이다. 즉 다른 사물이 되기의 터무니없을 정도로 엄청난 혼란=탈조직화désorganisation이다.

엉망진창이 되어버리기. 하지만 그것은 **무슨 엉망진창인 것일까?**

정돈된 듯한 담론이나 행태에 도사리고 있는 구멍, 탈조직화의 밀실backroom을 마구 들춰내고 이를 비틀어, 즉 도착적인 말투로 표현하는 것이 포스트구조주의의 약점이다. 그중에서도 들뢰즈·가타리는 이런 탈조직화=**탈기관화**dés-organi-sation를 **신체 내지 질료·물질**의 '자기 파괴'로, 심지어 이를 긍정적으로positively 생각했다는 점에서 과격했다.

자기 자신에 있어서 다방향의 도주선은 하나의 양식='올바른 방향 bon sens', 사물[物事]의 우선순위를 괴상하게 만드는 동시에 기본적인 상식='공통감각sens 'common을 갈가리 찢어버릴지도 모른다.

우리는 **보통** 오감을 관장하는 '기관들organes'의 제휴(공통감각)에 의해 대상을 동일한 것으로 '재인'**할 수 있게 된다.** 어떤 사물 A가 다음 순간에도 그다음 순간에도 계속 A이게 되는 것. 우리는 하나의 올바른 방향의 (양식적인) 시간에 올라탄 (상식적인) 공통감각에 의해 A=A라는 동일성을 재인한다. 재인이란 더 추상화하면 '재현전화=표상 représentation'이다. 예를 들어 "얼음을 곁들인 한 잔의 버번"은 눈으로 파악하고 손으로 건드려보고 코나 혀로 뉘앙스nuance[55]를 느끼는 가운데 어떤 A로서 종합된다. A를 일단 파악했다면, 시간의 경과 속에서

---

55 [옮긴이] 뉘앙스는 베르그손과 관련된 전문어라는 점을 드러내기 위해 그대로 음차했다. 자세한 것은 본서의 135쪽 참조.

이것을 계속 A로 재현전화(표상)하고 유지한다. 이 경우에는 어떤 변화가 일어나든 그 변화는 A=A "얼음을 곁들인 한 잔의 버번"**의** 변화이며, 때문에 변화 내지 차이의 개념은 양식과 상식에 의해 뒷받침된 A=A라는 동일성에 종속돼 있다. 그런데 들뢰즈 철학은 차이를 동일성의 재현전화(표상)에 종속**시키지 않는** 것을 겨냥했다. 그것은 이런 것이다. 다수자성의 '건강'하고 '건전'한 경험에 관해서도 권리상 그 급진적인 불안정화를, 즉 A=A의 (또 하나의 동일성 B=B로의 이행이 아니라) 변천을 상상해볼 수 있으며, 그것을 사실로서 경험하는 경우도 있을 수 있다는 것이다.

칸트의 『순수이성비판』에 따르면, 우리는 안정된 경험(사물의 재현전화=표상)을 할 수 있기 위한 '이성'을 선험적으로 갖추고 있다. 칸트는 경험적으로 들어오는 데이터와 구별하여, 그것들을 제대로 (이성적으로) 처리하기 위한 우리 쪽의 조건을 '초월론적'이라고 형용했다. 들뢰즈는 이 개념을 칸트가 겨냥했던 것과는 반대로 사용한다. 들뢰즈는 A=A의 동일성의 흐트러짐[혼란]을 초월론적이라고 형용하는 것이다.

안정된 (아니, 준안정된) A=A의 경험은 그 동일성의 흐트러짐에 있어서 어떤 균형의 효과로서 생긴다. 무슨 말인가? 예를 들어, "얼음을 곁들인 한 잔의 버번"이 뭔지 알 수 없는 반짝거리는 색깔을 내뿜고 있는 경험은 그렇게 드물지 않다(매우 취했거나 피곤했거나 주의가 산만해진 경우 이를 경험할 수 있다). 더 거칠게 생각해보자. "얼음을 곁들인 한 잔의 버번"이 갑자기 '지친 갈매기'가 되며, '지친 갈매기&말미잘'이 되며, 그리고 '말미잘&하마사키 아유미[일본 연예인]&닌자의 무리'가 되며 … 이와 같은 엉망진창은 꿈속에서 경험할 수 있으며, 분열증인 경우라면 깨어 있어도 가능하다(환각). 이런 엉망진창, 차이의 광란[미쳐 날뜀]은 사실상 온전한 일상에도 '잠복'해 있다고 생각해야 한다. 우리는 늘 차이의 광란을 다양한 '강도intensité'로 경험하고 있다. 분열증, 메스칼린mescaine이나 LSD는 그런 '초월론적 경험'을 날조하는 것이 아니라, 우리의 일상 속에 숨어 있는 '초월론적 경험'의 강도와 속도를 극단적으로 증폭시키는 것일 뿐이다.

칸트를 좇는다면, 우리는 권리상 온전하며[제정신이며]=이성적이며 사실상 다소나마 미쳐 있는=이성적이지 않은 때도 있을 뿐이다. 들뢰즈의 경우는 이와 정반대이다. 우리는 권리상 늘 이미 미쳐 있다—술에 취해 있다, 약물에 취해 있다junkie—고 생각해야 하며, 사실상 다소나마 제정신일 때가 있을 뿐이다. **인식의 수준에서든 윤리의 수준에서든** 그렇다.

우리는 기본값default 설정에 미쳐 있다. 그런 까닭에 함께 생활할 수 있으려면 다양한 방식으로 관계의 정리=이성화를 할 필요가 있다. 그러나 선행하는 것은 미침[狂]의 다양성이다.[56]

이 점에서 마약중독의 문학, 그중에서도 들뢰즈가 매우 사랑한 작가 중 한 명인 앙리 미쇼Henri Michaux의 『비참한 기적Miserable Miracle』(1956)은 메스칼린에 의한 탈조직화=탈기관화의 문서document로 참고가 된다. 다음에서 거론되는 상황이 메스칼린을 복용할 때의 경험으로 서술되어 있다.

열대 대양의 기슭에서, 보이지 않는 은색 달빛의 반짝임에서, 끊임없이

---

56 들뢰즈(&가타리)의 철학이 미침[狂]의 다양성을—그리고 신체·정신장애의 다양성을—정면에서 긍정한다는 해석은 고이즈미 요시유키(小泉義之)에 의해 추구되었다. 이 글은 그 기세에서 크게 시사를 얻었다. 예를 들면 다음을 보라. 小泉義之, 『トゥルーズの哲学——生命·自然·未来のために』, 講談社現代新書, 2000년. 또한 小泉義之, 『生殖の哲学』, 河出書房新社, 2003년.

바뀌며 출렁이는 파도의 물결에서 …

조용히 부서지는 파도 속에서, 반짝이는 수면의 약간의 떨림 속에서, 빛살을 박해하는 재빠른 조수간만 속에서, 빛나는 고리와 활과 선에 의해 찢어발겨지는 것 속에서, 자취를 감췄다가 다시 등장하는 것 속에서, 탈구성되고 재구성되고 접촉되면서, 내 앞에서, 나와 함께, 나의 내부에서 가라앉은 자신을 다시 일으켜 세우려고 확장하면서, 계속 춤추는 빛의 폭발[용솟음침] 속에, 참기 힘든 감정의 초조함 속에, 나의 냉정함이, 진동하는 무한 세계의 언어들tongues에 의해 천 번이나 더럽혀지고, 수천 개의 주름을 지닌 엄청난 유동적인 선들의 무리multitude에 의해 사인 곡선처럼 녹초가 된 가운데, **나는 있다, 그리고 나는 없었다.** 나는 사로잡히고, 나는 상실되었고, 완벽한 편재ubiquité 상태 속에 있었다. 수천 개의 바스락거리는 소리가, 나를 수천 개로 산산조각내고 있었다.[57]

자기 자신으로부터의 도주선의 용솟음침[폭발]. "그 장에 있는 채" 이면서도 신체가 어딘가로 끌려간다는 느낌—**"나는 있었다, 그리고 나는 있지 않았다."** 이 느낌이야말로, 팝적이고 위험한 들뢰즈·가타리의 느낌일 것이다. 이 느낌을 그들은 분열증(적)이라고 여겨진—이 진단이 타당한지는 차치하고—작가 앙토냉 아르토의 '기관들 없는 신체 Corps sans Organes'(CsO라고 약칭된다)라는 표현을 빌려 나타낸다. 기관들 없는=탈조직화된 신체. CsO는 상식·양식적인 신체 이미지가 금이 가 있는 틈새에서 출현할 것이다. 사실 CsO는 일상에서도 '잠재적virtuel'이다. 일단 위와 같은 맥락에서 들뢰즈의 '잠재성' 개념은 엉망진창이 되기의 '초월론성'을 의미한다. 엉망진창으로의 생성변화는

---

57 Henri Michaux, *Misérable miracle*, in *Œvres complètes*(1956), [*Miserable Micracle*, trans. Louise Varèse and Anna Moschovakis, New York: Review Books, 2002].

초월론적=잠재적으로 일상의 곳곳에서 작동하고 있다. 다른 한편, 사물을 규정[식별]할 수 있는 경험의 수준은 '현동적actuel'이라 불린다. 잠재적/현동적이라는 쌍은 차이/동일성과 대체로 겹친다.

그렇지만 제한 없이 엉망진창이 되라는 것이 아니다. 중요한 것은 들뢰즈·가타리가 '신중함'을 요청한다는 점이다. 건강화된 분열증이라는 준-안정상태에서 살려면, 신체가 어딘가로 끌려간다는 느낌을 서핑surfing하면서, 너무 깊은 광기, 심지어 죽어갈 때에도, 그래도 목숨을 부지해야 한다. 쾌활한 스키조 키즈로서 함부로 설쳐대기 위해서는 CsO를 너무 폭주시키지 않고 [삶을] 꾸려나갈 수 있어야 한다. **너무 심하게 해서는 안 된다.**

『천 개의 고원』에서는 다음과 같이 말한다.

비분절화하는 것, 유기체이기를 멈추는 것은 과연 무엇을 뜻하는가? 그것이 얼마나 단순하고, 매일 하고 있는 일에 불과하다는 것을 어떻게 말하면 좋을까? 어떤 신중함과 더불어 정량 복용dose의 기술이 필요하며, 오버도스overdose[약물의 과다투약, 투약과잉]는 위험하다. 망치로 마구 치는 것 같은 방식이 아니라, 섬세하게 줄로 갈아가는 듯한 방식으로 나아가야 한다. 우리는 죽음충동과는 전혀 혼동되지 않는 자기 파괴를 발명한다.[58]

인파를 헤치면서 걷고, 버번이 채워진 잔을, 바다를 본다. 일상의 뒤에서 당신과 세계는 다방향으로 세차게 치솟는 것마냥 균열되어 있다. 하지만 우리는 '약물남용'을 피하면서 연명하고 있다.

---

58 『천 개의 고원』, p.198, 306-307쪽, (上) 327-328頁.

약물남용의 회피는 생성변화의 다음에서 다음으로 전개되기 위해 필요하다.

만일 생성변화하는 사물이 혼연일체의 엉망진창이 되어버리면, 새로운 사건(다음의 생성변화)은 일어나지 않을 것이다. 그것은 에너지의 완전한 무작위성randomness, 즉 엔트로피가 최대가 된 '열사熱死'와 비슷하다. 거기에 도달하려는 것이 아니다. 생성변화론은 어떤 엉망진창과 다른 엉망진창의 차이를 생각한다. 약물남용의 저편인 열사는 모든 사물에 대한 접속 과잉에 다름없다. 약물남용의 회피란 생성변화를 다음에도 전개시키기 위해 접속 과잉을 삼가고 절단을 행사하는 것이다—비의미적으로, 어떤 부족함/과도함으로.

리좀적인 접속은 어딘가에서 절단되고 유한하게 되지 않으면, 우리는 도리어 거대한 편집증 속에 갇히게 된다. **모든 사물이 관계하고 있다**는 망상이다.[59]

생성변화는 접속 과잉의 막다른 곳으로부터의 해방이어야만 한다. 그것은 '절제sobriété'의 권유이다. 또 한 잔, 나중에 또 한 잔하면서 술독에 빠져들면, 어디서 마지막 한잔을 마시게 될까? 들뢰즈·가타리의 리좀 개념은, 혼자인 들뢰즈의 차이 개념은, 이처럼 '생성변화를 다음에도 전개하기 위한 접속의 절제'라는 과제에 의해 가교되고 있는 것이다.

---

59 텔레비전에서도 인터넷에서도, 길을 가는 행인도 모두 자기에 대해 소문을 내고 있다거나 '악의 조직'이 자신을 감시하고 있다는 식의 전반적 망상은 통합실조증에서 전형적인 망상이다.

0-5 생성변화를 어지럽히고 싶지 않다면, 너무 움직이지 마라

들뢰즈는 퇴직할 무렵이자 『주름: 라이프니츠와 바로크』를 출판했던 1988년, 잡지 『마가쟁 리테레르Magazine Littéraire』와 한 인터뷰에서 "나는 지식인이 아니다"고 말했다. 지식인이란 "그 어떤 일에 대해서든 의견을 갖고 있는 사람"이라고 한다. 그렇지만 들뢰즈 왈, "정말로 바람직한" 것은 오히려 "이러저러한 논점에 관해 그 어떤 견해도 갖지 않는 것"이다. 우리는 매일 '소통의 부족'에 시달리고 있는 것이 아니라, 반대로 이러저러한 논점에 관해 논평할 수밖에 없도록 시달리고 있다. 때문에 들뢰즈는 '여행'을 좋아하지 않는다고 한다.

> 여행이란 뭔가를 말하려고 다른 곳에 갔다가 뭔가를 말하려고 다시 여기로 돌아오는 것입니다. 돌아오지 않거나 다른 곳에 오두막집을 짓는다면 또 얘기가 다르지만 말입니다. 그래서 저는 여행이 내키지 않습니다. 생성변화를 어지럽히고 싶지 않다면 너무 움직여서는 안 됩니다. 저는 토인비가 쓴 한 구절 때문에 충격을 받았습니다. "유목민이란 움직이지 않는 사람들이다. 그들은 사라져버리기를 거부하기 때문에 유목민이 된다"는 것입니다.[60]

여기에서 들뢰즈가 배척하는 지식인의 '너무 움직임'이란 이러저러한 것과 관련해 우리의 대표자représentant인 체 하는 자—이러저러한 것의 재제시-표상représentation을 하느라 바쁘기만 한 자—의 절제 없음을 가리킬 것이다. 이런 자들은 생성변화에 의해 자신을 잃을 위

---

60 『대담 1972~1990』, p.188, 146-147쪽, 277頁.

험에 바싹 다가서지 않는다. 너무 움직이는 지식인은 이성의 영역에서는, 이와 정반대로 [전혀] 움직이지 않기 때문이다. 다른 한편, '너무 움직이지 않음'에서의 생성변화란 **전부가 아닌** 사물'과'의 관계들을 바꾸는 것이다.

생성변화를 어지럽히고 싶지 않다면, 너무 움직여서는 안 된다.

이 잠언에서 나는 또 하나의 메시지를 듣는다. 이것은 자기 파괴로서의 생성변화의 지나친 가속화, 약물남용 내지 배드트립bad trip[61]에 대한 경계이기도 하지 않을까? 자의식의 폭주(지식인의 너무 움직임)와 무의식의 폭주(마약중독자junkie의 너무 움직임)를 모두 절제하는 economise 것.

'너무 움직여서는 안 된다'의 두 방향

A 지식인=대표자의 너무 움직임

↓ 절약 A (=절단 A: 리좀으로의 절단)

너무 움직이지 않는 생성변화: 그 장에서의 여행trip

↑ 절약 B (=절단 B: 리좀의 절단)

B 마약중독자의 너무 움직임

더 움직이면 더 좋아진다고 사람들은 자주 생각하기 쉽다. [그러나] 사람은 너무 움직이면, 많은 것에 과도하게 관계되어 옴짝달싹할 수 없게 된다. 창조적으로 되려면, '너무 ~하지 않는' 정도에서 움직이지 않으면 안 된다. 너무 움직이는 것의 직전에 머무르기. 이를 위해서는 자신이 타자로부터 부분적으로 분리되어버리도록 내버려둬

---

61 [옮긴이] LSD 등에 의한 뒤끝이 좋지 않은 환각 상태.

야 한다. 자신의 유한성 때문에, 다양하게 우연한 타이밍으로.

들뢰즈가 행한 비판은 미묘한 다름(소수자적인 차이)이 있는 사물이나 사람들을 조잡하게 뒤죽박죽 섞어서 하나로 만드는 représentation(대표, 대리, 표상)에 대한 비판이었다.[62] 이를 '대리-표상 비판'이라고 부르자. 들뢰즈는 **대리-표상되지 않는 차이 자체**의 철학을 요청했다.

잠재적인 차이가 들뢰즈(&가타리)에게서의 '실재réalité'이다. 그 풍경, 세계의 참 모습은 어떻게 그려져야 하는가. 그것은 혼연일체의 엉망진창이 아니다. 절단된, 구별된, 분리된, **복수의** 엉망진창에 의한 콜라주이다. 세계에는 가는 곳마다 비의미적 절단이 [사방팔방으로] 뻗어 있다. 상식과 양식에 의한 납득[나눠짐]에서 벗어났다고 하더라도 혼연일체가 되지는 않으며, 다른 식으로 (다양한 엉망진창으로) 사물은 다시 나뉘는 것이다.[63]

이것은 들뢰즈가 초창기부터 가졌던 **직감**이 아니었을까?

1956년 이후부터 들뢰즈가 강하게 몰입commit했던 베르그손주의는 실재의 연속성에 대한 '직관intuition'을 요구한다. 그러나 초창기 들뢰즈는 절단된 상황을 독특한 방식으로 주제화했다. 이를 보여주는 것이 소르본 대학교의 학부생 시절에 쓴 「무인도의 원인과 이유」라는 시론이다. 이 글에서 청년 들뢰즈는 상상력의 영역을 주위로부터 절단된 '무인도'에, 대륙(소통의 영역)으로부터 떨어진 곳에 비유하고 있다. 섬은 대륙으로부터 떨어져 있으며 대양과 길항하여 존재한다.

---

62 이 점에 관한 고전적 연구로는 다음을 참조하라. Dorothea Olkowski, *Gilles Deleuze and the Ruin of Representation*, University of California Press, 1999.

63 [옮긴이] 여기서도 말장난을 하고 있다. '납득[나눠짐]'으로 옮긴 것은 '分かり'인데, 이것은 이해, 납득, 깨달음을 뜻하면서도 '나누다'와 연결되기 때문이다.

섬을 꿈꾼다. 불안과 함께냐, 기쁨과 함께냐는 별로 중요치 않다. 이것은 우리가 분리되고 이미 분리돼 있으며 대륙에서 멀리 떨어져 있음을, 외톨이이자 외딴 곳에 있음을 꿈꾸는 것이다. 혹은 우리가 0에서 재출발하고 재창조하며 다시 시작하기를 꿈꾸는 것이다.[64]

베르그손적인 연속성의 직관과 들뢰즈의 '무인도적인 분리의 **직감**'을 일단 나눠두자. 이런 가운데 둘의 연관을 재고해야 한다. 무인도적인 직감은 흄을 해석할 때도 반복된다. 그리고 해저에서 무인도가 불쑥 솟아나듯이, 들뢰즈의 행보에서 이 절단의 직감은 곳곳에서 부상하게 된다.

무인도, 들뢰즈에게 이것은 '개체'의 시원과도 같은 이미지일 것이다. 대륙도 아니고 대양도 아니고 이 둘 사이, 인간의 소통과 자연의 수프soup 사이에는 별개의 섬들이 있다.

0-6 방법: 들뢰즈 철학의 유년기로

들뢰즈는 『차이와 반복』에서 다양한 맥락을 '콜라주'하면서 '공상과학소설'처럼 철학하기라는 방법을 선언한다.[65] 나는 이 방법을 참조해 들뢰즈의 다양한 맥락을 재구성한다. 콜라주라는 조작은 내용에서나 형식에서나 '들뢰즈 철학의 유년기'에서의 흄주의, 그 연합설에 호응

---

64 Gilles Deleuze, "Causes et raisons des îles désertes", *L'Île déserte et autres textes. Textes et entretiens 1953-1974*, éd. préparée par David Lapoujade, Minuit, 2002, p.12, (上) 14頁.

65 들뢰즈, 『차이와 반복』, p.4, 22쪽, 15頁.

한다. 이 글은 들뢰즈의 행보에서 흄주의가 빈번하게 부상된다는 점을 **과장하면서** 중시한다. 다른 한편, '들뢰즈 철학의 소년기'에서는 베르그손주의에 기초한 '차이의 존재론'이 성립된다. 우리는 들뢰즈의 흄주의가 니체주의와 합류하면서 차이의 '존재-론'의 로고스—에 의한, 모든 사물의 '집약'[66]—를 분열시키는 계기로서 **간헐적으로** 작동한다는 점을 확실하게 할 것이다. 형식적으로도 흄주의는 들뢰즈 철학의 체계화의 중단interruption[67]으로서 반복된다. 이 글은 그런 균열fêlure, 상처에 있어서 들뢰즈 철학의 삐걱거림에 반응하려는 시도이다.

이 글은 차이의 '존재론'의 성립과 그 중단[단열] 중 어느 한쪽에 진정한 들뢰즈 상이 있다고 정하는 것이 아니다. 들뢰즈 철학의 불안정한 거처oikos, 들뢰즈 철학의 자세economie를 이것들의 '중간milieu'에서 그려내고자 한다. 클레르 파르네와 공저한 『디알로그』(1977년)에 수록된 「영미문학의 우월성에 대하여De la supériorité de la littérature anglaise-améicaine」라는 대담한 제목이 붙은 장에서 들뢰즈는 이렇게 말했다.

흥미로운 것은 시작도 끝도 아니다. 시작과 끝은 점들로 이루어져 있다. 중요한 것은 중간이다. 영국적 0은 늘 중간에 있다. … 프랑스인은 너무도 나무에 입각해[나무의 용어로] 생각한다. 앎의 나무, 나무 모양

---

66 이 글에서는 로고스에 sammeln(끌어 모으다)라는 뜻이 있다는 하이데거의 해석을 염두에 두고 있다. 로고스는 "하나로 끌어 모으는[한데 모으는]" 것이며, 이를 이 글에서는 '집약하다'라고 표현한다. cf. Martin Heidegger, *Einführung in die Metaphisik*, Gesamtausgabe, Bd. 40, V. Klostermann, 1983, Kap. IV-3. [마르틴 하이데거 지음, 박휘근 옮김, 『형이상학 입문』, 문예출판사, 1997.]

67 [옮긴이] 단열斷裂[끊기고 찢겨짐]이라는 표현 대신 'interruption'을 감안해 '중단'으로 옮긴다.

의 점들, 알파와 오메가, 뿌리와 꼭대기 등이 그렇다. 이것들은 풀과 반대된다. 풀은 사물의 중간에서 움틀 뿐 아니라 풀 자체가 중간에서 돋아난다. 이것이 영국적인 혹은 미국적인 문제다. 풀은 자신의 도주선을 갖고 있으며, 뿌리내리지 않는다. 우리 머릿속에 있는 것은 풀이지 나무가 아니다. 이것이 바로 사유가 의미하는 바이며, 뇌가 무엇인지를 뜻하는 것이며, '어떤 신경계', 풀[草]의 '신경계'이다.[68]

우리의 고찰은 잠재성/현동성, 아이러니/유머, 표면/심층 같은 이원성 **사이**로 향하며, 이런 사이를 지시하는 개념을 만들어내는 실험도 할 것이다.

0-7 자기-향유

들뢰즈가 자살한 날로부터 사흘 뒤인 1995년 11월 7일 화요일, 조르조 아감벤은『리베라시옹』지에「인간과 개를 빼고」라는 추도문을 기고하고, "어쩌면 금세기의 가장 위대한 두 명의 철학자"일 들뢰즈와 하이데거 사이에는 '어떤 심연'이 있음을 시사했다.

아감벤에 따르면, 두 사람 모두 '사실성'에서 출발하는 철학자였다. 그러나 "해야 할 책무"에 주력하는 하이데거와는 대조적으로, 들뢰즈의 "근본적 음색"은 "영어로 self-enjoyment라고 불렸던 그 감각"에 있었다. 자기-향유self-enjoyment. 만년의 들뢰즈는 A. N. 화이트헤드의『과정과 실재』(1929년)가 출처인 이 개념에 독특한 애착을 보

---

68 들뢰즈&파르네,『디알로그』, pp.50-51, 77-78쪽, 72頁.

였다. 아감벤은 이렇게 회상한다. 들뢰즈가 파리8대학에서 퇴직한 1987년 봄,

내가 쓴 노트에 따르면, 3월 17일 그는 이 개념을 설명하기 위해 플로 티누스의 관조 이론을 해명하는 것에서 시작했다. '모든 존재는 관조한 다'고, 그는 기억에 의존해 자유롭게 인용하면서 이렇게 말했다. 모든 존재는 관조이다. 동물들도, 식물들도 그렇다(기쁨 없는[기쁨을 알지 못 하는], 슬픈 동물들인 인간과 개는 빼고, 라고 그는 덧붙였다). 제가 농담을 한다고, 그건 하나의 농담이라고 여러분은 말할 것이다. 맞다. 하지만 농담조차도 관조이다. … [69]

이 '관조contemplation' 개념은, 플로티누스의 『엔네아데스*Enneades*』 중 제3논집·제8논문 「자연, 관조, 일자에 관하여」[70]에서 유래한다고 생각된다. 이를 테면, "관조하기를 원하고 이 목적으로 향해가는" "모 든 존재"는 "동물, 그리고 식물조차도, 이것들을 산출하는 대지도" "이성적 존재"이다. 플로티누스는 이것을 농담처럼 말하기 시작하며,

---

69 Giorgio Agamben, "Sauf les hommes et les chiens", *Liberation*, 7 novembre 1995. [옮긴이] 글쓴이는 'contemplation'을 모두 관상觀想, 즉 관조+명상의 의미로 옮기고 있 지만, 번역본에서는 이를 모두 '관조'로 바꾼다. 한편 『차이와 반복』의 한국어 번역본에서 는 '응시'로 옮겨져 있는데, 이것 역시 '관조'로 통일한다.

70 [옮긴이] 다만, 역자가 기존 학계에서 통용되는 전문용어 대신 새로운 번역어를 사용한 경우에는 주의할 필요가 있다. 예를 들어, 역자가 '성찰'로 옮긴 'contemplation'은 저자 가 그리스어 'theôria'의 번역어로 택한 것으로(P. 146), 통상 '관조' 내지 '관상'으로 번역 된다. 물론, 이 번역어들은 원어가 지닌 '바라보다'라는 의미를 부각시킬 수 있다는 장점 이 있다. 그렇지만, 해당 맥락에서 'theôria'가 정신적인 바라봄, 즉 지적 통찰을 뜻한다는 점에서 능히 '성찰'로 옮겨질 수 있다. 이 경우, '성찰'이 어떤 용어의 번역어인지를 처음 에 명시해두는 것이 도움이 될 것 같다. 역자가 종종 '성품'으로 옮긴 'nature'는 맥락에 따라 '본성' 또는 '성질'로 번역되는 것이 자연스럽다.

"관조하기를 원하기 때문에, 사람은 농담을 하는 것이다"라고 설명한다. "게다가 어른과 마찬가지로 아이들도 장난을 치든 진지하든, 관조하는 것 외에는 아무런 목적을 갖지 않는 것처럼 생각된다."[71] 아감벤에 따르면 "인간과 개는 빼고", 플로티누스를 통해 보충한다면 "장난을 치든 진지하든", 모든 것은 관조한다.

꽃, 암소는 철학자보다 훨씬 더 관조합니다. 그리고 관조하면서 자기 자신을 채우고 자신을 향유하는 것입니다[즐거워하는 것입니다]. 꽃과 암소는 무엇을 관조할까요? 자기 자신의 요건을 관조하는 것입니다. 돌은 규소와 석회질을 관조하고, 암소는 탄소와 질소와 소금을 관조하는 셈입니다. 이것이 self-enjoyment(자기-향유)입니다.[72]

그런데 "인간과 개는 빼고"라는 자극적인 구절은 유감스럽게도 아감벤의 연출인 듯하다. 기록을 살펴보면, 3월 17일 수업에서 들뢰즈가 '관조적이지 않다'고 폄하했던 것은 '고양이나 개' 같은 '가장 지위가 낮은 동물', 그리고 모든 인간이 아니라 '망할 놈들damnés'이었다.[73] "고양이와 개는 약간의 기쁨 밖에는 모릅니다. 아픈 동물들입니다. 전혀 아무것도 관조하지 않는 것입니다." 바로 그렇기에 "망할 놈들은 모두 고양이나 개를 데리고 다니는 것이다." 관조하는 힘은 너무 쇠약하게 만들어버리는 경우가 있다. "지옥에 떨어진다"는 것은

---

71 Plotin, *Troisième Ennéade*, tr. fr. Émile Bréchier, Les Belle Lettres, 1999, pp. 256~257.

72 Agamben, "Sauf les hommes et les chiens".

73 *Web Deleuze*, accessed August 6, 2013, http://www.webdeleuze.com/php/
    sommaire.html
 [옮긴이] 정확하게는 라이프니츠에 관한 강의에서이다. http://www.webdeleuze.com/
php/texte.php?cle=142&groupe=Leibniz&langue=1

'피로fatigue'의 끝장일 것이다. 『차이와 반복』에서는 '피로와 관조'에 대해 논하는데, 들뢰즈는 "이것은 겉보기와는 정반대로, 생생한 실체험이기 때문에 좋아한다. 『차이와 반복』에 내 마음에 드는 대목이 몇 페이지 있는데, 가령 피로와 명상에 관한 부분이 그러하네. 보기와는 달리 그것들이 산 경험으로부터 나온 것이기 때문이지(30쪽)"라고 발언한다.[74] 아마도 다음 대목을 가리키고 있을 것이다. "우리는 관조들로 합성[구성]되어 있는 것과 마찬가지의 정도로 피로들로 합성[구성]되어 있다." 『차이와 반복』에서 피로는 '결여manque'보다 수동적인, 관조의, 자기-향유의 불능不能으로 여겨진다.[75]

아감벤의 메모로 돌아가자.

자기-향유는 자기라는 것의 작은 쾌락, 즉 이기주의가 아닙니다. 기쁨을 생산하는 듯한, 나아가 그런 기쁨이 앞으로도 지속될 것이라는 믿음을 생산하는 듯한, 그 원소 사이의 축약contraction인 것이며, 고유한 요건에 관한 관조인 것입니다. 그런 기쁨이 없다면, 사람은 살아갈 수 없을 겁니다. 심장이 멎어버리니까요. 우리는 작은 기쁨인 것입니다. 자신에게 만족한다는 것은 꺼림칙한 것에 저항할 힘을 자기 자신 속에서 찾아낸다는 것입니다.[76]

자기-향유는 이기주의가 아니다. 왜냐하면 "자신에게 만족하는"

---

74 『대담 1972~1990』, p.16, 30쪽, 19頁.

75 『차이와 반복』, p.105, 184쪽, (上) 215-216頁.

76 Agamben, "Sauf les hommes et les chiens". [옮긴이] contraction은 축약보다는 수축으로 옮기는 게 정확하다고 생각한다. 그러나 뒤에도 계속 나오는 구절의 내용을 보건데, '축약'이라는 어감이 더 좋은 경우가 있어서 불가피하게 '축약' 혹은 '축약[수축]'으로 표기한다.

것이라도 기쁨은 자신을 자신과는 상이한 '원소'들, 즉 타자들의 **통합[모둠]**으로 보는 것이기 때문이다. 자신이란 복수의 타자가 '축약[수축]'된 결과=효과effet인 것이다. 들뢰즈는 타자들을 자기보다 앞세운다―**타자들이 될수록 우리는 더욱 더 자기가 된다.** 그렇지만 이것은 아감벤이 느꼈던 '근본적 음색'의 절반에 불과하다. 만년의 들뢰즈의 잊기 어려움은 오히려 타자와 자기의 시소게임을 한없이 수평화해버리는, 거의 이상행복증[다행증]적인 말투 아닐까―**기쁨 없이 자기가 될수록 우리는 더욱 더 타자들이 되는** 것이다. 타자로의 생성변화와 '개체화', '주체화'는 식별할 수 없을 때까지 축약[수축]되는 것이다.[77]

내 메모는 여기서 끝나지만 이런 식으로 나는 질 들뢰즈를 기억하고 싶다. 번민에서 시작된 음울한 금세기의 위대한 철학이 기쁨으로 끝나는 것이다.

생성변화란 자타를 뒤죽박죽 섞어버려 하나로 만드는 것이 아니다. 자기-향유는 자타의 구별을 수반한다. 플로티누스에 의거하면서도 들뢰즈의 눈길은 신플라톤주의의 '일자-전체'로 집약되는 것이 아니라 사물物事 개개의 축약[수축]으로 분산되고 있는 것이 아닐까.

들뢰즈는 플로티누스의 웃음을 흄의 "전체화가 불가능한 단편들의 세계"[78]에 울려 퍼지게 한다. 만년의 『철학이란 무엇인가』에서는

---

77 [옮긴이] 다행증(多幸症, Euphoria)을 최근에는 '이상행복증'이라고 옮긴다. 이것은 문자 그대로 '근거 없는 병적인 행복감에 젖는 정신상태'를 가리키며, 대체로 기질적 정신장애의 조증상태에서 볼 수 있다고 한다. 이하에서는 모두 '이상행복증'이라고 바꿔 적는다.

78 Deleuze, "Hume", *L'Île déserte et autres textes. Textes et entretiens 1953-1974*, éd. préparée par David Lapoujade, Minuit, 2002, p.228[「흄」, 『들뢰즈가 만든 철학사』], 134쪽, (下) 45頁.

"영국 철학의 아주 특이한 그리스적 성격, [즉] 그 경험론적 신플라톤주의"를 축복하고 있다.[79] 다른 한편, 하나의 세계의 연속성에 푹 빠져들려 했던 베르그손도 플로티누스의 영향 아래에 있었다. 그렇지만 들뢰즈의 경우에는 아마도 자기-향유라는 영어 단어의 **번역 불가능성**에 대한 기묘한 집착이 모름지기 "전체화가 불가능한 단편들의 세계"에 대한 집착에 대응하는 것일 아닐까?[80] 자기-향유는 대륙의 맞은편 군도에서 건너온 개념, 아니 군도 자체로서의 개념이었던 것이 아닐까. 자기-향유의 번역 불가능성은 구별된 자타 사이의 번역 불가능성에 대응하는 것이 아닐까?

---

79 들뢰즈·가타리, 『철학이란 무엇인가』, p.101, 155쪽, 182頁.
80 1987년 3월 17일의 수업에서 자기-향유는 '고유하게 영어적'이라고 간주된다.

제1장

생성변화의 원리

모든 사물은 서로가 서로로 생성변화하기를 그치지 않는다. 범-생성변화론, 이것은 어떤 사물이든 리좀적인 것과 관련돼 있다는 것이다. 그러나 서론에서 강조했듯이, 리좀에는 '비의미적인 절단의 원리'가 있다. 관계는 다방향에서 접속될 수 있을 뿐 아니라 다방향으로 절단되기도 한다. 다방향에서 그리고 다방향으로 이루어지는 관계의 절단, 이 때문에 동적인 관계맺음으로서의 생성변화의 과정은 매끈한 '그라데이션gradation'[1]일 수 없다. 관계맺음의 다수의 화살표는 드문드문하고[성기며], [구멍이] 숭숭 [뚫려 있으며] 전면적이지 않다. 완벽한 '동일화'는 있을 수 없다. 그 때문에 "모든 사물은 서로가 서로로 생성변화하기를 멈추지 않는다"고 말하는 것은 모든 사물에 두루 퍼져 있는 통저[공통으로 밑에 깔려 있음]의 것이 아니다.[2] 중국철학의 용어를

---

1. [옮긴이] 글쓴이가 '그라데이션gradation'이라고 음차한 것을 여기서는 그대로 좇는다. '단계적 변화'라는 번역어는 의미의 왜곡을 낳기 때문이다.

2. [옮긴이] 일본어의 일상어인 '통저通底'는 말 그대로 아래나 바닥·바탕에서[底] 통한다[通]는 뜻이다. 밑바탕에서 서로 통하거나 공통적이라는 의미.

쓴다면, 이른바 '만물제동万物齊同'[3]이 아닌 것이다.

1-1 물화와 생성변화: 만물제동에 항거하는 구별

범-생성변화에 관한 이 같은 해석은 『장자』에 관한 나카지마 다카히로의 해석에 뒷받침되고 있다. 나카지마는 장자의 '물화론物化論'과 들뢰즈·가타리의 생성변화론을 비교한다.[4] 나카지마는 '변하는 것을 최대한 긍정하는 철학의 정치성'과 고군분투했다. 이것을 들뢰즈의 경우에 비춰서 음미하면 어떨까? 이 글에서는 저 유명한 '호접몽'의 에피소드가 매우 중요하다.

> 일찍이 장주가 꿈을 꾸고 나비가 되었다. 펄럭거리며 나는 나비였다. 스스로 즐기고, 마음껏 했다. 장주인 줄 몰랐다. 갑자기 꿈에서 깨자, 흠칫 놀라니 장주였다. 장주가 꿈을 꾸고 나비가 되었는지, 나비가 꿈을 꾸고 장주가 되었는지 모르겠다. 장주와 나비는 반드시 구별이 있을 것이다. 그러니까 이것을 물화라고 하는 것이다.[5]

---

3 [옮긴이] 만물제동이란, 만물은 도의 관점에서 보면 등가라고 하는 사상을 가리킨다. 사람의 인식은 선악·시비·미추·생사 등 상대적 개념으로 이루어져 있지만, 이것을 초월한 절대적 무의 경지에 오르면, 대립과 차별은 소멸하고, 모든 것은 같다고 하는 설. 사람의 상대적인 앎을 부정한 장자의 사상. 여기서 '제齊'는 '같다', '대등하다', '동일하다等しい'라는 뜻이다.

4 中島隆博, 「襞を通り抜けること——ドゥルーズと中国」, 『超域文化科学紀要』, 제10호, 2005년. 또한 中島隆博, 『荘子——鶏となって時を告げよ』, 岩波書店, 2009년. 이들 내용은 다음에 포함되어 있다. 中島隆博, 『共生のプラクシス——国家と宗教』, 東京大学出版会, 2011年, インタールード2, 「他のものになることの倫理——ジル·ドゥルーズと中国」.

장자의 '물화'에 관해서는, 관례적으로, 모든 구별 없이 '도'에 있어서 통저하고[기초적 공통성을 갖고] 있다는 것, 즉 '만물제동'의 까닭으로서 이해되는 일이 많았다. 그런데 나카지마의 해석은 이런 통념을 단호히 배척한다. 왜냐하면 원래『장자』의 글말[文言]에서는, "장주와 나비는 반드시 구별이 있을 것이다周與胡蝶, 則必有分矣"라고 명시되어 있기 때문이다. 나카지마는 곽상郭象이 쓴『장자주莊子注』에 의거하면서, '호접몽'의 요점은 급진적인 타자화와 "스스로 즐기고 마음껏 했다"를 동시에 긍정하는 것이라고 본다. 무슨 말인가? 한편으로, 장주는 나비가 되면 나비일 뿐이며, 다른 한편으로 장주로 돌아가면 장주일 뿐이다. 곽상은 이것을 "바로 이것일 때에는 저것은 모른다"고 표현한다. 그 때문에 나카지마는 다음과 같이 주장한다. "… 여기서 구상되고 있는 것은, 한편으로 장주가 장주로서 나비가 나비로서 제각기 구분된 세계와 그 현재에 있어서 **절대적으로** 자기 충족적으로 존재하고 다른 입장에 무관심하면서, 다른 한편으로 그 성性이 변화해 다른 것이 되고[化] **그 세계 자체가 변용된다**는 사태이다." 그리고 "호접몽은 장주가 호접이라는 다른 물物로 변화했다는 것 이상으로, 그때까지 예상치 못했던, 내가 호접으로서 존재하는 세계가 출현하고, 그 새로운 세계를 통째로 향유한다는 의미가 된다. 그것은 무엇인가 '참 실재'인 '도'의 높은 곳에 오르고, 만물의 구별을 깔본다[헛되게 한다]는 의미에서의 '물화'라는 변화를 즐긴다는 것이 아니다."[6] 여기서 나카지마는 모든 것을 싸잡아[한꺼번에] 혼합시키는 '높은 곳', 초월적인 유일한 견지에 선다는 것은 (중화) 제국화의 단서[구실]가 된다며

---

5 『莊子』, 齊物論編. 나카지마 다카히로中島隆博의 번역본을 사용했다(中島隆博,『莊子』, 150頁). 金谷治 번역의 岩波文庫版에서는 第一卷, 89頁.

6 中島隆博,『莊子』, 154-155頁.

경계하고 있다. 거꾸로, 당장의[즉각적인] 세계로의 절대적인 '자기충족'은 내재성의 철저이다. 어떤 내재성에서 다른 내재성으로의 변환 switch에 있어서 "깜짝 놀란 장주"일 뿐인 존재의 명멸, 이것은 세계로부터 세계로의 이른바 '절대적 망각'에 의한 이전移轉일 것이다. 세계를 맞바꾸는 순간의 멍함이야말로 만물제동으로서의 범-물화의 제국주의, 즉 존재론적 파시즘에 대한 저항이라는 의의를 갖는 것이다.

"생성변화를 어지럽히고 싶지 않다면 너무 움직여서는 안 된다"라는 들뢰즈의 잠언을 마치 『장자』의 일부인 양 다뤄보자. 즉, '너무 움직인다'는 것은 세계 전체를 '도'라는 실에 의해 무한하게 빨리 봉합하고 만물제동으로 하는 것이며(접속 과잉), 거꾸로 '너무 움직이지 않는' 생성변화란 구별=절단된 개개의 자기충족—이것은 자기-향유에 상당한다—의 변환switch으로서의 물화라고 보면 어떨까?

*

이 장에서는 주로 『천 개의 고원』의 제10고원을 기반으로 삼아 생성변화론의 수사학을 분석한다. 들뢰즈 등은 생성변화를 어떻게 말했는가? 이를 검토함으로써 사실상 생성변화론이 들뢰즈의 흄주의에서 핵심인 '관계의 외재성'에 의거하고 있음을 보여주고 싶다. 그 속에서 비의미적 절단의 원리는 관계의 외재성으로 귀착된다. 이 글에서는 절단적 들뢰즈의 원천은 흄이며, 접속적 들뢰즈는 베르그손의 후예라고 본다. 이 장과 다음 장에서는 우선 절단적 들뢰즈에 집중하고, 이를 바탕으로 3장부터는 베르그손의 맥락을 도입한다.

1-2 생성변화론의 수사학(1): 구별 있는 익명성

들뢰즈·가타리는 일찍이 일부 페미니스트의 분노를 샀던 적이 있다. 그 불씨가 된 것은 "여성으로의 생성변화[여성-되기]"에 관한 해석이었다. 이 사건을 실마리 삼아 생성변화에 대한 수사학을 분석하자.

생성변화의 첫 번째 테제―생성변화는 '모방'도 '동일화'도 아니라고 여겨진다.

들뢰즈의 철학은 동일성을 공격한다. 그 어떤 동일성도 특정한 맥락에서 규정된 가면에 불과하다. 따라서 여성으로서의 특정한 동일성을 확신할 수는 없다. 들뢰즈 등에게 여성으로의 생성변화는 여성으로서의 특정한 동일성으로부터 도주하는 것이며, 불명료한 x로 생성변화한다는 것을 뜻한다.

생성변화의 두 번째 테제―되려고 하는 그 어떤 것은 생성변화에 있어서 다른 어떤 x가 된다.

때문에 여성으로의 생성변화는 실질적으로는 미규정적인 'x로의 생성변화'이다.

들뢰즈·가타리는 이 x를 '지각할 수 없는 것'이라 부른다. 때문에 여성으로의 생성변화는 실질적으로는 '지각할 수 없는 것으로의 생성변화[지각 불가능하게 되기]'이다―이런 생각이 1970년대에 일부 페미니스트의 분노를 샀다. 왜냐하면 이 논의는 여성'이다'는 것을 알 수 없게 하는[숨기는] 것이나 다름없으며, 권리 주체인 여성들의 단결에 헤살을 놓는 것처럼 보이기도 했기 때문이다.[7] 그렇지만 오늘날의 관점에서 돌이켜보면 들뢰즈 등은 마이너리티의 신분증identity을 조잡하게 확정한 것이 아니라, 다양한 욕망의 교착을 분석하려고 하는 훗날의 페미니즘의 전개와 '퀴어 이론'을 선취했다고 평가할 수 있다.

이럴 경우 성의 영역에 있어서 '지각할 수 없는 것'은 '여성', '레즈비언', '게이', '트랜스젠더' 등등의 범주에 들어가지 않는, 다양하고 상이한 '변태queer'[8]의 단편들이 되지 않을까.

이로부터 나는 '생성변화의 역설'을 추출한다. 그것은 다음과 같다.

특정한 사물 N으로의 생성변화는 그 명사 'N'을,

(a) 소거=익명화하는 동시에

(b) 반복하고 유지한다.

여성으로의 생성변화는 '여성'이라는 명사를 통해 기존에 지시됐던 다양한 내용'인[이다]' 것을 사양하고, 다른 식으로 되기, 새로운 존재의 자세를 취하기에 다름 아니다. 그것은 역사적으로 규정된 한에서의 여성의 부정이다. 여성으로의 생성변화는 약하게 말하면 '규범적normative'인 여성다움의 포기이지만, 강하게 말하면 여성이지 않은 x, 지각할 수 없는 것으로의 생성변화이다. 생성변화의 역설이란 N이 된다=N이 아니게 된다는 것이다.

쥐, 홍수림紅樹林, 철鐵이 되는 것도 규정들에서 벗어나 x가 되는 것이다.

들뢰즈·가타리에 따르면, 지각할 수 없는 것은 '식별 불가능'하며

---

7 François Cusset, *French Theory: Foucault, Derrida, Deleuze & Cie et les mutations de la vie intellectuelle aux États-Unis*, Éditions La Découverte, 2005 [프랑수아 퀴세 지음, 문강형준·박소영·유충현 옮김, 『루이비통이 된 푸코?: 위기의 미국 대학, 프랑스 이론을 발명하다』, 난장, 2012].

8 [옮긴이] 간혹 perverse는 변태로, queer는 음차하여 퀴어로 표기하지만, 여기서는 글쓴이의 의도를 존중했다.

'비인칭적'이다.[9] N으로의 생성변화는 **그 이름과는 반대로**, 식별 가능성을 잃고 익명화되는 것이다. 그럼에도 들뢰즈 등은 그래도 '여성[이 되기]', '개[가 되기]'라는 **구체적인** 표현을 지워버리지 않았다. 즉 모든 (역사적인) 질곡에서 벗어나 x가 된다고 처음부터 말하고 있는 게 아니다. 이것이 매우 중요하다고 생각한다.

생성변화론의 수사학에서는 왜 구체적인 명사를 남기고 있는가? 그것은 생성변화하는 과정의 **구체적인 복수성**을 긍정하기 위해서다. 한편으로, 생성변화들은 사실상 모두, 지각할 수 없는 것으로의 생성변화였다. 그러나 이것은 궁극적으로=단일하게 지각할 수 없는 것, 전혀 구별할 수 없는 만물제동으로서의 X(대문자)로 수렴하는 것**이 아니다**. 생성변화들에 있어서 여러 명사들은 익명화=탈복종화되기는 하지만, 그렇더라도 이런 복수성을 잃지 않는다. 이는 다음과 같이 설명할 수 있다. '여성', '개', '쥐'는 익명화에 의해 단일한 X로 수렴되는 것이 아니라, x, y, z … 등과 같은 식으로 **별개로[따로따로] 익명화된다**. 이상으로부터 두 개의 익명성 개념을 구별해보자―단일한 X로의 수렴으로서의 '만물제동의 익명성'과 복수의 x, y, z … 이라는 '구별이 있는 익명성'이다.

생성변화론의 수사학에서는, 한편으로는 순전히 지각할 수 없는 것이 상정되는 것 같다. 이것은 '일원론'의 극이라고 말할 수 있다. 그

---

9 『천 개의 고원』, p. 342, 529쪽, (中) 249頁. 다음을 참조하라. 생성변화에 대해 스테판 르클레르와 아르노 빌라니가 내린 정의에 따르면, 생성변화의 다양성은 '존재의 일의성의 표현'인 것이며, 그것은 "'일자'로서의 존재의, 다양하고 상이한 표현을 통한 실현"이라고 여겨진다. 이 서술은 여러 가지 생성변화에 통저하는[기초적 공통성을 지닌] 하나의 지평을 인정하는 것처럼 읽히며, 바디우적 비판의 대상이 될 것이다. Stéfan Leclercq et Arnaud Villani, "Devenir", in *Le Vocabulaire de Gilles Deleuze*, éd. Robert Sasso et Aarnaud Villani, C.R.H.I., 2003, pp. 104-105.

러나 다른 한편으로는 서로 구별되는 것 이상의 본성을 갖지 않은 '미립자[입자]' 같은 익명성과 이것들의 관계만을 생각하고 있다. 이쪽은 '다원론'의 극이다. 전자는 '만물제동의 익명성'에 의한 일원론이며, 후자는 '구별이 있는 익명성'에 의한 다원론, '절단되고, 분리된 익명자匿名者의 다원론'이다.

들뢰즈(&가타리)의 생성변화론에서 골치 아픈 것은 사물의 익명화라는 커다란 표적[목표]에 있어서 '만물제동의 익명성'에 의한 일원론과 '구별이 있는 익명성'에 의한 다원론이 [서로] 유착하는 듯 보인다는 것이다. 어쩌면 이것은 들뢰즈(&가타리)에 대한 찬반의 주요 쟁점에 대응할 것이다. 들뢰즈 철학의 '파시즘'성에 대한 바디우의 비판, 이것은 '만물제동의 익명성'에 의한 일원론의 **낌새**에 대한 비판일 것이다. 이에 반해 나는 들뢰즈(&가타리)에게 실효적인 것은 '구별이 있는 익명성'이며, 다른 쪽의 '만물제동의 익명성'은 **상정만 되고 있을 뿐인 이념**에 불과하지만, **이쪽을 전경화하는 듯 보이는 장면도 있다**고 생각한다.

생성변화론에서는 '여성이 되다', '개가 되다' 같은 구체성을 너무 깨뜨리지 않으면서 깨뜨리고자 한다. 그것이 바로 '너무 움직이지 않는 것'이며, 오버도스를 회피한 여행이다. N으로의 생성변화란 명사 'N'의 내용을 되풀이 및 반복해서 분쇄하고 반복해서 임시로 재규정하는 것이다. 즉, N의 '분신double', N을 증식시키는 것이며, 이것은 'N'과 관련된 특정한 해석 내력과는 간극이 있다.[10] 생성변화는 역사

---

10 프랑수아 주라비슈빌리도 생성변화를 '관계'의 변화라고 생각하고 있으며, 그에 따르면 "y를 포함함으로써 x는 x'로 생성변화하며, 다른 한편으로 이 x에 대한 관계에서 파악된 y는 y'로 생성변화한다." François Zourabichvili, *Le Vocabulaire de Deleuze*, Ellipses, 2003, p. 30.

성으로부터의 초탈이 아니다. '도道'를 궁구하는 것이 아니다. 생성변화는 역사의 디테일에 대한 다각적 비판·비평인 것이다.

1-3 생성변화론의 수사학(2): 미립자의 관계

방금 전, 구별이 있는 익명성에 관해 '미립자'라는 표현을 썼다. 들뢰즈·가타리는 생성변화에 있어서 '실재적réel'인 사건을 '미립자' 수준의 사건이라고 말한다.

> 생성변화란 누군가가 가진 형식들, 누군가가 그것인 주체, 누군가가 소유하는 기관들, 또 누군가가 수행하고 있는 기능=함수fonction들에서 시작해 이로부터 미립자[입자들]를 추출하는 것이며, [이렇게 추출한] 미립자[입자들] 사이에 운동과 정지, 빠름과 느림의 관계를 확립하는 것이다. 그 관계는 자신이 지금 되고자 하는 것에 가장 **가까운** 관계이며, 생성변화는 이렇게 달성된다.[11]

이 구절을 앞 절의 고찰에 기초하여 분석하자.

사물의 구별을 파기하지 않는다는 것은 두 가지 수준에 [영향을] 미친다. 한편으로는 생성변화에 참여하는 개개의 사물의 차이이며, 이것은 개체성이다(이런 나, 어떤 여성, 어떤 개). 다른 한편으로는 개체

---

11 『천 개의 고원』, p. 334, 517쪽, (中) 234頁. [옮긴이] 'particules'은 '미립자'가 아니라 '입자'로, 또 물리적인 소립자인 'corpuscules'는 소립자로 번역해야 한다. 그러나 글쓴이는 이렇게 입자와 소립자를 구별하는 대목이 있기는 하지만, 특히 원문과 대조했을 때 '소립자'로 해야 할 대목을 '미립자'로 표기하는 경우가 많다. 이를 감안해 글쓴이의 표기법을 중시하지만, '입자'를 뜻하는 경우에는 번거롭더라도 '미립자[입자들]' 같은 식으로 표기한다.

적인 사물을 구성하고 있는 성분으로서의 '미립자[입자]'들의 구별이다. 위의 인용문에는 자신으로부터 '미립자[입자]를 추출하고'라고 되어 있다. 이 '미립자[입자]'가 꼭 물리적인 성분인 것은 아니라고 미리 고려하자. 생성변화론은 독특한 추상적 원자론을 수반하는 듯하다. 들뢰즈·가타리에게 미립자[입자]는 '형이상학적métaphysique'으로 사유된다. 즉 물리physique를 특권화하지 않고 사유된다. 이 관점에서 정의한다면, 생성변화란 개체에 대응하는 '미립자군'을 성립시키는 관계들이, "지금 되고자 하는 것"의 미립자군을 성립시키는 관계들에 '가까워'지도록, 변화하는 것이다(덧붙여서 '느림과 빠름'의 관계라는 것은 일단 보류해두자). 여타 사물의 미립자군의 관계에 '가까워'진다는 것은 전면적으로 같아진다는 것이 아니라 **어느 정도**—어떤 더함/덜함으로—비슷하다는 것이라고 생각된다.

이로부터 두 개의 테제를 끌어내보자.

(1) 생성변화란 미립자군으로서의 자신이 이 미립자군에서 맺는 관계의 변화이다.

생성변화는 자신의 미립자 사이의 관계의 생성변화이다. 때문에 타자로부터의 촉발[변용]을 필요로 하기는커녕, 생성변화란 근본적으로 자기의 테크놀로지(자기-향유)이다.

최소치minimum로 정의한다면, 생성변화란 **관계의** 생성변화다.

(2) 자타의 미립자군의 관계는 서로 리좀적인 화살표에 의해 '가까워'진다.

리좀은 곳곳에서 비의미적으로 절단된다. 생성변화, 타자로의 엇비슷해짐[近似化]은 다선적多線的인 것이 될 수 있지만 전면적이지 않다. 즉, 부분적이다(엇비슷해짐의 선線은 여기저기서 끊어진다).

우리는 이제 생성변화론에 있어서 실재관을 소묘하려 한다.

들뢰즈·가타리에게 실재적인 것은 다양한 분신으로서의 미립자군에 있어서의 관계들이다. 실재적인 것은 관계의 이른바 '다발 bundle'이다. 관계는 '술어'라고 불러도 좋다. 들뢰즈는 나중에 쓴 『주름』에서 라이프니츠의 『형이상학 서설』에 기초해 술어는 '사건'이라고 바꿔 말한다.[12] 생성변화란 관계=술어의 다발에 있어서의 변화이며, 이것은 사건의 다발에 있어서의 변화이다. 그리고 이 경우 미립자란 사건을 표현하는 관계=술어에 있어서 형식적으로만 구별될 수 있는 여러 가지 '변수[變項]'이다(때문에 물리적인 소립자가 아니다).

실재적인 것은 관계=술어로서의 사건들이며, 그것들은 형이상학적인 실재이다.

1-4 사건과 신체를 행위수행하다

이 절에서는 다시, 예를 들어 '개가 되다'나 '게가 되다' 같은 것은 매일의 실천으로서 결국 어떻게 하는 것인가를 생각해보자. 다음은 『천개의 고원』에서 인용한 것이다.

임의의 수단과 요소를 사용해, 동물의 미립자[입자]들의 운동과 정지의 관계로 들어가는 미립자[소립자]들을 방출하는 경우에만 사람들은 동물이 된다[동물로 생성변화한다]. 사람들은 분자적인 동물이 될 뿐이다. 사람들은 짖어대는 몰적인[그램분자적인] 개가 되는 것이 아니라 짖으

---

12 들뢰즈, 『주름』, p. 55, 79쪽, 71頁. [옮긴이] "충족 이유란 사건을 사물의 술어들 중의 하나로서 포함하는 것이라고 말할 수 있을 것이다. 사물의 개념, 또는 관념. '술어 또는 사건'이라고 라이프니츠는 말한다."

면서 분자적인 개를 방출하는 것이다. 충분한 열의와 필요와 합성을 가지고 짖기만 한다면 말이다.[13]

우선 '몰적인[그램분자적인]' 개와 '분자적인' 개라는 화학적 비유를 살펴보자. '몰[그램분자]'이란 많은 분자를 일괄하여 다루는 양의 단위이다. 몰적인 개란 조잡하게 정의된 개의 스테레오타입stereotype이다. 반대로, 분자적인 개는 개다움을 성립시키는 관계=술어의 다발이 한정되지 않고 열려open 있는 상태이다. '짖는다'는 것은 개의 행동거지의 스테레오타입으로 볼 수 있다. 그렇지만 '짖는다'는 것을 탈-특권화하여 짖기**도** 한다는 형태로, 다른 행동거지와 대등하게 조합시킬—조합 가능성을 열어 놓을—수도 있을 것이다.

또 『천 개의 고원』에서는, 로버트 드 니로가 "어떤 영화의 장면에서 게'처럼' 걸음걸이를 하는" 것에 관해서, 그것은 '모방이 아니다'라고 [드 니로가] 말했다는 것에 탄복하고 있다.[14] 이 영화는 아마 1976년의 〈택시드라이버〉를 가리킬 것이다. 『뉴스위크』의 인터뷰에 따르면 드 니로는 주인공인 트래비스 비클의 일종의 괴이하고 기발함을 연기하기 위해 '게'를 참고했다고 발언한다.[15] 그렇지만 내가 [실제로 영화를] 봤더니, 트래비스는 게로 보이는 표현은 하지 않았다. 드 니로는 '몰적인' 게가 된 것이 아니다. 게로의 생성변화라는 지각할 수 없는 작동을 하고 있다. 드 니로는 게가 되는 도중에 게의 분신인 트래비스의 특이한 행동거지를 얻은 것이라고 해석돼야 할 것이다.

위와 같은 것을 머리를 굴려 짜낸 연기**일 뿐이라고 생각하지 않는** 것

---

13 『천 개의 고원』, pp. 336-337, 521쪽, (中) 238-239頁.

14 『천 개의 고원』, p. 336, 521쪽, (中) 238頁.

15 *Newsweek*, May 16, 1977, p. 57.

이 필요하다.

연기하는 드 니로는, 실재적으로, 분자적인 게가 되었다. … 그러
나 생성변화의 실재성이란 무엇인가? "왜냐하면 동물로의 생성변화
는 동물을 흉내 내거나 모방하는 것이 아니라 하더라도, 인간이 '실제
로réellement' 동물이 될 수는 없으며 동물 또한 '실제로' 다른 무엇이
될 수 없다는 것은 분명하기 때문이다."[16] 정말이지 드 니로의 신체는
'실제로' 게와 같은 외골격이 된 것은 아니었다.

사물[物, res]인 드 니로의 신체는 눈에 띄게 바뀌지는 않았다. '개
가 되다', '게가 되다'와 같은 생성변화는 우리의 이 신체에 의해 행해
지는 '비물체적incorporel'인 퍼포먼스performance라는 의미에서의 '사
건', 사물[事]이라고, **그럴 뿐이다**라고 생각되기 쉬울 것이다.[17]

'물체적corporel'인 현실에 입각해 사건, 사물[事]의 '비물체적
incorporel'인 분야를, 사물[物]에 대해 이차적이라고 생각하면, 생성변
화의 권유는 이차적인 퍼포먼스의 권유가 되어버린다. 그러나 중요한
것은 생성변화의 '수행성performativity'의 이해를 '실재화'하는 것이다.

원래 라틴어 res는 '물체corpus'뿐 아니라, 물체들에서 생기는 효과
=결과로서의 '사건eventum'도 의미했다. 라틴어의 res란 사물[物]과 사
물[事], '사물[物事]' 내지 '사물thing(chose)'이다. 프랑스어 réel(실재적)

---

16 『천 개의 고원』, p. 291, 452쪽, (中) 158頁. [옮긴이] 들뢰즈의 핵심어이기도 한 'réel'
과 관련된 용어를 글쓴이는 '현실적으로'라고 표기하나, 본서에서는 모두 '실제로
réellement'라고 옮겼다.

17 [옮긴이] 모노(モノ), 코토(コト), 모노고토(ものごと)를 한국어로 적절하게 번역하기란 어
렵다. モノ는 한자로 物이며, コト는 事, ものごと는 物事이다. 굳이 따진다면 モノ=物는
대체로 신체를 포함한 물체의 차원을 가리키고, コト=事는 일이나 사건과 관련된다. 그리
고 ものごと=物事는 둘 다를 가리킨다. 그러나 이런 구별이 통용되지 않는 대목들이 있기
때문에, 모두 '사물'로 옮기되 '사물[物], 사물[事], 사물[物事]'와 같은 식으로 표기한다.

도 라틴어 res에서 유래한다. 『천 개의 고원』에는 예술의 사례가 많이 있으며, 생성변화의 실재성은 표현적 '사물[物]'의 실재성으로서 이해되기 쉽다. 그렇지만 퍼포먼스로서의 생성변화는 사물[物]의 변질에도 대응한다.

들뢰즈가 좋아한 '말벌과 서양란guêpe et orchidée'[18]의 공진화가 그 한 예일 것이다. 장대한 자연사 속에서, 어떤 종류의 말벌과 서양란은 신체의 '재생산=생식reproduction' 과정을 서로 뒤얽히게 했다. 수분이라는 매개에 의해 말벌은 서양란의 재생산=생식에 들어서며(벌은 난초가 된다), 그 때문에 서양란의 꽃은 말벌의 성욕을 꼬드기는 신호를 내게 된다(난초는 벌이 된다). 신체의 진화적 변형으로서, 말벌은 서양란으로/서양란은 말벌로 부분적으로 생성변화한 셈이다.[19]

퍼포먼스일 뿐이라고 말할 수 없지도 않은 드 니로의 '게가 되다'에 관해서도, 말벌과 서양란의 경우처럼, 즉물적인 변화라고 인정할 수 있다. 연기를 통해 뇌신경의 시냅스 결합은 이타화하며, 근육이나 장기도 단련되고, 피로하며, 붕괴하기 때문이다. 들뢰즈·가타리의 메시지는 위험한 성형수술 따위는 하지 않아도 퍼포먼스만으로 비물체적으로 타자가 될 수 있다는 얘기처럼 생각되기 쉬울지도 모른다. 이것에 비해 카트린느 말라부는, 더욱 즉물적으로, 뇌신경계나 만능세포를 모델로 한 '조형적plastique'[20]인 '변형·변태transformation,

---

18 [옮긴이] 일본어판에서는 '벌과 난초'로 되어 있으나 프랑스어판에 따라 각각 '말벌'과 '서양란'으로 고쳤다.

19 『천 개의 고원』, p. 291, 453쪽, (中) 159-160頁.

20 [옮긴이] 일본에서는 'plastique'을 '가소적可塑的'이라고 옮기는데, 이것은 생각한 대로 물건의 형태를 만들 수 있다는 뜻이다. 이런 의미에서 한국에서는 관례상 '조형적'이라고 번역한다.

métamorphose'²¹의 철학을 내세우고 있다. 그렇지만 성형수술을 하는
것도 스스로의 관계 다발을 바꾸는 것이라는 것은 당연하다. 뼈와 살
을 잘게 자르고, 다시 꿰맨다**고 하는 연기**를 성립시키는 것이다. 당장
의[즉석에서] 신체에 의해 발휘되는 수행성performativity과 신체를 재구
성하여 **연기=육화**되는 수행성을 구별할 수는 없다.²²

1-5 심신 평행론과 약독분석

생성변화론에서 '심신 문제'는 스피노자의 심신 '평행론parallélisme'을
배경으로 한다.

『스피노자: 실천철학』(1970/81)에서 들뢰즈는 데카르트의 신체론
을 비판한다. 들뢰즈는 데카르트의 『정념론』이 심신이원론의 '전통
적' 원칙을 따른다고 말했다. "역전 관계의 원칙régle du rapport inverse"
이다. 그것은 정신이 '능동적'으로 될 때, 신체는 '수동적'으로 되어
지배되는 것이며, 그 역도 참이라는 원칙이다. 이것이 데카르트에서
는 "의식에 의해 정념을 제압하려는 '도덕'"의 근거가 된다. 그런데
스피노자의 경우에는 "양자[정신과 신체] 사이에 어느 하나가 다른 하

---

21 [옮긴이] 일본에서나 한국에서나 'métamorphose'는 사용하는 이에 따라 다르게 옮겨진
   다. 여기에서는 '변태'라는 글쓴이의 용어를 존중한다. '탈바꿈'이라는 의미로 이해할 수
   있다.

22 말라부의 논의는 들뢰즈&가타리의 생성변화론에서 적잖이 영향을 받았다고 생각된
   다. 자세한 것은 千葉雅也,「マラブーによるヘーゲルの整形手術——デリダ以後の
   問題圏へ」,『KAWADE道の手帖 ヘーゲル入門』 수록, 河出書房新社, 2010년. 수행성
   (performativity) 개념에 관해서는 다음을 참조하라. Judith Butler, Gender Trouble:
   Feminism and the Subversion of Identity, Routledge, 2006[주디스 버틀러 지음, 조현
   준 옮김,『젠더 트러블』, 문학동네, 2008, 3장 4절].

나보다 우월éminence하다는 것을 전적으로 금하고 있다."[23] 스피노자의『윤리학』에서 정신과 신체는 존재론적으로 완전히 동등하고, 같은 사건을 각각 '표현'한다고 여겨진다. 이것이 심신평행론이다.

들뢰즈에 따르면, '의식'되지 않은 정신의 표현, 데카르트의 기준으로는 '명석하고 판명'하지 않은 '무의식'의 사유도 있으며, 그것은 '인식'되지 않는 '신체가 할 수 있는 것'의 잠재력potentiel과 평행적이다. "우리 인식의 주어진 조건들을 넘어서 신체의 역량을 파악할 수 있다면, 하나의 동일한 운동에 의해 우리는 우리 의식의 주어진 조건들을 넘어서 정신의 역량을 파악할 수도 있을 것이며," 그리하여 "무의식이, 즉 **신체가 지닌 미지의 부분**만큼이나 깊은 **사유가 지닌 무의식의 부분**이 여기서 발견될 수 있는 것이다."[24] 때문에 몸짓의 변경과 뼈와 살의 변조變造는 또 다른 **의식**이 가질 원인이 되는 것—심신이원론의 틀 안에서의 유물론—**이 아니라** 평행적으로 이뤄지는 상이한 **무의식**의 생산에 상당하는 것이다.

들뢰즈의 시대에서 "신체가 지닌 미지의 부분만큼이나 깊은 사유가 지닌 무의식의 부분"으로의 여행은 예술과 관련된 마약 사용과 공명한다. 생성변화론을 다루는『천 개의 고원』의 제10고원의 후반부에서는, "신중함과 실험이라는 필요조건을 채우고 있는 한"에서의 마약 사용을—윌리엄 버로스(William Seward Burroughs II, 1914-1997) 등 '비트 세대beat generation'에 대한 경의로서—언급한다.[25] 마약의 효과

---

23 들뢰즈,『스피노자: 실천철학』, p. 28, 32쪽, 34頁.

24 『스피노자: 실천철학』, p. 29, 33쪽, 35頁. [옮긴이] 마지막 부분을 원문에 맞게 번역하면 다음과 같다. "이것은 무의식의 발견이며, 그리고 **신체의 미지未知**에 못지않게 깊은 **사유의 무의식**의 발견이다."

25 『천 개의 고원』, pp. 345-347, 535-536쪽, (中) 255-257頁. [옮긴이] 원문은 국역본처럼 "신중함과 실험이라는 필요조건 속에서는"으로 옮겨야 한다.

는 뇌에 대한 직접적인 화학적 개입에 의해 야기되는 사건이다. 바깥으로부터의 뇌의 강제 촉발[변용]은 무의식의 새로운 작동을 격발한다. 그것은 들뢰즈에 따르면 '지각할 수 없는 것'의 지각으로 여겨진다. 마약에 의해 "욕망은 지각하는 행위와 지각되는 것에 직접 투여된다."[26] 이 욕망의 '직접 투여', 의식의 통제로부터 벗어난다는 의미에서, 지각할 수 없는 것과의 거리가 0인 지각(LSD 환각을 생각하라)이 사실상 들뢰즈·가타리의 정신분석비판에서 매우 중요한 것이었다.

마약의 문제는 욕망이 지각에 직접 투여[투자]하는, 지각이 분자적이게 되는 동시에 지각할 수 없는 것이 지각되는 수준에서만 파악될 수 있을 뿐이다. 그래서 마약은 생성변화를 촉진하는[되기의] 동인agent처럼 보인다. 바로 여기서 정신분석과 비교되면서도 대립되어야만 하는 약독분석pharmaco-analyse이 있다.[27]

이렇게 마약론을 갖고 정신분석에 도전한다는 것은 어떤 것일까? 프로이트의 정신분석은 무의식에 '억압'되어 있는 욕망의 연관을 추적하고 그 근본적인 이유를 찾으려는 실천이다. 그것은 자유연상에

---

26 『천 개의 고원』, p. 346, 537쪽, (中) 256頁. 1978년의 텍스트에서도, 정신분석의 인과성/마약의 인과성이라는 구별이 이루어진다. 정신분석은 "욕망이 기억의 흔적과 정서의 체계를 투여할" 때의 인과성을 분석하지만, 마약적인 "매우 특별한 사태"는 "욕망이 **지각의 체계에 직접 투여하는**" 것이다. 그것에 의해 **"자율[화]된 《욕망-지각》체계"**가 실현된다고 한다(Gilles Deleuze, "Deux questions sur la grogue," *Deux régimes de fous. Textes et entretiens 1975-1995*, éd. préparée par David Lapoujade, Minuit, 2003, pp. 138-139, (上) 212頁). [옮긴이] 『천 개의 고원』 535쪽에서 관련 대목을 모두 옮기면 다음과 같다(번역은 수정). "이 선에 의해 1) 지각할 수 없는 것이 지각되고, 2) 지각은 분자적이며, 3) 욕망은 지각과 지각된 것에 직접 투여한다." 투여하다는 investir를 번역한 것이다.

27 『천 개의 고원』, p. 347, (中) 258頁. [옮긴이] [ ] 안은 옮긴이.

의해 실현된다(는 것이게 된다). 이에 반해 『천 개의 고원』의 '약독분석'은 무의식으로의 깊은 잠행을 포기한다. 마약적인drogue '지각할 수 없는 것'의 지각은 기질적인 현상에 지나지 않는다. 그것은 자신의 무의식 내의 이야기를 이유로 삼아 생겨난 것이 아니다─그것들을 (환상이나 환청 따위의) 소재로 삼고 있더라도 말이다. 마약은 그것 자체로 내재적으로 존립하는 경험을, 새로운 무의식의 풍경을, 바깥으로부터 절단적으로 초래한다.

무의식은 만들어져야 할 것이지 재발견되어야 할 것이 아니다.[28]

마약은 리스크가 크더라도 무의식을 그 자체에 내재적으로 만드는 수단일 수 있다는 것이 들뢰즈·가타리의 생각이다. "마약은 정신분석이 끊임없이 실패했던 내재성과 평면을 무의식에 부여한다. …"[29] 다음과 같이 바꿔 말해보자. 어떤 대상을 "한 번 코로 들이킬[마약을 사용할]se camer" 때의,[30] 그것 스스로에 준거, 내지 최단의 우회로 재귀하는 **내재 이유**, 혹은 '그때마다의 임시적인 내재 이유'에 의해 당초의 무의식으로부터 다른 방식에서의 무의식으로 이행한다. 지금 이 경험을 욕망하는 것의 이유를, 과거로 (할 수 있는 한) 소외시키지 않는 것. 마약에 의한 지각 변용[변양]은 그때마다 임시적인 내재 이유에만 기초를 둔 욕망의 하나의 모델이다. 왜냐하면 '물[水]'만으로 '철저하게

---

28 『천 개의 고원』, p. 348, 538쪽, (中) 259頁.

29 앞의 책, 같은 곳.

30 "네 자신의 기관을 돌려줄 테니 마음대로 사용하라! 그것을 마약처럼 들이키면 좋다[Tu n'as qu'a te camer avec…]." Félix Guattari, *Écrits pour l'Anti-Œdipe*, éd. Stéphane Nadaud, Lignes et Manifeste, 2004, p. 216.

취할' 수도 있으며, 요컨대 어떤 대상이더라도—치킨 카레든 하늘의 푸르름이든 어떤 입매[口元]든—마약으로, 뇌를 강제 촉발[변용]하는 것이기 때문이다.[31] 주의하지 않으면 '물중독'도 있을 수 있다. 무엇이든 '신중함과 실험이라는 필요조건'을 감안하지 않으면, 치명적인 '오버도스'가 될 수 있다.

때문에 "마약이 내재성을 보증하는 것은 아니다"라고 하더라도, "그러나 마약의 내재성이 있기에 마약을 쓰지 않도록 해준다."[32] 모든 사물[物事]을 "한 번 코로 들이키는[마약을 사용하는]se camer" 것이다. 그때마다 임시적인 내재 이유만으로 때우는, 욕망의 '마약적 내재성'. 이것을 원리로 하는 '약독분석'은 외재적 요인에 의한 중독·의존에 관한 분석이다. 약독분석 개념은『안티 오이디푸스』에서는 출현하지 않는다.『안티 오이디푸스』에서 정신분석에 대한 대안은 '분열분석schizo-analyse'이었다. 이 글에서는 약독분석의 배경으로 거꾸로 거슬러올라가, 약독분석의 측면에서 분열분석의 원래 표적에 바싹 다가서는 식으로 고찰할 것이다.

가타리의 아이디어였던 분열분석에서는 어떤 욕망을 다른 욕망에 의해 대리(=표상)해가는 연쇄, 즉, 욕망의 이유, 의 이유, 의 이유…라는 무한소급은 도중에 절단된다고 생각한다. 그리고 욕망의 이유 부여의 무한소급 자체를 설명하는 대문자의 '이유'—그것은 라캉 이론에 있어서 '팔루스'라고 불린다—를 소거한다(자세한 것은 3-5).

---

31 『천 개의 고원』, p. 350, (中) 263頁. [옮긴이] 국역본에는 이와 관련된 정확한 구절이 나오지는 않으나, 내용상 국역본 541쪽에 해당된다.

32 앞의 책, 같은 곳.

1-6 스피노자주의에서 관계의 외재성으로

아무튼, "사람은 분자적인 한에서의 동물이 된다"라고 했다. 사물을 분자적인 것 내지 미립자군으로 파악하는 것은 스피노자의 생각이라고 간주된다. 『천 개의 고원』에 따르면,

> 이것들[요소군éléments]은 오직 운동과 정지, 느림과 빠름에 의해서만 서로 구별된다. 이것은 원자, 즉 여전히 형상forme을 지닌 유한한 요소들이 아니다. 이것들은 무한정하게 분할 가능한 것도 더 이상 아니다. 이것들[스피노자가 생각한 요소군]은 하나의 현실적 무한[un infini actuel]을 구성하는 궁극적인, 무한소의 부분들[*무한히 작은 궁극적인 부분들]로, 똑같은 평면, 공립 내지 구성평면[un même plan de consistance ou de composition] 위에 늘어서 있다. 이런 무한소의 부분들은 수에 의해 정의되지 않는다. 항상 무한성에 의해 나아가기 때문이다[무한성을 기준으로 삼기 때문이다]. 오히려 무한소의 부분들은 이것들이 진입하는 빠름의 정도나, 운동과 정지의 관계에 따라서, 이러저러한 '개체'에 귀속하는데, 이 '개체' 자체도 더 복잡한 또 다른 관계 아래서 또 다른 '개체'의 부분이 될 수 있다―이런 일이 무한하게 계속된다.[33]

분자, 미립자라고 말해지는 것은 형이상학적으로 규정된 '현실적 무한'에 있어서의 '무한소의 부분들parties infiniment petites'이다. 들뢰

---

33 『천 개의 고원』, pp. 310-311, 482쪽, (中) 192-193頁. [옮긴이] 특별히 이 인용문에서 [ ] 안은 글쓴이의 인용 혹은 번역이고, [*] 안은 원문과 국역본의 번역이다. 여기서 가장 중요한 번역어는 plan de consistance이다. 어원을 분해하는 것마냥 글쓴이는 이를 '공립평면'으로 옮기고 있다. con-sister를 함께[共]-서 있다[立]로 쪼갤 수 있기 때문이다. 이하 '공립'은 모두 이를 번역한 단어인 듯하다.

즈·가타리는 "형상을 지닌 유한한 요소들"인 물리적인 미시적micro 소립자로, 거시적macro 존재자를 '환원' 내지 '소거'하지 않는다. 들뢰즈·가타리는 사물의, 다양한 기준에 따라 구획되는 '개체성' 내지 '대상성objecthood'을 다원적으로 긍정하고 있다고 생각된다. 어떤 '구획'에 의한 사물의 다발도 특이한 '이것임heccéité'에 있어서 개체적이다. 그렇다면 궁극적인 미립자에 관해 말하는 이유는 무엇일까? 그것들로의 환원·소거를 필수적이라고 하지 않는다면, 어째서 원자론처럼 보이는 입장을 취하는가? 다음과 같이 생각된다. 미립자는 서로 관계하고 있었다. 분자적이 된다는 것은 사물을 관계들로 **분석=분할**한다는 것이다. 원자론적 입장은 사물을 관계들로 분석할 수 있게 한다—그러나 이것은 사물의 참된 성분을 확정하고 싶기 때문이 아니라는 것이다.

들뢰즈·가타리는 분석 불가능성—모든 사물의 혼연일체=접속 과잉—과 유일하게 올바른 분석 가능성이라는 양극을 물리치고 다양한 분석 가능성을 확보하려고 한다. 들뢰즈·가타리의 '미립자'론은 분석=분리될 수 있는 관계들의 '다발'이 분석=분리될 수 있다는 것이기 때문에 '재편[배치]'[34] 가능성을 긍정하는 데 도움을 준다고 생각된다.

이 글에서는 앞으로 '관계 다발'이라는 관용구를 사용하려 한다 (별개의 관계=술어=사건들의 병립)[35]. 분석=분리될 수 있는 관계 다발, 그것에 대응하는 개체는, 다른 방식에서의 관계 다발=그것에 대응한 개체에 '재편'을 일으킬 수 있다—이것이 생성변화의 원리이다.

이 글에서는 '재편'이라는 표현을 기존에는 '어레인지먼트

---

34 [옮긴이] 여기서 '재편'은 일본어 組み変え(조 바꿈)를 의역한 것이다. 이 말은 한국에서 '배치'로 번역되었던 아장스망agencement을 의역한 것이라고 한다. 이를 '조 바꿈'이라고 옮기는 것이 어색하기 때문에 '재편'으로 다시 의역했다.

arrangement'나 '작동배열'로 번역된 아장스망agencement의 의역으로 삼고자 한다(맥락에 따라 '아장스망'으로 표기하기도 한다).

관계 다발의 재편agencement, 이것이 생성변화의 원리이다.

정리하자. 어떤 N으로의 생성변화에 있어서 명사 'N'에 대응하는 것은 분신 N의 무리[群]이다(1-2). 분신 N의 무리란, 유일하게 참이 아닌 임시의=그때마다 임시적인 'N'의 규정들이다. 그것들이 관계 다발이다. 어떤 N'으로부터, 관계 다발의 재편에 의해 다른 분신 N'로 이행한다. 어떤 분신 N'=관계 다발은 개체적이다. 관계 다발로서의 개체를 '사물[物]'이라고 보자. 그것을 구성하는 관계들은 '사물[事]'이 다. **사물**은 복수의 사물[事]을 [다발로] 묶고 있는 사물[物]이다.

그런데 '가속의 차이'라는 표현(은유?)으로는 관계의 가장 단순한 유형을 보여주는 것처럼 생각된다(여기서는 이에 대한 수리철학적 검토는 하지 않겠다). 그러나 모든 관계를 '속도의 차이'로 환원하여 생각해서 는 안 된다. 『천 개의 고원』에 따르면, '속도의 차이'에 기초한 관계의 하나하나에 '역량의 정도degré de puissance가 대응한다'고 간주된다.[36] 관계맺음의 **이론적** 다양성은 그대로 **실천적** 다양성에 대응하고 있는 것이다.

그리고 하나의 개체를 구성하고composer, 또 분해하거나décomposer

---

35 이 글에서는 '다발'이라는 말로 자신은 '지각의 다발 혹은 콜렉션'이라고 한 흄의 규정을 환기시키고 싶다. 영어로는 bundle이다. David Hume, *A Treatise of Human Nature*, ed. L. A. Selby-Bigge and P. H. Nidditch, 2nd ed., Oxford University Press, 1978, p. 252.

36 『천 개의 고원』, pp. 313-314, 486쪽, (中) 198頁. [옮긴이] 관련 구절을 옮기면 다음과 같 다. "무한히 많은 부분들을 한데 모으는 운동과 정지, 빠름과 느림의 관계 각각에는 역량 의 정도가 대응한다."

변양시키는modifier 관계들에는 개체를 촉발하는[정서를 야기하는, affecter] 강도들이 대응한다. 이런 강도들은 개체의 외부적 부분들이나 개체 자체의 부분들로부터 오며, 개체의 행위 역량을 증대시키거나 감소시킨다. 정서들은 생성변화들인 것이다. 스피노자는 하나의 신체가 무엇을 할 수 있는지를 묻는다. 어떤 역량의 정도에 따라, 또는 차라리 이런 정도의 한계들에 따라 하나의 신체가 취할 수 있는 정서들을 그 신체의 경도라고 부르기로 하자. **경도가 일정한 관계 아래에서 외연적 부분들로 이루어져 있듯이, 위도는 일정한 수용 능력capacité 아래에서 강도=내포적 부분들로 이루어져 있다.**[37]

여기서 『천 개의 고원』의 형이상학은 '공립 내지 구성평면'의 '지리학'으로 묘사되고 있다. 스피노자주의 하에서 생성변화는 '외연적 extensif'인 미립자의, 그것들의 관계 다발의 재편이며(경도), 이것에 따른 '강도=내포적intensif'인 '정서affect'의 변화이다(위도).

지금으로서는 '강도=내포성'intensité이라는 말을 사물의 역량, 할 수 있는 것, 그 정도라는 식의 의미로 이해해두자. 들뢰즈가 이 말을 어떻게 정의하는가에 관한 자세한 내용은 제5장에서 논한다.

'지리학'에 관해서는 『천 개의 고원』의 「서론: 리좀」에 나오는 다음 표현에 주목하자. 그 표현은 '공립평면 내지 외재성의 평면plan de consistance ou d'extériorité'이다.[38] '공립 내지 구성의 평면'은 '외재성의 평면'이다. 후자는 들뢰즈(&가타리)에게 드문 표현이며, 과문한지 모르겠지만, 다른 저작에서는 키워드로 삼고 있지 않다. 자주 사용되는

---

37 『천 개의 고원』, p.314, 486-487쪽, (中) 198-199頁.

38 『천 개의 고원』, p. 16, 23쪽, (上) 27頁. [옮긴이] extériorité는 외부성으로도 옮겨질 수 있다.

쪽은 '공립평면'이다. 이것은 가타리가 창안한 것이며(들뢰즈는 나중에 이를 '내재평면'이라고 바꿔 부른다), 특권적 중심이 없는(n-1), 형이상학적 실재의 확장을 의미한다. 이것이 '외재성의 평면'으로 바꿔 말해진다. '공립성consistance'='외재성extériorité'인 것이다. 이 두 가지를 어떻게 아울러 사고하면 좋을까?

일단 해석은 이렇다. 실재적인 사물은 서로에 대해 '외재적'으로 위치하며, 서로의 안으로 들어가지 않고, **즉 분리하여** 함께-서 있다con-sister.

『천 개의 고원』은 앞부분에서, 책이 잡다한 소재·날짜·속도 등 '관계의 외재성extériorité de leur relation'에 의해 구성돼야 한다고 선언한다.[39] 이 '관계의 외재성'은 원래 흄론인『경험주의와 주체성』에서 가장 중요한 화두이다.『천 개의 고원』에는 흄 해석이 포함돼 있지 않지만, 그래도『천 개의 고원』이라는 책의 원리는 관계의 외재성이며, 관계의 외재성은 앞의 미립자론에서도 전제되어 있다고 생각된다. 아래에서는『천 개의 고원』의 미립자론의 원형을 이루는『스피노자와 표현의 문제』제13장「양태의 존재」가 관계의 외재성을 함의하고 있다는 해석을 제시한다.

『스피노자와 표현의 문제』에서도 역능들과 외연적인 것(미립자) 사이의 관계를 묻고 있다. 역능으로서의 "모든 강도=내포성의 정도에는 … **이것들 사이에 독특하게 외재적인**uniquement extrinsèques **관계들을 갖고 있고, 가져야만 하는** 무한히 많은 외연적 부분들이 대응"하지만,

---

39 『천 개의 고원』, p. 9, 11-12쪽, (上) 15-16頁. [옮긴이] 관련 대목을 번역하면 다음과 같다. "책에는 대상도 주체도 없다. 책은 다양하게 형식이 부여된 질료들과 매우 상이한 날짜들과 속도들로 이루어져 있다. 책이 어떤 주체의 것이라고 말하는 순간, 우리는 이 질료의 관계들의 외재성[외부성]을 무시하게 된다."

"외연적인 부분들과 강도의 정도들(강도적=내포적 부분들)은 결코 일 대 일=항 대 항으로[terme à terme] 대응하는 것이 아니다"고 여겨진 다.[40] 무슨 말인가? "외연적인 부분들"은 『천 개의 고원』에 나오는 미 립자에 상당한다. (1) 사물이 무한하게 많은 미립자로 구성되어 있다 고 해도, 그렇다고 해서, 사물의 역능 —즉, '강도=내포성'—을 그것 들의 미립자의 하나하나의 '항'으로, 그것들의 본질로 (설령 본질이 있 다고 해도) 환원할 수 없다. 오히려 (2) 미립자들은 '단순히 외재적 관 계'를 갖고 있으며, 갖지 않으면 안 되며, 사물의 역능은 미립자들 자 체가 아니라, 미립자들의 '단순히 외재적 관계'에 대응한다. 나아가 (3) 미립자 하나하나가 **설령** 그것 자체로서 '최소의 본질에 대응한다' 고 간주하더라도,[41] 이 '최소의 본질'에 의해, 미립자들의 무한하게 다 양할 것인 '단순히 외재적 관계'에 관해 결코 이유를 붙일 수 없다. 이 상에 관해서 들뢰즈는 다음과 같은 예를 들고 있다.

> 비눗방울은 정말로 하나의 본질을 갖지만, 어떤 관계 아래서 비눗방울 을 구성[합성]하는 무한 집합의 **각 부분은 본질을 갖지 않는다.**[42]

미립자들이 '운동과 정지의 일정한 관계'로 들어설 때, 사물은 존 재하기 시작한다. 그러나 사실상 미립자는 "엄격하게 말해서 그것에 고유한 본질과 존재를[실존을] 갖지 않는다." 미립자는 "외재적으로 상호 구별되며, 외재적으로 상호 관계 맺어질" 뿐이다. 미립자는 "고 유한 존재를[실존을] 갖지 않지"만, 그것들이 "존재를[실존을] 구성[합

---

40 들뢰즈, 『스피노자와 표현의 문제』, p. 189, 281쪽, 211頁. 강조는 인용자.

41 앞의 책, 같은 곳.

42 앞의 책, 같은 곳. 강조는 인용자.

성]한다."[43] 그렇다고 한다면,『스피노자와 표현의 문제』의 이 장은 다음 주장을 함의하게 된다—즉 관계는 관계 맺어지는 미립자(항)의 본질로 환원 불가능하다. 왜냐하면 미립자들은 본질을 갖지 않고, 형식으로 구별될 뿐이기 때문이다. 이런 의미에서 미립자=항은 '구별이 있는 익명성'인 것이다(1-2). 그것들 사이에서 관계가 이루어진다. **관계는 항의 무엇인가에 의존하지 않고, 외재적으로, 다양하게 설정된다**—이것이 '관계의 외재성 테제'이다.『경험주의와 주체성』은 다음과 같이 정의했다.

> 관계들은 그 항들에 외재적이다[Les relations sont extérieures à leurs termes]. 이것은 관념들에 대해 이뤄지는 조작의 본성을, 그리고 특히 관념들 사이에 수립된 관계들의 본성을 관념에 의해 설명할 수는 없음을 뜻한다. 인간적 자연의 원리들, 즉 연합의 원리들은 관계의 필요조건이다.[44]

예를 들어 드 니로라는 개체에 대응하는 입자들은 다른 관계 다발로 재편될 수 있다. 그때그때의 드 니로 자신이, 관계 다발로 분석될 수 있기 때문에, 게에 가까이 되도록 재구성될 수 있는=생성변화할 수 있는 것이다. 생성변화론은 관계 다발의 재편agencement의 형이상학이다.

---

43 『스피노자와 표현의 문제』, pp. 189-190, 282쪽, 212-213頁.
44 들뢰즈,『경험주의와 주체성』, p. 113, 201-202쪽, 159頁.

제2장

관계의 외재성: 들뢰즈의 흄주의

이번 장에서는 초기 들뢰즈의 흄주의로 거슬러 올라간다. 『경험주의와 주체성』에서 관계의 외재성 테제는 도대체 무엇을 겨냥하기 위해 필요하다고 여겨졌을까? 이 글에서는 들뢰즈(&가타리)에게서 절단의 테마를 강조하면서 재접속의 가능성을 묻고자 한다. 사물[物事]에 전면적으로는 접속하지 않는 철학—그 원리는 『경험주의와 주체성』이후에는 일단 배경으로 물러났다가 나중에 재부상하게 되는 '들뢰즈 철학의 유년기'의 흄주의이다. 젊은 들뢰즈는 흄의 경험론에 가담함으로써 **칸트적이지 않은 방식**으로 철학의 재개를 노리고 있었다.[1]

2-1 『경험주의와 주체성』에 의한 칸트 비판

『경험주의와 주체성』은 칸트의 『순수이성비판』의 골자를 다음과 같

---

1 메이야수나 하먼 등의 사변적 전회에서는 인간='우리'에게 있어서의 세계가 아니라 그 자체로서의 사물things을 직접 논하려고 하는 비칸트적 철학을 시도하고 있다.

이 요약한다. "주어진 것[소여]을 주체[주관]에 관련시키는" 칸트에게 "주어진 것은 물자체가 아니라 현상들의 전체, 즉 하나의 **선험적** 종합에 의해서만 '자연'으로서 제시될 수 있는 전체이다." 이것은 『순수이성비판』의 기본 구상인 이른바 "코페르니쿠스적 전회"를 요약한 것이다. 『순수이성비판』에서 주어진 것은 (이성적인 한에서의) 주체**에게 있어서의** 합리성을 따르는 것으로서, 늘 이미 재현전=표상되는 것으로서**만** 존재한다.[2] 사물은 종합된 현상=표상이다. 그 종합이 주체**에 있어서의** 기정사실이라고 하며, 그것의 권리상의 조건들, 선험적인 조건들에 관해 칸트는 '초월론적'이라고 표현했다.

여기서 들뢰즈는 다음에 주목한다. 칸트의 초월론 철학에서 '현상=표상으로서 종합된 사물'들의 모든 관계는 '사물을 현상=표상으로서 종합하고 있는 그 종합'에 내속해 있다는 것이다. 즉 비유적으로 말하면, 주체 쪽의 종합의 스크린에 모든 사물이 나타나고 있는 것이기 때문에, 그것들의 여러 가지 나타남 자체와 그것들끼리의 관계들은 똑같은 (초월론적인) 빛을 원천으로 하고 있다는 것이다. 이에 반해, 경험론에 가담하는 들뢰즈는 사물 자체와 그것들끼리의 관계들을 따로 나누려고 하는 것이다. 이와 같은 칸트 비판은 다음의 한 구절에서 가장 잘 드러나 있다.

이리하여 칸트에게 관계는 현상으로서의 사물이 관계를 성립시키는 원천과 똑같은 원천을 지닌 종합을 전제한다는 의미에서 사물의 본성에 의존한다. 이 때문에 [칸트의] 비판주의[비판철학]는 경험주의가 아닌 것이다.[3]

---

2 이러한 칸트 해석은 『경험주의와 주체성』, p. 125, 224-225쪽, 177頁.

거꾸로, 흄과 더불어 들뢰즈는 **관계를 사물의 본성에 의존하도록 하지 않기** 위해, 사물을 '주체에 있어서 종합된 현상=표상'이 **아니게** 만든다. 종합성을 갖춘 주체로부터 모든 관계를 해방한다—우리=주체의 사정이 아니라 사물의 현전으로부터 철학을 재개하는 것이다. 칸트의 초월론 철학은 일반적인 대문자 '우리'에게 세계가 어떻게 이해되고 있는가를 묻는 것이었다. 다른 한편, 흄의 경험론 철학은 기존의 '우리'로부터가 아니라 사물의 관계 변화에서 출발해 개별 주체의 불안정한 체계화를 묻는 것이다.

비인칭적인 상상[력]. "흄의 경우, 사유 안의 그 어떤 것도 상상력을 넘어서지 않으며, 그 어떤 것도 초월론적이지 않다"고 젊은 들뢰즈는 말한다.[4] 여기서 "그 어떤 것도 초월론적이지 않다"는 것은 미리 '우리'를 옭아매지 않는 것에 상당한다. 무인無人의 상상력imagination에서부터 모든 것이 재개되며, **나답고 우리다운 것**이 그칠 줄 모르는 잡음noise 속에서 형성되는 것이다. 미리 '우리'를 덮치고 있는 '대륙'이 아니라 '무인도'에서 성장하는 것. 무인도를 연타하는 파도의 물보라처럼, 뭉쳤다가도 흩어지는 바닷새처럼 뿔뿔이 흩어져 있는 주어진 것들은 기존의 '우리'에게 주어진 것이 아니다. 주어진 것은 그것 자체에 있어서 주어진 것이며, 그것 자체로서 주어진 것의 춤사위 자체가 상상하는 정신 자체이다. 『경험주의와 주체성』에 따르면,

그것[정신]은 정신 속의 관념과 동일한 것이다. 관념이란 주어진다는 의미에서 주어진 것le donné, tel qu'il est donné이며, 경험이다. 정신은

---

3 『경험주의와 주체성』, p. 125, 225쪽, 177-178頁.
4 『경험주의와 주체성』, p. 126, 226쪽, 178頁.

주어진다. 정신은 관념들의 콜렉션[모음]이지 하나의 체계가 아니다. … 하나의 콜렉션은 어떻게 하나의 체계가 될까[체계로 생성될까]? 관념들의 콜렉션은 상상력이 하나의 능력이 아니라 하나의 전체, 이 말의 가장 막연한 의미에서 사물들의 전체, 출현하는 바대로의 사물들의 전체를 지칭하는 한에서 상상력이라 불린다. 가령 묶음album 없는 콜렉션, 극장 없는 작품, 혹은 지각들의 흐름이다.[5]

흄에게 정신은 그릇이 아니다. 정신은 '지각들perceptions', 흄의 어법으로는 '인상impression'과 그 복제copy인 '관념idea'의 '콜렉션' **자체**이며, 하나의 '묶음album'은 존재하지 않는다. 인상들·관념들은 원래 산산이 흩어져 있다(원자적이다)—즉 **비의미적인 단편**이다. **그것들이** 극단적으로 원초적인primitive 정신이다. 흄적인 정신은 의미화의 하나의 중심을 선험적으로 갖고 있지 않다. 칸트의 경우 이런 하나의 중심의 기능을 '초월론적 통각'으로 상정한다. 이에 반해 흄적인 정신은 근본적으로는 '비의미적인 단편인 지각'의 무리, 아니 '다발bundle'이다.

흄의 연합설은 비의미적인 단편인 지각이 어떻게 의미화되는가에 관한 설명이라고 할 수 있다. 흄에게 의미의 가장 근원적 범주는 '인과성'이다. 대략 다음과 같이 설명된다. 지각=사건의 A의 다음에 B가 일어나는 AB, AB, AB … 라는 계기継起의 반복에서, 전자='원인'으로부터 후자='결과'로의 연합이 확실해진다. 인과성은 계기의 반복, 즉 '관습custom, habit'으로부터 귀납되는 '신념belief'이며 그것에 불과하다. 인과성의 신념은, 불을 손에 가까이 대면 (A) 손이 뜨겁다, (B) 언제나 그렇게 경험된다, 이와 같은 AB의 '항상적 연접constant

---

5 『경험주의와 주체성』, p. 3, 20-21쪽, 78頁. [옮긴이] 『경험주의와 주체성』의 한국어판은 collection을 다발이라고 옮기지만 다발에 해당되는 용어는 bundle이다.

100

conjunction'의 신념에 지나지 않는다. 그런데 이 설명에서 지각=사건 A와 B는 무엇이든 좋다는 것에 주의하는 게 좋겠다. AB의 인과성은 항이 무엇인가에 의존하지 않는다. 즉 인과성을 항에 대해 외재적인 관계라고 설정하는 것이다. 그렇다면 다음과 같이 말할 수도 있다. 흄에게 **인과성 신념의 성립**은 지각=사건의 비의미적인 단편 사이의 **제1차적인 비의미적 접속이며**, 바로 그것이야말로 의미의 영도零度에 다름없다고 말이다.

애초에 비의미적인 주어진 것의 콜렉션으로부터 연합이라는 의미 부여의 체계로. 들뢰즈는 흄에게서 일종의 체계론을 찾아낸다. 하지만 들뢰즈의 담론은 체계의 미성숙 상태에 주의를 기울이고 있다. 『경험주의와 주체성』의 핵심은 콜렉션**과** 체계 사이에 위치하는 것이다.

2-2 차이=분리의 원리

방금 전에 인용한 구절에서 "지각**들**의 흐름"이란 **구별된 복수의** 지각의 **계기**継起를 의미한다. 그 배경에는 원자론이라는 전제가 있다. 흄의 입론에서, 지각되는 주어진 것은 원래 산산이 흩어져 있다(이산적離散的이다). 그런데 이런 주어진 것의 콜렉션 자체인 **다양한 지각자**=정신도 서로 산산이 흩어져 있다. 산산이 흩어진 주어진 것들이 모인 비인칭적인 지대zone로서의 정신도, 산산이 흩어져 산재하고 있다. 이런 **정신들**의 한 예가, 가령 나[私]이며, 당신이다. 표면상 『경험주의와 주체성』은 인간='우리'의 '주체화'(체계화)를 논한다. 그러나 명시되어야 할 것은 인간='우리'를 중심으로 하지 않는 주체화론이다.

『경험주의와 주체성』의 중심부인 5장 「경험주의와 주체성」으로 들어가자.

들뢰즈에 따르면, 흄의 "경험론은 ⋯ 콜렉션이라는 경험에서, 즉 서로 구별되는 지각들의 파란만장한 계기une succession mouvementée de perceptions distinctes라는 경험에서 출발한다." 경험론에서는 지각되는 사물이 처음부터 '구별'되어 있다. 원자론의 전제이다. 이어서 들뢰즈는 "분리할 수 있는séparable 것은 모두 식별[분간]할 수 있는discernable 것이며, 분간할 수 있는 것은 모두 상이하다différent"라는 『인간본성론』에 포함된 테제를 거론하고, 이를 '차이의 원리'라 부른다.[6] 흄에 입각한 '차이'의 개념, 그것은 '분리', '식별[분간]', '구별'인 것이다(이하 '분리'로 대표시킨다). **차이=분화라는 개념**은 베르그손의 차이—연속된 변화성—와 확연히 대조contrast를 이룰 것이다. '들뢰즈 철학의 유년기'는 흄적인 차이=분리에 의해 다방향으로 쪼개지고 있다.

흄적인 차이=분리는 무인도의 윤곽처럼 이미지화할 수 있는지도 모른다. 여러 개의 무인도가 서로, 그리고 대륙으로부터도 대양으로부터도 나누어진, 각각의 윤곽을 갖추고 있는 것이다.

차이=분리의 개념은 원자론에 기반을 둔다. 그렇다면 차이=분리라는 등호equal의 타당성은 원자론의 타당성에 의존하는 것이다. 들뢰즈의 흄 해석에서 원자론의 지위status에 관해서는 2-7에서 논한다. 이 절에서는 원자론의 전제에서 출발해 '신념, 항상적 연접을 분해하다=원자화하다atomize=해리시키다를 할 수 있다는 것은 어떤 것인가?'라는 물음으로 향하고자 한다.

『인간본성론』에서 차이=분리의 원리가 처음 등장하는 대목은 '공상fancy'에 대해 설명하고 있다. 공상을 분석하면, **"상상력이 그것의 관념**

---

6 『경험주의와 주체성』, p. 93, 172쪽, 132頁. [옮긴이] 해당 대목을 옮기면 다음과 같다. "[오히려] 모든 분리 가능한 것은 구별 가능하고, 모든 구별 가능한 것은 서로 다르다."

을 대체하거나 변화시키는 자유를 갖는" 것이 일반적으로 공상이 아니라고 믿어지는 경험에 관해 이해할 수 있다. 즉, "시와 소설에서 만나게 되는 꾸며낸 이야기들" 속에서는 "자연[자연의 질서]은 완전히 혼란되어 있으며, 날개 달린 말, 불을 내뿜는 용, 괴물 같은 거인만이 언급되어[이야기에 나오고] 있을 뿐"이지만, 흄에 따르면, "공상력[상상력]의 이 자유로움"은 "우리의 모든 관념이 우리의 인상에서 모사되며 완벽하게 분리할 수 없는 두 개의 인상이란 존재하지 않는다는 것"에 의거하고 있다.

> 말할 것도 없이 상상력의 자유는 관념을 단순한 것과 복잡한 것으로 분할한 것의 자명한 귀결이다. 상상력이 관념들 사이의 차이를 지각하는 곳에서는 어디서나 상상력은 분리를 쉽게 산출할 수 있다.[7]

즉 식별할 수 있는=분리할 수 있는=상이한 관념들은 그렇게 산산이 흩어져 원자화할 수 있기 때문에 공상(이나 꿈, 망상)의 경우처럼 '혼란'된 연합도 가능하다. 일반적으로 연합은 리셋reset=해리될 수 있으며, 다른 식으로 재연합될 수도 있는 것이다.

흄에 따르면, "관념들 사이의 이 통일 원리는 분리 불가능한 결합력으로 간주되어서는 안 된다[깨뜨릴 수 없는 연결이 아니다]."[8] 그래서 이 글에서는 다음과 같이 생각한다. **원자론은 연합의 해리 가능성의 원리로서 기능**하는 것이라고 말이다. 연합의 해리 가능성, 이것은 공상fancy 내지 허구fiction의 원리이다. 심지어 모든 경험은 원리상 허구로서 연

---

7 Hume, *A Treatise of Human Nature*, p. 10.

8 Ibid. (앞의 책, 22頁).

합되고 · 해리되고 · 재구성된다. 이 글에서는 해리라는 말을 통해 인격의 동일성도 산산이 흩어지게 해버리는[산산조각 내버리는] 흄의 불순함—칸트에게서의 초월론적 통각의 흔들리지 않음과는 정반대—을 현대의 '해리성 동일성 장애'(다중인격)에 접근시켜 다루고자 한다. 흄의 연합설은 '해리설'이기도 하다.

흄적인 경험은 정상성의 결정적 기준을 결여하고 있다. 들뢰즈에 따르면,

> [흄] 철학의 용어에서 정신은 이제 망상délire일 뿐이고 치매démence일 뿐이다. 완성된 체계, 종합, 그리고 우주론은 상상력에 의해 만들어낸 것일 뿐이다.[9]

인간='우리'뿐만 아니라 모든 정신들은 허구적이며 치매적이다. 들뢰즈는 이렇게 분명히 확인하고 있다. 연합-해리설은 사물의 실성한 블록놀이이다. 나 자신은, 인격의 복수의 하위 체계sub-system(분신들), 주어진 것의 하위 콜렉션의 블록 놀이인 것이다. 『경험주의와 주체성』은 "사실상 관계는 **허구**이다"라고 단언한다.[10]

완성된 체계, 우주론은 있을 수 없다.

그렇다면 상상된 우주'론'이 아니라, **그것 자체에 있어서의 우주는, 실재는** 어떨까?

관계 다발로서의 정신은 픽션의 다발이다. 뿐만 아니라 나중에 제

---

9 『경험주의와 주체성』, p.86, 159쪽, 122頁. [옮긴이] 보통 'délire'는 '(정신)착란'으로, 'démence'는 '망상'으로 옮겨지곤 한다. 여기서는 글쓴이의 의도를 존중했다. 그러나 국역본의 "상상적이지 않은 완성된 체계, 종합, 또는 우주론은 없다"는 오역이다.

10 『경험주의와 주체성』, p. 111, 199쪽, 156頁.

시된 리좀론은 우주론 자체도 산산이 흩어져 있고 [구멍이] 숭숭 뚫려 있는 것이라고 시사하고 있는 것 같다. 비의미적 절단에 의해 실재는 상처투성이가 된 것은 아닐까. ⋯ 완성된 우주'론'의 거부는 그 자체로서의 우주가 실성한 블록 놀이의 결과라는 것조차도 함의하는 것이 아닐까?

돌아가자. 흄 자신의 입장에 대해 말하자면, 이것은 상상[력]의 폭주를 직시하면서도, 그래도 '우리'는 일상의 인과성을 (픽션이라고는 해도) 안정적으로 믿고 있다는 사실을 경시하지 않는 "온건한 회의론 modest scepticism"으로 보고 있는 것이, 바로 '온건한[관대한]' 태도일 것이다.[11] 흄 연구자는 무조건 덮어놓고 픽션일 뿐이라고 하는 극단론에는 납득하지 않는다고 생각한다. 그렇더라도 **들뢰즈의 흄주의**는 과격하게 해석한다. 이것을 지지하는 것은 1972년의 짧은 텍스트인 「흄」이다. 이 텍스트에서 흄적인 세계는 "전체화가 불가능"한 "공상과학소설"의 세계라며 찬양되고 있다.

> 흄의 경험론은, 이런 용어가 출현하기 전이지만 일종의 공상과학소설의 우주이다. 우리는 [흄에게서] 공상과학소설에서처럼 또 다른 피조물 [생명체]들이 바라보는, 허구적이고 기묘하며 생소한 세계의 인상을 갖고 있다. 하지만 또한 이 세계가 이미 우리의 세계이며 우리 자신이 그 또 다른 피조물들이라는 예감을 갖고 있다.[12]

그것은 외재성extériorité의 세계, 사유 자체가 '외부Dehors'와의 근본적

---

11 다음을 참고하라. 杖下隆英, 『ヒューム』勁草書房, 一九九四年, 第四章·第三節「ヒュームと懐疑主義」

12 Deleuze, "Hume", *L'Île déserte et autres textes. Textes et entretiens 1953-1974*, éd. préparée par David Lapoujade, Minuit, 2002, p. 226, 130쪽, (下) 43-44頁.

인 관계 속에 있는 세계, 항이 참된 원자가 되고 관계가 참으로 외재적인 경로가 되는 세계[*참된 원자들인 항들과 참된 외적 이동들인 관계들이 존재하는 세계], 즉, 접속사 '와et'가 동사 '~이다est'의 내부성의 자리를 빼앗는 세계, 어릿광대의, 잡다함의, 전체화가 불가능한 단편들의 세계 monde d'Arlequin, de bigarrures et de fragments non totalisables, 외재적 관계에 의해 연락되는[소통되는] 세계이다.[13]

이상과 같이 '들뢰즈 철학의 유년기'인 흄주의는, 세계를 픽션화하는 철학으로서―『차이와 반복』이라는 총정리 후에―재부상하는 것이며, 어쩌면 그 자기장이 1970년대부터의 영미문학·철학론을 뒷받침하고 있다. 원자론과 연합설은, 아니 이 쌍pair에 의해 암시되는 해리설은, 존재(이다)의 '내부성'을 '실각'시킨다.[14] "항이 참된 원자가 된다"는 것은 구별될 뿐인 익명의 변수를 생각한다는 것이다. 제1장에서 말한 '구별 있는 익명성'이다. 그것들 사이에서 "관계가 참으로 외재적인 경로가 된다." 연합은, 항이 무엇인가에 의존하지 않고 해리·재연합될 수 있다. 차이=분리의 원리와 관계의 외재성에 기초한 철학, 이것은 '와et'의 철학이다. '전체화가 불가능'한 단편과 단편의 외재적인 관계가 생성변화하는 것이다. 세계의 단편화, 비-전체성, 이것은 흄-들뢰즈에게 어떤 것인가?

흄의 원자론은 '픽션으로서의 실재'의 원리이다. 들뢰즈의 "차이

---

13 앞의 글, 앞의 책, p. 228, 134쪽, (下) 45-45頁. [옮긴이] [*] 안은 국역본.

14 이렇게 들뢰즈는 흄주의에 입각한 장면에서는 존재라는 개념 자체를 공격하고 있는 것처럼 굴기 때문에, 주라비슈빌리는 "들뢰즈의 존재론은 없다"고 말하기까지 한다. 하지만 이것을 다른 한편의 "존재의 일의성" 테제와 어떻게 한데 어우러지게 만들면 좋을까? 들뢰즈 철학에서 존재론의 지위status에 관해서는 3장에서 논한다.

의 존재론"이 베르그손주의—베르그손은 심리학의 '관념연합설'을 비판했다—를 계승하고 있다는 점이 중시된 데 비해, 이것은 그다지 중시되지 않았다. 다음에서 거론하는 마르크 뢸리의 해석은 그런 태도의 한 예이다.

원자론의 전제는 들뢰즈가 연연한 '감각의 강도=내포성이야말로 스스로를 외연양外延量으로서 현동화하게 되는 발생적 요소élement이다'라는 중심적 테제에 길을 내주는 것이다.[15]

뢸리의 논문에서는 C. D. 브로드의 논의를 이용하면서, 흄 자신의 설명에 입각해 원자론의 필요성을 삭감하려고 노력한다.[16] 다음과 같은 논의이다. 『인간본성론』에서는 각각의 '최소체'를 발견하기 위한 실험으로서, "종이에 잉크 한 방울을 떨어뜨리고 방울이 아예 보이지 않을 때까지 뒤로 물러나라"고 말한다. 그렇게 하면, "그 [잉크] 방울이 아예 보이지 않게 되기 직전의 순간에는 그 감각 표상image, 즉 인상은 완전히 분할 불가능했다."[17] 이 '분할 불가능'인 것이 최소체이다. 그러나 뢸리는 이 실험에서 먼저 있는 것은 아주 작은 한 점이 될 때까지 [잉크] 방울의 '강도'의 연속적인 '그라데이션gradation'이라고 보는 베르그손 식의 주장을 한다. 이런 해석에서는 1972년의 '흄'처

---

15 Marc Rölli, "Deleuze on Intensity Differentials and the Being of the Sensible," tr. Peter Hertz-Ohmes, *Deleuze Studies*, 3-1, 2009, p. 29.

16 Ibid., pp. 30ff. cf. C. D. Broad, "Hume's Doctrine of Space: Dawes Hicks Lecture on Philosophy," *Proceedings of the British Academy*, 47, Oxford University Press, 1961.

17 Hume, *A Treatise of Human Nature*, p. 27.

럼 원자론에 호의적인 논의 맥락은 옆으로 밀려나게 될 것이다.[18] 이 글에서는 들뢰즈의 행보에 있어서, **흄주의의 맥락 자체가 해리하는 것 마냥**, 단편적으로 자율적으로 작동하는 국면을 전경화하고 있다. 실재의 연속성을 우선시하는 들뢰즈와 허구의 이산성을 우선시하는 들뢰즈, 이제부터 우리는 이 두 가지 사이의 '와'에 직면하지 않으면 안 된다.

2-3 공간과 은총

그러면 『경험주의와 주체성』에서 보이는 관계의 외재성 테제를 분석하자. 대상이 되는 것은 이미 1-6의 끝부분에서 거론했던 다음 구절이다.

> 관계들은 관계의 항들에 대해 외재적이다[Les relations sont extérieures à leurs termes]. 이것은 관념들에 대해 이뤄지는 조작의 본성을, 그리고 특히 관념들 사이에 수립된 관계들의 본성을 관념에 의해 설명할 수는 없음을 뜻한다. 인간적 자연의 원리들, 즉 연합의 원리들은 관계의 필요조건이다.[19]

들뢰즈는 관계의 외재성 테제가 '경험론'을 일반적으로 정의한다

---

18 룈리의 논의는 "원자론을 물리치는 논의로서 원래 불충분하다. 강도의 '그라데이션 gradation'이 먼저 경험된다고 하더라도, 그것도 사실상 불연속적인 경험의 간극gap을 보전해서 얻어지는 영화적인 경험일지도 모른다. 룈리의 비판은 적어도 '잉크 방울'의 실험에 의해 원자론을 충분히 증명할 수 없다는 것을 보여주고 있지만, 강도의 '그라데이션'이 먼저 **존재한다**의 적극적인 증명이 되지는 않았다.

19 들뢰즈, 『경험주의와 주체성』, p. 113, 201-202쪽, 159頁.

고 판단하고, 흄의 후예로 윌리엄 제임스William James와 버트런드 러셀Bertrand Russell의 이름을 든다.[20] 이 철학사관은 장 발Jean André Wahl의 영향을 받았다. 발은 제임스가 그 중심이 된, 19세기 말~20세기 초반의 영미철학에서 보이는 '다원론'을 프랑스에 도입한 선구자이다. 발의 박사학위 논문『영미의 다원론 철학Les Philosophies pluralistes d'Angleterre et d'Amérique』(1920)에서 관계의 외재성은 제임스나 러셀, G. E. 무어 등에 통저하는[기초적 공통성을 지니는] '다원론'이자 '경험론'의 핵심으로 간주된다. 이 사람들은 관계의 외재성을 지지함으로써 19세기 말의 '영국 관념론British Idealism'에서 헤겔로부터 영향을 받았던 '일원론'이자 '관념론'을, 그중에서도 F. H. 브래들리Bradley의『외양과 실재Appearance and Reality』(1893)를 비판했다. 들뢰즈의『경험주의와 주체성』은 이보다 더 멀리 거슬러 올라가 흄에게서 관계의 외재성을 재발견한다. 그것은 한편으로는 2-1에서 봤듯이 칸트의 초월철학으로부터의 탈출인 동시에, 간접적으로는 영국 관념론(헤겔주의)으로부터의 탈출이기도 하다.

들뢰즈는『디알로그』에서 다음과 같이 말한다.

관계들은 그 항들에 외재적[외부적]이다. '피에르는 폴보다 작다', '컵은 탁자 위에 있다.' [즉] 관계는 결과적으로 주어가 될 항들 중 하나에도, 둘의 결합ensemble에도 내부적이지 않다. 게다가 하나의 관계는 [두] 항들이 바뀌지 않더라도 변할 수 있다. 컵을 탁자의 바깥으로 옮기면 컵이 변양된다고 이의를 제기할 수도 있겠지만, 이는 옳지 않다. 이 관계의 참된 [두] 항들인 컵의 관념과 탁자의 관념은 변양되지 않는다. 관계

---

20 『경험주의와 주체성』, p. 109, 197쪽, 154頁.

들은 중간에 있으며, 그런 것으로서 존재한다. 관계들의 이 외재성[외부성], 이것은 원리가 아니라 원리에 맞선 생생한 항의이다.[21]

이동하기. 탁자에서 컵을 떼어내도 이 두 개의 항에는 내적인 변화가 일어나지 않는다고 한다. 들뢰즈는 항을 변화시키지 않는 **항의 순수한 이동**을 긍정하고자 한다.

장소의 관계의 변화에 있어서 그대로 있는 것은 "이 관계의 참된 [두] 항들인 컵의 **관념**과 탁자의 **관념**"이다. 항='관념'은 물리적이지 않다. 왜냐하면 물리적인 구조는 컵이든 탁자든 이동됨으로써 '변양'되며, 더욱이 애당초 이동되지 않더라도 끊임없이 변양하고 있기 때문이다. 들뢰즈는 사물이 하나의 똑같은 관념으로서 존재할 수 있는, 물리적이지 않은 존재의 수준을—적어도 이 맥락에서는—인정하고 있다. 왜 그런가? 이것은 **개체와 개체** 사이의 관계가 다른 식이었을지도 모른다(과거의 가상)/다른 식이 된다(미래)고 하는 **복수**의 운명을 긍정하기 때문이다. 다른 한편, 브래들리에게 모든 개체의 본질은 모든 타자에의 모든 관계라고 간주된다. 참된 실재는 모든 관계의 하나의 실 꾸러미이며, 그것이 모든 개체의 본질인 것이다. 따라서 "A가 B 위에 있는" 경우에서 "A를 B에서 떼어내는" 경우로의 변화는 A와 B를 포함한 **실재 전체의 변화**이다.[22] 거기서는 개체의 **개체로서의** 순수한 이동, 즉 타자로부터 분리될 수 있다는 이동은 있을 수 없다.

발이 말하길, "일원론자는 사물들에서 멀리 떨어져서 사물들을 혼동해버리는 자이다. 그러나 다원론자에게 각각의 사물은 하나의 구

---

21 『디알로그』, p. 69, 107쪽, 97頁.

22 다음을 참조하라. F. H. Bradley, *Appearance and Reality: A Metaphysical Essay*, 2nd ed., George Allen & Unwin, 1897, Appendix, Note B.

별된 존재이다."[23] 관계의 외재성에 기초한 공간론에서는 어떤 관계가 그 부분만으로―무수한 다른 관계들에 휩쓸리지 않고―다른 식이었을지도 모른다/다른 식이 된다고 하는 복수의 운명 각각에 있어서 **구별된 분신들**을, 이것들이 서로의 분신인 한에서, 하나의 동일한 관념으로 지시한다. 제임스는 브래들리를 비판하고, "어떤 책이나 탁자도 관계 맺어질 수 있지만, 그 관계는 양자의 존재에 의해서가 아니라 양자의 우발적casual 상황에 의해서, **그 장에 한해서***pro hac vice* 만들어진다"고 말하고 있다.[24] 이 '우발성'이라는 개념 내지 '우연성'을 논의에 도입하지 하지 않으면 안 된다. '우연하게'란, 그 어떤 이유도 없이 그러하다, 해석 불가능=비의미적이라는 것이나 다름없다. 다른 방식의 관계로의 변화는 순수하게는 이유 없이, 비의미적으로 상상된다―이 자유=공간을, 여러 가지 이유·의미부여의 방식(물리적인 시공도 그 하나이다)으로부터 분리하여 긍정하는 것이다.

정식화하자. 관계의 외재성 테제는 순수하게는 항이 무엇인가와는 무관하게, 그 어떤 관계든 (i) 이유 없이=우연적으로 상상된다는 것이자, 또 그 어떤 관계든 (ii) 무수한 다른 관계들로부터 분리될 수 있다는 것을 의미한다. 이것은 관계=술어=사건의 논리적인 아나키즘이라고 말해도 좋다. 우연성과 분리, 이 두 가지 점이 외재성의 의미이다.

---

23 Jean Wahl, *Les Philosophies pluralistes d'Angleterre et d'Amérique* [1920], Les Empêcheurs de penser en rond, 2005, p. 149.

24 William James, *Essays in Radical Empiricism*, Dover, 2003, p. 57. 이와 반대로 브래들리의 주장을 "관계의 내부성interiority of relations"이라고 부르자. 마누엘 데란다에 따르면, "관계의 내부성을 높이 사는 이들이 주요 범례로서 유기체를 사용하는 반면, 들뢰즈는 식물과 수분 곤충의 공생 등 다른 유형의 생물학적 예시로 향한다"(Manuel DeLanda, *A New Philosophy of Society: Assemblages Theory and Social Complexity*, Continuum, 2006, p. 11).

이 관계들의 외재성[외부성]을 [독해의] 길잡이fil conducteur나 선線으로 삼으면, 아주 기묘한 세계가 조각조각 전개되는 것을 보게 된다. 어릿 광대의 망토나 잡동사니patchwork의 이 세계는 충만과 공허, 블록과 단절, 끌어당김과 퍼짐, 섬세함과 투박함, 접합접속[연접]과 분리접속[이접], 교체와 뒤얽힘, 결코 합계되지 않는 덧셈과 결코 나머지가 정해지지 않는 뺄셈으로 이뤄져 있다.[25]

들뢰즈는 관계의 외재성에 의해 세계의 전체성을 부정한다. 관계들을 아무리 [접속사를 사용해] 연달아 나열하더라도 세계의 전체가 되지 않으며, 세계의 정해진 전체는 없기 때문에, 뭔가의 관계를 제거하더라도 '나머지가 정해지지 않는다.' 다원론자=경험론자는 부분적인 관계들만을 파악한다는 좁은 시야를 권하고 있다.

이제 베르그손에 다가서야 할 때이다. 베르그손은 분명 관념연합설을 적대시했다. 『물질과 기억』에 따르면, 모든 두 항에 관해서 "그것들이 속하는 공통의 유類, 따라서 연결부로서 도움이 되는 유사類似가 늘 발견될 것이기" 때문이다. 요컨대, 모든 두 항은 어떻게든 연합된다.[26] 특정한 **이** 연합을 성립시키는 이유는 알 수 없다. **현실에서[실제로] 이** 관계이다. 현실의 **시간**, **지속**에서이다. 이런 비판에 대해 『경험주의와 주체성』의 들뢰즈는 흄의 논의에 입각해 다름 아닌 **이** 관계를 성립시키는 '충족 이유'가 어떻게 주어지는가를 보여주고자 했다.

그러나 원래 관계는 픽션이며, 관계의 외재성 테제는 관계=술어

25 『디알로그』, p. 69, 108쪽, 97頁.

26 Henri Bergson, *Matière et mémoire*[1896], coll. "Quadrige", PUF, 2004, p. 182[앙리 베르그송 지음, 『물질과 기억』, 276쪽]. [옮긴이] "그것들이 속하는 공통의 유類를, 따라서 그것들에 연결선의 구실을 하는 유사성을 항상 발견할 것이다."

=사건의 논리적 아나키즘이었다. 들뢰즈는 어떻게든 연합할 수 있는 자유=공간을 긍정하고 있다—이와 동시에 왜 **이** 관계인가, 관계의 충족 이유를 묻기도 한다.

보조선을 그어보자. 지젝은 『신체 없는 기관』에서 관계의 외재성이 사실상 신의 '은총grace'과 관련된 것이 아니냐고 해석한다.

> 들뢰즈의 개념들의 계보는 종종 색다르고 예상하지도 못한 것이다. 가령, 앵글로색슨의 외재적 관계 개념에 대한 들뢰즈의 강조는 분명히 은총이라는 종교적 문제틀에 빚지고 있다. 그리고 여기서 잃어버린 고리는 영국 가톨릭교도[성공회교도]인 알프레드 히치콕이다. 그의 영화작품에서는 등장인물들의 성격에서 뿌리를 두고 있지 않고 등장인물들에게 전적으로 외재적인 인물들 사이의 관계에서 일어난 변화가 모든 것을 바꿔버리며, 이들을 심층적으로 변용시킨다.[27]

요컨대, 외재적인=우연적인 관계맺음이란 사실상 신의 의지가 아니냐, 들뢰즈 철학(들뢰즈가 영미영화를 선호하는 것)에는 이해할 수 없는 신의 의지에 철저하게 종속된다는 테마가 있는 것 아니냐는 것이다. 우연성은 피안의 신에 의해 필연화된다는 얘기인 셈이다.

다른 한편, 들뢰즈가 사망한 다음 해에 하스미 시게히코蓮實重彥는 「질 들뢰즈와 '은총'」이라는 추도문을 썼다. 하스미에 따르면, 들뢰즈의 방법은 "플라톤적 분할법"을 통해 "그리스인처럼" 판단하는 것이었다. 그리하여 들뢰즈는 '철학'이 탄생하는 "'은총'과도 같은 순간을 받아들이는 데 적합한 대기의 흐름과 같은 것"이 "만연해" 있던 고대

---

27 Žižek, *Organs Without Bodies*, p. 4[슬라보예 지젝 지음, 김지훈·박제철·이성민 옮김, 『신체 없는 기관』, 도서출판b, 2006년, 18쪽].

그리스를 반복했으며 '우발적'을 '절대적'으로 바꾸는 '은총'을 체현하는 듯하다고 여겨진다.[28] 하스미는 이 은총에는 "그 어떤 신학적인 색채도 그림자를 드리우지 않는다"고 강조한다.

우연한 것을 신적으로=초월적으로 절대화하는 은총일까(지젝), 아니면 신 없이=내재적으로 절대화하는 은총일까(하스미). 아무튼 은총의 행복감은 관계의 외재성에 있어서 반쪽 밖에는 없을 것이다. 관계의 외재성은 절대로 비의미적인 우연성의 폭력의 그지없음이기 때문이다.

2-4 메이야수와 하먼

순수한 이동의 철저한 비의미. 이유 없이, 우연성, 어떻게든 나란히 바꾸어버리는 것. 그러나 들뢰즈는 동시에 다름 아닌 바로 이 관계의 충족 이유를 생각한다. 이를 검토하기 전에, 이 절에서는 퀑탱 메이야수Quentin Meillassoux를 참조해서 '관계의 외재성=우연성=분리성'에 관해 더 고찰한다. 메이야수는 첫 번째 저작인 『유한성 이후: 우연성의 필연성에 관한 시론』(2006)에서 극단적인 우연성의 철학을 제시한다. 그의 핵심 주장은, 세계의 법칙들(물리적, 이론적 등의)이 어떤 때에 갑자기 절대적인 우연성으로, 아무런 이유도 없이, 다른 식으로 변할 수 있다는 것이다. 또 원래 이 세계는 어떤 때에 갑자기 절대적인 우

---

28 蓮實重彦, 「ジル・ドゥルーズと「恩寵」——あたかも, ギリシア人のように」, 『批評空間』 第II期一〇号, 太田出版, 1996년, 44-54頁. 이 경우 "플라톤적 분할법"이란 상이한 문제나 개념을 적절하게 나누는 것이다. 들뢰즈에게 현대적 분할법의 모범은 무엇보다 베르그손의 이원론이었다.

연성으로, 아무런 이유도 없이 발생했다. 메이야수는 이 세계가 이렇게 성립해 있다는 사실의 충족 이유를 완전히 소거해버린다. 여기서 잠시 그의 논의를 개괄해보자.

메이야수의 『유한성 이후』는 역시 흄주의에 의거하고 있으며, 이 책 4장에서는 흄에게서 "자연의 균일성uniformity of nature" 문제에 대해 독자적인 접근을 하고 있다.[29] 즉 '이 자연은 어디에서든, 이후에도 줄곧 이렇게 법칙적이다'라는 것을 메이야수는 인과성에 대한 회의를 원용하여 부정한다. 사건 A 이후에 정해진 B를 가리키는 AB, AB, AB … 라는 반복은, 이후에도 항상 AB가 될 것임을 확증해주지 못한다는 것이다. 이 때문에 관찰되는 모든 법칙의 균일성이 의심받을 수밖에 없는 것이다. 앞 절의 맥락에서 말하면, 이런 회의는 '사물 A 뒤에 불특정한 C, D, E … 가 아니라 특정한 B가 연합되는 것'에 대한 회의나 다름없다. 이 연합의 충족 이유에 대한 회의인 것이다. 순수한 관계의 외재성 테제에서 관계의 충족 이유는 논의에서 제외되어버렸다.[30] 이것은 사물이 이리 존재하는 모든 방식에는 이유가 있다는 라이프니츠의 '충족 이유율'을 지워버리는 것이나 같다.

거기서 메이야수는 다음에 나오는, 당구에 관한 흄의 사고실험을 언급하고 있다.

---

29 Quentin Meillassoux, *Après la finitude. Essai sur la nécessité de la contingence*, Seuil, 2012, pp. 127ff[쿵탱 메이야수 지음, 정지은 옮김, 『유한성 이후: 우연성의 필연성에 관한 시론』, 도서출판b, 2010. 145쪽 이하]. [옮긴이] 여기서 '자연의 균일성'으로 옮긴 것의 프랑스어 낱말은 uniformité de la nature이다. uniformité는 일률성, 획일성, 일정함 등의 의미도 있는데, 여기서는 '균일성, 일정함'이라는 의미가 더 가깝다. 참고로 위의 국역본에서는 '자연의 제1성'이라고 옮겨져 있다.

30 [옮긴이] 원문은 '카야노소토蚊帳の外'로, "무시당하거나 고립됨의 비유", "어떤 일에 관여할 수 없는[내부 사정을 알 수 없는] 입장"을 가리킨다. 간단하게 배제되거나 제외된 것, 무엇인가로부터 멀어지거나 밀려나게 된 것을 가리킨다.

가령 내가 다른 공을 향해 직선으로 움직이는 당구공 한 개를 볼 때, 그리고 심지어 두 번째 공의 운동이 두 공의 접촉이나 충돌의 결과로서 내게 우연적으로 연상된다고 가정할 때조차도, 다양한 100가지 사건들 역시 저 원인에서 똑같이 뒤따라 나올 수 있다고 생각할 수 없는 것은 아닌가? 두 개의 공이 모두 절대적인 정지[휴식 상태]에 머물러 있을 수는 없을까? 첫 번째 공이 다시금 직선 운동을 계속하거나, 아니면 어떤 선을 그리면서 그리고 어떤 방향을 향해 두 번째 공으로부터 튕겨 나올 수는 없을까? 이 모든 가정들은 일관적[정합적]이고 파악 가능하다. 그렇다면 어째서 그것들 가운데 다른 것들보다 더 일관적이지도 않고 더 파악 가능하지도 않은 어느 하나의 가정을 선호해야 할까? 우리의 선험적인 모든 추론은 이 선호에 대한 그 어떤 기반도 우리에게 결코 제시할 수 없을 것이다.[31]

흄은 상상의 폭주를 환시幻視한다. 공 하나가 다른 공을 친다. 그 운명은 어떻게든 상상할 수 있다. 다음 사건의, 비-법칙적인 다른 식을 얼마든지 상상할 수 있다. 공은 되돌아올 수도 있고 뛰어오를 수도 있으며, 나아가 황금덩어리가 되거나 자전거가 된다고도 상상할 수 있는 셈이다. 이 사고실험은 자연법칙의 '지식'에 대한 회의인 것처럼 생각된다. 흄은 이렇게 상상의 폭주를 인정하면서도 사실은 확고부동하게 균일적인 '자연'을 상정한 것은 아닐까? 전문가들은 이 문제를 논해왔다. 그러나 메이야수는 독자적으로 '사변적 해결'speculative solution을 제공하고 있다. 그것은 위의 사고실험을 존재론화하는 것이다. 즉 불특정한 "다양한 100가지 사건"으로의 생성변화는, 실제로

---

31 David Hume, *An Inquiry Concerning Human Understanding*, ed. C. W. Hendel, Loberal Arts Press, 1957, p. 44.

실재적이라는 해석을 취하는 것이다. 방자한 상상/자연의 균일성이라는 대립을 파괴하고, **방자한 상상=자연**을 긍정한다. 이런 것은 흄에 대한 터무니없는 오독이 아닐까?

『유한성 이후』에서는 칸트 이후의 근현대 철학에서 주류가 된 전제를 '상관주의corrélationisme'라고 부른다. 상관주의란 사고자로부터 독립된 사물에 직접 '접근access'하는 것은 불가능하며—즉 전근대의 '소박한 실재론'은 불가능하며—철학은 **사고의 몇몇 조건과 상관하는 한에서의 세계만**을 다룬다는 생각이다.[32]

좁은 의미의 상관주의는 칸트주의에 대응한다. 하지만 메이야수는 20세기 철학의 두 가지 지류인 현상학/분석철학계의 논의까지도 널리 사정거리 안에 넣어 비판하고 있다. 왜냐하면 양자는 상관성의 형식—이하 나는 이것을 사고-세계의 '상관 미디어'라고 부른다—에 다름없는 '간주관성'이나 '신체성' 등(현상학), 그리고 '언어'와 '논리' 등(분석철학)으로부터, **벗어나고 있지 못하기 때문이다.** 메이야수는 철학으로부터 '상관 미디어'를 제거하고자 한다. 그런데 메이야수를 영어권에 소개한 사람 중 한 명인 그레이엄 하먼에 따르면, 메이야수의 방법은 대체로 '상관주의를 더욱 철저하게 함으로써 상관주의를 내파시키는' 것이라고 파악할 수 있다.

다음과 같은 논리이다. 『유한성 이후』에서는 '약한 상관주의'와 '강한 상관주의'를 나누고 있다. 약한 상관주의는 고전적 칸트주의에 대응하는데, 이것에 따르면 '물자체는 인식할 수 없기는 하지만, 인식

---

32 메이야수가 비판하는 '상관주의'를 레이 브래시어는 다음과 같이 설명한다. "상관주의는 실재에 대한 우리의 관계와는 독립해 있는 실재 따위란 인식할 수 없다고 주장한다. 또 현상이 스스로를 현시시키기 위한 현시의 조건으로서의 몇몇 초월론적 작동자(생명이나 의식이나 **현존재** 같은)가 없다면 그 어떤 현상도 없다고 주장한다." Ray Brassier, *Nihil Unbound: Enlightenement and Extinction*, Palgrave Macmillan, 2007, p. 51.

불가능한 어떤 것이라고 사고할 수는 있다.' 다른 한편, '강한 상관주의'에 따르면, '물자체는 인식할 수도 없고 사고할 수도 없다.' 메이야수에 따르면, 현대 철학의 주류가 된 것은 '강한 상관주의'이다. 이 경우 어떤 '상관 미디어'의 외부(물자체)는 **사고 불가능**한 것이다. 그런데 근현대 철학은 실제로 철학하는 내가 어떤 '상관 미디어'에 실제로 의거하고 있다는 '[현]사실성'에서 출발한다. 그렇다면 이 사실 자체는 어떤 이유 때문에 성립하는 것일까? 이처럼 '상관 미디어'의 연원으로 거슬러 올라가는 물음은 사고의 조건의 조건에 대한 물음, 요컨대 ([현]사실적인) 사고의 외부에 대한 물음이며, 그 때문에 단적으로 사고 불가능해진다. 사고의 조건의 조건이란 곧 **초월론적인 조건의 조건**이며, 나는 이것을 '초-초월론적인 것'이라고 부르겠다. 20세기 후반에는 '상관 미디어의 [현]사실성에 있어서 궁극적인 이유인 사고 불가능성'으로서의 '초-초월론적인 것'이 다양하게 개념화되었다. 에마뉘엘 레비나스의 "전적인 타자"나 라캉의 실재계가 이것에 해당되는 것 같다.

그리고 메이야수에 따르면, 강한 상관주의의 철학은 종교의 '신앙 절대주의fidéisme'를 비판할 수 없다.[33] 한편으로, 강한 상관주의의 철학자에게 사고 불가능=초-초월론적인 외부는 신비적인 영역이 아니다. 그러나 '외부는 사고 불가능=신비적이다'라는 등호equal를 잘못 설정하는 자에 대해 이 철학자는 적극적으로 반론할 수 없다. 왜냐하면 그의 (철학의) 외부는 단적으로 사고 불가능한 이상, 그것에 술어를 붙이는 것의 옳고 그름을 사고할 수조차 없기 때문이다.

메이야수의 이러한 논의는 아즈마 히로키東浩紀가 논한 '부정신학

---

33 Meillassoux, *Après la finitude*, pp. 67ff.

비판'과 아주 닮아 있다. 두 사람 모두 괄호쳐진 '우리'—내지 전체화된 어떤 체계—에게 있어서 사고 불가능한, 그 때문에 단일한 외부**로부터 나가려고 한다.** 이것은 초기 들뢰즈의 은유계로는 대륙—'우리'의—에게 있어서 단일한 저쪽인 대양으로부터의 도주에, 그렇다고 해서 대륙으로 돌아갈 수 없는 것에 대응할 것이다. 즉, '우리'와 허구의 신 사이에서, 복수의 무인도로 표류해 다다르는 것이다. 무인無人의 섬들은 '복수적인 외부성'을 체현하고 있다.

메이야수는 사고 불가능한 물자체—의 편에서 담보되는 자연의 균일성—를 지워버리기 위해, 변전變轉하는 사고를 실재에 일치시킨다. **상상의 폭주를, 실재의 폭주에 일치할 때까지 강하게 상관시킨다.** 이런 메이야수의 전략을 하먼은 "매우 강한 상관주의"라고 명명한다.[34]

실제로 이런 방식으로 사고되는=존재하는 세계에서는 이렇게 법칙적인 충족 이유—를 담지하는 신—는 지워진다. 때문에 이 사고되는=존재하는 세계는 우연적인 사실일 뿐이게 된다. 때문에 세계는, 흄의 당구공은, 절대의 우연으로=비의미적으로, 다른 방식이 되더라도 이상하지 않다. 세계는 다음 순간에, 20만 년 후에, 내년 하지夏至에 다른 식으로 바뀔지도 모르며, 오랫동안 바뀌지 않을지도 모른다—바뀌더라도 바뀌지 않더라도, 이유 없이. 신의 은총도, 신 없는 은총도 아니고, 단순한 비의미적인 사건.

모든 것이 실제로 와해될 수 있다. 천체들처럼 나무들이, 법칙들처럼 천체들이, 논리적 법칙들처럼 물리적 법칙들이. 이는 모든 것이 사멸할 것이라고 운명처럼 정하는 상위의 법 때문이 아니라 여하간 그것을 사멸

---

34 Graham Harman, *Quentin Meillassoux: Philosophy in the Making*, Edinburgh University Press, 2011.

로부터 보존할 수 있는 상위법의 부재 덕분이다.[35]

바로 이 구절이 메이야수의 부조리한[터무니없는] 흄주의를 분명히 드러낸다.

그러나 일상의 우리는 자연의 법칙들에 대한 신념을, 신념일 뿐이라고 하더라도 공유하려 노력한다. 이런 점에서 흄에서 칸트까지는 겨우 한걸음일 뿐이다. 왜 그런가? 흄이 '앞으로도 자연은 어디서든 합리적일 것이다'라는 신념을 '우리'에게 공유시키는 것은, 주체에게 현상=표상 구성의 주도권을 넘겨주는 '코페르니쿠스적 전회'의 한걸음으로 볼 수 있기 때문이다.

메이야수는 유물론에 서 있으면서, 이 세계의 물리법칙은 우연히 이러한 것일 뿐이라고 주장한다. 그의 입장은 '사변적 유물론'이라고 일컬어진다. 물리법칙은 물리세계 **전체**에서 작동하는 관계맺음의 원리이며, 물리세계 **전체**의 근저가 이유 없이 되는 것이다. 그러면 메이야수는 가령, 세계의 반반씩이 상이한 법칙에 의해 지배된다는 것 같은, 공시적으로 부분적인 변화도 승인하는 것일까? 「형이상학과 과학 밖의 픽션」이라는 텍스트에서 그는 과학의 새로운 단계를 예측하고 이야기하는 공상과학소설(SF)을, **실험과학으로서의** 과학의 가능성이 근본적으로 위협받고 있는 '과학 밖의 픽션extro-science fiction'(XSF)과 구별하고 있다. 그것에 따르면, 보통은 과학이 유효한 세계에서 우연하고 기묘한 사태—꽃병이 공중에 떠 있다 같은—의 보고는 실험에 의해 재현되지 않는 한, 과학을 위협하는 사태가 아니다. "과학의 관측에 재현 가능성이 보증된 절차의 여지가 없는 것에 대해 과학은 어찌

---

35 Meillassoux, *Après la finitude*, p. 73, 88-89쪽. [옮긴이] [ ] 안은 글쓴이의 번역.

할 수 없기 때문이다."[36] 이것에 대해서 다음과 같은 사태라면 진정으로 XSF적일 것이다.

> 가령 우리 자신의 과학 이론의 어휘로 말한다면, 이런 말을 할지도 모른다. "○날부터 △날에 걸쳐서, '실험실 내'의 자연은 상대성이론이 아니게 되며, 뉴턴역학으로 회귀했다. □날부터 ×날에 걸쳐서는, 양자물리학의 진정한 쇄신이 있었지만, 남반구의 실험실에서만 그랬다" 등등.[37]

이렇게 메이야수는 상이한 때와 장소의 '실험실 내'에서 법칙의 어긋남이 일어난다는 것을 상상하고 있다. 엄밀하게 말해서, 법칙의 변화를 말하려는 그의 발판은 세계가 아니라 실험실이며, 상이한 법칙을 거느린 복수의 실험실의 난립이야말로 메이야수적인 세계(로부터 세계로의 절단적인 이행)인 것이리라. 실험실이란 사물의 관계맺음의 어떤 닫힌 전체이다. 이것을 단위로 하는 점에서, 메이야수의 경우는, 흄-들뢰즈의 '전체화가 불가능한 단편의 세계'의 경우에 비해서, '몰적'인 입론이며, 사물의 단편화를 생각하는 것이 아니다.

하먼에 따르면, 철저한 우연성 철학은 모든 법칙의 부정이기도 하

---

36 クァンタン・メイヤスー, 「形而上学とエクストロ゠サイエンス・フィクション」, 神保夏子 訳, フロリアン・ヘッカー《Speculative Solution & 3 Channel Chronics》付属のパンフレット所収, 2012년, 52頁. [옮긴이] 메이야수의 이 글은 2006년 5월 18일 (파리의 울름가에 소재한) 파리고등사범학교에서 "Metaphysics and Science Fiction" 컨퍼런스에서 동명의 제목으로 발표된 것이다. 이 글의 확장판이 Quentin Meillassoux, *Méaphysique et fiction des mondes hors-science*, Vulcain, 2013[영어판은 *Science Fiction and Extro-Science Fiction*, trans. Alyosha Edlebi, Univocal Publishing, 2015]이다. 그러나 이 확장판에는 이 대목이 포함되어 있지 않다.

37 위의 글, 54頁.

다.[38] 사물을 모두 서로 비-인과화하고, 산산이 흩어지게 하는 것. 그러나 이것은 메이야수의 논리가 아니다.

하먼은 '객체object 지향 철학'을 창안한다. 그는 모든 '객체'의 분리—상호간의 비-인과성—를 극단화한 다음, '완전히 산산이 흩어져 있는 동시에 관계하고 있다'는 역설에 대해 독자적인 설명을 부여하고 있다. 하먼에 따르면, 객체=사물은 각각 "[다른 것과의] 접촉이 거의 없는 사적인 진공으로 채워져 있다."[39] 세계는 개개의 객체에 의해 절대로[완전히] 갈가리 찢김[40]이며, 설령 무엇인가의 (예를 들어 물리학적인) 관점에서 어떤 법칙을 인정할 수 있게 된다고 하더라도, 사물의 프라이버시는 법칙적인 행태로 결코 환원되지 않는다. 이 비전은 앞의 메이야수의 경우에 비해 흄-들뢰즈의 '전체화가 불가능한 단편들의 세계'와 비슷하다(차이점에 관해서는 5-0).

메이야수의 전략을 알게 됐기에, 우리는 관계의 외재성을 극단적인 우연성으로 바꾼[만든] 것이다. 메이야수적인 '절대적 우연성', 하먼적인 '절대적 분리성'은 들뢰즈 해석에서 각각 (a) 관계의 외재성=우연성을, 그리고 (b) **항의 분리성**을 극단으로 치닫게 하여 이해하는 데 도움이 된다. 자연의 균일성을 메이야수는 오로지 **통시적**으로 파괴했다. 이에 반해 하먼의 표적은 **공간적**인 자연의 갈가리 찢김이다. 자연의 균일성은 공간적으로도 파괴될 수 있는 것이다—법칙이, 아

---

38 Harman, *Quentin Meillassoux*, pp. 39-40.

39 이런 생각은 하먼에게 근본적이다. 다음을 참조하라. Harman, *Tool-Being and Guerrilla Metaphysics: Phenomenology and the Carpentry of Things*, Open Court, 2005.

40 [옮긴이] 여기서 '갈가리 찢김'이나 '갈가리 찢음'이라고 번역한 '야츠자키八つ裂き'는 4장에서 디오니소스를 다룰 때 나오는 프랑스어 'lacération'나 이와 유사한 단어의 번역어로 보인다. 프랑스어의 이 단어는 '잡아 찢기', '깨뜨리기', '절제切除', '문서나 도서의 파기' 등을 의미한다.

니 인과성이, 비의미적으로 절단되어 있는 부분을, 세계에 있어서 인정한다. 그런 부분은 세계의 곳곳의 구멍인 듯하다―세계의 '다공성 porosité'.

슬슬 들뢰즈로 돌아가자. 메이야수/허만과 비교해 들뢰즈의 흄주의를 존재론적으로 해석한다면 어떻게 특징지을 수 있을까? 들뢰즈의 존재론적 흄주의는 (1) 세계의 전체성을 인정하지 않으며, 때문에 세계 전체의 충족 이유율을 지워버릴 수 있는가 아닌가라는 물음은 애초에 제기되기도 않을 것이다. 세계의 전체성을 인정하지 않는다는 것은 (2) 관계의 외재성=우연성에 의해서 전체적인 인과성을 **부분적으로 지운다**는 것에 대응하는 것이 아닌가. 그렇다면 이렇게 말할 수 있으리라. 들뢰즈는 인과성이 작동하고 있는 상황에서, **인과성을 국소적으로 절단하는 여러 가지 우연성, 즉 비의미성**을 긍정하고 있지 않은가라고 말이다.

2-5 사정, 인과성의 부분화

그러면 흄에게는 특정하고 다름 아닌 **이** 관계를 성립시키는 충족 이유가 어떻게 주어지는 것일까? 들뢰즈에 따르면, 중요한 것은 '사정 [정황]circonstance'이다.

> … 왜 하나의 특수한 의식 속에서, 이러저러한 순간에, 이 지각이, 다른 관념보다도 오히려 이 이러저러한 관념을 환기하게 되는 것인가. 저 관념보다도 이 관념이 환기된다는 것은, 관념연합으로는 설명할 수 없다. … 관계에 충족 이유를 부여하는 것은 **사정[정황]**이다.[41]

관계의 충족 이유=‘사정[정황]’은 ‘역사의 핵심’으로 간주된다.[42] 사정은 “우리의 정념, 이해=관심을 정의하는 변수”이며,[43] 그리고 ‘정념’은 “주체에게 있어서 개체화의 원리”이다.[44] 사정, 시르콩스탕스 circonstance=주위의 사정에 감응하는 정념이야말로 ‘개체화의 원리’인 것이다.

들뢰즈는 『경험주의와 주체성』의 앞부분에서, 원래 “흄은 심리학자이기 이전에 먼저 도덕론자moralist이며 사회학자이다”라고 봤다.[45] 흄의 인식론·존재론은 사회철학과 불가분하다. 『경험주의와 주체성』의 2장 「문화의 세계와 일반 규칙」에 따르면, 흄의 사회철학에서는 가까운 이에 대한 개개인의 ‘치우친=불공평한partial 공감’—친밀한 연합—에서 출발해, 그 치우침을 [관계가] 더 먼 이들에게로 ‘확장’해가는 것이 사회화의 원리이다. 때문에 사회의 자연상태에 있는 것은 자신만을 사랑하는 이기주의자가 아니다. 자연상태를 어디까지 거슬러 올라가더라도, 이곳저곳에서, 늘 이미 ‘치우친 공감’이, 즉 **유한한 범위에서의 타자와의 관계**가 이루어진다. 이 사회철학을 존재론에 부연시켜야 한다. 실재는 치우친[한쪽으로 쏠린] 관계에서 시작돼 치우침[편향]을 생성변화시켜간다. 항은 완전히 고립되어 있는 것일 수 없다. **치우친 유한한 범위에서의 관계들**이 사정=주위의 것이며, 거기서 사물은 개체[個]로서 조형造形된다.

역사는 서로 뒤얽힌 인과적인 관계의 연쇄이며, 그 모든 항은 ‘실

---

41 『경험주의와 주체성』, p. 115, 205쪽, 162-163頁.

42 『경험주의와 주체성』, p. 115, 205쪽, 163頁.

43 『경험주의와 주체성』, p. 116, 206쪽, 163頁.

44 『경험주의와 주체성』, p. 117, 208쪽, 165頁.

45 『경험주의와 주체성』, p. 1, 19쪽, 5頁.

천적'이다. 컵도 테이블도, 뭔가의 사정[정황]에 있어서 개체화 내지 '주체화'되어 있는 것이다. "관계가 사정[정황]들로부터 분리되지 않는 것은, 또한 주체에게 있어서 엄밀하게 본질적인 **특이한** 내용으로부터 그 주체가 분리되지 않는 것은, 주체성이 그 본질에 있어서 **실천적**이기 때문이다."[46] 사물의 관계의 변전은 사정[정황]에 의해, 즉 치우친 [불공평한] 유한한 범위에서의 관계들에 의해 이유가 부여된다. 들뢰즈의 흄주의에서는, 사정의 확장을 무한하게 팽창inflation시켜서, 세계사를 '일자-전체'로, 유일한 개체(절대자)로 하는 것 같은 브래들리적인 일원론은 거절되고 있다. 관계맺음의 충족 이유는 인과성의 네트워크에 있어서, 적당한 곳에서, 유한해지지 않으면 안 된다―비의미적으로=우연적으로. 관계맺음의 충족 이유는 '**전부는 아닌** 인과성'이다. 그것은 욕망의 '그때마다 임시적인 내재 이유'이다―즉, 욕망되는 대상의 근방에서, 이유 부여를 절단하는 것. 개체성이란, '모든 것이 아닌 인과성'의 범위, 윤곽, 틀frame 안에서, 임시로 거처하는 사물의 '유한성'이다. 개체로서의 사물의 생성변화, 그것은 **다른 식으로** 유한한 관계 다발로의 생성변화이게 된다.

들뢰즈의 존재론적 흄주의에서는 인과성의 전체화는 여러 가지 우연성의 구멍에 의해, 곳곳에서 비의미적으로 절단되어 있다. 이상이, 관계의 외재성 테제를 채용하면서 동시에, 다름 아닌 **이** 관계의 충족 이유를 '사정'에서 찾아낸다고 하는 이중성에 대한 이 글의 해석이다.

---

46 『경험주의와 주체성』, p. 117, 208-209쪽, 165頁. 강조는 인용자.

2-6 결과=효과의 존재론

베르그손은 『물질과 기억』의 다음 대목에서 가장 명료하게 관념연합설을 두드려 까고 있다.

관념연합설의 항상적 잘못은 생생한[살아 있는] 실재인 이 생성의 연속성을 관성적으로 병치된 다수의 불연속적인 요소들로 치환하는 것이다.[47]

베르그손은 '연속적'으로 생생하게 유전하는 '생생한[살아 있는] 실재'에 몸을 담그고자 했다. 실재의 연속성에 대해, "병치된 다수의 불연속적인 요소들"이 속하는 (일상적, 과학적인) 곳은, 들뢰즈의 표현에 따르면, '표면적'인 '의식의 형식주의'에 지나지 않는다.[48] 베르그손주의에서는, 연속한 '지속durée'이 존재 그 자체이다. 반대로, 공간적인 불연속, 이산성離散性은 본성적인 게 아니며, 실재=지속에 대해 열등하다고 평가된다.[49] 또한 베르그손과 친분이 있었던 제임스는 흄의 이름을 콕 집어서 비판했다. 제임스는 "우리가 식별하는 사물은 모두 '산산이 흩어지고 분리되어' 있으며, 마치 '연결할 수 없는' 것처럼 역설한 흄"이라며 야유하고, 경험에 있어서 "지속적 관계와 분리적 관계"는 '대등'하다고 주장하는 것이다.[50] 오오야마 노리요시大山載吉에

---

47 Bergson, *Matière et mémoire*, p. 148. [베르그송, 『물질과 기억』, 231쪽]

48 『경험주의와 주체성』, p. 115, 208쪽, 163頁.

49 다음을 참조하라. 檜垣立哉, 『ベルクソンの哲学──生成する実在の肯定』, 効草書房, 2000년, 22頁 이하. "… 베르그손에게서의 차이화의 방법이란 언제나 **이분법적, 이원론적**인 것이다. 더욱이 그것은 가치적인 서열이 매겨진 두 개의 경향으로 나눠지는 것이다."

따르면, 베르그손과 제임스가 둘 다 "생의 근원적인 직접성, 순수 경험"으로 진입하고자 했던 반면에, 흄의 철학은 "직접적인 실재를 건드린다기보다는, 어디까지나 이차적인 상태에서 출발한다"고 하는, '결과=효과'의 철학이다.[51] 산산이 흩어져 있는 주어진 것은 결과=효과로서만 주어져 있는 것이다. 그것들은 결과=효과로서 관계 맺어져 있는 것처럼 된다. 관계는, 세계는 갱신된 픽션이다. 픽션에 **불과한** 것이 아니다. 관계는, 세계는 픽션**이다**. 픽션으로서의 실재는 유일한 지속에 대한 여러 가지 비의미적 절단으로서의, 자유=공간인 것이다.

분리할 수 있는séparable 것은 모두 분간할 수 있는discernable 것이며, 분간할 수 있는 것은 모두 상이한 것이다différent.

너무도 간결한 이 언명은 '분리할 수 있다'는 **논리적**인 수준의 가능성, '분간할 수 있다'는 **지각적**인 수준의 가능성, '상이하다'는 것의 **존재적**인 수준의 필연성을 혼합시키고 있다. 들뢰즈는 여기서 칸트에 의한 삼분할, 즉 주어진 것의 감수感受와 그 분절화(감성과 오성), 이념적인 한에서의 '물자체'의 정립(이성)이라는 삼분할을 속속들이 알고 있기 때문에, 칸트 이전의 인물인 흄이 마치 그 삼분할—에 의해 확정된 '코페르니쿠스적 전회'—을 (불분명하게 함으로써) 취소하고cancel 있다는 외관을 마련하고 있는 것처럼 생각되지 않을까? 이런 관점에서 다음 구절을 검토해보자.

---

50 William James, *Essays in Radical Empiricism*, p. 20.

51 이 비교에 관해서는 大山載吉, 「重なり合う哲学——ドゥルーズとヒューム」, 『現代思想』, 제36권 15호, 2008年, 222頁.

… 경험은 상이한[서로 다른 것인] 한에서 분리할 수 있는 관념들, 또한 분리할 수 있는 한에서 상이한 관념들의 계기繼起이자 운동이다. 바로 **이런** 경험에서 출발해야만 한다. 왜냐하면 이런 경험이 경험이라는 것 l''expérience[**유일한** 경험]이기 때문이다. … 경험은 경험을 스스로의 촉발affection로 하는 듯한 주체도, 경험을 스스로의 변양modification, 양태mode로 하는 듯한 실체substance도 전혀 함축하지 않는다. 식별할 수 있는 모든 지각이 분리된 존재existence séparée라면,
하나의 지각의 존재를 떠받치기 위해 필요한 것은 아무것도 없는 것처럼 보인다.
정신은 정신 속에 있는 관념과 동일하다. 만일 우리가 실체라는 말을 보존하고 싶다고 생각하고, 이 말에서 아무튼 하나의 용도un emploi를 찾아내고 싶다고 생각한다면,
모든 지각은 실체이며, 하나의 지각의 서로 구별된 각 부분은 역시 서로 구별되는 실체이다
라고 말함으로써, 이 실체라는 말을, 우리가 그 관념을 갖고 있지도 않은 지지체support가 아니라 각각의 지각 자체에 적절하게comme il se doit 적용해야만 한다.[52]

첫 번째 단락에서는 차이=분리의 원리에 의해 원자화된 경험을 정관사에 의해 보편화한 다음, (i) 경험을 '주체의 촉발[변용]'이라고

---

52 이상은 『경험주의와 주체성』, pp. 93-94, 173쪽, 132-133頁. [옮긴이] 인용 후에 곧바로 지적하듯이 expérience 앞에 붙은 것은 정관사 la이다. 따라서 이것은 "유일무이한" 정도의 의미이다. 또한 이것 다음에 나오는 문장은 다음과 같이 옮길 수 있다. "(이) 경험은 그것이 촉발[변용]되는 어떤 주체도, 그것이 변양이나 양태가 되는 어떤 실체도 내포하지 않는다(Elle n'implique aucun sujet dont elle serait l'affection, aucune substance dont elle serait la modification, le mode)."

여기는 견해, 어쩌면 칸트의 그것, 및 (ii) 경험을 '실체의 양태'라고 여기는 견해, 어쩌면 스피노자의 그것을 물리치고 있다. 지각되는 주어진 것의 여러 가지 것들만이 하나의 주체나 실체 없이, 그것 자체로 '서로 구별되는 실체'인 것이다. 훗날의 들뢰즈는 『디알로그』에서 흄적인 '와'의 철학을 묘사한 직후에, 스피노자의 『윤리학』에서는 제일원리인 '실체'가 아니라 관계들의 '와'—원리적으로가 아니라 이차적, 삼차적, n차적인—를 우선시해야 한다고 말했다.[53]

결과=효과인 '경험이라는 것'으로의 내재는 『윤리학』의 앞부분에서 나오는 **실체를 유일화하는 논설을 보지 못한 것으로 해놓고**—정신분석적으로 말하면, '부인'하고서(자세한 것은 8-3)—여러 가지의 양태만을 사고하는 것에 상당하는 것인지도 모른다. "각각의 지각 자체"**에 관해** 실체라는 '단어'가 '하나의 용도'로서 '적절하게 적용'된다—여기에서는 훗날의 들뢰즈에게서의 '존재의 일의성'의 예감을 발견할 수 있다. 『차이와 반복』에서 존재의 일의성이란 상이한 사물'에 관해' 단일한 의미에서 '존재하다'와 '말해진다'라는 것이다. 상이한 사물에 관해 "'존재'가 절대적으로 공통적이라면, [이 때문에 존재가] 어떤 유(類, genre)인 것은 아니다."[54] 단일한 의미에서 '존재'는 "차이 자체에 관해 말해진다[se dit de la différence elle-même]."[55] 들뢰즈의 긍정은 사물의 차이로 향하는 것이며, 상이한 **그것들이** '존재한다'고 말해진다—

---

53 『디알로그』, p. 74, 114쪽, 103-104頁. "왜 스피노자에 대해 쓰는가? 여기서도 또한 그를 중간에 의해 파악하는 것이며, 제일원리(모든 속성들에 있어서의 유일한 실체)에 의해 파악하는 것이 아니다. 정신과 신체. '와'라는 접속사에 관해 이토록 독창적인 감정을 가진 사람은 없었다."

54 『차이와 반복』, p. 52, 101쪽, (上) 106頁.

55 『차이와 반복』, p. 53, 103쪽, (上) 109頁. [옮긴이] 국역본의 다음 번역을 수정했다. "존재는 차이 자체를 통해 언명된다."

고 했다면, 존재라는 개념은 삭제돼도 좋지 않을까? 흄주의에 가담하는 한에서의 들뢰즈는 마치 존재론을 삭제하는, 망각하는 것 같았다. 존재로부터 '와'로—이 '와'는 여전히 존재의 변신인 것일까?

2-7 원자론에 대한 사변적 해결

만일 흄주의에 가담하는 들뢰즈가 원자론을 존재론적으로 지지하고 있다면, 그 들뢰즈는 베르그손주의에 기초하여 실재를 연속적으로 파악하는 들뢰즈와 충돌한다. 우리의 독해에서는 실험적으로, 두 명의 들뢰즈를 분극分極시킨다. 그 타당성은 흄적인 원자론을 어떻게 이해하느냐에 달려 있다. 우리는 2-2에서 원자론의 의의를 해리 가능성의 원리로서 파악하는 데 머물렀다. 이 절에서는 원자론의 지위status에 관해 직접적인 고찰을 행하고자 한다.

흄의 원자론은 그의 체계에 있어서 근본적인 논점이다. 예를 들어 흄에게서 원자론을 인식론의 수준에서 이해해야 하느냐, 실천적인 의의를 강조하여 이해해야 하느냐라는 질문은 흄 연구에서 중요한 의미를 가진다.[56] 그러나 텍스트를 정밀 조사해서 이런 고찰을 하는 것은 이 글의 과제가 아니다. 이 글에서는 들뢰즈의 흄 해석을 통해 질문되는 것인 **원자론을 존재론적으로 이해한다**는 테마를 그 자체로서 소묘하고 싶은 것이다.

---

56 一ノ瀬正樹, 「ヒューム因果論の源泉——他者への絶え間なき反転」, ヒューム 『人間知性研究』 所収, 241-242頁. "예를 들어 차를 운전한다는 행위는 사이드브레이크를 풀고 가속기를 밟고 핸들을 조작하고 … 등등의 방식으로 몇 가지 기본적인 단계를 통해 이해된다. 즉, 우리의 세계 이해는 원자론적으로 성립되어 있다. 이것은 우리의 실천적 사실이다. 흄의 원자론은 실로 이런 사실에 그대로 들어맞는 자연스런 출발점이었다."

흄은 『인간본성론』에서 연합설의 전제인 원자론, 즉 분할의 '최소체'가 있다는 주장을 정신의 유한성에 의해 요청하고 있다. 다음 대목이다. "정신의 능력이 유한하며limited, 무한을 완전하고 골똘히 생각하는 것이란 결코 할 수 없다는 것은 널리 인정되고 있다."[57] 이 문장은 이른바 '실무한實無限'[58]의 파악을 부정하는 일종의 '유한주의'의 표현일 수 있으리라. 흄은 여기서 시공의 '무한분할의 가능성'을 부정한다. 다음과 같은 주장이다. 모래 한 알의 '1,000분의 1'과 '1만 분의 1'은 상이한 판명한 관념이지만, 둘 모두 똑같은 극소極小의 한 점으로 상상될 수밖에 없다. 그 한 점의 이미지는 그것 이상으로는 더 이상 분할할 수 없는 최소체이다. 마찬가지의 것이 순간에 관해서도 말해진다고 여겨진다. 때문에 시공의 관념·인상은 이산적이다─이상의 설명은 오로지 인식론적인 것이기만 할까? 확실히 흄은 '관념'의 존재 방식을 논한다. 하지만 이상의 논의에는 다음과 같이 적혀 있다. "우리의 관념은 연장의 가장 작은 부분의 완전한 표상이다."[59] 여기서 '우리의 관념'의 '완전한 표상'이라 할 때의 "연장의 가장 작은 부분"이란 도대체 무엇인가? 흄의 어휘에서 관념이 그 '표상'으로서 대응하는 것은 관념=모사copy에 대한 원본original=인상인 것이며, 이 '연

---

57 Hume, *A Treatise of Human Nature*, p.26.

58 [옮긴이] 칸토어 등의 집합론에서 사용되는 용어로, 가무한假無限과 대비되는 용어이다. 가무한이란 자연수열 1, 2, 3, … n처럼 한없이 연속되어 끝없이 생성되는 무한을 가리킨다. 실무한은 무한 과정 전체를 무한의 원소로 이루어진 하나의 완결된 집합으로 파악할 때, 현실적으로 '존재하는 무한'을 뜻한다. 혹은 완성된 형태로 현시적으로 존재하는 무한을 의미한다. '양의 정수 전체의 집합' 또는 '모든 실수의 집합'을 들 수 있다. 참고로 아리스토텔레스는 현실적 무한의 존재를 부정하고, 가능적 무한의 존재를 인정했으나 이후 신학이나 철학에서는 현실적인 참무한眞無限을 생각하게 되는데, 실무한은 이 참무한 개념이 엄밀하게 논리적으로 형성된 것이다.

59 Ibid., p. 29.

장'이 '연장의 인상'일 것이라고 해석한다면, 인식론에서 바깥으로 나가지 않은 채로 충분하다. 그렇지만 『인간본성론』이 인식에서 독립된 외부세계의 존재를 분명히 긍정하고 있다는 것을 고려한다면, 빛의 "연장의 가장 작은 부분"의 지위status는 불확정이 된다.[60] 즉, 최소체는 인식론적일 수 있는 동시에 존재론적일 수도 있다. 흄-들뢰즈의 '전체화가 불가능한 단편들의 세계'는 인식론적으로만 그런 것이라고는 생각하지 않는다.

혹은 다음과 같이 말해보자. 메이야수는 인식론적인 흄의 회의를 매우 강한 상관주의에 의해 존재론화하고, 사고와 존재의 일치에 있어서 철저하게 불안정한 세계의 비전을 제공했다. 인간에 의한 상상의 폭주 가능성은 세계의 본성으로 이전된다. 이 매우 강한 상관주의를 원자론에 적용하면 어찌될까? 그렇게 한다면, 인간의 유한성에 의한 원자론은 세계의 본성으로 이전될 것이다. 세계가 곳곳에서 다양하게 유한해진다. 이 논법은 흄의 원자론에 대한 사변적 해결speculative solution이라고 불릴 수 있을 것이다.

들뢰즈는 칸트의 (약한) 상관주의로부터 도주함으로써, 괄호 쳐진 '우리'에 대한 헤게모니를 희박하게 만들고 있다. 흄주의에 "초월론적인 것은 아무것도 없다"는 것이었다. '우리'의 집합화를 취소하는cancel 언명이다. '우리'로 옭아매어지지 않는 비인칭적 정신이 산재하고 있다. 사건의 누더기[61]로서의 비인칭적 정신들이 다양하게, 유한자로서 산재하고 있는 것이다.

---

60 예를 들어 다음 대목 "우리는 '그 어떤 원인들이 우리에게 물체의 존재를 믿게 만드는가'라고 물어도 좋지만, '물체가 존재하는가 아닌가'라고 묻는 것은, 무익하다. 물체가 존재한다는 것은 우리의 모든 논구에 있어서 당연히 하지 않으면 안 되는 점인 것이다." Ibid., p.187.

2-8 범-관조론: 시간의 첫 번째 종합

대륙에서 분리된 영국의 섬들, 이것들의 개체성.

이제 우리는 서론에서 임시로 제시했던 "모든 것은 관조한다"라는 생각과 맞부딪치려 한다.

『차이와 반복』 2장 「그것 자체를 향한 반복」에서 들뢰즈는 '시간의 세 가지 종합'이라는 논의를 하고 있다. 이것은 현재·과거·미래라는 시간의 세 가지 차원에 관해 독특한 방식으로 설명하는 부분이다. 현재·과거·미래 각각에 시간의 '첫 번째의' 종합, '두 번째의' 종합, '세 번째의' 종합이 대응한다. 들뢰즈의 관조론은 시간의 '첫 번째의 종합'에 포함된다.

이제부터 첫 번째 종합에 관해 개설하자. 현재라는 시간은 어떻게 성립하는 것일까?

시간의 극소적인minimal 양태인 '순간[찰라]'에서 출발해보자. 들뢰즈 왈, 순간의 계기繼起는 그것 자체로는 "시간을 망가뜨려버리는" 것이며, "시간은 순간의 반복과 관련되는 근원적 종합 안에서만 구성된다."[62] 이는 무슨 의미인가? 들뢰즈는 가령 "틱 톡, 틱 톡, 틱 톡…" 하며 반복되는 시퀀스는 '틱 톡'이라는 쌍을 '축약[수축]contraction'하고, '틱'

---

61 [옮긴이] 일본어로 츠기하기つぎはぎ는 patch의 번역어에 해당된다. 일본어에서도 이것은 "(옷에 조각 따위를) 잇거나 붙여 기움, 독창적인 데가 없이 남의 것을 그러모아 하나의 문장을 만듦"을 뜻하며, 관련된 단어로는 '잡동사니'라는 뜻의 패치워크patchwork가 있다.

62 『차이와 반복』, p. 97, 170-171쪽, (上) 199頁. [옮긴이] "엄밀하게 말하면 수축은 어떤 시간의 종합을 이루어낸다. 순간들의 계속은 시간을 형성한다기보다는 오히려 와해한다. 이 계속은 오로지 시간이 탄생한 지점만을, 그러나 항상 실패한 탄생 지점만을 표시한다. 시간은 오로지 어떤 근원적 종합 안에서만 구성된다. 순간들의 반복을 대상으로 하는 이 종합은 독립적이면서 계속 이어지는 순간들을 서로의 안으로 수축한다."

후에 '톡'이 올 것이라고 기대하는 '습관을 들이는contracter l'habitude' 듯한 '근원적 주관성'과 불가분하다는 식으로 설명하고 있다.

이 contracter l'habitude라는 숙어로 들뢰즈는 흄과 베르그손을 교묘하게 연결한다. 습관 개념이 흄주의의 열쇠라는 것은 2-1에서 설명했다. 축약[수축], 콩트락시옹contraction은 베르그손의『물질과 기억』에 나오는 개념이다. 앞의 '틱 톡'의 예처럼, 각각의 요소를 서로 붙여주고 종합하는 것(단음의 대열에서 멜로디가 생기듯이)이 베르그손이 말하는 축약[수축]이다. 이것을 들뢰즈는 흄적인 관습 형성과 같다고 생각한다. 들뢰즈의 담론은 이른바 **베르그손적인 축약[수축]과 흄적인 관습을 축약[수축]하고 있는** 것이 된다.

베르그손-흄적인 축약[수축] 개념에 대해서는 베르그손 쪽에 붙여보거나 흄 쪽에 붙여보는 두 가지 관점을 취할 수 있다. 전자의 경우에는 연속적인 시퀀스가 중시된다. 베르그손주의에서 실재는 원래 연속적이다. 그렇다고 한다면, 베르그손의 축약[수축]론은 나의 '의식의 형식주의'에 의존하는 사물의 분리 상태가 다양한 시퀀스를 부분적으로 형성하고, 본래적인 연속성으로 돌아가는 도상途上을 의미할 것이다―즉 세계는 거대한 하나의 교향곡이며, 지금 이 카페에서 울리고 있는 배경음악을 산산이 흩어져 있는[불연속적인] 음音이 아니라 멜로디로 듣는다는 경험은 여타의 모든 사물을 포함한 실재의 거대한 멜로디에 이르는 도상에 있는 에피소드라는 것이다. 다른 한편, 흄 쪽에 붙여서 생각해보면, 관습 개념은 어디까지나 회의가 떠나지 않는다는 것이 중요하다. 멜로디는 습관화된 것에 **지나지 않**으며, 그것은 언제 어떻게 산산이 흩어져도 이상하지 않은 것이다. 습관론=연합설은 원자론의 전제 때문에 해리설을 함의하는 것이다.

시간의 첫 번째 종합=축약[수축]론에 있어서 흄주의에 강세accent

를 두는 것, 순간의 계기[계속]는 '시간을 망가뜨려버린다'고 하는 앞부분의 단언에 새로운 의의를 부여할 수 있다. 순간, 즉 **원자적인** 순간으로의 시간의 붕괴는 매끄러운[매끈한] 듯한 알토색소폰의, 신디스티링스synth strings의, 당신의 발화의 멜로디 속에 언제든 잠재해 있다는 것이다.

그리고 이와 같은 습관화=축약[수축]을 들뢰즈는 '관조'이라고 바꿔 말한다.

이하에서는 '축약[수축]=관조'라고 등호로 묶어보자. 들뢰즈에 따르면, 우리의 각각은, 관조=축약[수축]하고 있는 **복수의** '작은 자아'의 모음으로 여겨진다. 또한 관조=축약[수축]은 신체의 물리라고도 서술된다. "행동하는 자아 아래에는 관조하고 더욱이 행동과 행동적 주체 le sujet actif[능동적 주체]를 가능케 하는 몇 가지의 작은 자아"가 있다.[63] "마음을 심장에, 근육에, 신경에, 세포에 귀속시켜야 한다…".[64] '행동하는 자아'의 통일성은 복수의 하위-자아의 제멋대로 하는 행동에 의해 파괴될지도 모른다. 멜로디의 파괴로서(현재의 붕괴). 흄적인 해리설에서 해리성 동일성 장애의 뉘앙스nuance[65]를 본다는 해석은 자아의 복수성, 그리고 신체 부분이 산산이 흩어진 방향으로 해산할 가능성조차도 시사할 것이라는 이상의 맥락을 고려하는 것이다.

---

63 『차이와 반복』, p. 103, 181쪽, (上) 212頁. [옮긴이] [ ] 안은 옮긴이의 추가 및 변경. 여기서 행동은 모두 '행위'로 대체할 수 있다.

64 『차이와 반복』, p.101, 178쪽, (上) 208頁. [옮긴이] 국역본은 "Il faut attribuer une âme au coeur, aux muscles, aux nerfs, aux cellules"을 "심장, 근육, 신경, 세포 등에는 어떤 영혼이 있다고 해야 할 것이다"로 옮겼다. 한편, 국역본에서는 contraction을 수축으로 옮기고 있다.

65 [옮긴이] 이것은 베르그송적 맥락에서 사용되는 단어이며, 자세한 것은 본서의 135쪽 이하를 참조하라.

그리고 들뢰즈는 플로티누스를 소환하면서, 모든 존재자가 위와 같은 의미에서 '관조theoria'**이다**라는 비전을 제시한다. 서론에서 언뜻 봤듯이, 아감벤은 이 비전에 이르렀던 들뢰즈에게 명복을 빌었다. 『철학이란 무엇인가』의 결말부에 따르면,

> 플로티누스는 모든 사물을, 즉 인간과 동물뿐 아니라 식물, 대지, 돌도 관조로서 정의할 수 있었다. 개념에 의해 '이데아'를 관조하는 것이 아니라, 감각에 의해 물질의 요소들을 관조하는 것이다. 식물은 자신을 생겨나게 하는 요소들, [예를 들어] 빛, 탄소, 소금을 축약[수축]하고 있음으로써 관조하며, 그때마다 매번 자신의 변화성[다양성, variété], 자신의 합성의 질을 나타내는 색깔과 냄새로 스스로를 채운다…'.[66]

이런 '범-관조론'은 들뢰즈가 명시하고 있지는 않으나, 베르그손의 『물질과 기억』 3장에 포함된 다음 구절을 상기시킨다.

> 염산이 늘 같은 방식으로 석회의 탄산염 ―대리석이든 분필이든― 에 작용한다고 해서, 산酸이 종들 사이에서 어떤 유類의 특성들을 분간해 낸다고 말할 수 있을까? 그런데 이 산이 이 소금[塩]으로부터 그 염기를 끌어내는 작동과, 식물이 아주 다양한 흙으로부터 영양분에 도움이 될 것임에 틀림없는 요소들을 추출하는 행위[작용, acte] 사이에는 본질적인 차이는 없다. 이제 한걸음 더 나아가보자. 물방울 속에서 이리저리 움직이고 있는s'agir 아메바의 의식과 같은 어떤 원기原基적인 의식을 상상해보라. 극미동물은 스스로에게 동화·흡수될 수 있는 다양한 유

---

66 『철학이란 무엇인가』, p. 200, 306쪽, 357頁. [옮긴이] [ ] 안은 옮긴이의 추가 및 변경한 것이다.

기질들에서 차이가 아니라 유사성을 느낄 것이다. 요컨대 광물에서 식물로, 식물에서 더 단순한 의식적 존재로, 동물에서 인간으로 어떤 조작의 진전progrès이 추적되고 있는데, 이 조작에 의해 사물과 존재들은 자신들의 주위에서 자신들을 끌어당기는 것, 자신들에 실천적인 관심을 품고 있는 것을 파악한다.[67]

베르그손에 따르면, 염산도 식물도 아메바도 '실천적인 관심'을 갖고 있다. 무기물에서 고도의 유기체로의 연속적인 '그라데이션gradation'을 보고 있는 베르그손의 비전이 들뢰즈의 발상의 원천인 것은 틀림없을 것이다. 그렇지만 모든 것이 연결되어 생동하는 베르그손의 세계가 신플라톤주의의 '일자'를 메아리치고 있다는 것은 들뢰즈의 범-관조론에 있어서는, 다른 한편의 흄주의에서 오는 개개의 정신의 산재, 불연속성이라는 테마와 애매하게 부딪치기도 할 것이다. 들뢰즈의 '흄/베르그손 문제'는 철학의 비전을 둘로 나눠버린다. 역시 베르그손에서 니체와 스피노자로 전개되는 들뢰즈의 중요한major 선을 고찰한 피에르 몽테벨로는 『들뢰즈: 사유의 열정』(2008)에서 '전통'—**서양의**—에 있어서 철학자는 '일자-전체'의 직관에서 출발해 스스로의 개념을 창조한다고 당연한 듯 쓰면서, 그 계보에 들뢰즈도 집어넣는데, 거기서 몽트벨로가 흄주의의 맥락을 거의 고려하지 않는다는 것은 주목해야 할 증후이다.[68] 그러나 들뢰즈의 시선은 **종종**, 오로지 개개의 관조=축약[수축]하는 자들**만**을 향해 분산되어 있다. 이것에 예민하게 불온함을 느끼지 않으면 안 되는 것이다.

---

67 Bergson, *Matière et mémoire*, pp. 177-178[앙리 베르그송, 『물질과 기억』, 박종원 옮김, 아카넷, 2005, 271쪽].

68 Pierre Montebello, *Deleuze. La passion de la pensée*, Vrin, 2008, p. 35.

『철학이란 무엇인가』의 4장 「철학지리학」에서는 "영국 철학을 극히 특수한 그리스적 성격, 즉 그 경험론적 신플라톤주의"라고 표현하면서, '영국인'이야말로 '군도群島적인 세계'에서 철학을 하고 있다고 말한다. 거기서는 『철학이란 무엇인가』에서 가장 큰 주제인 '개념의 창조'는 일반적으로 습관화=축약[수축](이라는 영국의 흐름의 따라)에 의해 개념을 '획득하는acquérir' 것과 동등한 것 같다.[69] 들뢰즈·가타리는 개념의 창조야말로 철학의 정의라고 한다. 만일 축약[수축]=관조에 의해 개념을 획득할 수 있다면, 광물도 식물도 동물도, 모든 존재자가 각각 '요소들'을 함께-연결해보는con-cipere 노력으로서 개념concept의 창조를, 철학을 하고 있는 듯하다.

일이 이쯤 되면, 다중인격적으로 존재하며 다방향으로 타자를 '파악'하는 것이, 일반적으로=비-인간적으로, 철학하는 것이라고 정의할 수 있다. 세계의 사물의 웅성거림[술렁거림]은 모두 다양한 철학하는 것의 웅성거림인 것이다. 거꾸로, 고유한 방식으로 철학하지 않는 존재자는 존재하지 않는다.

그리고 『철학이란 무엇인가』에서는, '사물의 인과성은 관조=축약[수축] 과정의 연쇄이다'라고 간주하는, 망상적이라고 생각하지 않을 수 없는 급진적인 논의로 밀고나간다. 다음 대목이다.

확실히 바위들과 식물들은 신경계를 갖고 있지 않다. 그러나 … 신경의

---

69 『철학이란 무엇인가』, p. 101, 153-154쪽, 179-182頁. 다른 한편의 '프랑스인'은, "코기토를 지대로 하는 지주와 같은 것"이고, '독일인'은, "그리스적인 내재 지평을, 다시금 제압하고자 바란다"고 하는 식으로, 지정학적 수사학을 통해 야유하고 있다. 고메무시 마사미 米虫正巳 또한 들뢰즈의 행보에서 흄주의가 특히 『철학이란 무엇인가』에서 현저하게 반복되고 있음을 분명히 밝히고 있다. cf. 米虫正巳, 「結果=効果としての受動的な主体——ヒューム解釈からは見たドゥルーズ哲学の発生と進展(1)」, 『哲学研究年報』, 第四四輯, 関西学院大学哲学研究室, 2011년, 24-25頁.

연결과 뇌의 통합은 조직과 공존하는 감각의 능력으로서의 '힘-뇌'를 전제하고 있다. …… 더욱이 화학적 친화력과 물리적 인과성은 이것들 자체가 원초적인primaire 힘들을 지시하고 있다. 즉, 친화력과 인과성의 요소들을 축약[수축]하고 이것들을 공명시키면서 친화력과 인과성의 긴 연쇄를 보존할 수 있는 힘들을 말이다. 요컨대 이런 주관적 심급이 없다면 최소한의 인과성마저도 불가해한 채로 머문다. 모든 유기체가 뇌를 갖고 있는 것은 아니며, 모든 생명이 유기[체]적인 것도 아니지만, 미시적인-뇌들을 혹은 사물의 비유기[체]적인 생명을 구성하고 있는 힘들은 어디든지 존재한다.[70]

물리·화학적인 인과성은 물질의 '주관적인 심급'='미시적인 뇌'에 있어서 축약[수축]되는 습관이며, 그런 것일 뿐이다. "친화력 및 인과성의 오랜 연쇄를 보존하는" 것은 물질들에게 있어서 경험적, **실천적**인 아비투스의 형성이다. 물질적인 세계는 습관화에 의해 기억력을 갖는다. 그 때문에, 거꾸로 다음과 같이도 말할 수 있다. 들뢰즈의 범-관조론에서는 언제 몇 시, 관조=축약[수축]하는 물질들 그것 자체가 '피로'하고, 그 기억으로서의 인과성이—알츠하이머병에 걸린 것처럼—도중에 끊어지면서 망상에 빠지게 되는 것이라고 말이다.

들뢰즈의 사변적 범-관조론은 발Wahl이 말하는 의미에서 '영미의 다원론'적이었다. 그리고 사물이 산산이 흩어지기 위한 절단선이, 붕괴할 수 있는 습관적인 프레이밍에 의존하고 있으며, 또한 그것이 물리법칙의 변수가 되는 물질의 개체성에까지 미치고 있기 때문에, 메이야수적인 "모든 것은 붕괴할 수 있다"가, 세계의 모든 국소局所에,

---

70 『철학이란 무엇인가』, p. 200, 306-307쪽, 357-358頁.

다발적으로 잠재해 있게 될 것이다.

『천 개의 고원』에 따르면, "존재보다 먼저 정치가 있다."[71] 광물, 동식물, 인간, 그리고 어쩌면 픽션의 존재자도 포함해, 상상에 있어서 연합·해리·재연합되는 사물의 관계맺음으로서의 정치이다. 유일하게 실재적이라고 자칭하는 '우리'의 이 세계의 이면에서, 소수자적인 면에서, B면에서, 만물이 관조하고, 만물이 피로하는 것이다. 사물의 피로─사물이 그것 자체에 있어서, 그 본성=자연nature을 분열시키는 '존재론적 피로'인 것이다. 이 세계가 이렇게 되어**버렸다**는 것 자체가, 피로해지고 흐트러지고 다른 식으로 생성변화하는 것이다.

곳곳에 들끓고 있는 피로의 거품, 피로의 섬들, 세계의 다공성多孔性.

---

71 『천 개의 고원』, p. 249, 388쪽, (中) 88頁.

제3장

존재론적 파시즘

1954년 『경험주의와 주체성』을 출간한 직후 들뢰즈는 스승 중 하나인 장 이폴리트의 헤겔론 『논리와 실존』(1952년)에 대한 서평에서 이렇게 묻는다.[1] —"모순은 차이 이하이지 그 이상은 아니기 때문에, 모순에까지는 도달하지 않는 차이의 존재론[une ontologie de la différence qui n'aurait pas à aller jusqu'à la contradiction]을 만들어낼 수 없는가?"라고.[2] 바로 이 구절은 들뢰즈 자신의 '차이의 존재론'을 예시하는 것이었다.

아래에서 보듯이, 들뢰즈의 '차이의 존재론'은 1956년의 두 개의 논고인 「베르그손, 1859-1941」과 「베르그손에게서의 차이 개념」에 의해 구체화된다. 베르그손 연구로의 이행, 이것이 '들뢰즈 철학의 소

---

1 장 이폴리트는 소르본에서 들뢰즈의 고등연구논문—『경험주의와 주체성』으로 출판되었던 흄론—의 지도교수였다.

2 G. Deleuze, "Jean Hyppolite, *Logique et existence*", *L'Île déserte et autres textes. Textes et entretiens 1953-1974*, éd. préparée par David Lapoujade, Minuit, 2002, p.23, (上) 29頁.

년기'이다. 이전의 '들뢰즈 철학의 유년기'는 흄주의의 세계, 즉 '전체화가 불가능한 단편들의 세계'였다.

　정신분석의 가르침에 따르면, 유아는 '부분 대상'이 난무하는 가운데 하나의 인격의 모둠unit을 이뤄간다. 우리는 원래 '지각의 다발'일 수밖에 없다고 하더라도, 어느새 그 다발은 대역적大域的으로 통합[모둠]된다(그렇게 믿어지게 된다). 인격의 전체성은 임시로 구축된다[허구적으로 꾸며진다]. 그러나 "전체화가 불가능한 단편들의 세계"는 그래도 결코 상실되지 않는다. 성장의 한복판에서도, 성인이 된 후에도, 사물의 단편에 **나를 잊고[넋을 잃고]** 열중하게 되는 일이 있기 때문이다. 이것은 예외적인 사태가 아니다. 어쩌면 언제 어디서든, 임시로 통합[모둠]되는 '나'의 시야와 부분 대상이 난립하는 곳―무인도 밖에 없는 해역―은 서로 겹쳐 있을 것이다.

　들뢰즈의 베르그손주의에 관해서도, 비슷하게 생각되지 않을까? 베르그손주의와 떼려야 뗄 수 없는 「차이의 존재론」은 **임시로 통합[모둠]되는 한에서의** 들뢰즈 철학의 정체성identity이 아닐까? 이 장과 4장에서 나는 접속적 들뢰즈에 대해 일종의 '탈구축'을 시행하려 한다.

3-1 생기론적 전체론: '우주'

1950년대의 베르그손론에서 들뢰즈는 베르그손이 얘기한 '가짜 문제의 배제'에 주목했다. 들뢰즈는 베르그손을 좇아, 모순을 동력으로 삼는 헤겔의 변증법을 원래부터 문제 제기 방식이 좋지 않다며 비판하고, 이에 대한 대안으로서 "모순에는 이르지 않는" 차이의 존재론을 베르그손주의에 입각하면서 제안했다.

존재냐/무냐 같은 이항대립의 모순에 의해 생기는 철학의 막다른 골목(아포리아) ―"왜 무가 아니라 무언가가 존재하는가, 무질서가 아니라 질서가 있는가" 등―은 베르그손에게 '가짜 문제'일 뿐이었다. 들뢰즈의 「베르그손, 1859-1941」에서는 다음과 같이 말해진다.

> 존재하는 모든 것을 무에 대립시키기 위해, 혹은 사물 자체를 사물이 아닌 모든 것에 대립시키기 위해, 존재의 개념이 사용되는 한에서 존재는 나쁜[잘못된] 개념이다. 두 경우에 있어서 존재는 사물을 떠나고, 포기해버리며[자기의 본래 자리와 사물을 떠났으며] 결국에는 하나의 추상에 불과한 것이 되고 만다. 이러한 이유로 베르그손의 질문은 왜 무가 아니라 어떤 것이 존재하느냐가 아니다[무엇이냐고 묻지 않는다]. 대신 베르그손은 다음과 같이 묻는다. 왜 다른 사물이 아니라 이것인가인 것이다[다른 것이 아니고 이것인가].[3]

헤겔의 논리학에서는 '순수한 존재'와 '순수한 사고'의 일치에서 시작해, 그것은 일단 '무'라고 인식한다. 이어서 무와 존재의 통일에 의해 '생성' 개념을 얻고, 그리고 생성의 결과로서의 이 '현존재'로 향한다.[4] 그러나 이렇게 외곽에서부터 점점 좁혀가는 시선으로는 "다른 사물이 아니라 이것"인 것, 즉 이것임heccéité에 대해 언제까지나 간접적일 수밖에 없다.[5] 다른 한편으로 베르그손은, 다름 아닌 이 사물의 '본성의 차이différence de nature'로서의 현전, 주어짐을 확실하게 경험

---

3 Deleuze, "Bergson, 1859~1941", *op. cit.*, p. 32[「베르그송, 1859~1941」] 286쪽, 46頁. [옮긴이] [ ] 안은 국역본의 번역인데, 엄밀함으로 따지면 국역본이 낫지만, 의미 이해로는 글쓴이의 것이 더 낫기에 병기해둔다.

4 G. W. Hegel, *Wissenschaft der Logik*.

한다는 '직관'을 추구했다. 들뢰즈는 다음과 같이 주장한다—"즉 존재란 차이인 것이지 결코 불변의immuable 것이나 아무래도 좋은 것 l'indifférent이 아니다. 가짜 운동일 뿐인 모순도 아니다. 존재는 베르그손이 종종 **뉘앙스**라고 부른 것인 사물의 차이 그 자체이다."[6] 이상의 결론을 또 다른 텍스트인 「베르그손에게서의 차이의 개념」은 더욱 더 강하게 피력한다. 거기서는, "만일 사물들의 존재가 어떤 방식으로 그들의 본성의 차이들 속에 있다고 한다면, 우리는 차이 자체가 어떤 것quelque chose이라고 기대해도 좋다"고, "차이는 [그 어떤] 본성을 지닌 것이며, 마침내 그것이 우리에게 '존재'를 맡긴다livrer고 기대해도 좋다"고 딱 부러지게 말한다.[7] 그리고 들뢰즈에 따르면, '어떻게 본성의 차이를 직관하는가'를 방법론으로 한 베르그손주의는 바로 '본성

---

5 마이클 하트에 따르면, "그렇기 때문에 헤겔의 존재의 논리학[논의 자체]은 스콜라철학적인 반응에 대해 취약한 것이다. 외부적[외적] 원인에 근거한 존재의 개념화는 존재의 필연성이나 실체성을 유지할 수 없다. 왜냐하면 자신의 효과에 외부적인 원인은 필연적일 수 없기 때문이다. 변증법적 존재를 근거짓는 연속적인 외부적 매개들은 자기에 의한 원인들[cause per se]을 구성할 수 없으며, 오히려 우연에 의한 원인들[cause per accidents]로서 인식되어야 한다." Michael Hardt, *Gilles Deleuze: An Apprenticeship in philosophy*, pp. 7-8[마이클 하트 지음, 김상운·양창렬 옮김, 『들뢰즈 사상의 진화』, 갈무리, 2004, 61쪽]. 그러나 베르그손주의에서는 이 사물의 '그 자체에 의한 원인', 즉, 필연적인 다름 아닌 '이것'의 뉘앙스 내지 '구체성'이 **내재적**으로 직관된다. [옮긴이] 참고로 글쓴이는 "변증법적 존재를 근거짓는 연속적인 외부적 매개들은the successive external mediations that found dialectical being"을 "점차 외적으로 계속 매개되어 변증법적 존재를 근거로 삼더라도"라고 옮기고 있다.

6 Deleuze, "Bergson, 1859~1941", op. cit., p.32[「베르그손, 1859~1941」] 287-289쪽, 46頁.

7 Deleuze, "La conception de la différence chez Bergson", *op. cit*, p. 43, [「베르그손에게서의 차이 개념」], 308-309쪽, (上) 63頁. [옮긴이] 국역본의 다음 번역을 원문에 맞게 수정했다. "…사물들의 존재가 이처럼 그들의 본성의 차이들 속에 있다고 한다면, [존재론적으로 볼 때] 우리는 차이 자체는 그 어떤 본성을 지닌 무엇이며, 따라서 차이는 우리에게 궁극적으로 존재Etre에 대해서 알려줄 수 있을 것이라는 기대를 할 수 있게 된다."

의 차이만이 존재한다'는 존재론 자체이다―"방법론적 문제이자 존재론적인 문제인 이 두 문제는 서로를 끊임없이 참조한다. 이 중 하나는 본성의 차이의 문제이며, 다른 하나는 차이의 본성의 문제이다."[8]

'본성의 차이'에서의 본성은 베르그손에게 '지속', 즉 시간의 연속적인 '차이화'나 다름없었다. 당시의 들뢰즈는 아주 간결하게 이렇게 말한다.

> 실제로 지속이란 무엇인가? 이것에 관해 베르그손이 말하는 모든 것은 언제나 다음의 것으로 귀결된다. 지속, **이것은 자기와 차이화해가는 것이다** [*ce qui diffère avec soi*].[9]

베르그손주의는 지속=시간을 제1차적이라고 생각한다. 반대로 지속적이지 않은 것, 즉 분할, 불연속, 이산離散은 연속된 과정process의 죽음―완료된 상태[10]―이며, 그것은 '공간적'='양적'이며, 지속의 '질적'인 본성에 대해 열등하다고 가치가 매겨진다. 이러한 이원론이 들뢰즈의 잠재적/현동적이라는 쌍에 있어서 밑그림이 되고 있

---

8 Ibid. [「베르그손에게서의 차이 개념」, 309쪽.] [옮긴이] 국역본의 다음 번역을 원문에 맞게 수정했다. "이처럼 차이의 철학에서는 두 문제가 하나는 본성의 차이들에 대한 방법론적 문제로서, 또 다른 하나는 차이의 본성에 관한 존재론적 문제로서 작용하면서 끊임없이 상호 관여한다."

9 Ibid., p. 51 [「베르그손에게서의 차이 개념」] 322쪽, (上) 73頁.

10 cf. 杉山直樹, 『ベルクソン――聴診する経験論』, 創文社, 2006년, 78頁 이하. "우리가 보는 곳, 베르그손이 내세우는 대립은 **미완료**와 **완료** 사이의 그것이다. 본질적인 것은 이 점이며, 공간이나 위치나 동시성이 예를 들어 '질'을 갖지 않는다거나, 그것들은 연장하고 있다, 혹은 순간적이다 등등 같은 논점은 물론 무관한 것은 아니지만, 이차적인 것일 뿐이다. 공간이 무한하게 분할 가능하다는 것은 확실하지만, 그것도 베르그손에게 있어서는 공간의 비생성성, 부동성으로부터의 계통[系]으로서 이해되고 있다."

다. 사물은 현동적인 파악에 있어서는 각각에 동일성을 구획할 수 있다. 그렇지만 사물은 잠재적인 지속에 있어서는 '상호 침투pénétration mutuelle'하면서 변화를 계속하고 있는(결코 완료되지 않는) 것이며, 베르그손적인 실재는 상호 침투하는 차이화의 모든 과정의 '잠재적인 전체성'이다.[11]

들뢰즈는 "지속이란 차이화하는 것이며 … 차이화하는 것은 그 자체가 하나의 사물이 되며, 하나의 **실체**[une *substance*]가 된다"[12]라고 말한다. 자기 차이화해가는 실체. 들뢰즈는 흄주의에 관해서는 '불연속적인 지각의 하나하나가 실체라고 말해질 수 있다'고 인정했다. 그렇지만 베르그손주의에 가담하는 들뢰즈의 경우에는 '연속적으로 자기 차이화해가는 시간=존재'야말로 '하나의 사물'이며 '실체'라고 간주된다.

베르그손에게 어떤 사물을 다른 것으로부터 절단하여 파악하는 것은 공간화일 뿐이다. 들뢰즈는 "다른 사물이 아니라 이것"을 파악하는 것이 베르그손의 목표라고 봤다. 그러나 사물의 이것임은 '뉘앙스의 차이'이며, 그것은 다른 사물로 '그라데이션하고 있다.' 스기야마 나오키杉山直樹에 따르면, "상호작용하는 이마주[이미지]의 총체로서의 물질이란, 분할하기 어려운 확장 속에 스며들어 퍼진 것이며, 확고한 위치의 집합으로서의 등질적인 '공간'이나 거기서 명확한 윤곽

---

11 베르그손에 있어서 '상호 침투'나 '연대성solidalité' 같은 표현은 지속의 '유기[체]적'인 본성을 나타내는 것이다(앞의 책, 33-34頁). '잠재적 전체성[총체성]'이라는 표현은 들뢰즈, 『베르그송주의』, p. 98, 133쪽, 106頁.

12 Deleuze, "La conception de la différence chez Bergson", *op. cit*, p.52, [「베르그손에게서의 차이 개념」 323쪽, (上) 74頁. [옮긴이] 국역본의 다음 번역을 원문에 맞게 수정했다. "지속이란 차이를 낳는 것이며, … 차이를 낳는 것은 이제 그 자신이 하나의 무엇, 즉 하나의 실체를 이룬다."

을 갖고 그려진 것으로서의 '물체'와 같은 것은 거기에는 아직 존재하지 않는다."[13] 개개의 '윤곽'은 '연속적으로 자기 차이화하는 시간=존재'에 있어서는 존재하지 않는다. 베르그손주의를 따른다면, 실재의 심층에, 날edge이 선 **샤프한sharp 개체**를 인정할 수 없다. 샤프한 원자론에 기초한 흄의 연합-해리설을 존재론화하여 지지한다면, 이것은 베르그손주의에 반하게 된다.

이 글에서는 '샤프sharp'라는 영어를 다음의 네 가지 의미를 모두 갖고 있는 개념으로 다루고 싶다. (i) 예리하게 절단되어 있는 것, (ii) 윤곽이 뚜렷하다는 것, (iii) 지독하게 공격적, 폭력적인 것, (vi) 타자에 대해서 방심하지 않는 것, 경계하고 있는 것.[14]

베르그손의 『창조적 진화』(1907)에 따르면, "실재 전체tout réel는, 아무래도 하나의 불가분한 연속une continuité indivisible을 이루고 있는 듯"하며,[15] 우주 전체의 연속성은 '실'의 비유에 의해 표현되기도 한다. "태양을 우주의 다른 부분에 이어주는 실[끈]"이 있으며, "이 실[끈]을 따라서 이동하여 우주 전체에 내재하는 지속은 우리가 사는 세계의 극미한 부분까지 전해져오고 있다"는 식이다.[16] 베르그손에게 실재하는 우주는 장대한 하나의 '삶'이다.

그런데 들뢰즈의 『시네마 I: 운동-이미지』(1983)에서는, 베르그손의 전체가 '닫힌' 것이며, '주어질 수 있는' 것이 아니라고 말하고 있다.

만일 전체가 주어질 수 있지 않다고 한다면, 그것은 전체가 '열린 것'이

---

13 杉山直樹, 『ベルクソン──聴診する経験論』, 157頁.

14 [옮긴이] 이 네 가지 의미를 모두 담아내기 위해 불가피하고도 끔찍하게 여기서는 '샤프'를 그대로 음차한다.

15 Bergson, *L'Évolution créatrice*[1907], coll.《Quadrige》, PUF, 2007, p. 31.

16 Ibid., p. 11.

기 때문이며, 그리고 전체가 끊임없이 변화하거나 혹은 새로운 무엇인가를 끊임없이 발생시키기 때문이다. 간단히 말해서 지속하기 때문이다.[17]

베르그손의 우주는 '열려 있는 전체'이다. 열려 있는 전체와, 그 속에 있는 상대적으로 닫힌 계로서의 '전체ensemble'는 반드시 구별되어야 한다. 『창조적 진화』에는 "컵의 물에 설탕을 녹인다"는 예가 나온다. 이 경우, 컵의 내부는 하나의 닫힌 '전체'로 간주될 수 있다. 하지만 베르그손은 다음과 같이 말한다. "모든 닫힌 체계는 서로 연락[소통]하는communicant 체계이기도 하다. 설탕물 한 잔을 태양계에 결부[연결]시키는rattracher 실이, 그뿐 아니라 어떤 전체ensemble도 더 광대한 전체로 결부[연결]시키는 실이 늘 존재하는 것이다."[18] 어떤 컵에서 사탕이 물에 녹는 과정도, 열려 있는 우주 전체의 모든 과정에 접속되어 있다. 이 '서로 연락[소통]하는' 것, 즉 베르그손의 '존재론적 커뮤니케이션'은 첫째로, 역동적인 인과성의 연결을 의미한다. 이것이 둘째로, 실천적인 의미를 띠고 있다고 생각된다. 즉, 모든 존재자의 인과적 네트워크는 정치적 공동성[공통성]의 바람직한 모습을 수행적performative으로 보여주는 것이 아닐까?

(1) 다시 말하면, "실재 전체는 아무래도 하나의 불가분한 연속을 이루고 있는 듯하다"라는 글에서는 애매한 형태로 '하나', '전체', '불가분한 연속'이라는 동의어가 아닌 규정을 혼합하고 있다. 이 혼합은 다음과 같이 해석될 수 있다—**이 하나의** 우주에서 있어서의 **모든** 존재자가 **인과성을 서로 갖고 있다**고 말이다. 베르그손주의는 주어져 있는

---

17 들뢰즈, 『시네마 1: 운동-이미지』, p. 20, 213頁[주은우·정원 옮김, 새길, 1996, 36쪽; 유진상 옮김, 시각과언어, 2002, 24쪽].

18 『시네마 1: 운동-이미지』, p. 29, 32頁[주은우·정원 옮김, 51쪽; 유진상 옮김, 36쪽].

이 살아 있는 우주에만, 그 자신을 내재시킨다. 이 살아 있는 우주가 이렇게 변전하고 있는 충족 이유는, 거기에 내재하는 인과성의 **네트워크에만** 의거하고 있다고 생각해야 할 것이다. 베르그손의 우주는, 외부로부터의/외부로의 입축력에 대해 닫혀 있으며, 그것 자체로 자세(에코노미)를 유지하고 있는 '오토포이에시스'의 체계처럼 보인다. 이 우주에서는 인과성의 네트워크의 **전체적 내재성**에 대해 샤프하게 무관계한 개체성은 있을 수 없게 된다.

(2) 실천적으로는 다음과 같이 쉽게 고쳐 말할 수 있다. 즉 모든 존재자는 아무리 작다고 하더라도 커뮤니케이션을 계속하고 있으며, 결코 그로부터 벗어날 수 없다고 말이다.

베르그손주의의 이런 이론적·실천적인 성격을 이 글에서는 '생기론적 전체론'이라고 부르고 싶다. 전체론이라는 개념은, 부분으로의 '환원주의'―전체는 부분의 총합이며, 부분으로 분석할 수 있다는 생각―에 반대하는 입장, 즉 통합[모둠]된 전체**에 있어서만**, 부분이 그 존재 의의를 부여받을 수 있다는 생각이다. 베르그손에서는 인과성의 네트워크가 사방팔방으로 접속되며, 네스팅 상태[19]이게 되는 리좀 상태가 **이** 우주 **안**이라는 전체이며, 그렇게 인과성의 네트워크가 결코 해체되지 않는 까닭으로서 '상호 침투', '생' 같은 일종의 마법의 말[주문]이 사용되고 있다. 그렇다고 한다면, 반대로 '죽음'이란, 그런 인과성의 네트워크 전체로부터 소외·단절되는 것이나 다름없다고 말해야 한다.

마츠우라 히사키松浦寿輝에 따르면, 베르그손주의에서 지속을 "절단하는 결정적인 사건"인 죽음은 "사고의 대상이 될 값어치가 없다며

---

19 [옮긴이] 글쓴이는 nesting을 入れ子狀으로 옮겼다. '이레코入れ子'는 "크기의 차례대로 포개어 안에 넣을 수 있게 만든 그릇이나 상자 등이나 그렇게 할 수 있는 것"을 가리킨다.

떼어내 버려버리는” 것인지도 모른다.[20] 샤프하게 죽는다는 것은, 베르그손적인 살아 있는 우주 내에서는 결코 일어나지 않는다. 샤프한 죽음이란 이 우주의 모든 타자로부터의 샤프한 분리이며, 이 우주 전체로부터 샤프하게 분리된 타자로 생성변화하는 것에 다름없다. 이것은 정치적으로는, 지속하는 공동성으로부터의 절단의 불가능성, 끊임없이 커뮤니케이션으로부터의 철수의 불가능성에 대응한다. 따라서 베르그손의 생기론적 전체론에서는, 타자에 대한 이른바 ‘절대로 죽음과 같은 무관심’을 인정할 수 없는 것이다.

3-2 잠재성의 역초월화

들뢰즈 철학과 베르그손주의는 긴밀히 연결된 듯 싶으면서도 적지 않은 간격을 두고 있다. 0-3 「접속적/절단적 들뢰즈」에서 언급했듯이, 우노 쿠니이치는 『시네마 2: 시간 이미지』에서 “중요한 것은, 지속, **연속성**의 논리보다도 균열 혹은 **불연속성**의 논리이며, 예를 들어 고다르의 얼핏 보면 엉망진창인 몽타주에서 볼 수 있는, 이미지와 이미지 사이의 일종의 연결 오류와 같은 것이며, 나아가 이미지와 소리[音] 사이의 균열이며, 그런 균열을 몇 개의 수준에서 논하면서 베르그손으로부터 멀어져간다”고 말했다(강조는 인용자).

 베르그손주의는 유일한 실재를 견지하고자 한다. 그러나 들뢰즈의 『시네마 1·2』에서는 자연의 실재와 허구인 영화를 식별 불가능하게 한다. 『물질과 기억』에 대한 들뢰즈의 해석에 따르면, “베르그손에

---

20 松浦寿輝, 「ベルクソニスムと死」, 『謎·死·閣』 所収, 筑摩書房, 1997, 213頁.

게 자연적 지각은 모범이 될 수 없다." 중요한 것은, "끊임없이 변화하는 사물 상태", "그 어떤 투묘점도 중심도 없는 흐름-물질"이며,[21] 들뢰즈에게는 스크린 위의 가짜 연속성이야말로 실재하는 '흐름-물질'의 모델로서 어울린다.

> 영화는 다른 예술들과 함께 묶여서는 안 된다. 왜냐하면 다른 예술들은 세계를 통해 오히려 비현실적인 것을 겨냥하지만, 영화는 세계 자체를 비현실적인 것, 혹은 이야기로 조립하기 때문이다. 즉 영화에 의해 세계가 자기 자신의 이미지로 생성하는 것이지, 이미지가 세계로 생성하는 것이 아니다.[22]

이미지론을 철저하게 함으로써 자연의 실재는 어이없이 픽션화되어버린다. 베르그손의 우주는 스스로를 스크린으로 삼아 스스로를 상영한다. 베르그손더러 말하라고 한다면 『물질과 기억』의 세계란, "즉자적 영화로서의 우주, 즉 메타시네마"이다.[23] 우주는 여러 가지 이미지가 몽타주된 '열려진 전체'이다. 그런데 『시네마 1』의 열려진 전체로부터, 『시네마 2』는 '멀어져간다'는 것이다. 우노가 말하는 "균열 혹은 불연속성의 논리"로의 이행이다. 『시네마 2』가 되면, 특히 장-뤽 고다르의 작품에 의해서, 이제 열려진 전체의 코스몰로지로는 수렴되지 않는, 영화=세계(메타 시네마)의 '현대적인 사태'가 노정된다. 그것은 '우리'에게 실재의 확실성이 상실되었다는 사태이다 ―"현대적인 사태란, 우리가 이제 이 세계를 믿지 않는다는 것이다. 우리는 자신에

---

21 『시네마 1: 운동-이미지』, p. 85, 104頁.

22 『시네마 1: 운동-이미지』, p. 84, 103頁.

23 『시네마 1: 운동-이미지』, p. 88, 107頁.

게 일어나는 사건에서조차도, 사랑이나 죽음도, 이것들이 우리에게 **절반 밖에는 관련되지 않았다는 듯이**, 믿지 않는다."²⁴ 리얼리티에 대한 '절반'의 무관계로 소외되는 것을 들뢰즈는 절반은 긍정하고 있다. 왜냐하면 그것은 세계 자체의 예술성의 새로운 단계를 제시하기 때문이다.

거기서 들뢰즈는 "이 세계에 대한 믿음"이라는 테마를 말하기 시작한다.

> 영화는 세계를 촬영하는 것이 아니라, 이 세계에 대한 믿음croyance à ce monde을, 우리의 유일한 유대를 촬영해야 한다. 우리는 자주 영화적 환각의 성질에 관해 물어왔다. 세계에 대한 믿음을 되찾는 것, 그것이야말로 현대 영화의 힘이다(단 악질이기를 그만둘 때). 그리스도교든 무신론자든 우리의 보편화된 분열증에 있어서, **우리는 이 세계를 믿을 이유를 필요로 한다.**²⁵

이 "우리의 보편화된 분열증"이란 '우리'가 하나[일자]인 실재의 직관에 의해 공-존재할 수 있는 것의 당연시가, 회의론적인 메타 시네마화의 '보편화'에 의해 능가되어버린 상황일 것이다. 분열된 사물의, 간신히 이루어진 연합으로서의 고다르적인 아귀가 딱 들어맞지 않는 몽타주에 대한 믿음―여기서는 앞의 2-3「공간과 은총」에서 대비했던, 신의/신 없는 '은총'의 테마와, 절대적인 우연성의 철학으로 격화되는 메이야수적 흄주의가 서로 교착하고 있다. 히라쿠라 케이는 『고다르적 방법』(2010)에서 『시네마 2』에 나오는 '믿음croyance' 개념

---

24 들뢰즈, 『시네마 2: 시간-이미지』, p. 223, 239-240頁. 강조는 인용자.
25 『시네마 2: 시간-이미지』, p. 223, 240頁.

이 흄의 '신념belief'에 대응할 것이라고 해석한다. 히라쿠라에 따르면, "나와 세계 사이의 연결이 상실되어 세계가 '영화화'되는 것은 세계가 '흄화'되는 것이기도 하다."[26] 『시네마 2』에서의 고다르는 '~와'의 철학을 체현하고 있다는 의미에서, 흄주의의 맥락에 위치하고 있다. 그 방증으로, 고다르와 관련된 다음 구절에 주목해보자.

> … 막간이야말로 연합에 대해 제1차적이며, 무수한 유사를 어떤 간격으로 늘어놓는 것은 환원하기 힘든 차이이다. … 영화는 '쇠사슬에 묶인 이미지 … 서로에게 노예인 듯한, 중단 없는 이미지의 연쇄'이기를 그친다. 그리고 우리는 그런 노예였다(Here and there, 여기와 저기). 이것은 바로 '사이'의, "두 개의 이미지 사이의" 방법이며, '일자'에 의거하는 전체 영화를 푸닥거리한다. 이것은 '와'의 방법, '이것과 심지어 저것'이며, '존재'='~이다'에 의거하는 전체 영화를 푸닥거리한다. … 전체는 하나의 돌연변이mutation를 겪는다. 왜냐하면 그것은 더 이상 '일자-존재'가 아니라, 사물을 구성하는 '와'가 되며, 이미지를 구성하는 두 개의 사이entre-deux가 되기 때문이다.[27]

첫 문장에서 '막간interstice'으로서의 차이를 '연합'에 대해 '제1차적'이라고 규정하는 것은 이 글에서 중요한 대목이다. 왜냐하면 이 문투는 (i) 들뢰즈의 흄주의에서는, 원자론에서의 연합설, 해리설에서의 연합설이라는 것의 방증이기 때문이고, 그리고 (ii) 고다르를 칭찬하는 들뢰즈가 적어도 여기서는 연속성의 존재론보다도 원자론의 그

26 平倉圭, 『ゴダール的方法』, インスクリプト, 2010年, 45頁.
27 『시네마 2: 시간-이미지』, pp. 234-235, 251-252頁.

불연속성에 기초한 '와'의 철학을 우대하고 있다는 것의 증거이기 때문이다. '열려진 전체'에서 '와'로의 이행. 고다르적 세계에 관해 들뢰즈는 이제 **"전체는 외부이다"**라는 테제를 내건다.[28] 이런 맥락이 전경화될 때마다, 그 **이따금의 단편성에 있어서**, 2-2 「차이=분리의 원리」에서 언급했던 마르크 륄리의 경우처럼 원자론을 내쫓아버리는 해석은 무효가 될 수 있는 것이다.

그러나 우리는 더 핵심을 찌르는 읽기를 시도해야 한다.

주의하자. '열려진 전체'로부터 '전체는 외부이다'로―이 이행의 표현에 있어서 『시네마 2』는 신중하게도 '전체' 개념을 완전히 기각하지는 않는다. 앞의 인용에서는 **전체**가 '일자-**존재**'가 아니라 '와'가 된다는 수사학을 사용했다.

왜 더 단순하게 '열려진 전체에서 전체적 외부로' 같은 표현을 하지 않았을까? 거듭 제창되고 있듯이, 1972년의 흄론에서는 "전체화가 불가능한 단편들의 세계"라고 말했다. 그것은 너무 지나치게 말했다는 것일까?

『시네마2』에서 전체화가 불가능이라고 잘라 말해버린다면, 베르그손에서 유래하는 전체론으로부터 완전히 분리될 수밖에 없다. 그렇지만 『시네마 2』는 전체론을 '돌연변이'시키더라도 가까스로 연명시키고자 하는 듯이 생각되는 것이다.

그렇다고 한다면, '와'에 잔존할 것인 전체화의 기능을, 더 핵심을 뚫고 들어가 해석할 필요가 있다는 것이 되지 않을까? '와'의 철학에 관해서 웅변적으로 말한 대목을 『디알로그』에서 인용한다.

---

28 『시네마 2: 시간-이미지』, p. 233, 250頁.

관계들과의 마주침이 모든 것에 침투하고 부패시키며, 존재를 좀먹고, 존재를 동요하게 해야 한다. '~이다'를 '와'로 대체하기. A 와 B. '와'는 특수한 관계나 접속사조차 아니다. 그것은 모든 관계를, 모든 관계의 도로route를 밑에서부터 떠받치는sous-tendre 것이며, 그런 관계를 그것들의 항들의 바깥hors으로, 그것들의 항들의 집합ensemble의 바깥으로 빠져나가게filer 하고, '존재', '일자' 혹은 '전체'로 규정될 수 있는 모든 것의 바깥으로 빠져나가게 하는 것이다. 역외-존재extra-être로서의, 사이-존재inter-être로서의 '와'. … '~이다'를 사유하는 대신, '~이다'**를 위해** 사유하는 대신, '와'**와 함께** 사유하기. 경험론은 이것 이외의 다른 비밀을 결코 갖고 있지 않았다.[29]

여기서 대문자로 되어 있는 '와'는 "특정한 관계나 접속사조차 아닌" 것이며, "모든 관계를, 모든 관계의 도로를 밑에서부터 떠받친다." 이때 "모든" 관계는, 유일한 "와"에 의해 대리되는 것이 아닌가. "밑에서부터 떠받친다"라는 수사학에 의해, 마치 들뢰즈는 "와"의 대리성이, **위쪽으로 초월화되어 보이지 않도록** 배려하고 있는 듯하다.

벵센느에서의 동료이자 학내에서 정치적으로 대립했던 알랭 바디우는 『들뢰즈: 존재의 함성』(1997)에서,[30] 베르그손에게서 유래하는 들뢰즈의 잠재적인 것은 '~을 넘어선'이 아니라 '아래쪽'에 위치하는 '역전된 초월성transcendance inversée'을 띠고 있으며, 거기서는 '파시즘'의 낌새가 있다고까지 비난했다. 바디우에 따르면, "나는 자생

---

29 『디알로그』, p. 71, 110-111쪽, 99-100頁.

30 1968~1969년에 뱅센느의 숲에서 개교한 파리8대학 설립 당시, 철학과를 이끈 것은 미셸 푸코이며, 그의 인사권에 의해 들뢰즈나 미셸 세르, 자크 랑시에르, 프랑수아 샤틀레, 그리고 바디우 등이 초빙되었다. 들뢰즈는 요양 기간을 거친 후, 1970년 가을에 부임했다.

적 운동에 대한 그[들뢰즈]의 변호, '자유의 공간들'에 관한 그의 이론, 변증법에 대한 그의 증오를—한마디로 말해 삶과 자연적인 '일자-전체Un-tout'에 관한 그의 철학을 '파시스트'와 동일시하는 경향을 가졌다."[31] 그리고 "1993년 이른 봄에 나는 들뢰즈에게 잠재적인 것이라는 범주는 세계의 시뮬라크르들 '아래로' 이동된, 또는 '~을 넘어선'이라는 고전적인 초월성과 대칭을 이루는 일종의 초월성을 간직하는 것으로 보인다고 반박했다. 그리고 나는 이러한 전도된[역전된] 초월성transcendance inversée의 유지를 '전체Tout'라는 범주의 유지에 연결시켰다."[32] 확실히 들뢰즈 자신이 『차이와 반복』에서는 존재 개념에 관해 '일자-전체'라는 표현을 쓰고 있다—"모든 사물들은 존재에 있어서, 단순한 현전('일자-전체')의 일의성 안에서 할당된다."[33] 이런 대목의 실천적 함의가 문제시될 수 있는 것이다. 이 글에서는 바디우가 말한 transcendance inversée을 '역초월성'으로 개념화하자. 잠재성의 역초월화는 들뢰즈에게서 어떻게 작동하고 있는 것일까?

바디우의 저작에서는 『차이와 반복』의 말미에 있는 다음 부분이 인용되고 있다.

천 개의 목소리를 지닌 모든 다양한 것에 대해 단 하나의 똑같은 목소

---

31 Badiou, *Deleuze. La clameur de l'Être*, p.9, 34쪽, 7頁. [옮긴이] 'Un-tout'는 '전-일자'가 아니라 '일자로서의 전체'라는 의미에서 '일자-전체'로 옮긴 저자의 번역어를 존중한다.

32 Ibid., p.70, 112쪽, 72頁. [옮긴이] transcendance inversée은 '역전된 초월성'보다는 '전도된 초월성', '물구나무선 초월성'으로 옮기는 편이 바람직하지만, 저자가 이를 '역초월성'으로 약칭하고 있는 탓에 아래에서는 모두 '역전된 초월성'이라는 저자의 번역을 따른다.

33 『차이와 반복』, p.54, 104쪽, (上) 111頁. [옮긴이] 다음의 국역본을 원문에 맞게 수정했다. "모든 사물들이 존재 안에서 할당된다. 이런 할당은 단순한 현전성을 띤 일의성(일자로서의 전체) 안에서 이루어진다."

리, 모든 물방울들에 대해 단 하나의 똑같은 '대양', 모든 존재자에 대해 '존재'의 유일한 함성.[34]

들뢰즈는 전체인 존재를 '대양'이라는 낭만적이고 고대적인 이미지로 느끼게 만들어버린다. 이리하여 독단적인 형이상학을 복권하는 것 같다는 생각이 들게 하는 것이 들뢰즈 철학의 속임수[35]인지도 모른다. 느껴지게 되는 것은 존재의 일의성이다.

… '모든 것은 동등하다'라는 말은, 이런 동등하고 일의적인 '존재' 안에서 동등하지 않은 것[사물]에 **관해서** 말해진다는 조건에서, 참으로 유쾌한 말로서 울려퍼질 수 있다. 즉 사물들이 동등한 존재 안에서 동등하지 않은 채로 자리한다고 해도, 동등한 존재는 중개도, 매개도 없이 모든 사물들에 직접 현전한다. … 일의적인 '존재'는 유목적 배분인 동시에 왕관을 쓴 아나키다.[36]

존재한다는 것은 동등하지 않은 사물'**에 관해**' 동등하게 일의적으

---

34 『차이와 반복』, pp. 388-389, 633쪽, (下) 351頁. [옮긴이] 프랑스어 원문에 기초하여 다음의 국역본을 수정했다. "천 갈래로 길이 나 있는 모든 다양체들에 대해 단 하나의 똑같은 목소리가 있다. 모든 물방울들에 대해 단 하나의 똑같은 바다가 있고, 모든 존재자들에 대해 존재의 단일한 아우성이 있다." 여기서 '함성' 대신 '아우성'이라고 번역한 것은 참으로 적절하다고 생각한다.

35 '케렌미ケレン味'의 '케렌けれん'은 에도시대 말기, 가부키에서 공중에 몸을 뜨게 하거나 한 명의 배우가 1인 2역 이상의 연기를 하는 것 등 대대적이고 기발한 연출을 하는 연극 용어에서 일반에 퍼졌다. 그전에는 '정통'이 아닌 '사도邪道'라는 뜻이 담긴 말이었다고 풀이되었으나, 어원은 미상이다. '케렌미'가 사용된 것은 근대 이후로, '케렌미가 없는 문장'처럼 '없다'를 동반하여 사용되는 경우가 많다. 또한 '속임수'나 '가식' 등을 의미한다. 이런 점을 감안하면, 본문의 '케렌미'는 '속임수를 사용한 진정한 노림수'로 이해될 수 있다.

36 『차이와 반복』, p. 55, 105-106쪽, (上) 113頁.

로 말하는 것이다. 즉 "차이 자체에 관해 언명되는" 것이다.[37] 이런 일의적 존재가 앙토냉 아르토에서 유래하는 "왕관을 쓴 아나키"라는 모순된 이미지로 제시된다. "동등한 존재는 중개도 매개도 없이 모든 사물들에 직접 현전한다"라는 언명은 '동등한 존재'의 '직접'적인 '현전'이 '모든 사물들'에 관한 **순수한 매개 없는 매개**라는 방식으로도 해석할 수 있을 것이다. 들뢰즈는 하이데거와 마찬가지로 존재 자체를 최상위의 존재자―'좋음[善]'의 이데아, 절대자 등―로서 초월화하지 않는다. 즉 존재의 물상화를 금지한다. 일의적 존재는 관계적인 것이며, 그것은 '와'나 다름없다. 모든 사물은 다르면서, 있다는 것의 동등함에 있어서 **최소한**minimum**으로 관계한다. 이 최소한의 관계는 순전한 비의미적 접속이라고 말할 수 있을 것이다. 일의적 존재는 비의미적 접속의 미디움medium이다.

바디우는 2006년의 『세계들의 논리들』에서 들뢰즈와 재대결하고, 들뢰즈가 말한 "사건이란 '삶'의 무한한 힘, '일자'의 영원한 진리의 존재론적 실현이다"라고 요약한다.[38] 사건 개념은 『차이와 반복』이 출판된 이듬해에 나온 『의미의 논리』의 주된 대상이다. 『의미의 논리』에서는 만상万象의 미디움인 일의적 존재를 "유일한 사건"이라는 표현으로 치환한다.

『의미의 논리』를 잠시 살펴보자. 「사건들 사이의 소통」이라는 제목의 24계열에서 들뢰즈는 다음과 같은 장엄한 문장을 썼다.

---

37 『차이와 반복』, p. 53, 103쪽, (上) 109頁. [옮긴이] 다음의 국역본을 원문에 의거하여 수정했다. "존재는 차이 자체를 통해 언명된다(il se dit de la différence elle-même)." 여기서 문제가 되는 것은 'de'에 대한 이해이다. 이 지적은 위의 각주 35번의 본문에서 강조된 '~을 통해'도 염두에 둔 것이다.

38 Alain Badiou, *Logiques des mondes. L'être et l'événement 2*, Seuil, 2006, p. 404.

'사건' 말고는, 유일한 '사건' 말고는, 모든 반대되는 것에 대한 '단순한 사건Eventum tantum' 말고는 더 이상 아무것도 존속하지 않는다. '사건' 은 그 모든 이접[분리접속]을 통해 공명하면서, 자신의 고유한 거리에 의해 스스로와 소통한다.[39]

이 대목에서는 모든 별개의 사건의 '이접[분리접속]'이 사실상 '유일한 사건' 자체에 있어서의 이접**이며**, 그것은 '유일한 사건'의 자기차이화**라고** 말하고 있다. 이어서 25계열 「일의성에 관하여」에서는 '존재의 일의성'은 이런 "모든 사건을 위한 유일한 사건"이라고 달리 말해진다.[40] 바디우에 따르면, 이런 '일자'인 사건은 "분할 불가능한 '잠재성'의 연속체를 실현하고 있다."[41] 앞에서 바디우는 일의적 존재=유일한 사건에서 베르그손 식의 생기론적 성격을 찾아냈다. 그렇지만 우리의 해석에 따르면, 일의적 존재=유일한 사건은 연합설에서 추출된 '와'이기도 하다. 까다로운 것은 생기론적 전체론과 '와'의 철학의 접속, 즉 베그르송과 흄을 잇는 '와'인 것이다.

이와 같은 바디우의 해석에 대해 제임스 윌리엄스는 "들뢰즈에게 '사건'에 대한 사건들의 적합adequacy은 대리-표상적 혹은 지시적인 것이 아니라 표현적이고 전개적expressive and explanatory이다"고 말하면서 반대한다.[42] 이것은 '일자'로서의 실체가 속성·양태에 대한 다양한 '표현'에 있어서 존재한다고 주장했던 『스피노자와 표현의 문제』(1968)의 확인일 것이다. 그러나 문제는 이런 **하나와 여럿의 내재적 매개 가능성의 당연화**에 의해 비롯되는 정치적 효과이며, 바디우의 불만은

---

39 들뢰즈, 『의미의 논리』, p. 207, 299쪽, (上) 306頁.

40 『의미의 논리』, p. 211, 305쪽, (下) 15頁.

41 Badiou, *Logiques des mondes*, p. 404.

거기에 있는 것이 아닐까?

다른 한편, 2004년의 시점에서 프랑수아 주라비슈빌리는 대담하게도 "'들뢰즈의 존재론' 따위란 없다"고 주장했다.[43] 이것은 '와'의 철학에 가담한 것이다. 주라비슈빌리에 따르면, 들뢰즈 철학은 일의성의 존재론과 전면적으로 같은 것equal이 아니다. 존재의 일의성은 들뢰즈의 수많은 테제 중 하나일 뿐이다. '와'에 의해 연합되는 여러 가지 '~에 관해서' 모두 일의적으로 존재한다는 단서가 붙여진 것에 불과한 것이다.

> [들뢰즈의] 철학은 존재와 앎의 논리에서 관계와 믿음의 논리로 향한다. '순박한' 흄이 하이데거 이후에 재등장한다는 것, 심지어 그것으로의 회귀라는 형태가 아니라 가장 현대적인 물음에 관한 탈영토화하는 명법에서 재등장한다는 것은 확실히 놀라운 것 중 하나다. …[44]

이 해석을 감안해 다음과 같이 정식화하자. 들뢰즈 철학은 두 개의 얼굴을 갖고 있다. (a) 일의성의 '존재론'을 선험적인 로고스로서 **표방하는 듯한** 면과, (b) 사물이 일의적으로 존재하는 것은 믿는다, 믿는 수밖에 없다는 면이다. 후자는 바꿔 말하면, 존재의 일의성을 후험 a posteriori화하는 들뢰즈이다.

그러면 존재론적 파시즘이 비판받아야 하는 것이라면, 어떤 이유

---

42 James Williams, "If Not Here, Then Where? On the Location and Individuation of Events in Badiou and Deleuze," *Deleuze Studies*, 3-1, 2009, p. 98.

43 François Zourabichvili, 《Introduction inédite(2004). l'ontologique et le transcendantal》, in *La Philosophie de Deleuze*, éd. Zourbichvili, Anne Sauvagnargues et Paola Marrati, PUF, 2004, p. 6.

44 Ibid., p. 9.

때문인가?

포스트구조주의의 주변에서는, 존재론이라는 담론 자체가 정치적인 전체성에 대한 헌신commitment을 함의한다며 경계의 대상으로 여겨졌다. 이런 시대정신에서 대표적인 것은 하이데거의 나치 가담을 철학적으로 추궁한 레비나스의 입장이다.[45]

레비나스는 『전체성과 무한』(1961)에서 다음과 같이 단정했다.

존재론은 권력의 철학이다. '동일자le Même'를 의문에 부치지 않는 제일철학으로서의 존재론은 부정의의 철학이다. 하이데거의 존재론은 '타자Autrui'와의 관계를 존재 일반의 관계에 종속시킨다. 존재자에 의해 은폐된 존재의 망각에서 유래하는 기술욕passion technique에 대립될 때에도, 하이데거의 존재론은 익명의 것에 복종한 채로 있으며, 그 때문에, 또 다른 권능puissance으로, [즉] 제국주의적 지배로, 참주tyrannie로 불가피하게 끌고 간다.[46]

격렬한 구절이다. 레비나스의 이런 분노를 알고 있는 우리는 들뢰즈의 차이의 '존재론'에 어떻게 대처하면 좋을까? 물론 들뢰즈가 '제국주의적 지배'나 '참주'에 맞선다 하더라도, 존재론 일반에 관해 집약의 폭력을 비난하고 있는⇒존재론 일반에 집약된 폭력을 비난하는 레비나스—그는 "존재하는 것과는 다른 방식으로"의 윤리학=제일철학을 구상한다—의 독촉을 받고 생각한다면, 들뢰즈에게서도 존재(=

---

45 레비나스의 존재론 비판에 관해서는 다음의 해석을 참조했다. 中島隆博, 『殘響の中国哲学——言語と政治』, 東京大学出版会, 2007년, 제9장 「誰が他者なのか——エマニュエル・レヴィナス」.

46 Emmanuel Lévinas, *Totalité et infini* [1961], Le Livre de poche, 1990, p. 38.

사건)라는 한마디가 돌출되고 **있는 듯한** 맥락은 **일단** 경계하지 않을 수
없다. 들뢰즈의 경우는 민족과 같은 공동체의 모델에 의존하지 않으
며, 죽음의 불가피성을 둘러싸고 삶의 모든 의미를 회수하지도 않는
다.[47] 들뢰즈의 베르그손주의와 스피노자주의는 모든 존재자의 기쁜
관계맺음으로서의 '공생'을 권장하는 것이다. 그렇지만 바디우의 비
판을 바로 이것으로 돌린다면 어떨까?

들뢰즈를 존재론적 파시즘이라고 비난할 수 있다고 한다면, 문제
의 핵심은 기쁜 공생이 강제적으로 예정되어 있는 것처럼 보인다는
데 있다고 나는 생각한다.[48] 레비나스는『전체성과 무한』에서, 다음과
같이 스피노자를 떼쳐버렸다.

---

47 하이데거의『존재와 시간』에서 현존재는 "죽음에의 선취[죽음에로 앞질러 달려가봄]"에
   의해 '본래성'에 이른다고 간주되며, '공동성', '민족'의 '공동 운명'으로 집약된다. "선취하
   면서 자신 속에 죽음의 위력을 높일 때, 현존재는 죽음을 향해 열려서 자유롭게 되며, 그
   유한적 자유에 틀어박히는 자신의 **초력**에 있어서 자기를 이해한다. … 그러나 운명적 현
   존재는 세계-내-존재인 한에서, 본질상, 다른 사람들과의 공동 존재에 있어서 실존하는
   것이기 때문에, 그 현존재의 경력[Geschehen]은 공동 경력이며, **공동 운명**Geschick이라는
   성격을 띠는 것이다. 그것은 즉 공동체의 운명적 경력, 민족의 경력인 것이다[현존재가 앞
   질러 달려가면서 죽음으로 하여금 자신 안에서 위력을 가지도록 할 때, 그는 죽음에 대해
   서 자유로우면서 자신을 그의 유한한 자유의 독특한 강력함 속에서 이해하며, … 그러나
   운명적인 현존재가 세계-내-존재로서 본질적으로 타인들과 함께 더불어 있으면서 실존
   할 때, 그의 생기는 공동 생기이고 **역운**으로 규정된다. 이로써 우리는 공동체, 민족의 생기
   를 지칭하고 있는 셈이다]." Martin Heidegger, Sein und Zeit[1927], Max Niemeyer,
   2001, S.384, 502-503쪽. 다카하시 데쓰야高橋哲哉는 이상의 맥락에 관해서, 하이데거의
   '민족의 존재론'을 '결집結集'(집약)하는 '로고스의 철학'이라고 보며, 그것은 일정한 공동
   성으로부터 타자를 배제하는 사고라고 비판한다. 高橋哲哉,『逆光のロゴス: 現代哲学の
   コンテクスト』, 未来社, 1992년, 97頁.
48 [옮긴이] 모호하게 서술된 것 같아 전체를 의역했다. 원문은 "들뢰즈에게 있어서 존재론
   적 파시즘을 비난할 수 있다고 한다면, 문제의 핵심은 기쁜 공생이, 강제적으로 예정되어
   있는 것 같다는 것이라고 나는 생각한다."

사유와 자유는 분리séparation 및 '타인'에 대한 고려에서 온다. 이 테제는 스피노자주의의 대척점에 있다.[49]

스피노자주의에서는 기쁜 공생으로부터 샤프하게 분리하는 타자의 자유가 아마 인정되지 않는다. 스피노자에게 정서는 기쁨/슬픔의 두 가지 중 하나이며, 기쁘지 않으면 슬픈 것이며, 그리고 슬픈 것이라면, 그것은 나쁜 관계에 사로잡혀 있을 뿐이며, 그런 상황에서는 빨리 벗어나 기쁜 관계에 전념해야 할 수밖에 없다. **기쁘지도 슬프지도 않는 공동성으로부터의 분리를 중지시키는 것**은 아마 『윤리학』의 사정거리 바깥의 것이리라.

바디우의 비판은 요컨대, 베르그손에게서 유래하는 생기론적 전체론을 적대시한다. 잠재성은 들뢰즈에게서 대문자의 '삶'이라고 지목되었다. 그러나 이미 시사했듯이, 바디우의 비판이 진정으로 타격hit해야 할 곳은, 생기론적 전체론에 저항적일 것인 흄적인 '와'의 철학이야말로 모종의 전체론을 함의할지도 모른다는 점이 아닐까? 그것은 1960년대 후반의 들뢰즈가 라캉파의 정신분석을 섭취하면서 형성했던 더 이상 '삶'에 의존하지 않는 전체론, 앞으로 '구조주의적 전체론'이라고 부르게 되는 담론이다. 바디우의 비판에 대해 들뢰즈를 변호하려면, 생기론적 전체론이 아니라 '와'의 철학을 호소하는appeal 것만으로는 매우 불충분하다. '와'의 철학을 구조주의적 전체론으로 만드는 운명으로부터 [억지로라도] 잡아떼는 방도를 모색하지 않으면 안 되는 것이다.

---

49 Lévinas, *Totalité et infini*, p. 108.

3-3 대리-표상 불가능성: 시간의 두 번째 · 세 번째 종합

들뢰즈의 구조주의적 전체론은 모종의 베그르송 비판을 통해 성립된다. 그 논의는 『차이와 반복』 2장의 「시간의 세 가지 종합」에 포함된다. 시간의 '두 번째 종합'(과거)은 베르그손에 의거한 것이며, 그 비판을 경유한 '세 번째 종합'(미래)으로의 이행이 구조주의적 전체론의 성립에 상당한다고 생각된다. 이하의 서술은 약간 복잡해지기에, 2-8 「범-관조론: 시간의 첫 번째 종합」에서 했던 '첫 번째 종합'의 주석을 재확인하기 바란다. 이 절은 2-8에 이어지는 것이며, 첫 번째 종합에서 두 번째 종합으로, 현재에서 과거로 향하는 이행부로부터 고찰을 재개한다.

들뢰즈의 시간론에서 첫 번째 종합보다 앞서 가는 것은 왜 필요한가?

들뢰즈의 설명은 이렇다. 만일 시간에 현재의 차원밖에 없다고 한다면, 현재는 스스로의 속에서 지나가기는 하지만, 현재 자체는 지나가버리지 않는다는 것이다. 그렇게 되면 과거도 미래도 없다. 첫 번째 종합에서의 현재는 스스로에게 내재하는 것일 뿐이었다. 들뢰즈에 따르면, **"그 안에서 시간의 첫 번째 종합이 일어나는 어떤 또 다른 시간"**을 더 나아가 사고하지 않으면 안 된다.[50]

들뢰즈는 현재를 시간의 '토대fondation'라고 부르며, 그것을 경험적이라고 간주한다. 다른 한편, 두 번째 종합에 의해 얻어지는 것은 시간의 '근거fondement'인데, 이쪽은 초월론적이라고 여겨진다. 그런데 시간의 토대가 아니라 근거, "시간의 첫 번째 종합이 그 속에서 수행되는 어떤 다른 시간"에 관해 들뢰즈는 다음과 같이 그 이중적 성격을 제시한다.

(1) 우선, 이 "어떤 다른 시간"은 "능동적 종합synthèse active"이라는 기능을 발휘한다고 규정된다. 능동적 종합은 시간에 있어서 주체가 사물을 '대리-표상'하기 위한 조건이라고 한다. 이것은 한 가지밖에는 있을 수 없는 현재의 바깥으로 나가서, 복수의 시점을 구별하면서, 그러한 모든 것을 현재**로서** 대리하고 표상하는 시간으로 이행하는 것을 의미한다. 이런 대리-표상하는 현재라는 개념을 대문자 '현재'라고 부르려 한다(들뢰즈는 그렇게 부르지 않는다). 이에 반해 <u>스스로</u>에게 내재할 뿐인 현재를 '소문자의 현재'라고 부르고자 한다.

> 낡은 현재와 현행적 현재가 계기繼起적인 두 개의 순간으로서 시간의 일직선 위에 존재하는 것이 아니라, 현행적 현재가 필연적으로 또 하나의 차원을 [여분으로] 포함하고 있다. 그 새로운 차원을 통해 현행적 현재는 낡은 현재를 대리-표상[재-현]하고 또 그 차원 안에서 스스로 자기 자신을 대리-표상한다.[51]

(2) 이런 '여분'의 차원인 ─ '어떤 다른 시간'인 ─ 대문자 '현재'는 왜 생길 수 있을까? 현재는 왜 '내재적인 소문자성과 대리-표상적인 대문자성'이라는 이중성을 발휘할 수 있을까? 이 물음과 관련해서 들뢰즈는 대문자 '현재'가 "선험적인 과거로서의 과거"라는 베르그손적

---

50 『차이와 반복』, p. 108, 188쪽, (上) 221頁. 이하의 해석의 특징은, 최종적으로는 세 번째의 종합과 첫 번째의 종합의 직결을 시도하는 점이다. 선행 연구의 상당수는 첫 번째의 종합을 그다지 중시하지 않는 것이 많다. 다음의 연구는 들뢰즈의 시간론을 오로지 세 번째 종합을 중심으로 고찰하고 있다. 檜垣立哉, 『瞬間と永遠──ジル・ドゥルーズの時間論』, 岩波書店, 2010年.

인 '순수 기억'에서 파생된다는 주장을 편다.

이상의 (1), (2)를 정리한다면 다음과 같이 말할 수 있다. 들뢰즈는 시간의 첫 번째·두 번째 종합의 틈새에서, 내재적 소문자의 현재로부터 '어떤 다른 시간'으로의 돌출[超出]을 생각했다. 그 "어떤 다른 시간"은, 두 번째의 종합에 있어서는 대리-표상하는 대문자 '현재'이며, 또한 본래적으로는 '순수 과거'이다. 그런데 대체로 들뢰즈의 철학은 대리-표상의 메커니즘에 비판적이었다(0-5 「생성변화를 어지럽히고 싶지 않으면 너무 움직여서는 안 된다」). 이것은 지금의 논의에서도 그렇다. 즉, "어떤 다른 시간"은 한편으로는 대리-표상하는 '현재'지만, 다른 한편으로는 대문자 '현재'에 의해서 대등하게 대리-표상되는 별개의 시점의 **차이·이타성**을 어떻게든 긍정하지 않으면 안 된다. 그 때문에 순수 과거를 등장시키고 '현재'에 의한 대리-표상은 전자에 대해 이차적인 것**일 뿐이다**는 입장을 취하게 되는 것이 아닌가라고 생각된다.

그렇다면 들뢰즈는 대리-표상 비판의 표적에 있어서 순수 과거를 어떻게 다루는가? 이것을 보는 것은, 들뢰즈 철학과 베르그손주의의 접면을 보는 것과 동등하다고 말할 수 있을 것이다.

순수 과거는 "지나가지도 않고 생겨나지도advenir 않는" 것이며,

---

51 『차이와 반복』, p. 109, 191쪽, (上) 224頁. [옮긴이] 국역본에는 L'ancien présents를 '낡은 현재' 대신 '사라진 현재'라고 했으니, 이는 '낡은 현재'라고 직역할 경우에 의미가 선명하게 그려지지 않을 수 있기 때문이라고 밝히고 있다. 그러나 원문에 충실하기 위해 원래의 말로 그대로 번역한다. 또 국역본은 'une dimension de plus'를 '또 하나의 차원'으로 옮기고 있으나 이는 '여분의, 덤으로, 더 보태서'라는 의미의 'de plus'를 살리지 못한 것으로 보인다. "사라진 현재와 현행적 현재는 시간의 일직선 위에서 계속 이어지는 두 순간이 아니다. 오히려 현행적 현재는 필연적으로 또 하나의 차원을 포함하고 있다. 그 새로운 차원을 통해 현행적 현재는 사라진 현재를 재-현하고 또 그 차원 안에서 스스로 자기 자신을 재현한다."

"지나간다는 것의 최종적 근거로서의 시간의 즉시即時"이다.[52] 순수
과거는 '전체'인 '잠재성'으로 규정된다. 다른 한편으로, "각각의 현
재는 [순수 과거의] 수준들 중 하나를 현동화actualité, 혹은 대리-표상
하고 있을 뿐이다."[53] 베르그손에서 유래하는 들뢰즈의 잠재성 개념
은, '현동화'로서의 대리-표상을 종속시킨다. 현동화와 대리-표상은
동의어로 다뤄진다. 현동적=대리-표상적인 '현재'는 잠재적인, 즉 대
리-표상되지 않는 시간, "결코 현재인 적이 없었던 '과거'"에 의해서
근거지어진다.[54] 순수 과거는 잠재적인 대문자의 '과거'이며, 시간의
전체성이다. 이것은 베르그손이 『물질과 기억』에서 묘사했던 시간의
'원뿔'이라고 간주된다.

이는 마치 철학자와 돼지, 범죄자와 성인이 거대한 원뿔의 서로 다른
수준에서 똑같은 과거를 상영하는jouer 것과 같다. 이것이 바로 윤회라
고 불리는 것이다. 각각의 인물은 자신이 낼 소리의 높이나 어조, 아마
가사까지 선택할 것이다. 하지만 어떤 가사가 붙든 곡조는 늘 같고, 음
높이와 음색이 아무리 달라져도 후렴tra-la-la은 늘 같아진다.[55]

---

52 『차이와 반복』, p. 111, 194쪽, (上) 227-228頁. [옮긴이] 글쓴이의 논의 맥락을 도외시한
   다면, 국역본처럼 번역할 수 있다. "과거는 시간의 즉자적 측면이며, 이것이 이행의 최종
   적 근거이다Il est l'en-soi du temps comme fondement dernier du passage."

53 『차이와 반복』, p. 113, 198쪽, (上) 231頁.

54 『차이와 반복』, p. 112, 197쪽, (上) 228頁.

55 『차이와 반복』, pp. 113-114, 198쪽, (上) 232頁. 윌리엄스에 따르면, 잠재적인 '과거'의
   전체성에 있어서는, 현동적으로 소원한 사물('철학자'와 '돼지', '범죄자'와 '성인' 같은)도 "필
   연적으로 연결[접속]이 있을 것이다." James Williams, *Gilles Deleuze's Difference and
   Repetition: A Critical Introduction and Guide*, Edinburgh University Press, 2003, p.
   98.

그리고 바로 이 "공존하는 다양한 수준들에서 일어나는 '전체'[=순수 과거]의 반복"이 원래 첫 번째 종합(내재적 현재)을 조건지었다고 결론이 내려진다.[56] 상기해보라, 첫 번째 종합에서는 축약[수축]의 개념에 의해 흄의 관습론을 『물질과 기억』에 접속하고 있었다. 결국 이 것은 베르그손적 전체성의 상정을 흄의 연합-해리설보다도 우선한 다는 자세stance를 보여주기 위한 포석인 것이다—하지만 2-8 「범-관조론: 시간의 첫 번째 종합」에서 시사했듯이, 축약[수축]=관조의 개념을 흄적으로 강하게 해석하는 길을 취한다면, 시간의 첫 번째 종합 은 베르그손주의에 이르는 마중물로부터 일탈하는 과정으로 변모할 수 있다(이 가능성을 향해서 이하의 논의를 전개해간다).

들뢰즈의 베르그손 비판은 앞의 인용 직후부터 개시된다. 그리고 그것이 시간의 두 번째 종합으로부터, 나아가 세 번째 종합으로 이행 하는 이유가 된다.

비판되는 것은 순수 과거의 잠재적인 전체성과 대리-표상의 상보 성이다.

> 므네모시네[=순수 과거]는 현재로 환원될 수 없으며 대리-표상보다 우 월하지만, 그럼에도 불구하고 그것은 현재들의 대리-표상을 순환적이 거나 무한하게 만들 뿐이다. … 근거는 자신이 그 근거가 되는 바로 그 것에 대해 상대적이라는 것, 자신이 그 근거가 되는 것의 특징들을 차 용하고 있으며, 그 차용된 특성들에 의해 입증된다는 것, 이것이 근거 의 불충분성이다.[57]

---

56 『차이와 반복』, p. 114, 198쪽, (上) 232頁.
57 『차이와 반복』, p. 119, 207쪽, (上) 244頁.

그러나 다른 한편으로,

근거가 어떻게 보면 '팔꿈치 모양으로 휘어져' 있으며, 우리를 피안[저편, au-delà]을 향해 재촉해야[성급하게 이끌어가야] 한다면, 이와 마찬가지로 시간의 두 번째 종합은 시간의 세 번째 종합을 향해 앞지르며 [자신을 넘어서며], 이 세 번째 종합에 의해, 그런 즉자의 착각illusion이 고발되는 것이며, 그 즉자는 여전히 대리-표상의 상관항이라는 것이 폭로되는 것이다.[58]

이렇게 들뢰즈는 시간의 '근거'에서 '탈근거effondement'로 향한다. 위의 인용은 다음의 것을 말하고자 한다. 두 번째 종합에서는 대리-표상(현동화)할 수 없는 시간이 **대리-표상의 여지로서의 잠재적인 전체**, '과거'였다. 거꾸로 말한다면, 잠재적인 전체인 순수 과거, 즉 시간의 '즉자'는 대리-표상되는 **부분들**로서의 현재에 있어서 커다란 모태母胎이다. 이런 전체/부분의 상호의존성에 있어서 시간의 '즉자'는 '대리-표상의 상관항'인 것이다. 위와 같은 구도를 넘어서, 세 번째 종합에서 생겨야 할 시간이란 대문자의 '현재'에 의해 편력되는 한에서의 순수 과거—대문자의 '과거'—의 전체성으로부터 일탈하는 시간이다. 즉 대리-표상 불가능한 시간, 철저하게 '현재'를 결여하는 것이다.

우리는 여기서 다음과 같이 추론할 수 있을 것이다.

대리-표상하는 대문자의 '현재'를 철저하게 결여한다는 것은 그 모태인 순수 과거도 철저하게 결여한다는 것에 다름 아니다. 그렇다고 한다면 이것은 스스로에게 내재되어 있을 뿐이었던 소문자의 현

---

58 『차이와 반복』, p. 119, 208쪽, (上) 244-245頁. [옮긴이] illusion은 가상이 아니라 착각으로 옮긴다.

재로 회귀하고, 그것을 재긍정하는 것이 아닌가라고 말이다. 이것은 잠재적인 전체라는 베르그손의 배가 조난되어 경험론의 무인도로 표류하여 도착하는 것이 아닌가. **관습적인 현재로의 철저한 자폐가 미래라는 다른 이름을 수령受領하는 것이 아닐까?**

들뢰즈가 묘사하는 세 번째 종합에서 생기는 시간은 어리둥절해하는 시간이다.

무엇이 일어났는가/무엇이 일어나는가를 알 수 없다고 하는 어리둥절해하는 것으로서의 시간은 '중간 휴지césure'라고 표현된다.[59] 이제 "예전에 현재였던 적이 없을" 뿐만 아니라, 이것들도 결코 현재가 되지 못할 것인, 경험의 모든 구체성을 해체해버리는 절단적 시간에 있어서, 우리는 "균열되어 있는 '나'"가 된다. 다음에서 다음으로 무자비하게 새겨지는 절단의 반복인 시간의 '직선'을 들뢰즈는 '시간의 공허한 형식'이라고 부른다.[60]

이 '시간의 공허한 형식'이란 해리解離의 선이 아닐까?

시간의 첫 번째 종합에 있어서 흄에 의존할 때 **연합설의 구축성이 아니라 해리설의 파괴성에 강조를 둔다**면, 첫 번째 종합(현재)은 그대로 세 번째 종합(미래)으로 변모할 수 있다. 그러나 『차이와 반복』은 베르그손에 의거하는 두 번째 종합을 거쳐 그것을 비판하면서도 버리지 않았기 때문에, 전체성의 개념을 재정의하는 수사학을 궁리하게 되는 것이다.

---

59 『차이와 반복』, p. 120, 209쪽, (上) 246頁. [옮긴이] 국역본에서는 'césure'를 '중단'이라고 옮기고 있다. 이것이 횔덜린의 시와 이에 대한 장 보프레의 주석에서 유래했다고 보고 있기 때문이다(『차이와 반복』, 206쪽 각주 16참조).

60 이상의 맥락에서 들뢰즈는 칸트가 시간을 다루는 것을 참조하는데, 이 글에서는 그것을 생략하고, 흄과 베르그손, 그리고 지금부터 도입하는 니체까지 세 명으로 고찰을 한정한다.

텍스트를 보자. 들뢰즈에 따르면, 앞의 '중간 휴지'는, "전체로서의 시간을 집약하고 있다rassembler." 그것은 사건의 '전과 후', 그 "동등하지 않은 부분들을 포섭하고", "동등하지 않은 것들로서 집약한다."[61] 제2장의 뒷부분에서는 그것 자체로서의 순수한 차이는 "모든 가능한 대리-표상의 저편"에서 "상이한 것"을 "집약한다"고 말한다.[62] 이런 서술에서는, 절단적인 순간의 반복을 모두 '집약'한, 표상-대리 불가능한 시간의 전체성을 사고한다는 전체론을 설립하고 있다. 왜 그렇게 되는가? 왜냐하면 시간의 근거로서의 순수 과거의 전체성의, **논리적으로 단일**인 그 '결여'가 시간의 '탈근거'이기 때문이다. 즉 베르그손의 생기론적 전체론과 표리일체인 부정적인negative 측면으로 들뢰즈는 이동한 것이다. 이것은 이른바 '결여'의 전체론의 설립이다.

들뢰즈의 '차이의 존재론'은 **경험적으로 복수의** "상이한 것le différent"에 있어서의 **유일한 초월론적** '차이la différence'를 논한다는 논論(로고스)이다. 그러한 '차이의 존재론'이 경험의 절단선의 전체 반복으로서의 '영원회귀'로서, 시간론의 극치로서 도달하게 된다.

> 그것[영원회귀]은 그 자체로 새로운 것이며, 새로움의 전체, 전적인 새로움toute la nouveauté이다.[63]

---

61 『차이와 반복』, p. 120, 210쪽, (上) 247頁. [옮긴이] "elle rassemble ainsi l'ensemble du Lemps"을 국역본에서는 "일체의 시간 전체가 회집된다"고 옮기고 있다. '일체의 시간 전체'를 '전체로서의 시간'으로 바꿀 수 있고, 회집하다고 번역된 rassembler도 한자어를 풀어보면 집약하다의 의미로 새길 수 있다.

62 『차이와 반복』, p. 154, 263-264쪽, (上) 315-316頁.

63 『차이와 반복』, p. 122, 212쪽, (上) 251頁. [옮긴이] 원문은 "Il est lui-même le nouveau, toute la nouveauté"이므로 "영원회귀는 그 자체로서 이미 새로운 것, 전적인 새로움이다"로 간단하게 번역될 수 있다.

이 toute la nouveauté라는 표현은 '모두tout le monde'라는 표현에 담긴 전체성을 함축하는가, 아니면 완전성을 가리키는 '전적인'을 가리킬 뿐인가. … 들뢰즈는 살아 있는 전체성의 '결여'를 둘러싼 전체론을 설립하고 있기**도** 하다 —하지만, 시간의 세 번째 종합은 다음과 같은 주목해야 할 세부 내용**도** 갖고 있다.

'나'는 시간의 순수하고 공허한 형식에 의해 균열된다. 이 형식 아래서 '나'는 시간 속에서 나타나는 수동적인 자아moi passif의 상관항이다.[64]

균열된 '나'와 불가분한 이 '수동적인 자아'란 도대체 어떤 자아인가? 이 문장 뒤에 곧바로, '수동적인 자아는 더욱 깊은 곳에서, 그것 자체가 수동적인 어떤 종합(관조=축약[수축])에 의해 구성되었다[était plus profondément constitué]고 말해진다.[65] 이 설명은 시간의 세 번째 종합이 "더욱 깊은 곳"에서의 관조=축약[수축], 즉 첫 번째 종합과 겹쳐진다는 것을 나타내는 것이다. 시간의 두 번째 종합의 초극='결여'를 둘러싼 영원회귀는 베르그손적 전체론에 대한 비판으로서의 니체의 소환(시간의 세 번째 종합)을 흄적인 축약[수축]=영합으로의 자폐(시간의 첫 번째 종합)와 분간하기 어렵게 한다고 생각된다.

관조=축약[수축]하는 것은 "몇 개의 미세한 자아"이다(2-8). 들뢰즈적인 시간은, 아무래도, 하나[일자]인 '결여'를 새겨넣은 '나'**와** 해리된 자아들의 무리 **사이**에서 작동하고 있다.

---

64 『차이와 반복』, p. 117, 204쪽, (上) 239頁.
65 『차이와 반복』, p. 118, 205쪽, (上) 241頁.

3-4 구조주의적 전체론: '결여'

1967년의 논문 「구조주의를 어떻게 인지할 것인가」에서 들뢰즈는 '구조'의 핵심이란 상이한 사물을 매개로 하여 공명시키는 '무엇인가'이며, 그것은 스스로의 "동일성을 결여하기 때문에만 동일성을 가지며, 모든 장소에 대하여 장소를 바꾸기 때문에만 장소를 가진다"고 정리했다.[66] '빈칸', '역설적 요소', '대상=x' 등등이라고 불리는 '무엇인가'. 이러한 표현(이하, 대상=x로 대표시킨다)은 『의미의 논리』에서 더 논해진다. 대상=x는 익명적이며, 구멍 같은 것이며, 끊임없이 이동한다[자신의 장소를 바꾼다]. 그리고 상이한 사물이 대상=x의 여기저기 떠돌아다님에 의해 '공명'될 수 있다는 것이다. 이런 '구조' 이해는 라캉의 「『도둑맞은 편지』에 관한 세미나」의 강한 영향 아래에 있다. 대상=x 등등은 들뢰즈에게서 명백하게 라캉적인 개념이다.

에드가 앨런 포의 단편 『도둑맞은 편지』에서 차례차례 타인의 손에 건네지고, 최종적으로 주인공인 탐정 뒤팽이 탈취하는 '편지'를, 라캉은 욕망의 순환을 지배하는 '무엇인가'로서 해석했다. 라캉의 논집 『에크리』의 서두에 놓인 「『도둑맞은 편지』에 관한 세미나」이다. 이하에서, 우선은, 당시의 라캉 이론에서 중심적인 테제, 즉 "주

---

66 Gilles Deleuze, "A quoi reconnaît-on le structualisme?," *L'Île déserte et autres textes. Textes et entretiens 1953-1974*, éd. préparée par David Lapoujade, Minuit, 2002, p.264[박정태 옮김, 「구조주의를 어떻게 인지할 것인가」, 『들뢰즈가 만든 철학사: 생성과 창조의 철학사』, 이학사, 2007, 412쪽]. [옮긴이] 글쓴이는 "모든 장소로부터 이행하기 때문에"라고 했으나 엄밀한 번역은 아니다. 원문인 "il n'a donc d'identité que pour manquer à cette identité, et de place que pour se déplacer par rapport à toute place"에서 문제가 되는 것은 pour이다. 국역본은 이것을 '위해서'라고 봤다. "동일성을 결여하기 위해서만 동일성을 지니며, 모든 자리에 대하여 자신의 자리를 옮기기 위해서만 자리를 지닌다."

체에 대해 구성력을 지니고 있는 것은 상징계의 질서이다c'est l'ordre symbolique qui est, pour le sujet, constituant"라는 테제에 관해 설명하고 싶다.[67]

라캉은 인간을 '말존재parlêtre'(언어를 사용하는 것을 본질로 하는 존재)라고 규정한다. 말존재의 생활은 다양한 기억의 연결, 계열(프랑스어로는 série)에 의해 구동된다. 라캉의 정의에 따르면, 무의식은 어떤 기억의 흔적 A가 다른 흔적 B를 지시하며, 그것이 C를 지시한다 ⋯ 는 계열série이라고 간주된다. 예를 들어, 갑자기 먹고 싶어진 돈까스는 어떤 일의 스트레스를 지시하고 있으며, 때문에 그 돈까스는 일의 스트레스와 관련되는 무엇인가의 요소의 대리-표상이며, 이 요소는 심지어 또 다른 불안과 관련되는 요소를 대리-표상하고 있다 ⋯ 와 같은 식으로. 라캉 이론에서는, 소쉬르의 언어학을 응용하여, 방금 말한 돈까스는 "시니피앙=의미하는 것"이라고 불리며, 지시되는 요소는 "시니피에=의미되는 것"이라고 불린다. 기억의 흔적 A=시니피아에서 흔적 B=시니피에로, 흔적 B=시니피앙에서 흔적 C=시니피에로 ⋯ 라고 하는 접속이 무의식에 있어서 전개되고 있다. 이것이 "시니피앙 연쇄"라고 불린다.

시니피앙 연쇄에 있어서, 하나의 의미의 결정―어떤 시니피앙과 시니피에의 관계맺음의 고정―은 잠정적일 뿐이다. 어떤 시니피에에(의미되는 것)는 나아가 다른 사물을 지시하는 시니피앙이 된다. 즉 **결정적으로 하나의 의미를 지시하는 것으로 끝나버릴 수는 없다.** 시니피앙 연쇄에 있어서는 다른 수신자에게로 발송되는 시니피앙**이라는 것 자체가** 늘 이미 남아돈다. 이 잉여는 시니피앙이 다른 곳으로 발송될 수 있다

---

67 Jacques Lacan, "Le séminaire sur 'La Lettre volée'", in *Écrits*, Seuil, 1966, p. 12.

는 가능성 자체인 것이다. 시니피앙의 잉여. 이 잉여에 의해 구동되는 '언어'─적으로 구조화된 무의식─의 질서를 라캉은 '상징계'라고 부른다.

시니피앙의 잉여, 이것은 곧, 최소한 두 개의 사물을 접속하는, 커플로 하는 가능성 자체인 것이며, 들뢰즈에게서 이것을 표현하는 것은 저 '와'에 다름없다.

돈까스**와** 일의 스트레스, 돈까스의 너무 기름진 맛, 소스의 느끼함**과**, 넘쳐나서 걷잡을 수 없게 된 일의 상황, 그중에서도 특히 마음에 걸리는 어떤 사안을 둘러싼 메일의 문자열의 넘쳐남, 메일의 연쇄, 그 속에 매몰된 나**와**, 돈까스라는 과잉적인 음식의 과잉이면서 씹어서 삼킬 수 있다고 하는 그 처리 가능성**과**, 일을 삼킨다, 처리한다는 것 …등등.

들뢰즈 왈, "놀이는 빈칸을 필요로 한다. 만약 이 빈칸이 없다고 한다면, 놀이에서는 아무것도 이루어지지 않을 것이며 아무것도 작동하지 않을 것이다."[68] '빈칸', 즉 내용 제로의, 비의미적인 대상=x ─ 이 여지가 있기 때문에 사물의 계열은 다음의 한 수를 맞아들인다. 이 여지가 **비의미적 접속사**인 '와'이다. 대상=x는 '와'이다. 시니피앙의 과잉으로서의. '와'는 모든 사물을 접속한다. 비의미적으로 접속한다. 아나키하게. 이동하는 하나의 대상=x로서의 '와'는 저 "왕관을 쓴 아나키"─즉 일의적인 존재─의 **관**冠에 상당하는 것이다.

모든 사물이 비의미적으로 접속될 수 있다. 라캉은 이것을 "편지는 늘 수신자에게 도달한다"고 표현한다.[69] 이것은 편지(=타자에의 관

---

68 Gilles Deleuze, "A quoi reconnaît-on le structualisme?," *op.cit*, p. 260[「구조주의를 어떻게 인지할 것인가」] 405쪽, (下) 87頁.

69 Lacan, "Le séminaire sur 'La Lettre volée'", p. 41.

계)가 표적으로 삼은 대로가 아니라고 하더라도, 어딘가에 도달한다=관계를 맺는다고 하는 필연성의 까닭이다. 그러나 이 테제는 데리다의 논문 「진리의 배달부」(1975)에 의해 다음과 같이 비판받았다.

데리다는 "그것[편지]은 하나의 주체가 아니라 하나의 구멍, 그로부터 출발해 주체가 구성되는 결여이다. 이 구멍의 윤곽le contour de ce trou은 결정 가능하며, 그것은 우회의 모든 궤적을 자석처럼 유도하고 있는데, 이 궤적은 구멍에서 구멍으로, 구멍에서 궤적 자체로 인도하며, 따라서 하나의 **순환적** 형태를 갖고 있다"[70]고 한다. 정신분석가인 라캉은 이 '우회의 궤적 전체'를 메타 수준에서 바라봤으며, "편지는 늘 수신지에 도달한다"는 것의 진리성을, 그 물러선 시점視點에 있는 바로 그가 **전유**하고자 했다. 그렇게 되면, "편지는 늘 수신지에 도달한다"는 진리는 라캉(파)이라는 수신지에 특권적으로 반드시 도달한다는 것이다.

> … 「『도둑맞은 편지』에 관한 세미나」가 궁극적으로 보여주려고 하는 것은 정해진déterminable 장소로 되돌아가는 편지의 유일하고 **고유한** propre 궤적, 언제나 똑같고 **편지의 것**인 궤적이 있다는 것, 그리고 편지의 의미(순환하는 알림장 안에 적혀 있는 것)가 우리에게 (취약하지만 「세미나」의 논리 전체를 떠받치고 있는 가설에 따라) 무관계하고 미지의 것이라고 하더라도, 편지의 의미와 그 궤적의 방향=의미는 필연적이고 유일무이하며, 진리 속에서, 게다가 진리[자체]로서 결정 가능하다 déterminable.[71]

---

70 Jacques Derrida, "Le facteur de la vérité", in *La Carte postale. De Socrate à Freud et au-delà*, Flammarion, 1980, p. 465.

데리다는 라캉이 상정하는 "편지의 유일하고 **고유한** 궤적", 즉 어딘가에는 도착할 것이라는 필연성을 의심하고, "편지가 **반드시 늘** 수신지에 도착하는 것은 아니다*pas toujours* une lettre n'arrive *pas toujours* à destination"라고 반론했다.[72] "편지의 '물질성', 그 '위상학topologie'은 그 분할 가능성divisibilité, 늘 가능한 분할partition에 의거하고 있다. 편지는 돌이킬 수 없이 세분화될se morceler 수 있다 …."[73] 편지는 이동하는 도중에 여러 조각이 될 수 있다. 편지는 접속사 '와'이다. 편지의 분쇄는 '와'의 분쇄이다. 이것은 비의미적 접속의 (보편성의) 분쇄이며, 즉 비의미적 절단이다.

들뢰즈로 돌아가자. 『의미의 논리』에 따르면, 일의적 존재는 "모든 사건을 하나로 하는 공허 속의 위치position dans le vide de tous les événements en un"라고 여겨지며, 그리고 곧바로 "모든 사건을 위한 유일한 사건"이라는 표현이 이루어진다.[74] 이런 유일한 사건, 그것은 세계 전체의 게임을 움직이기 위한 '빈칸'에 다름없다. '빈칸', '역설적 심급', '대상=x' … 로서의, 일의적인 '존재=사건'의 자기 차이화—전 세계의 편력[여기저기 두루 돌아다님] —으로서, (소문자의) 사건들이 커뮤니케이션을 한다. 그런데 사건은 우리를 어리둥절하게 한다. 3-3 「대리-표상 불가능성: 시간의 두 번째·세 번째 종합」에서 해석했던, 시간의 세 번째 종합을 상기하자. 우리는 경험의 구체성이 갈가리 찢

---

71 Ibid., pp. 464-465. (앞의 책, 49頁.) [옮긴이] 글쓴이는 'un seul trajet *propre*'를 '본래의 유일한 궤적'으로 옮기고 있다. 그러나 원문의 강조는 '유일한'이 아니라 '본래의propre' 혹은 '고유한'에 찍혀 있다.

72 Ibid., p. 517. (앞의 책, 105頁.)

73 Ibid., p. 472. (앞의 책, 58頁.)

74 『의미의 논리』, p. 211, 305쪽, (下) 15頁.

겨진 '중간 휴지'에 있어서 어리둥절하고 있는 것이다. 중간 휴지라는 절단이 반복된다. 그리고 이 절단의 반복 전체를 들뢰즈는 니체적인 영원회귀로 집약했다. 『의미의 논리』에서도 완전히 똑같은 논리(로고스)가 되지 않는가. 일의적인 '존재=사건'은 개별 사건의 개별 절단을 모두 집약하는 것이다.

모든 사물이 연속해 있다고 생각하는 베르그손의 생기론적 전체론은 시간의 두 번째 종합에서 세 번째 종합으로 이행하는 과정에서 일단 파쇄되었다. 즉 들뢰즈는 연속적 전체론을 통째로 '결여'시켰다. 그 결과, 비-연속적인 사건이 주제화되며, 산산이 흩어져 있는 그것들에 의해 연타를 당하는 입장과, **그것들의 반복 전체를 논하는 입장**으로 분극한다. 전자는, 흄주의에 관해 해리설을 과장하는 입장이며, 후자는 '비연속성 내지 해리의 전체 반복이 세계의 모든 것을 움직인다'고 하는, 더 이상 베르그손적이지 않은 전체론이 된다. 이것을 이 글에서는 들뢰즈의 '구조주의적 전체론'으로 부르기로 한다. 구조주의적 전체론은 생기론적 전체론과 표리일체한 한편, 흄주의의 '전체화가 불가능한 단편들의 세계'에서 경험적으로 어리둥절해 하고 있는 '들뢰즈 철학의 유년기'와 대립하는 것이다.

바디우에 따르면 들뢰즈의 존재론에서 유일한 '존재=사건'은 전 존재자에게 그 의미성significance의 영도zero degree를 '증여'하는 원천이다.[75] 혹은 이 글의 해석에서는, 비의미적 접속의 유일한 원천이다. 이 것은 데리다가 말하는 '초월론적 시니피앙'에 상당한다(3-6 「부정신학 비판, 복수적 외부성, 변태하는 개체화」).

---

75 Badiou, *Deleuze. La clameur de l'Être*, p. 60. "'존재'의 의미는 무-의미라고 완전히 말할 수 있다─의미가 생기는 것은 무-의미로부터이며, 무-의미는 바로 모든 존재자에 대한 (존재론적) 의미의 일의적인 증여라고 부언하다면."

『안티 오이디푸스』에서 들뢰즈·가타리는 정신분석에서의 "부정신학의 '일자'와 같은 것"을 비판한다.[76] 라캉의 이론에서 그것은 특히 '팔루스'이다(이 개념은 다음의 3-5 「가타리와 라캉」에서 설명한다). "그것은 욕망에 결여를 도입하며, 배타적인 계열을 산출하며, 이러한 계열에 대해 목표나 근원이나 체념의 길을 고착시킨다."[77] 들뢰즈·가타리는 팔루스의 기능인 '결여'의 중심화를 비판하고 있다. 그들의 경우에는 대문자의 '결여'—부정신학적인 '일자'로서의—에 의거하지 않는다. 따라서 『안티 오이디푸스』의 단계에서는, 1960년대 말에 매달렸던 '결여'하는 '존재=사건'의 존재론—**세계 자체의 정신분석**—이 포기된다. 그리고 『안티 오이디푸스』 이후에는 이른바 '세계의 분열분석'인 일종의 '자연철학'이 『천 개의 고원』으로 향해서 벼려진다.

3-5 가타리와 라캉

부정신학적인 '결여'에 대한 비판은 분열증을 독자적인 방식으로 긍정적으로 다룬다는 입장에서 이루어지고 있다. 이런 방향 설정을 뒷받침한 것은 가타리였다. 라캉의 가르침을 받았던 정신분석가인 가타리는 1950년대의 라캉으로부터 이반離反하면서, 1960년대의 라캉과 나란히 나아가면서도 분열분석이라는 아이디어에 도달했다. 이 절에서는 이 사정에 관해서 검토한다.

가타리의 『안티 오이디푸스 초고』(스테판 나두Stephane Nadaud 엮음,

---

76 아즈마 히로키, 『존재론적 우편적』은 이 『안티 오이디푸스』의 서술도 언급하면서, "부정신학 체계 비판"이라는 테마를 오로지 앞의 데리다 「진리의 배달부」로부터 끌어내고 있다.

77 들뢰즈·가타리, 『안티 오이디푸스』, p. 70, 114쪽, (上) 115-116頁.

이하 『초고』라 칭한다)에는 가타리와 라캉의 거리에 관해 짐작할 수 있는 텍스트가 포함되어 있다. 그중에서도 주목해야 할 것은 라캉의 '대상 a'의 개념이 젊은 가타리에게 매우 중요했다는 사실이다.

1970년에 「라캉의 '대상 a'에 관한 기계적인 것의 해석, 또한 옐름슬레우 그리고 분열분석에 관해」라는 들뢰즈에게 보낸 편지에서 가타리는, 라캉이 '환상fantasme'의 구조를 보여주기 위해 사용했던 '$ \mathcal{S} \lozenge a$'라는 표기에 관해, "대상 a를 둘러싼 기계적인 것에 대한 우리의 해석에서는, 견해가 달라진다"고 말한다.[78] 여기서 라캉의 이 기호법에 관해 간략하게 설명해둔다.

$\mathcal{S}$라는 것은 주체Sujet이며, 이것에 빗금이 그어져 있는 것은 주체가 '결여'를 새겨넣고 있다는 것, 즉 팔루스를 둘러싼 트라우마를 새겨넣고 있다는 것—이것을 정신분석에서는 '거세'라고 부른다—을 나타낸다. 우리=빗금이 그어진 주체는 그러한 '결여'를 메우려고 욕망한다. 그러나 '결여'가 완벽하게 메워지지는 않는다. 욕망하는 우리는 '결여'의 그때마다 임시적인 덮개로서의 어떤 대상에 집착한다. 이런 역할을 하는 대상을 라캉은 '대상 a'라고 명명한다. '$\mathcal{S} \lozenge a$' 속의 $\lozenge$는 메워지지 않는 거리를 의미한다. 이것은 거세된 주체가 대상 a를 포착하려 욕망하지만, 몇 번이나 되풀이하여 실패한다는 주체와 대상 사이의 찢겨짐[균열]이다. 그런 대상 a의 포착하지 못함에 있어서 형성되는 이미지가 '환상', 팔루스이며, 혹은 '꿈'인 것이다.

---

78 Guattari, *Écrits pour l'Anti-Œdipe*, p. 214. 또 '$\mathcal{S} \lozenge a$'나 후술하는 '$\mathcal{A}$' 등 라캉의 '마템mathème'(분석소)에 대한 해석에 관해서는 주로 「프로이트적 무의식에 있어서의 주체의 전복과 욕망의 변증법」을 참조하고 있다. Lacan, "Subversion du sujet et dialectique du désir dans l'inconscient freudien", in Écrits.

대상 a의 기계화	1960년대 라캉의 계승-변형
$\cancel{A}$의 배제 = '결여'를 둘러싼 욕망의 에코노미의 배제	1950년대 라캉으로부터의 이반

가타리는 라캉에게서 대상 a 개념을 일단 승계한 다음, 이것을 "기계적인 것"으로 사용하고자 한다. 무슨 말인가? 가타리에 따르면, S의 빗금은 "상이한 주체성을 산출하는 여러 가지 계열들"의 분립을 나타낸다고 한다.[79] 즉 가타리의 S는 아득히 먼 옛날부터의 '결여'에 계속 집착하는 주체가 아니라, **자신을 잘게 잘라서 변신하는 주체인 듯하다.** "상이한 주체성"은 "n개의 항"으로 "횡단 이동화transcursiver"된 "사물choses"과 관련된다고 간주된다. 이 '횡단 이동화된 사물'은 의상관자이기 때문에 대상 a의 위치에 있는 것이며, 따라서 이것은 기계적인 것으로 해석된 대상 a일 것이라고 추측할 수 있다. 가타리의 경우 대상 a는 'n개'가 된다.

대상 a를 기계화하는 것은 라캉의 정신분석이 가타리의 '분열분석'으로 전개되는 데 있어서 하나의 기본 조작이었다. 원래 가타리의 데뷔작인 『정신분석과 횡단성』(1972년)에 실린 논문 「기계와 구조」(1969년)에서 '기계'의 개념을 자신의 독창적인 것이라며 내세우는 가타리는 그것을 대상 a의 개념과 연결하고, '대상-기계 a'라고 표기하기도 했다.

또한 앞서 언급한 편지에서 가타리는 "타자에게는 결여가 새겨져 있다"고 한 라캉의 이론에서의 근본 사태, 라캉이 '$\cancel{A}$'라고 표기했던

---

79 Guattari, *Écrits pour l'Anti-Œdipe*, p. 215(앞의 책, 212頁).

것에 대해서는 비판적이었다. 가타리는 분열분석의 목표와 비교해 다음과 같이 말한다. "치료의 궁극적인 지점으로서의, 욕망의 불가능한 실현으로서의 Ⱥ(의지할 곳이 없는 타자)는 더 이상 아닌, 횡단 이동성의 'n' 방향만이 있다."[80]

이 Ⱥ란 "타자의 타자는 존재하지 않는다"는 것을 가리킨다. 타자는 그 외부를 완전히 결여하고 있으며, 타자의 개념에 있어서 '이타성'은 **논리적으로 유일한 본질이다.** 정신분석의 경우, **우리 인간에게 이타성**의 본질이란 성性이 다르다는 것, 다름[異性]이라는 것, 다름이라는 것이 하나라는 것—남/녀를 나누는 빗금slash이 하나라는 것—이라고 간주된다. 여기서 일반적인 '이타성altérité'과 '다른 성별autre sexe'을 서로 겹쳐놓게 하기 위해서, 옆줄hyphen을 집어넣어 '타-성他-性'이라고 표기해보자. 그리고 이런 타-성의—우리 인간에게 있어서의—상대화의 불가능성(그 절대적인 유일성)이, 라캉파에게 있어서, 대문자의 '결여'인 것이다.[81] 그런데 이 관점에서 보면, 가타리와 들뢰즈가 강조하는 n개라는 복수성은 '유일한 본질적인 이타성[他性]'에 기초하여 이차적일 뿐이라고 말하지 않을 수 없다. 프로이트-라캉을 따른다면,

---

80 Ibid., p. 220(앞의 책, 216頁).

81 여기서는 Ⱥ의 '결여'의 단수성을 논리적으로 유일한 본질적인 그것으로 해석하고 있는데, 이 해석은 라캉에 대해서는 약간 부당하다는 것을 덧붙여 둔다. "타자의 타자는 없다"라는 테제는, '타자의 개념은 그것에 관해서 본질 술정述定을 하는 메타 언어로서의 메타 타자를 갖지 않는다'라고 번역할 수 있다. 때문에 타자의 개념에 관해서 본질 술정은 할 수 없는 것이며, 논리적으로 유일한 개념으로서의 이타성[他性]이 있느냐 아니냐, 복수냐 아니냐 같은 것은 미규정일 수밖에 없다. 그러나 우리의 논의 맥락에서는 Ⱥ의 메타적인 미규정성 자체를 논리적으로 유일한 '결여'로서 표시하는 몸짓이야말로 가타리가 적대하는 한에서의 라캉의 그것이라고 생각한다. 의 미규정성에 관해서는 n개의 타-성[他-性]으로 향하는 가타리의 입장에 기대어 해석하는 것도 가능하지 않을까(후기 라캉에 있어서의 의 취급은, 그렇게 해석할 수 있는 여지를 크게 하고 있다고 생각된다).

인간 신체의 조건으로서의 이성애에 의한 '재생산=생식reproduction' 에 대해, n개의 성이라는 개념은 기껏해야 문화적 젠더/섹슈얼리티의 차원에서의 다양성에 지나지 않는다는 셈이다. 그렇지만 가타리로서 는 **타-성을 그 본질 자체에 있어서 분열시키고 복수화하고자 한 것**이며, "타 자의 개념은 논리적으로 유일한 '결여'의 개념과 불가분하다"는 라캉 의 생각을 취소하는 전략을 채택했다고 생각해야 한다.

지금까지의 이야기를 다음과 같이 정리하자. 가타리는 라캉에게 서 대상 a의 개념을 일단 받아들여서 변형한 한편, 그것을 배제하고 자 했다—즉 '결여'를 둘러싼 욕망의 에코노미를 배제하고자 했던 것 이다.

가타리와 들뢰즈의 '분열분석'은 1950년대 라캉으로부터 이반하여, 오 히려 1960년대 라캉을 계승-변형하고 있다. 여기서 라캉과 가타리의 차이를 명시하기 위해서, 라캉의 세미나 제4권 『대상관계』(1956-57), 제5권 『무의식의 형성물』(1957-58년)에서의 오이디푸스 콤플렉스론을 개괄해둔다. 이하에서는 하라 가즈유키原和之와 마츠모토 다쿠야松本卓 也의 해석을 참조하고, 그 위에서 주체와 타자의 젠더를 불문에 부치는 등의 배치arrange를 시행하고 있다.[82]

우리는 언제든 다양하게 욕망하고 있다. 그것을 먹고 싶다, 이 사 람에게 사랑받고 싶다, 그런 짓은 싫다=그런 행동을 하지 않기를 바 란다 … 와 같은 현행적 욕망 v(그것은 v라는 대상을 요구하는 것이라고 하

---

82 原和之, 『ラカン──哲学空間のエクソタス』, 講談社選書メチエ, 2002년, 제4장. 松本卓 也, 「エディプスコンプレクスの構造論──フロイト, クラインからラカンへ」, 『栃木精神 医学』, 제31권, 2011년.

자)는 암묵적으로, 선행하는 욕망 u의 대리이다. 정신분석에서는 이런 식으로 현행적으로 욕망하는 주체를, 그렇게 욕망하게 하는 이유=과거의 사정에 들어선다. 욕망 u도 또한 욕망 t를 역행적으로 제시한다 … 라는 식으로 계속되는 이 연쇄는, 앞에서 설명한 시니피앙 연쇄의 얼개[짜임새]이다. 이리하여 작금의[현행적][83] 욕망의 이유는 그것 자체·로부터 소외된다. 그런데 라캉에게서 욕망의 최소한의minimal 정의는 '결여'를 메우고자 하는 것이다.

특정한 욕망 v, u, t는 각각 대상 v, u, t를 어느 정도 획득함으로써 달래질 수 있을 것이다. 하지만 그 하나를 달래더라도, 결여는 곧장 다른 곳에서 표면화된다. 라캉은 이런 구조를 일반적으로 파악하고, 모든 욕망은 사실상 순전한 '결여'—즉 구체적인 v, u, t의 결여가 아니라 결여 자체, 혹은 절대로 구체적이지 않은 구멍—에 의해 구동된다고 생각한다. '결여'는 욕망의 계열 : $v \rightarrow u \rightarrow t$ … 에 있어서 극한이다.

보통은, 즉 '신경증névrose'—정신분석에서는 '건강[심신 장애가 없음]'하다는 것이 신경증의 일종으로 여겨진다—및 '도착perversion'의 경우에는 극한인 '결여'에 간접적으로 접근하고 있다. 다른 한편 '정신병psychose'의 경우에는 극한으로서의 '결여'를 **결여하는** 것이 그 본질이다. 정신병에서는 '결여'를 결여하고 있기 때문에, 발병할 때에는 욕망의 계열 안의 어딘가에서, 주체에게 있어서 절대의 진리=결여 없는 욕망을 경험하게 된다.[84]

그런데 라캉의 이론에서 '결여'와 관련된 욕망은 **언어 습득의 과정으로서** 발생한다.

---

83 [옮긴이] '작금의目下の'를 계속 '현행적'으로 옮겼다.

언어 습득은 어린 주체의 생존에 없어서는 안 될 양육자=어머니—이 '어머니'는 생물로서 여성일 필요도, 친부모일 필요도 없으며, 추상적으로, 타자 1이라고 표기하기로 하자—에 대한 관계에 있어서 이루어진다. 또한 유아의 다양한 신체 감각은 산산이 흩어져 명멸하고 있는 상태이다. 자기 자신의 통합[모둠]된 이미지는 거울에 비친 모습이나 다른 아이들의 이미지를 파악함으로써, 다른 곳으로부터 얻을 수밖에 없다. 이것을 라캉은 '거울 단계'라고 부른다. 그러나 이미지의 영역은 쉴 새 없이 변화하고 있기에—바로 베르그손적으로—이미지에 의해 자신을 통합[모둠]하는 시도는 결정적이지 않다. 확실한 '동일성'은 언어의 개입에 의해 획득된다. 주체의 이름을 포함한 호명[부름]이 필요한 것이다. 호명은 주체의 목소리(공복인, 타자 1의 곁에 있고 싶다)에 대해 응하거나 따돌리는 등의 주고받기[교환]로 복잡화한다.

언어와 욕망은 대체로 다음과 같이 이루어진다. 우선 타자 1의 현전/부재, 플러스와 마이너스, 1과 0(유아의 곁에 있다/없다)이 원초적인 이항대립으로서 경험되고 있다. 타자 1이 곁에 있다, 있다, 없다, 있다, 없다 … 는 이른바 '원초적인 기호의 계열'이다. 이것을 마츠모토 다쿠야는 '원原-상징계'라 부른다. 그런데 이와 같은 계열의 항은 일시적으로 반전하고, 법칙성을 알 수 없기 때문에(타자는 곁에 있기도 하고, 어딘가로 가버리기도 한다) 유아는 그 이유를 생각하게 된다. 타자 1=어머니는 도대체 왜 줄곧 현전하지 않는가=곁에 있지 않는가? 이제 「오

---

84 라캉파에서는 마음의 구조에서 신경증, 도착, 정신병이라는 세 가지만을 인정한다. 이 절에서는 신경증/정신병의 대립만을 다루고, 도착의 설명은 보류한다. 극한으로서의 '결여'가 있는가/'결여'가 결여로서 있는가라는 기준으로 나눈다면, 도착은 신경증 성향에 위치한다고 규정되는 경우가 많다. 정신분석에서 도착 개념은 '신경증과 정신병 사이'를 문제화시키는 것이다(6장에서 논한다).

이디푸스의 세 개의 때」라는 변증법이―헤겔의 『정신현상학』에 대한 알렉상드르 코제브의 해석을 모델로 하여―시작된다. 그 진전은, 크게 말해서 라캉의 저명한 정식, '욕망이란 타자의 욕망을 욕망하는 것이다'의 상세한 설명이 되었다.

우선 다음과 같이 추정된다. (A) 타자 1은 '어떤 사물[物]'을 욕망하고 있기 때문에, 없어지는 경우가 있지 않을까? 사물[物]이 타자 1에 결여되어 있다―라캉은 그 사물[物]을 '상상적 팔루스'(-)라고 개념화한다. 유아는 타자 1을 곁에 붙잡아두기 위해, 자신이 타자 1의 상상적 팔루스이기를 다양하게 궁리한다. 하지만 좌절할 수밖에 없다. 타자 1은 역시 어딘가로 가버리기 때문이다. 왜 그런가? (B) 그럭저럭 타자 1은 주체 이외의 타자 2―'아버지'에 상당한다―와 계속 관계 맺고자 한다. **사물[物]이 아니라 사람[人]을 욕망하는** 것 같다. 사람은 욕망한다. 사람은 사물[物]이 아니다. 고로 욕망하는 사물[物]이 아니다. 사물[物]과 구별되는 사람은 욕망하는 행위, **욕망하는 사물[事]**에 다름없다. 타자 1은 '타자 2가 욕망하는 것을 욕망한다.' 거기서 타자 1의 이러한 욕망의 더 큰 충족='타자 2가 더욱 계속 욕망하는 것'을 주체가 바람으로써, 주체는 타자 1에게 사랑받고자 한다. 그러나 이 전략 또한 좌절될 수밖에 없다. 왜 그런가? (C) 주체에게 이상적인 것은 타자 2가 **무한하게 더욱 계속 바라는'** 것이다. 주체는 타자 2를 그러한 이른바 '사람 중의 사람'―아버지=부친이라는 젠더화된 표현으로 말하자면 '남자 중의 남자'―으로 이상화한다. 하지만 현실의 타자 2=아버지가 될 수 있는 것은 당연히 유한할 뿐이다. 타자=2의 유한성에 충격을 받고, 거기서 주체는 타자 2를 더욱 계속 욕망하게 하기 위한 개입이나, 최종적으로는 '타자 2의 대리로서 계속 욕망하는' 것을 시도하지만, 주체는 당연히 유한하며, 좌절한다. 이것이 '상징적 거세'라고 불리는 사태이다. 이 체념에 있어서 주체는 동시에, 자신은 언젠가 '사람 중의 사람'으로 될 수 있다=무엇이든 욕망할 수 있을지 모른다는 무한하게 연장된 희망을 품게 된다—즉 체념(유한)과 희망(무한)이 짝짓기되는 것이며, 이것의 표식mark으로서, 주체는 '상징적 팔루스'(Φ)를 '갖게' 된다—더 이상 타자 1의 '상상적' 팔루스'이다'는 것이 아니라.

상징적 거세의 성립은 언어 능력의 성립과 평행적이다(구조의 동형성으로서). 거세라는 절단은 시니피앙 연쇄에 안정적인 일단락을 짓기(소리의 통합[모듬]을, 그리고 어구를 형성하는) 위한 원기原器[85]이며(이것을 할 수 없으면, 발성은 각각의 음소의 나열이나 용해된 외침이 되어버리며) 그 위에서 어구의 의미 작용을 유한화하기(어구의 정의를, 맥락의 필요에 응하여 간편하게 때우며, 그것 이상의 무한한 시니피앙 연쇄를 하게 하지 않기) 위한 원기로서 기능한다.[86]

그런데 남/녀라는 성별 이원성이 있는 것은 '우리'=인간의 재생산, 생식의 인프라infra이며, 이것은 정신분석의 한 가지 전제이다. 만일 욕망의 변증법에 내재한 채로 성별 이원성의 이유를 묻는다면—즉 생물학 등에서 설명하지 않는다면—그것은 수수께끼일 수밖에 없다. 그런데 욕망의 변증법은 '타자의 현전/부재의 수수께끼'에서 시작되었다. 그리고 이 단계에서 라캉은 상상적 '팔루스'라는 젠더화

---

85 [옮긴이] '도량형의 기본·표준이 되는 기물'을 뜻하는데, 우리 식으로는 '표준'이나 그 '잣대'를 뜻한다.

86 이 상징적 거세의 성립은, 라캉에서는 "부성 은유métaphore paternelle"라고 불린다. 상징적 거세의 성립/불성립은 시니피앙 연쇄의 바깥에 '결여'를 극한으로서 갖느냐/아니냐의 차이이며, 이것이 신경증/정신병을 나눈다. 신경증의 기제는 '억압'이며, 정신병에 있어서의 '결여'의 결여는 '배제'라고 불린다(그리고 도착의 기제는 '부인'이라고 불린다. 8-3 「부인, 1차 마조히즘」 참조).

된 개념을 사용했다. 나는 임시로 두 개의 수수께끼를 나눈다. 그리고 다음과 같이 생각하는 것에 머문다. 팔루스라는 젠더화된 개념은 '타자의 현전/부재의 수수께끼'와 '성별 이원화의 수수께끼'를 일치시키는 개념이라고 말이다.

타자의 현전/부재 사이의 빗금slash, 남/녀 사이의 빗금을 일치시킨 선으로서의 팔루스. 그것은 순전한 수수께끼이며, 혹은 이유의 '결여'이다. 그것은 신경증(및 도착)의 모든 드라마와 관련된 '결여'로서의 충족 이유이다. 논의를 한걸음 더 넓혀보자, '결여'로서의 충족 이유는 이 세계가 이렇게 있는 것을, **충실한 충족 이유로서의 신**에 의해 설명한 형이상학을 비판한 후의 신 없는 시대, 즉 '인간학'의 시대에 있어서의, 신의 대리에 다름없다(라이프니츠부터 칸트 이후로). 인간학화된 세계―메이야수가 말한 '상관주의'의 세계―는 '결여'로서의 충족 이유에 의해, **마치 부정신학처럼** 설명되는 것이다. 다른 한편, '결여'로서의 충족 이유를 **결여하는** 정신병의 경우는, 이중부정에 의해서, 충실한 충족 이유를 재설립하는 것이며, **마치 긍정신학처럼** 세계를 설명하게 된다.

지금까지의 이야기를 바탕으로 라캉이 1950년대부터 1960년대에 전개한 이론을 검토해보자.

1950년대 말의 라캉은 세미나 제7권 『정신분석의 윤리』(1959~60)에서 안티고네의 비극을 다루며, 거기서 안티고네의 운명이야말로 '순수 욕망désir pur'의 수행이라고 해석했다. 라캉에 따르면, 순수 욕망이란 "그것 자체로서의 죽음의 순수하고 단순한 욕망"이다.[87] 이 '죽음'이란 무엇인가? 라캉에게 그 의미는 다음의 맥락에서 찾아낼 수 있다 라캉에 따르면, 프로이트가 눈여겨본 '죽음의 본능'의 작동은 다음의 것에서 말미암는다. ―"주체는 하나의 시니피앙의 연쇄를 잇고 있기에 주체는 스스로가 그것인 연쇄에 있어서 스스로가 결여할 수 있는 것을 이해한다"는 것.[88] 이것은 앞의 정리에 의해 다음과 같이 해석할 수 있을 것이다. 죽음의 본능으로서의 순수 욕망은, 시니피앙 연쇄에 있어서 극한인 '결여'로의 직접적이고자 하는 접근법에 다름 없다고 말이다.

순수 욕망을 일단 이념으로서 제시한 뒤에, 그러나 1960년대에 들어선 라캉은, "정신분석가의 욕망은 순수 욕망이 아니다"라는 주장에 이르게 됐다.[89] 이 주장에 의해 끝나는 세미나 제11권 『정신분석의 네 가지 기본 개념』(1964)에서, 파트릭 기요마르의 『비극적인 것의 향락』(1992)은, 라캉의 적지 않은 방향 전환을 보고 있다.[90] 오히려 순수 욕망에서 대피하는 것이 중요하다. 왜냐하면 사람은 자주, 순수 욕망을 근사적으로 실현하겠다며, 대상과 자기를 서로서로 사디스트적으로 파괴하고 살해하는 것으로 내몰리는 경우가 있다. 라캉은, 특히 나치즘에 의한 홀로코스트의 비극을 들면서, 인간에게 있어서의 그런 '희생sacrifice'의 거스르기 힘든 마력은 인정하지 않을 수 없다고 인정

---

87 라캉파에서는 마음의 구조에서 신경증·도착·정신병이라는 세 가지만을 인정한다. 이 절에서는 신경증/정신병의 대립만을 다루고, 도착의 설명은 보류한다. 극한으로서의 '결여'가 있는가/'결여'가 결여로서 있는가라는 기준으로 나눈다면, 도착은 신경증 성향에 위치한다고 규정되는 경우가 많다. 정신분석에서 도착 개념은 '신경증과 정신병 사이'를 문제화시키는 것이다(6장에서 논한다).

88 Ibid., p. 341.

89 Jacques Lacan, *Le Seminaire XI. Les quatre concepts fondamentaux de la psychanalyse* [1973], éd. Jacques-Alain Miller, *Points Essai*, p. 307. 자크 라캉, 『자크 라캉 세미나 11: 정신분석의 네 가지 근본 개념』, 맹정현·이수련 옮김, 새물결, 2008.

90 cf. Patrick Guyomard, *La Jouissance du tragique. Antigone, Lacan et l'analyste* [1992], Flammarion, 1999.

하면서도, 그로부터 벗어나는 술術을 정신분석의 실천에 의해 열고자
했다.[91]

우리의 일상에서는, 살해나 자살보다 훨씬 직전에, 욕망의 순화를
회피하는 임시적인 관리management를 하는 게 아닐까? 그러나 그런
일이 어떻게 가능할까? 바꿔 말하면, 어떻게 순수 욕망의 근사적인
실현으로 재촉당하지 않고 때울 수 있을까? 기요마르는 오히려 욕망
에 있어서 순화할 수 없는 무슨 일인가가, '잔여'로서의 무언가를 중
시하는 것이 1960년대 라캉의 특징이라고 강조한다.[92] 이 잔여가 대
상 a인 것이다.[93]

라캉은, 대상 a를, 그것이야말로 "욕망의 원인cause du désir"이라
고 정의했다.[94] 그것은 '결여' 자체와 비교해서, '현행적인 이 모습으로
욕망하는 것'의 순수하지 않는 충족 이유로서, '욕망의 **불순한** 충족 이
유'로서 개념화된다고 이해할 수 있다. 훗날 라캉 이론의 도식화에서
대상 a는 "RSI"(실재계réel, 상징계symbolique, 상상계imaginaire)의 세 가지
의 연결link의 중심에 자리잡게 된다. 그것은 시니피앙 연쇄(상징계)와
그 종언[끝]의 불가능성(상징계의 구멍으로서의 실재계)에 상징적 이미지
가 덧씌워지는 곳이다. 이 위상학topologie에 관해, 필립 줄리앙은 다음
과 같이 말한다. "실재계le réel의 결여에 의한 상징계의 결여의 중첩
[포개짐]이 (자살 이외에는) 실패한다면, 그것에 성공하기 위한 정신분석

---

91 Lacan, *Le Seminaire XI*, pp. 305-307. (ラカン『精神分析の四基本概念』, 三六九三七一頁.)

92 Guyomard, *La Jouissance du tragique*, conclusion.

93 이 점에 관해서는 사쿠라이 코헤이櫻澤宏平의 조언을 받았다. 그는 기요마르의 논의에도
    입각하여 1960년대 라캉의 환상론을 재검토하고, 대상 a의 개념을 둘러싸고 폭넓은 고찰
    을 행하고 있다. 순수 욕망의 잔여를 분명히 대상 a로서 파악하는 것은 논문화되지 않은
    그의 해석 방침이며, 이 글에서는 그 응용을 허가받았다.

94 Lacan, *Le Seminaire XI*, p. 189.

의 길은 신체 이미지에 의한 상상계를 고려하는 것이다."[95] 해석하자. 대상 a는, 즉 순수 욕망을—그 근사적인 실현도 시키지 않고—**속이는 것으로 때우기 위해** 도움이 된다. 대상 a는 이미지의 차원에 의해 벌거벗은 무無를 커버하고, 멀리 떼어 놓는다.[96] 1960년대 라캉에서는, 시니피앙 연쇄의 종언의 불가능성 자체의 시니피앙인 팔루스를 정립하는 한편, 시니피앙 연쇄를 도중에 유한하게 하는 불순물로서의, '욕망의 원인을 추적하는 무한소급에 있어서의 불순한 정지 장치stopper'로서의 대상 a를 중시하게 됐다고 말할 수 있을 것이다.

그런데 앞에서처럼 "정신분석가의 욕망은 순수 욕망이 아니다"라고 언명한 후, 라캉은 곧바로 분석가의 욕망은 "절대적인 차이를 얻고자 하는 욕망"이라고 주장했다. 말하자면, "절대적 차이라는 것은 주체가 원초적인 시니피앙에 직면하여[confronté au signifiant primordial], 그것에 종속하는 위치에 처음 오게 될 때의, 그때에 개입하는 차이"[97]라는 것이다. 여기서 말해지는 "원초적인 시니피앙"이란, 팔루스(≒무無)의 것이라고 생각되지만, 그러나 정신분석의 표적(=분

---

95 Philippe Julien, *Le retour à Freude de Jacques Lacan: l'application au miroir*, Erès, 1985.

96 다음을 참조하라. 立木康介, 『精神分析と現実界――フロイト/ラカンの根本問題』, 人文書院, 2007년, 84-85頁. "욕망의 원인으로서의 대상 a는 증상의 상징적 결정을 거슬러 올라가는 병인론적 탐구가 대문자의 타자 속의 결여(상징계 속의 결여)와 충돌하고 차단되며 그것에 대해 주체가 스스로의 존재 결여로 대답하는 것을 불가피하게 하게 될 때, **그 존재 결여를 대신하기 위해** 개입해온다"(강조는 인용자). 이 "대문자의 타자 속의 결여"="상징계 속의 결여"란, 의 빗금으로서의 비-장소a-topos이며, 그것에 "주체가 스스로의 존재 결여로 대답하는 것을 불가피하게 하게 된다"는 것은 줄리앙이 말하는 바의 "실재계의 결여에 의한 상징계의 결여의 겹침"이며, 그 주된 귀결이 자살이다. 이것을 회피하기 위한 방편으로서 대상 a는 주체의 "존재 결여를 대신하는" 것, 원래 무근거일 뿐인 자신의 분신, 시뮬라르크로서 기능하는 것이다.

97 Lacan, *Le Seminaire XI*, p. 307. (ラカン『精神分析の四基本概念』, 三七二頁.)

석가의 욕망)은 팔루스(≒무)에 '직면'하여 '종속'하는 위치로의 회귀만을 요구하는 것이 아니라고 이해해야 할 것이다. 왜냐하면 이 회귀에만 충실하는 것이야말로 순수 욕망이라고 생각되기 때문이다. 팔루스(≒무)에 '직면'하고 '종속'하는 '그때에 개입하는 차이"를 얻고자 하는 것, 그것은 오히려 '순수 욕망으로부터의 차이화의 욕망'이다. 그리고 순수 욕망으로부터의 차이화, 즉 **순수 욕망으로부터 스스로를 절단하는** 것의 방편이 되는 것이, 팔루스(≒무)를 둘러싸고 그것을 에워싸고 있는 여러 가지 환상이며, 그 핵을 이루는 대상 a라는 것이다. 이절에서는 이런 1960년대 라캉의 방향성에 극히 가까운 곳에서, 초기 가타리의 표적을 파악하고자 한다.

가타리가 '구조에서 기계로'라는 슬로건 아래서 우선 라캉파의 한 분석가로서 행했던 조작은 대상 a라는 개념의 계승-변형이었다. 예고했듯이, 1969년의 텍스트 「기계와 구조」에서는 '대상-기계 a'라는 과도기적인 복합 개념이 사용되고 있다.

다른 한편으로 가타리가 '구조'라는 개념에 의해서, 기본적으로 시니피앙 연쇄(의 총체로서의 상징계)를 가리키고 있는 것은, 「기계와 구조」에서도 『초고』에서도 일관하고 있다고 봐도 무방하다. '구조에서 기계로'라는 것은 상징계의 우위라는 1950년대 라캉의 도그마에 대한 비판인 것이다.

이 점에서 다음의 구절이 매우 중요하다고 생각한다.

라캉이 욕망의 뿌리, 꿈의 배꼽umbilicus이라고 묘사한 '대상 a'도 개인의 구조적 균형 속에 시한폭탄처럼 침입한다. … '대상-기계 a'가 대리-표상작용의 구조적 장 속에서 만들어내는 절단에 비례하여 이타성[타자성]이 단계화되며, 각 단계에 특유한 형태로 위치 결정이 이루어

진다.[98]

"대리-표상 작용의 구조적 장"이라는 문구에서 추측되는 것은
구조가 일반적으로 '대리-표상 작용'에 의해 이루어지고 있다는 이
해이며, 이것이 시니피앙 연쇄에 다름없다는 것이다. 즉 어떤 시니
피앙을 다른 시니피앙으로 **대신한다**는 것이다. 이런 대리-표상 작용
représentation에 대해『안티 오이디푸스』에서는 '생산'의 개념을 대립
시킨다. 이것을 「기계와 구조」의 어법에 의해 재검토한다면, 다른 시
니피앙을 대신한 시니피앙이 아니라 **시니피앙 연쇄로부터 절단된** '이타
성'을 지닌 사물을 생산하는 것이라고 이해할 수 있다.『안티 오이디
푸스』에서는 다음과 같이 말하고 있다.

> 욕망하는 기계들이 모든 은유와는 무관하게 진정으로 기계라고 말할
> 수 있는 것은 어떤 점에서인가? 하나의 기계는 하나의 **절단들의 체계**[un
> système de coupures]라고 정의된다.[99]

그런데 절단coupure이라는 표현은 원래 라캉이 대상 a의 "부분적
이라는 특징"을 말할 때 사용했던 것이다.[100] 아마 이 사실을 감안해
가타리는 대상 a의 개념에 있어서, 시니피앙 연쇄로부터의 절단이라

---

98 Félix Guattari, "Machine et structure", in *Psychanalyse et transversalité*[1972], La
  Découverte, 2003, p. 244[펠릭스 가타리 지음, 윤수종 옮김, 「기계와 구조」,『정신분석과
  횡단성』, 울력, 2004, 411-412쪽].
99 『안티 오이디푸스』, p. 43, 74쪽, (上) 72頁. 이 절단하는 기계의 테마에 관해 히로세 코지
  廣瀬浩司는 질베르 시몽동을 참조하여 독해하지만, 라캉과 가타리의 사제관계를 고려하
  고 있지 않다. 廣瀬浩司,「機械は作動するか――ドゥルーズ/ガタリにおける機械の問題
  系」, 小泉義之·鈴木泉·檜垣立哉編,『ドゥルーズ/ガタリの現在』수록, 平凡社, 2008년.

는 논점을 라캉의 기본적 입장으로부터 이반하기까지 과장하고, 독립 시키고, **라캉파로부터 절단해버렸다**고 생각되는 것이다.

　… 시니피앙 연쇄를 넘어선 절단으로서의 이러한 무의식적인 주체성이 개인과 인간 집단으로부터 벗어나 기계의 차원으로 이전[이행]된다.[101]

　다른 한편, 라캉에게 대상 a는 어디까지나 '결여'의 커버였으며, (i) 이념적으로 '결여'를 우위로 둔다는 기본적 입장은 1960년대에도 여전히 유지되었다. 그러나 라캉은 (ii) 후기(1970년대)에는 잔여로서의 대상 a를 더욱 적극적으로 평가하고, 주체화에 있어서 특이하게 구성된 증상인 '생톰sinthome'(Σ)을 긍정하기―그것과 '잘 해나가다, savoir y faire[요령이 있다, 능란하다, **빈틈없이 행동하다**]'―위한 정신분석으로 향했다.[102] 이 라캉의 행보를 들뢰즈·가타리와 공명시키는 것은 충분히 가능하다. 『초고』에서 보이는 Ⱥ='결여'의 배제란 앞의 (i)의 라

---

100 Lacan, "Subversion du sujet et dialectique du désir dans l'inconscient freudien", p. 817.

101 Guattari, "Machine et structure", p. 243, 409쪽, 382頁.

102 아카사카 카즈야赤坂和哉는 자크 알랭 밀레르의 정리에 의거하여 라캉 이론을 다음과 같이 세 시기로 나누고 있다. 1950년대의 '동일화의 임상'(초기), 1960년대의 '환상의 임상'(중기), 1970년대의 '생톰Sinthome의 임상'(후기). 그리고 후기의 생톰 개념은 중기의 '대상 a의 확대'로 이해될 수 있다고 시사하고 있다. 赤坂和哉, 『ラカン派精神分析の治療論』, 誠信書房, 2011년, 194頁. 또한 "잘 해나가다[지내다], savoir y faire[요령이 있다, 능란하다, **빈틈없이 행동하다**]"라는 savoir y faire의 번역어도 아카사카의 것을 빌렸다. 제임스 조이스의 복잡하기 그지없는 어휘 조작을 생톰의 표현인 비규범적인 언어 사용―'랄랑그lalangue'라고 불린다―이라며 찬양한 후기 라캉에게 생톰의 보유란 그것에 의해 생활에 지장을 초래하지 않도록 존중되어야 할 예술, 기술에 다름 아니었다. 분석의 종언[끝]이란 생톰과 잘 지내는 것이라고도 말해진다. Jacques Lacan, Le Séminaire, XXIV. L'insu que sait de l'une-bévue s'aile à mourre, 16 novembre 1976.

캉으로부터의 이반이며, 그리고 대상 a의 기계화라는 기획에서는 (ii)
의 라캉만을 과장하고 독립시키고 (i)의 라캉으로부터 절단하는 것이
라고 볼 수 있기 때문이다.

　　다시 「기계와 구조」로 돌아가자. 가타리에 따르면, 대상-기계 a란
"구조적인 좌표계[준거들]로 환원할 수 없고 동화할 수 없는" 것이며,
"절단과 환유와 같은 양식에서만 구조의 요소들과 관계하는 '그것 자
체일 뿐인 것'이다."[103] 대상-기계 a란 구조, 즉 대리-표상 작용으로서
의 시니피앙 연쇄로부터 절단된 '그것 자체일 뿐인 것'이다. 무슨 말
인가? 대상-기계 a는 다양한 시니피앙 연쇄의 교차점인 동시에, 그 존
재는 시니피앙 연쇄 내의 인과성에 종속되는 것이 아니라 그 자체에서
의 '인과적 절단'으로서 존재하는 것이다. 이런 대상-기계 a의 '시니피
앙 연쇄로부터 독립된 존재'의 긍정이 대상-기계 a의 '시니피앙 연쇄
로부터의 절단'이라는 것의 의미이다.

　　기계의 본질은 바로 구조적으로 확립된 사물의 질서와는 이질적인 대
　　리-표상자représetant로서의, '차이화하는 것différenciant'으로서의, 인과
　　적 절단coupure causale으로서의 하나의 시니피앙의 이탈détachement의
　　작용인 것이다.[104]

　　위의 인용문에서는 기계를 "대리-표상자représentant"라는 표현으
로 치환하고 있다. 약간 알기 힘든 서술이다. 『초고』에서의 가타리는
들뢰즈의 『차이와 반복』과는 달리 représenter 일반을 배척하지는

---

103 Guattari, "Machine et structure", p.244, 384頁.
104 Ibid., p. 243, 410쪽, 382頁. [옮긴이] détachement을 기존의 것에서 떨어져 나와 새로
　　세워진다는 의미에서 '분립'으로 옮길 수도 있다.

않는다.[105] 가타리는 représentation을 시니피앙 연쇄(의 총체로서의 상징계)와 동일시하여 네거티브하게 다루면서도, 그로부터 '이탈'한 시니피앙을 représentant라고 부르며, 그것을 대상-기계 a로서 긍정한다. 주체적인 représentant인 대상-기계 a는, 그것 자체가 '원인적 절단'으로서, 특정한 시니피앙 연쇄—특히 이성애 핵가족에서의 오이디푸스 콤플렉스와 관련된 그것—에 종속하지 않는, n 방향으로의 욕망의 중계점이 되는 것이다.

한편으로, 라캉의 대상 a는 '결여'를 둘러싸고 구조화되는 시니피앙 연쇄의 도중에서, '결여'로의 근사적인 동일화를 저지하는 커버였다. 그러나 가타리의 경우는 대상-기계 a라는 커버만을, 단지 복수의 그것들만을 다루고자 한다. 논리적으로 유일한 '결여'는 배제해버리는 것이다. 1950년대의 라캉에서는, '결여'로서의 충족 이유의 바닥-없음으로 봉착하는 '순수 욕망'이야말로 이념적이었지만, 이것은 분열분석에서 본다면, 어디서든 절단하여 대상-기계 a를 얻을 수 있는 것인 시니피앙 연쇄에 있어서, 그것을 제한 없이 거슬러 올라가는 것이 필연이라고 믿어버리는 특수한 욕망인 것이며, 그것이『안티 오이디푸스』에서는 '편집증자'라며 비판되고 있다고 생각할 수 있을 것이다.

욕망하는 기계들로의 생성변화란, 복수의 대상-기계 a라는 욕망의 불순한 중계적인 섬들의 도려냄에 의해 유일한 '결여'에 종속되지 않은 그 차안을 도려내는 것이다.

여기서 또 다시 리좀의, 비의미적 절단의 원리에 관해 생각해보

105『초고』에 따르면, 가타리는 대리-표상작용을 '억압하는' 측으로서 규정하고, 그것에 맞서서 '억압되는 대리-표상자'로서의 '무의식'을 포지티브하게 가치 부여했다. '억압되는 대리-표상자'는 "**현실의 차원에서 시니피앙 제국주의를 벗어나는** 모든 기계적인 절단에 늘 계통지어져 있다"고 간주된다. Guattari, *Écrits pour l'Anti-Œdipe*, p. 196.

자. 리좀이란 하나의 초월하는 항—인 '결여'—없이 n 방향으로 분기하는 관계(n-1)였다.

비의미적 절단[단절]의 원리. 이것은 구조들을 나누거나[분리하거나] 혹은 하나의 구조를 가로지르는, 의미를 너무 많이 갖고 있는 절단에 대항하는 것이다. 리좀은 적당한 한 점에서 끊어지거나 꺾이거나 해도 상관없다.

리좀은 의미도 없이, 다양한 유한성에 있어서 절단되어도 좋다. 이것에 의해 배척되는 "의미를 너무 많이 가진 절단"이란 상징적 거세로서의 '결여'의 각인일 것이다. 그것 없이, 유일한 '결여' 없이, 불순한 복수의 절단에 의해 주체화하는 것.

서론에서 말했듯이, 들뢰즈 철학은 자주, 모든 상이한 사물의 '소통의 필연성'을 부추기는 것처럼 이해되는 경우가 있다. 토드 메이는 다음과 같이 말했다. "필연적으로 소통하는communicating 세계—동일성들을 지닌 지각 가능한 세계 아래와 그 내부에서의 익명적이고 생산적인 차이의 한 세계. 이 세계에 도착한다는 것은 차이를 긍정한다는 것이다." 이리하여 '소통의 필연성'은 이른바 '세계 자체의 정신분석에 있어서 편지는 반드시 수신지에 도달한다'라는 것에 다름없다. 그렇지만 이 절에서 행했듯이 가타리의 공헌을 고려한다면, 뿐만 아니라, 흄적인 해리설의 빈번한 부상을 중시한다면, 여러 가지 관계성의 리좀이란 **여러 가지 무관계성의 리좀**이기도 하다는 것을, 더욱 강조해야 한다. 시니피앙 연쇄의 절단—혹은 인과성의 '망각'[106]—에 의해 조각되는 리좀, 복수의 사물에 대한 복수의 방법에서의 무관계의 제편agencement이 다양체로서의 주체의 들쑥날쑥한 윤곽으로서 요청되고 있는 것이다.

　1960년대 말의 들뢰즈의, '결여'로서의 유일한 '존재=사건'을 둘러싼 구조주의적 전체론은, 1950년대 라캉의 영향 아래에 있었다. 가타리는 거기서, 1960년대 라캉에 의한 판타즘의 논의를 통해, 오히려 '결여'로부터 적극적으로 대피한다는 테마를 들여온 것이다.

3-6 부정신학 비판, 복수적인 외부성, 변태하는 개체화

바디우는 역초월화된 일의적 존재에서 파시즘의 낌새를 [찾아내고 이를] 개탄했다. 이런 우려는 들뢰즈의 구조주의적 전체론에 대한 우려에 상당한다. 그런데 바디우의 논의는 들뢰즈가 가타리에게서 받은 영향을 고려하지 않는다. **또 흄주의의 배경을 전혀 존중하지 않는다**. 그 때문에 바디우는 구조주의적 전체론에서 벗어나는 들뢰즈의 측면을 명시할 수 없었던 것이다.

　다른 한편, 바디우의『존재의 함성』의 이듬해에 나온 아즈마 히로키의『존재론적, 우편적』은『안티 오이디푸스』및 그전의『차이와 반복』과『의미의 논리』에서의 정신분석론을 데리다의 라캉 비판에 가까이 대서 해석했다. 아즈마에 따르면, 공통하는 것은 '부정신학 체계'에 대한 비판이다.

　이 글에서는 들뢰즈의 '흄/베르그손 문제'를 주축으로 하여, 생기론

---

106 스테판 나두는『안티 오이디푸스』에서의 정신분석 비판의 핵심을 우리 인간의 마음에서는 억압이 아닌 '근본적 의미'에서의 '망각'이 있을 수 있다는 것의 긍정이라고 보고 있다. Stéphane Nadaud, *Manuel à l'usage de ceux qui veulent réussir leur [anti]oedipe*, Fayard, 2006이하. [일본어판, 165頁.]

적 전체론에서 구조주의적 전체론으로, 그리고 『안티 오이디푸스』에서 언명된 '결여'의 '부정신학'에 대한 비판으로, 라는 단계를 밟았다.

아즈마에게 "부정신학 체계"란 "체계의 전체성의 결여를 표상하기" 위한 "초월론적 시니피앙"—라캉에게서의 팔루스나 들뢰즈에게서의 대상=x —을 "단수이자 분할 불가능한" 것으로 정립한다면, 이 "초월론적 시니피앙"이 "바로 체계의 전체성을 부정적으로 표상해버린다"는 것이다.[107] 데리다는 스스로에 대해 간극이 있고, 늦어진다고 하는 비-동일화의 과정을 생각하기 위해서, '차이différence'의 e를 a로 바꿔서 '차연différance' 개념을 만들고, 그때 이것은 부정신학의 신과 닮은 것인지도 모르지만, 그렇지 않다고 주석을 붙였다.[108] 아즈마에 따르면, 라캉을 비판하는 데리다는 "단수이자 분할 불가능한" "초월론적 시니피앙"을 경유하지 않고 체계를 비-전체화하는 것을 생각했다. "단수이자 분할 불가능"한 "초월론적 시니피앙"을 경유하지 않는 비-전체성, 즉 커뮤니케이션의 곳곳에서 다발多発하는 실패—이것을 아즈마는 '우편적'이고 '복수적인 초월론성'이라고 부른다. 이건 그렇다 치더라도, 포스트구조주의에서 복수성에 천착[연연]한 까닭은 도

---

107 東浩紀, 『存在論的, 郵便的』, 116頁 [아즈마 히로키, 『존재론적, 우편적』, 141쪽].

108 「차연」도 포함해 『철학의 여백』에는 들뢰즈의 『차이와 반복』이 출판된 해인 1968년에 데리다가 한 강연이 많이 수록되어 있다. 「차연」에서 데리다는 말한다. "… 내가 앞으로 자주 의거하지 않을 수 없는 수많은 완곡어법/우회로detour, 종합문période, 통사법syntaxe은 때때로 부정신학으로 착각할 정도로 부정신학의 그것과 닮아 있다." 그러나 "그럼에도 이처럼 차연에 관해 표기되는 사항은 신학적이지 않으며, 부정신학의 가장 부정적인 차원에도 속하지 않는다. … 차연은 존재론적 또는 신학적인—즉 존재-론적인—그 어떤 재고유화로도 환원될 수 없을 뿐만이 아니다. 오히려 차연은 존재-신론—즉 철학—의 체계와 역사가 산출되는 공간을 열기도 하며, 존재-신론을 포함하고, 그것을 기입하고, 그것을 돌이킬 수 없이 초과한다." Jacques Derrida, "La différance," in *Marges de la philosophie*, Minuit, 1972, p. 6.

대체 무엇이었을까? 들뢰즈에게는 그것을 어디까지나 '일자-전체'와 결부시키는 장면이 있다. 데리다는 단어 수준에서 복수형을 사용하는 것을 자주 자신의 타자론의 목적에 담고 있다. 나는 0-3에서, '단수적인 외부성'에서 '복수적인 외부성'으로라는 커다란 정리를 했다. 이와 같은 것을 여기서 다시 다른 말로 해보자. 데리다, 들뢰즈·가타리, 아즈마 히로키, 메이야수에게서 비판받은 부정신학적인 X란 사물을 접속하는 관계 내지 커뮤니케이션의 여지에 한도가 없는 것의 유일한 보증이며, 이것은 이른바 '관계주의relationalism, relationism'—모든 사물은 서로 (잠재적으로) 관계하고 있다—를 취한 후에서의, **보편적인 관계 가능성의 유일한 보증**이다.[109] 거꾸로 '복수적인 외부성'의 사고는, 보편적인 관계 가능성의 유일한 보증을 분쇄하는 사고이다. 이구동성으로 이루어졌던 '부정신학 비판'의 목표를 이 글에서는 광범위하게 '관계주의 비판'의 시야에서 재파악한다(5-0에서 다시금 논한다). 관계의 절단의 복수성이 물어져야만 하는 것이다. 여러 가지 무관계성의 리좀이다.

아즈마의 『존재론적, 우편적』은 들뢰즈가 '대상관계이론'을 취급하는 것에 주목하고 있다. 들뢰즈는 **영국**의 정신분석가인 멜라니 클라인Melanie Klein(1882-1960)에 의거하여 『차이와 반복』, 『의미의 논리』에서는 '여러 가지 부분 대상들의 난립에서 대상=x의 출현으로'라는 순서를 서술했다.[110] 아즈마에 따르면, 이 순서가 욕망하는 기계들의 복수성에 의해 '결여'의 부정신학을 분쇄하는 『안티 오이디푸스』

---

109 『大辞林』[일본 대사전의 일종]에 따르면, '관계주의'란 "존재를 자족적인 실체를 중심으로 파악하는 것이 아니라, 관계성이야말로 일의적이고 실체는 이른바 결절점에 불과하다고 보는 주장"이며, "현대의 기능주의·구조주의·체계론 등에 공통되는 입장"이라고 간주된다. 대립하는 것은 "실체주의substatialism"이다.

의 밑그림이라고 생각되는 것이다(제6장에서 검토한다).

*

나는 들뢰즈의 흄주의를 과장해왔다. 들뢰즈의 베르그손주의에 관해
서는 차이의 전체론적인holistic '존재론'의 기초만을 강조해왔다. 그러
나 이제, 0-3「접속적/절단적 들뢰즈」에서 예고했듯이, '들뢰즈 철학
의 유년기'에 있어서의 흄주의와의 연관에 있어서, '들뢰즈 철학의 소
년기'에 있어서의 베르그손주의에도 새로운 해석을 보태야만 한다.

들뢰즈는 베르그손으로부터, 세계 전체와 관련된 생기론적 전체
론 이외에, 또 하나의 전체론적인 발상을 얻었던 것이 아닐까? 그리
고 그것은 흄의 연합-해리설과 베르그손주의의 겹침에 해당하는 것
이 아닐까―즉 imagination, 이미지다.

나는 흄주의에 관해서 원자론-해리설의 측면을 과장하고, 이것을
메이야수를 참조한 뒤에 존재론화했다―흄의 원자론에 대한 사변적
해결이다(2-7「원자론에 대한 사변적 해결」). 실재=사고는 산산이 흩어져
단편화될 수 있다. 즉 실재=사고는 비의미적 절단에 의해 산산이 흩
어질 수 있다. 이와 대조적으로 지금 주제화되어야 할 것은 연합이 **성
립한다**는 것, 상상=관습화라는 풀[糊]에 의한 접속의 측면이다. 이것
이 베르그손주의의 측에서, 세계의 전체화가 아닌 전체론적인 발상에
대응할 것이다. 그것은 세계의 전체성을 인정하지 않는 한편, 다양한
연합의 각각이 하나의 연합으로서 성립한다=**하나의 전체다**라고 인정
하는 것에 해당될 것이다. 세계의 전체성에 포섭되지 않은, 별개의 연
합=관계 다발 각각의 전체성―즉 개체성이다.

---

110 [옮긴이] 멜라니 클라인은 오스트리아의 빈에서 태어났는데, 이를 삭제하고 영국을 주로
   강조한 것은 무엇보다 글쓴이가 말하는 '흄주의'와 관련시키기 위해서다.

세계에 있어서 모든 사물은 서로를 다소나마 상징하고 있다(즉 시니피앙 연쇄의 접속 과잉)고 하는 **상징적인 전체성이 아니라** 관계 다발의 유한한 통합[모둠]=공립성共立性(consistance)=개체성.[111] 즉 (a) 상상적 imaginaire이고, (b) 공립적, 즉 복수의 관계맺음의 접속사[連言]이며, (c) 그것들의 통합[모둠]으로서 하나이다라고 하는, 상상되는—관계 다발의—개체성. 이런 개체성이야말로 '부정신학 대 타자의 복수성' 내지 '단독적인 외부성 대 복수적인 외부성'이라는, 1990년대 말부터 일본의 현대 사상/비평에서 강대했던 대립의 **도중**에 개입하는, 제3항이다.

이 글에서는, 들뢰즈에게서의 전체의 개념을, 세 가지로 나누게 된다. (1) 생기론=유기체적인 전체. (2) 구조주의적=부정신학적 전체. 그리고 (3) 개체적인 전체, 통합[모둠].

『안티 오이디푸스』의 제1장 6절 「전체와 부분들」에서는 "부분들을 전체화[총체화]하지 않는 전체" 및 "**곁의** 전체성[총체성]"이라는 표현을 하고, 이것이 '기관들 없는 신체'라고 규정한다.[112] 부분들이란 '욕망하는 기계들'이다. 이에 반해 앞의 (1) (2), 생기론적·구조주의적 전체는 부분들을 전체화totalize하는 전체whole이다. 기관들 없는 신

---

111 이 논점에 관해 이 글은 필립 줄리앙의 라캉 해석에서 힌트를 얻었다. 후기 라캉에서는 RSI(실재계·상징계·상상계)의 세 가지 링크는 "보로메오의 매듭"을 이룬다고 여겨지는데, 이 "보로메오의 매듭"으로서의 제시 자체를 라캉은 상상적imaginaire이라고 봤다. Jacques Lacan, Le Séminaire XXII, RSI, 10 decembre 1974. RSI가 '통합[모둠]하여 제시되는 것' 의 상상성想像性은 RSI의 하나로서의 I—그것에 대해 S를 우위로 하는 것이, 과거의 라캉이었다—의 그것이 아니다. 이 작용을 라캉은 '콩시스탕스consistance'라고 부른다. 그리고 그 상상성을 줄리앙은 '콩시스탕스의 이마지네르imaginaire'라고 개념화한다. 다음을 참조하라. Philippe Julien, *Le retour à Freude de Jacques Lacan: l'application au miroir*, Erès, 1985[일본어판, 223-225頁].

112 『안티 오이디푸스』, p. 50, 83쪽, (上) 83頁.

체는 '전체화totalization 없는 전체whole'이다. 이것은 '전체화된 전체 totalized whole'가 아니다. 여기서 totalized whole이라는 것은, 부분들 보다 우월하는 실재이다(브래들리 식으로). 다수 존재하는 'totalization 없는 whole'=기관들 없는 신체야말로, 들뢰즈(&가타리)에게서 '개체' 일 것이다.

> 욕망하는 기계들에서는 모든 것이 동시에 기능하지만, 균열과 단절, 고 장과 결함[불량 상태]들, 간헐적 중단들intermittence과 합선들, 거리들과 분산들[분열들]morcellements 속에서, **결코 그 부분을 하나의 전체로 재통합 하지 않는 총합** 속에서 기능한다. 여기서 절단들은 생산적이며, 그 자체 가 재통합들인 것이다.[113]

이처럼 들뢰즈(&가타리)는 '전체와 부분'에 관해 독특한 수사학을 사용한다. 위의 인용에서, totality를 제거한 whole의 개념은 '총합'으 로 표현되고 있다. 부분들을 전체화하지 않는 총합, 이것은 어떤 것일 까? 들뢰즈라면, 부분들에 대해서 전체를 우월하게 만들지 않는 것이 다. **부분들의 총합**인 것이다. 부분들에서 그 총합으로의, 초월하지 않는 이웃함을 생각하고 있다. 총합의 총합성과 부분의 부분성은 존재론에 있어서 동등한 층위layer에 올라 서 있는 것이다.

현대 철학에서 전체와 부분과 관련된 분석은 '부분전체론mereology' 이라고 불린다. 폴란드의 스타니스와프 레쉬니엡스키Stanisław Leśniewski(1886~1939)와 미국의 넬슨 굿먼Nelson Goodman(1906~1998) 등에 의해 개척되었던 현대의 형식적인 부분전체론에서는 부분들을

---

113 『안티 오이디푸스』, p. 50, 83쪽, (上) 82頁. 강조는 인용자.

주역으로 삼고 이것들로부터 전체whole를 구축한다. 이것은 집합론과 대조적이다. 집합론은 집합whole을 주역으로 하고, 집합에 "요소, 원래의 요소element"(부분)가 '귀속하고' 있기 때문이다. 집합(혹은 class)은 추상적이며, "모든 자동차의 집합"은 자동차가 아니다. 다른 한편, 부분전체론에서는 부분뿐 아니라, 이것들의 합=전체도 구체적이다. 때문에 "모든 자동차의 부분전체론적 합"은 터무니없을 정도로 엄청난 대량의 자동차를 가리키게 된다.

이 글에서는 들뢰즈(&가타리)의 부분 대상론에 있어서 **부분들의 총합**을 "부분전체론적 합"이라고 가정해보자. 기관들 없는 신체는 욕망하는 기계들의 부분전체론적 합이다.

공리화된 부분전체론은 형식적인 논리이며, 그런 것일 뿐이기 때문에 다음과 같은 특징을 띤다. 힐러리 퍼트넘Hilary Whitehall Putnam(1926~2016)에 따르면, 레쉬니엡스키는 "(부분전체론의 말투에 있어서의) '합'이 **어떠한** 두 개의 사물(그것들 자신도 '합'인지도 모른다)의 합이더라도, 그 '합'을 '사물'로서 셈해 넣고자 했던" 것이며, "예를 들어, 내 코와 에펠탑의 합은 부분전체론에 있어서는 완전히 더할 나위 없는[나무랄 데 없는] 대상으로 간주되는 것이다." 여기서 '내 코'와 '에펠탑'을 덧셈하는 의미는 완전히 미규정적이다. 형식적인 부분전체론은 형식적이기 때문에, 초현실주의 같은 콜라주를 완전히 미적인 동기부여 없이 담담하게 행할 수 있다. 미든 무엇이든 나름의 가치를 제공할 수 있는 것은 나중의 일이다. '내 코'와 '에펠탑'의 부분전체론적 합은 비의미적 접속이다. 그런데 "그런 부분전체론적 합은 또한, 예를 들어 내 코의 왼쪽 절반과 에펠탑의 왼쪽 절반과 내 코의 오른쪽 절반과 에펠탑의 오른쪽 절반의 부분전체론적 합이기도 하다. 이것은 두 개의 부분이나 네 개의 부분, 실제로는 더 많은 수의 부분으로 분해될 수 있다."[114] 마찬가지의 것을 더 예시해보자. 내 신체를 일단 기능성이 다른 기관(심장, 뇌, 대장 등)의 합으로 이해해보자. 그리하여 내 신체의 분해를 생각해보자. 이 경우 "심장, 뇌, 대장 등"이라는 기능적 부분으로의 분해와, "심장의 오른쪽에서부터 2센티미터까지와, 심장의 오른쪽에서부터 8센티미터보다 왼팔의 합, 그리고 모든 체모의 합, 그리고 … 등등" 같은 **비의미적 절단**은 형식적으로 대등하다. 그러나 집합론에서의 요소는 절단되지 않는다. 집합 {a, b, c}로부터는 부분집합 {a, b}, {b, c}, {a, c}, {a, b, c}, {a}, {b}, {c}와 Φ을 얻을 수 있지만, 요소 자체는 부분화되지 않는다.

　퍼트넘의 입장에서는, 부분전체론적 합을 "진실로 존재하는 것"으로 인정할 것이냐 아니냐는 '규약'에 의거한다. 분해의 방법도 규제적이다. 여기서 흄-메이야수를 개입시켜, 규약의 형성을, 뭔가의 실효적인 간주관성·사회성으로부터 절단하고 **망상화한다**면, 부분전체론적 합의 합성도 분해도, 우연적으로, 어떠한 방식으로든 이룰 수 있게 된다. 예를 들어 '얼음을 곁들인 한 잔의 버번'을 "에펠탑의 꼭대기에서 1미터와, 하마사키 아유미浜崎あゆみ의 오른쪽 눈썹과, 세 명의 닌자의 그림자" 같은 부분들로 분해하는 것은 상식·양식에 있어서 기묘한 것일지도 모르지만, 그것을 "잔과 얼음과 가라앉은 버번"으로 분해하는 것에, 우월도 열등도 없는 것이다. 이것을 이 글에서는 '부분전체론적 절단의 아나키즘'이라 부르기로 하자.

　『안티 오이디푸스』의 부분 대상론은 판타즘=환상의 영역에 실재성을[실재성이 있다고] 인정하는 논의이다. 환상적인 실재는 **환상적으로 부분전체론적인** 절단의 아나키즘에 열려 있다. 기관들 없는 신체란 배

---

114 Hilary Whitehall Putnam, *Ethics Without Ontology*, Cambridge, Mass.: Harvard University Press, 2002, p. 36.

타적으로 올바른=기능적인 기관으로의 절단법으로부터 해방된, 마이너한 절단법을 긍정하는 신체이다. 이에 반해 들뢰즈(&가타리)가 배척하는 whole의 totalization이란 배타적으로 올바르게 기능적인 기관화=조직화이다. 부분전체론적인 비의미적 접속과 단절. 그것은 잡동사니의 '집적aggregate'을 농락할 뿐인가.[115] 고로 난센스이다. … 하지만 바로 그렇기 때문에 오히려 실천적으로 의의가 있는 것이다. 기능적인 통합[모둠]과 비-기능적인 통합[모둠]=집적이라는 구별은 상대적일 뿐이다. 후자는 **언뜻 보면** 비-기능적이며, "에펠탑의 꼭대기에서 1미터와, 하마사키 아유미의 오른쪽 눈썹과, 세 명의 닌자의 그림자"라고 해도, 그것들의 기능성은 **발명**되어야 하는 것이다. 당연시되고 있는 유기체적인 신체를 일단 탈-기능화하고, 신체를 다른 식으로 다시 구획함으로써=절단하고 재접속함으로써 새로운 몸짓을 발명하는 것이다.

하나의 구멍의 윤곽	팔루스
개체의 윤곽	기관들 없는 시체
분자적인 산란	부분 대상

---

115 다음의 박사논문에서는 유기적인 whole도, 단순한 집적도 아닌 중간에 "부분들을 전체화하지 않는 전체"를 위치시킨다. 다음을 참조하라. Ioannis Chatzantonis, "Deleuze and Mereology: Multiplicity, Structure and Composition," Doctoral Thesis, University of Dundee, 2010.

들뢰즈의 흄주의, 연합-해리설에 함의된 원자론은 비-환원적이어야만 한다. 픽션이고 판타즘인 실재에 관해서 원자=부분은 다양하게 나뉘지는 것이며, 배타적인 '충족 이유'에 의해 올바르게 원자화된 atomized 유일한 세계는 존재하지 않는 것이다.

다음과 같이 정식화하자―외재적 관계의 아나키즘(어떻게든 연합할 수 있는)은 항에 관한 부분전체론적 절단의 아나키즘(어떻게든 해리할 수 있는)을 함의한다.

이리하여 세 층위layer의 그림을 제시할 수 있을 것이다. 즉, (i) 산산이 흩어진[불연속적인] 부분 대상의 난립―아즈마가 말하는 '복수적인 초월론성'―이 (iii) 초월론적의 시니피앙(팔루스)에 의해 집약되고―구조주의적 전체론―부정신학화되는 **도중**에 있어서 (ii) 기관들 없는 신체로서의 개체가 상상적으로imaginaire 긍정된다. (i)은 흄주의에, (iii)은 베르그손주의 → 구조주의―시간의 두 번째 종합에서 세 번째 종합으로―에 대응하며, (ii)는, 흄주의와 베르그손주의에 공통으로 깔려 있는 상상력imagination의 형이상학에 대응한다. 들뢰즈 철학에 대해 정신분석을 흉내 내어 들이댄다면, (i)은 '들뢰즈 철학의 유년기'이며, (iii)은 '들뢰즈 철학의 **청년기**'이며, (ii)가 '들뢰즈 철학의 소년기'이다.

마지막으로 포스트포스트구조주의의 방향 설정을―부정신학 비판의 태도를 수반해―시도하고 있는 논자들과 비교해서 들뢰즈 철학의 오늘날의 위치를 추정하자.

(1) 메이야수의 『유한성 이후』 2장에 따르면, '우리'에게 세계는 어떻게 있는가의 고찰에 머무는 상관주의는 '우리'에게 있어서 접속access 불가능한 '타자'와 불가분하다. '타자'의 자리(=부정신학의 신)를 둘러싸고 다양한 신앙지상주의가, 요컨대 의자 차지하기 게임을 벌이

고 있다는 메이야수의 비판은 『존재론적, 우편적』에서의 아즈마의 우려와 일치한다.

(2) 말라부의 눈에 데리다의 담론은 부정신학화에 저항하기 때문에 도리어 그 힘의 장에 사로잡혀 있다고 비치는 듯하다. 데리다의 '우편적'인 외부에서 말라부는 초월적인 시니피앙을 느끼고 있다.[116] 아즈마가 두 명의 데리다를 준별한 것은 해외에서는 거의 알려지지 않았다. 그렇지만 말라부는 이 '복수적인 초월론성'이라는 표현을 건드렸다고 하더라도 이것에 동의하지는 않을 것이다. 외부를 어떻게 긍정하는가라는 고뇌야말로 들뢰즈/데리다 세대의 한계였다고 총괄하고 있는 것 같기 때문이다. 일본을 방문했을 때 말라부는 포스트구조주의에서의 외부에 대한 집착에는 초월화의 두려움이 있으며, 종교의 입구가 될 수 있다는 식의 의견을 말했다.[117] 그 대신 말라부는 하나의 '같은 것le même'이 스스로의 바깥으로 나가고자 하는 것이 아니라, 같으면서 '조형적plastique'으로 '변형', '변태'하는 과정, 이른바 '같은-다른 것이 되는' 과정의 긍정을 헤겔 모순론의 현대화라고 주장한다. 데리다와 강하게 선긋기를 하려 드는 『기록의 석양에서의 조형성』(2005)에서는, 데리다나 레비나스가 '흔적trace'보다 열등한 것으로 여긴 '형태forme' 개념에 재투자를 시도하고 있다.

---

116 카트린느 말라부, 「하이데거, 자본주의의 비판자: 경제라는 은유의 운명」[カトリーヌ・マラブー, 「ハイデガー, 資本主義の批判者——経済という隠喩の運命」], 千葉山伸也 訳, 『SITE ZERO/ZERO SITE』 제0호 수록, メディア・デザイン研究所, 2006년, 135頁. [옮긴이] 이것은 2005년에 말라부가 일본을 방문하여 한 강연문이다. http://site-zero.net/contents/vol0/post_9/

117 말라부가 2005년 7월 9일, 도쿄대학교(코마바 캠퍼스)에서 행한 강연 〈에코노미라는 은유의 운명: 맑스·데리다·하이데거(エコノミーという隠喩の運命——マルクス・デリダ・ハイデガー)〉.

흔적은 형태들로 변환[전환]할 수 없다. 이 구절은 다음과 같이 번역될 수 있다. (존재하는 것과는 다른 식에서의) 그래픽적 요소―즉 **흔적**―는 (존재의) 조형적인 요소―즉 **형태**―와 명확하게 분리되어 있다. 그래픽적인 것과 조형적인 것은 서로가 서로로 변환될 수 없을 것이다. 확인해야 할 것은, 레비나스에게서의 '타자'의 흔적도, 데리다에게서의 기록[에크리튀르]도 정확하게 말해서, 변태하는 심급instances métamorphiques이 아니라는 것이다. 기록, 선긋기trait는 형태에 대해 환원할 수 없을 정도로 이질적etrangers이다. 변태métamorphoses는 그 어떤 탈구축적인 힘도 투자[투여]되어 있지 않다. 형태는 단호하게, 미래 없는 개념이기 때문이다. **그런데 바로 조형적인 것과 그래픽적인 것 사이에서, 명확하고 불가침적intransgressible으로 원해지고 있는 이 해리dissociation 자체야말로 오늘날 심문되어야 한다.**[118]

이상에서 말라부가 들뢰즈(&가타리)를 언급하지 않은 것은 신기한 일이다. 들뢰즈의 베이컨론이야말로 형태를 모조리 파괴시키는 "지각할 수 없는 것으로의 생성변화"와 형태의 생성변화 사이의 중간에 판돈[내깃돈]을 걸었다고 말할 수 있기 때문이다. 베이컨적인 신체의 어중간한 왜곡은 '그래픽적'인 탈형태화를 절약하는 '조형적인' 변태가 아닐까? 말라부의 관점을 알고 있는 우리는 들뢰즈(&가타리)가 '복수적인 차이의 철학'을 퍼뜨리면서 동시에 **개체**의 형태―그 이미

118Catherine Malabou, *La Plasticité au soir de l'écriture*, p. 89. 이 글에서는 métamorphose를 '변태'라고 번역한다. (1) [나비의 애벌레인] 배추벌레가 탈피를 거쳐 나비가 되듯이, 개체가 급격하게drastic 모습을 바꾼다는 주된 의미에, 일본어의 '변태'라는 단어에 포함된 (2) 성도착의 의미를 포갬으로써 영어의 '퀴어queer'로 신호를 보내는 것이 이렇게 하는 노림수이다.

지―를 손에서 놓지 않는다는 것을 더욱 강조해야만 한다.[119] 말라부의 데리다 비판은 복수화가 아니라 '변태하는 개체화'로, 라는 방침이다. 그러나 들뢰즈(&가타리)의 경우에는 '복수적인 차이, 이타성의 국지적인 연합으로서의 개체화'를 생각한다.

(3) 보론으로서, 불가리아의 보얀 만체프의 경우를 들어보자.[120] 만체프의 정리에 따르면, 20세기 말의 대륙철학에서는 (a) 헤겔에서 하이데거에 이르는 '구성적 부정성négativité constitutive'의 존재론과 (b) 스피노자나 니체에서 유래하는 긍정적인 "역능의 존재론ontologie de la puissance"을, 도래할―지금 여기서 '결여'되어 있는―'사건'의 개념을 끼워 넣음으로써 종합하고 있다. 많은 논자들에게 사건은 "묵시록적이고/거나 메시아적"이다. 사건은, 세계에 있어서 늘 이미 '결여'하고 있는, 그 때문에, 잠재적인 것으로서 주제화된다. 위와 같은 구도로부터 벗어나고자 하는 만체프의 논의는 명백히 부정신학 비판이다. 그는 "묵시록적이고/거나 메시아적" 사건이 **아니라** '변태'를 긍정한다. 그에 따르면, 변태의 주체는 '내속persister'하는 것, '변태하는 연속체'이다. 그리고 같은 것le même―동일적이지 않은 같은 것―으로서 내속하면서 변하는 것이 정치의 실천에 있어서 저항의 조건이라고 주장된다. 만체프와 말라부의 입장은 둘 모두―같고 다름의 검토는 이번에는 생략한다―부정신학비판을 포함하고 있으며, 외재성이

---

119 말라부는 변태[탈바꿈]하여 나타나는 사물[物事]의, 존재론적으로 제일차적인 '이미지'를 '판타스틱fanstastic'이라고 형언한다. Catherine Malabou, *Le Change Heidegger*. Du fantastique en philosophie, Léo Schere, 2004, p. 231.

120 만체프의 입장에 관해서는 다음의 발표에 의존해서 요약했다. Boyan Manchev, "Le monde et son double. Ontologie événementielles et ontologie de la métamorphose", présenté à *L'Horizon de la philosophie française*, UTCP 26 mars 2010.

아니라 '변태하는 개체화'에 판돈를 걸고 있다.

데리다/말라부의 대비를 축으로 한다면, 포스트구조주의에 대한 포스트포스트구조주의의 비판은 다음과 같이 요약할 수 있다. (1) 포스트구조주의의 '복수적인 차이의 철학'에 있어서는 전체성 비판의 기세 때문에 개체의 형태·이미지 개념이 과소평가되었다. (2) 다시금 '변태하는 개체화의 철학'을 긍정하지 않으면 '복수적인 차이의 철학'은 재차 부정신학화될 것이다. 그리고 이 장의 논의는 '복수적인 차이의 철학'과 '변태하는 개체화의 철학'을 겸비하는 것이야말로 들뢰즈(&가타리)에게서 핵심적이었다는 결론에 이르는 것이다.

제4장

『니체와 철학』에서의 '결혼 존재론'의 탈구축

앞 장에서는 1960년대 들뢰즈의 영원회귀론을 구조주의적 전체론 holism에 대응시켰다. 그렇지만 이 글에서는 들뢰즈에게서 구조주의적 전체론으로 집약되지 않는 흄주의적인 에피소드를 부각시키고자 한다. 들뢰즈의 철학이 지닐 수 있는 존재론적 파시즘을 경계한 바디우에게 **절반만** 동의하면서, 분열하고 해산하는 '절단적 들뢰즈'를 전경화하는 것. 이 장에서는 1962년의 『니체와 철학』으로 거슬러 올라가 들뢰즈의 영원회귀론이 어떤 니체 해석의 결론인지를 확인한다. 『니체와 철학』에서 영원회귀론은 자기와 타자의 공-존재를 확실하게 한다는 목적에 의해 견인되고 있으며, 이것이 독특한 '결혼'론으로 표현되고 있다.

4-1 긍정을 긍정하다

『니체와 철학』의 골격은 불가분하다고 여겨진 두 개의 주장으로 이루어져 있다. 첫째, 니체의 진의는 "생을 긍정하는 사유"의 권장이라는 것. 니체의 "새로운 사유의 방식"이란 "긍정적 사유pensée affirmative, 즉 삶을 긍정하고, 삶에 있어서의 의지를 긍정하는 사유, 요컨대 모든 부정적인 것을 추방하는 사유를 의미한다."[1] 둘째, '부정적인 것' 따위는 결국 존재하지 않는다는 것이다. 니체에게 "긍정하고 활동한다는 것은 동시에 존재한다는 것이기도 하다."[2] 그리고 "부정적인 것은 존재의 문에서 숨이 끊긴다"는 것이다.[3]

『니체와 철학』에서는 "삶을 긍정한다"는 윤리, '긍정을 긍정하라'를, 본래 '긍정적인 것 밖에는 존재하지 않는다'라는 존재론의 채용과 등치equal시키고자 한다.

그 때문에 들뢰즈는 결혼이라는 은유에 의지하는 것이다. 어떤 것인가?

『니체와 철학』의 마지막에서부터 두 번째 장에서, 긍정의 긍정은 이상화된 결혼에 빗대진다. 그것은 「디오니소스와 아리아드네」라는 신의 커플, 서로 긍정하는 것의 극치로서의 결혼이며, 이것이야말로 영원회귀의 진리로 간주된다. 그리고 아이가 태어난다. 디오니소스와 아리아드네의 아이야말로 니체적인 '초인'으로 여겨진다. 아이=초인이란 긍정을 긍정하는 것의 결실인 존재, 따라서 부정성 없는 존재이다. 들뢰즈는 (이상적인) 결혼을 한다면, (이상적인) 생식도 한다는 것을

---

1 『니체와 철학』, p. 41, 80쪽, 83頁.

2 『니체와 철학』, p. 137, 215쪽, 238-239頁.

3 『니체와 철학』, p. 218, 327쪽, 367頁.

당연시하고 있다. 그 당연시가 『니체와 철학』에서 '긍정을 긍정하라'
는 윤리와 '긍정적인 것 밖에는 존재하지 않는다'는 존재론의 동일시
를 최후의 최후에서 보증하는 것이다.

흄을 논한 『경험주의와 주체성』 이후 들뢰즈는 베르그손 연구로
향했다. 그 집대성인 『베르그송주의』가 나온 1966년보다 전에 『니체
와 철학』이 두 번째 저작으로 출판되었다. 1962년까지의 시기는, 나
중의 회상에서 '8년의 공백'으로 불린다. 들뢰즈의 행보에서 결혼과
아이의 탄생은 베르그손, 니체를 연구한 시기와 겹친다. 결혼과 아이
의 윤리학=존재론으로 향한다는 흐름은 들뢰즈의 개인적 상황을 얼
마간 반영하고 있는 것 같다.

프랑수아 도스의 조사에 따르면, 1950년대 후반의 들뢰즈는 훗
날 『스피노자와 표현의 문제』로 정리되는 스피노자 연구를 거의 완성
한 듯하다.[4] 말년에 이르러 들뢰즈는 자신의 철학사 연구에서 "모든
것은 스피노자-니체의 위대한 동일성la grande identité Spinoza-Nietzshce
을 목표로 했다"고 회고한다.[5] 아래에서 보겠지만, 들뢰즈는 스피노자
의 『윤리학』으로부터 ―'슬픔'보다―'기쁨'을 우선시하는 자세를 배
웠다. 이 자세는 니체의 작업을 '긍정화'한다는 해석 방침과 평행적
parallel이다. 주지하듯이 니체의 인생은 기복이 심한 조울躁鬱로 얼룩
져 있었다. 그런데 들뢰즈의 손에 걸려들자, 니체가 경험한 다양한 부
정성은 이로부터 빛나는 긍정에 이르기 위한 황폐해진 통로로만 보
이게 된다. 이러한 니체의 '긍정화'를 들뢰즈의 교묘한 아전인수라고

---

4 François Dosse, *Gilles Deleuze et Félix Guarrari: Biographie croisée*, La Decouverte,
   2009.
5 『대담 1972~1990』, p. 185, 143-144쪽, 273頁.

비판하는 논의에 귀를 기울일 필요도 있을 것이다.[6] 니체의 조율의 갈팡질팡에 들뢰즈는 긍정의 긍정으로 향하는 하나의 핵심 뼈대를 뚫으려 했다. 그것은 기쁜 공동성만을 목적으로 삼은 스피노자의 후계자로서 니체를 소생시킨다는 기획을 품고 있었기 때문일 것이다.

『윤리학』은 필연적으로 기쁨의 윤리이다. 오직 기쁨만이 가치가 있으며, 오직 기쁨만이 남아 있기 때문이다. 기쁨만이 우리를 능동에, 능동적 활동의 지복에 가까이 가게 해준다. 슬픔의 수동은 항상 무역량에 속한다.[7]

『윤리학』의 제4부 정리 41에 따르면, "**기쁨**은 직접적으로는 나쁨이 아니라 좋음이다. 이에 반해 **슬픔**은 직접적으로 나쁨이다"고 간주된다.[8] 그러나 왜 이렇게 단언할 수 있는가? 스피노자에게 기쁨이란 무엇인가? 다음과 같이 '증명'이 뒤따른다. 즉 "기쁨은 … 신체의 활동 능력을 증대 또는 촉진하는 감정이다. 이에 반해 슬픔은 신체의 감소 또는 저해하는 감정이다."[9] 기쁨의 기준이 되는 것은 "신체의 활동 능력"의 "증대/감소"이다. "신체의 활동 능력"이란 무엇인가? 이에 대한 설명으로 스피노자는 제4부 정리 38을 참조하라고 요구한다. "인간 신체를 많은 방식으로 자극될 수 있는 상태에 있도록 하는 것

---

6 4-2「니체의 다원론=경험론」에서 소개하는 가시무라 하루키樫村晴香의 논의가 그중 하나이다. 다음 연구에서도 들뢰즈의 니체 해석이 비판적으로 검토되고 있다. 淸眞人, 『《想像的人間》としてのニーチェ──実存分析的解読』, 晃洋書房, 2005년.

7 『스피노자: 실천 철학』, p. 42, 46쪽, 53頁.

8 Spinoza, *Ethica*, IV, Prop. 41.

9 Ibid.

혹은 인간 신체로 하여금 외부의 물체를 많은 방식으로 자극하는 데에 적합하게 만드는 것은 인간에게 유익하다."[10] 이것을 인정한다면, 앞의 정리 41에 관해 "고로 … 기쁨은 직접적으로는 좋다고 운운된다. 증명 완료."

바람직하다는 것은 "많은 방식으로 자극될 수 있는 상태"이자 "외부의 물체를 많은 방식으로 자극하는" 것이기 때문에, 즉 타자와의 관계맺음을 겪다/관계 맺음을 행하다를 **함께** '증대'시키는 것이 바람직하다. 이것은 (생존 환경이든, 친구이든 적이든) 타자와 공존하지 않을 수 없는 자기의 '코나투스'(존재하기를 계속하는 힘)를 충만하게 하는 것이다. 그런데『스피노자: 실천철학』에서 들뢰즈는 코나투스 개념을 다음과 같은 두 단계로 해석한다.

첫째, 코나투스는 '실체'(=신)의 '역능'의 '정도degré'로서의, 즉 "신적 역능의 부분, … 하나의 강도=내포적 부분partie intensive ou degré d'intensité"으로서의 '양태'(=개별 존재자)가 그 "존재를 고집하는, 즉 [그것에 특유한 구성] 관계 아래에서 이것에 귀속되는 부분들을 유지하고 갱신하려고 하는 [계속해서 존재하려고 하는] 경향"이다.[11] 이때 존재자의 코나투스는 "무한정한 시간을 포함한다"고 간주된다(제3부 정리 8). 이것은 존재자가 "계속해서 존재하려고 하는 경향"이 보편적으로 언제까지나 계속된다는 것이다. 코나투스는 끊임이 없는 것이다. 왜냐하면 그 어떤 존재자도 외부의 원인에 의한 것이 아니라면, 그것 자체로는 사라지지[멸망·몰락하지] 않는다고 생각하기 때문이다(제3부 정리

---

10 Spinoza, *Ethica*, IV, Prop. 38.

11 『스피노자: 실천 철학』, pp. 135-136, 149-150쪽, 206頁. [옮긴이] 앞 문장의 "partie intensive ou degré d'intensité"는 글쓴이의 관습에 따른다면, "강도적=내포적 부분 혹은 강도=내포성의 정도"로 옮겨져야 할 것이다. 또 뒤 문장에서 [ ] 안은 글쓴이의 것이다.

4). 스피노자에 따르면, "이 정리는 그 자체로 자명하다. 왜냐하면 각각의 사물의 정의는 그 사물의 본질을 부정하는 것이 아니라 긍정하는 것이기 때문이다. … 따라서 우리가 단순히 사물 자체만을 안중에 두고, 외부의 원인들을 안중에 두지 않는 동안에는, 그 사물 속에 그것을 망칠 수 있는 그 어떤 것도 우리는 찾아낼 수 없을 것이다."[12]

그리고 둘째, 앞의 제4부 정리 38에 의해, 코나투스는 "촉발[변용]에 따라서 변양할 수 있는 소질aptitude"을 "유지하고 최대한 그것을 발휘하려고 하는 경향"이라고 간주된다.[13]

요약하자. 코나투스란 (i) 결코 끊임이 없는 자기 보존의 경향이며, (ii) 최대한으로 다양한 촉발[변용]을 겪고 변양되며, 또 타자를 최대한으로 다양하게 촉발[변용]하려는 경향이다. 코나투스에는 보수성이자 변화성이라는 두 개의 상相이 있다. 그러나 변화성은 보수성을 부정하지 않는다. 이 경우의 변화는 보존되는 자기에 있어서 '역능'을 개발하는 것이다.

에가와 타카오江川隆男는 위의 논의에 어떤 개입을 하고 있다. 에가와의 스피노자/들뢰즈론인 『죽음의 철학』(2005)에서는 스피노자의 생각에서 벗어나는 "본질 혹은 본성을 무참하게도 변형하는 분신"을 추구하고 있다. 그런데 앞의 설명에서 스피노자는 존재자가 일정한 본질을 고집한다는 상태가 외부의 원인에 의해 중단된다=멸망된다는 사태를 생각했다. 하지만 "존재자가 일정한 본질을 고집한다"는 것의 '중단'에는 사실상 두 가지 이해가 있을 수 있다. (a) 존재자는 똑같은 일정한 본질을 계속 고집하지만, 그 도중에, 똑같은 것이기를 계

---

12 Spinoza, *Ethica*, III, Prop. 4.
13 『스피노자: 실천철학』, p. 136, 150쪽, 207頁.

속하는 것이 방해를 받고, 마침내 멸망·몰락한다. 다른 한편으로, (b) 존재자는 똑같은 것이기를 계속하는 것을 중단하고, 이른바 '똑같지 않은 그것'으로서의 다른 것으로 변신한다. 즉 **본질을 바꾼다**. 스피노자의 서술은 이러한 (b), 즉 존재자의 본질(내지 정의)의 급진적인 변화로서 '멸망'을 이해할 수 없는가라는 질문의 여지를 남기고 있다.—이것이 대략 에가와의 가설이다.

에가와에 따르면, 표면상의 『윤리학』에는 "절대적 수동, 즉 절대적 슬픔" 같은 생각은 없다. 슬픔은 기쁨보다 이차적일 뿐이기 때문이다. 그러나 에가와는 "절대적 수동, 즉 절대적 슬픔"을 타자로의 생성변화로 파악하고자 한다.[14] 타자로의 생성변화란 자기의 그때까지의 본질을 급진적으로 바꾸는 것이다. 이것이 "본질 또는 본성을 무참하게 변형하는 분신"이다. 혹은 산 채로 경험되는 '죽음.'[15] 변신으로서의 멸망=살아 있는 죽음. 『윤리학』 제4부 정리 39의 따름정리에서 스피노자는 '사체'가 될 수 없으나 '죽은 것'으로 간주되는 경우가 있으며, 그것은 "인간이 거의 동일인이라고 말할 수 없을 정도로 커다란 변화를 겪는 것"이라고 하며, 병 때문에 과거를 잊어버린 "스페인의 시인"을 예로 든 후, 원래 어린 시절과 어른이 되면서부터의 변화는 '본성의 변화'라고 말한다.[16]

에가와의 경우에는 슬픔=수동성의 철저를 생각하지만, 나는 기쁘지도 슬프지도 않은 것, **무관심 내지 마취**에 의해 서로 촉발[변용]하는 관계로부터 샤프하게 절단되는 사태를 생각하고자 한다. 또는 무관심하게 방치되는 자가 자기-향유를 철저하게 함으로써, 동시에 역시 자

---

14 江川隆男, 『死の哲学』, 河出書房新社, 2005년, 28頁.

15 앞의 책, 36頁.

16 Spinoza, *Ethica*, IV, Prop. 37, Note(スピノザ『エチカ』下巻, 五三頁).

기-향유를 철저하게 하는 타자로 완전히 바뀐다는 것. 그것은, 해리적으로, 복수의 다른 식으로 분열하는 향유enjoyment(즐김)이다. 말년의 니체의 혼미昏迷는 그런 사태를 시사하고 있는 것 같다. [정신이] 혼란한 니체의 어지럽게 흩어지는 가면—예를 들어 1889년, 코지마 바그너Cosima Francesca Gaetana Wagner(1837~1930)에게 보낸 편지에서는 이렇다.

> [토리노, 1889년 1월 3일]
> 아리아드네 공주, 내 연인에게
> 내가 인간이라는 것은 단순한 편견입니다. 그러나 나는 이미 자주 인간들 사이에서 살아 왔습니다. 그리고 인간이 체험할 수 있는 최저한의 것으로부터 최고의 것에 이르기까지 모든 것을 알고 있습니다. 저는 인도인들 사이에서는 부처, 그리스인들 사이에서는 디오니소스였습니다.—알렉산더와 카이사르는 저의 화신이었으며, 마찬가지로 시인인 셰익스피어, 베이컨 경이었고, 가장 최근의 저는 아직 볼테르였고, 나폴레옹이었습니다. 아마 리하르트 바그너이기도 …. 하지만 저는 이번에는 승리를 거둔 디오니소스로서 왔습니다. 대지에서 거대한 축제를 준비하는 자 말입니다. … 시간이 충분치 않겠지만 말입니다. … 제가 여기에 있는 것을 보고 하늘은 기뻐할 겁니다. … 저는 또한 십자가에 매달려 있습니다. …[17]

『니체와 철학』에서 들뢰즈는, 이렇게 가면의 무리로 산개된 자기

---

17 Friedrich Nietzsche, *Sämtliche Briefe. Kritische Studienausgabe*, Hg. Giorgio Colli und Mazzino Montinari, Bd. 8, Deutscher Taschenbuch Verlag und Walter de Gruyter, 1986, S.572-573.

가 특별한 타자=이타성과의 마주침에 의해 구제된다는 스토리를, 윤리학=존재론적으로 제1차적인 스토리라고 하는 자격에 있어서 묘사하게 된다. 독신 시절은 끝난 것이다.

4-2 니체의 다원론=경험론

들뢰즈에 따르면, 니체의 철학은 "그의 본질적인 다원론pluralisme essentiel을 고려하지 않는 한 이해될 수 없다"고 한다. 아니 "그리고 사실을 말하면, 다원론(다른 식으로 부르자면 경험론)은 철학 자체와 하나일 뿐이다. 다원론은 철학에 의해 발명된, 바로 철학적인 사유하기의 방식이다. 그것은 구체적인 정신에 있어서의 자유의 유일한 보증, 폭력적인 무신론의 유일한 원리이다."[18] 여기서 들뢰즈는 다원론을 일반적으로 철학의 바람직한 모습이라며 지지하고 있다. 다원론은 당연하게도 경험론이다(발Wahl의 영향을 받은 단언일 것이다). 『니체와 철학』의 영문판 서문(1983년)에서는 니체와 영국의 관계를 다음과 같이 말하고 있다.

두 가지 애매함이 니체의 사후 운명을 괴롭혔다. 즉 그것은 이미 파시스트적 사상의 선취préfiguration였는가? 그리고 이 사상 자체는 철학에 속하는가, 그것은 오히려 폭력적인, 너무도 폭력적인 시, 너무도 변덕스런 아포리즘, 너무도 병적인 단편들이 아닌가? 아마도 이런 오해는 영국에서 정점에 달했다. 톰린슨Tomlinson은 니체가 대결한, 니체의 철

---

18 『니체와 철학』, p. 4, 21쪽, 24-25頁. [옮긴이] 이미 4장의 첫 부분부터 나오기 시작한 '다원론'은 'pluralisme'의 번역어이다.

학이 맞서 싸운 주요 테마, 즉 프랑스 풍의 합리주의나 독일의 변증법이 영국의 사상에서는 결코 본질적인 중요성을 갖지 못했다고 지적한다. 영국인들은 경험론과 프래그머티즘을 이론적으로 자유자재로 사용했는데, 이것들에 의해 니체가 지나간 경로, 즉 양식과는 상반되는 니체의 매우 특별한 경험론과 프래그머티즘이 지나간 경로는, 그들 영국인에게는 쓸모없게 됐다. 그래서 영국에서는 니체의 영향이 소설가, 시인, 극작가들에게 행사될 수 있었다. 이런 영향은 철학적이라기보다 실천적이고 정서적affective, 이론적이라기보다 서정적[정열적] …이었다.[19]

니체가 '폭력적'으로 개척했던 '경로'를 통하지 않고도 "경험론과 프래그머티즘"에 자리 잡을 수 있었던 영국인은 분노를 모르는 니체, 바로 니체가 그러고 싶기를 바랐던 '아이'로서의 니체인 듯하다. 니체가 도달점에 있어서 영국인처럼 되었다고 하더라도, 그러나 니체의 '이론적'일 뿐 아니라 [실천적이기도 한] 텍스트는 '합리주의'나 '변증법'과의 마찰로 상처투성이가 됐다. 유럽 대륙의 정신사의 초극은, 영국의 철학자에게 강 건너의 불에 지나지 않을지도 모른다. 하지만 영국에서도 작가들의 경우에는 니체의 파토스의 과잉에 의해 촉발[변용]되었다. 니체의 파토스는 이중적이다. 대륙과의 역사적 고투의 파토스, 그 한가운데서 '반시대적인 것'의 발생에 부응하는 파토스. 무거운 파토스와 이로부터 발산되는 가벼운 파토스. 니체는 반시대적인 아이의 시공時空으로서의 대륙 바깥으로 향했다. 들뢰즈의 필치는 그런 외부성을 영국의 섬들로 환시幻視하는 것이지 않을까?

---

19 Deleuze, "Préface pour l'ddition américaine De Nietzsche et la philosophie", *Deux régimes de fous. Textes et entretiens* 1975-1995, éd. préparée par David Lapoujade, Minuit, 2003, p.187, (下) 7-8頁.

군도群島로. **지각의 콜렉션으로서의 군도**가 강 건너편에서 희미하게 보이고 있는 것일까?

들뢰즈는 『권력에의 의지』에서 다음 구절을 인용한다. "전체는 존재하지 않는다", "우주를 부스러뜨리고[분산시키고] 전체에 대한 존경을 잃어야 한다."[20] 이런 문구가 들뢰즈를 시간의 두 번째 종합=베르그손적 '과거'의 앞[先]으로 끌고 간다. 비-전체성으로, 군도로. 유일한 이 우주는 '분산'되고, 산산이 흩어져버린다. 3장에서 봤듯이, 『차이와 반복』은 '과거'의 전체성의 '결여'에 있어서 '새로움의 전체성'을 이룬다고 하는 논의를 취했다. 그렇지만 지금의 맥락에서 세계는 복수의 '힘의 의지'(권력에의 의지)의 '관점'으로 원래 분열되어 있다.

> 힘force의 존재는 복수적이다. 힘을 단수로 생각하는 것은 분명 부조리할 것이다. 힘은 지배이지만, 그러나 지배가 행사되는 대상이기도 하다. 거리를 두고 작용을 가하고 작용을 겪는 힘들의 복수성—**거리란** 각각의 힘 속에 담긴 차이적différentiel 요소이며, 이 요소에 의해 각각의 힘은 다른 힘들과 관계된다—이것이 니체에게서 자연철학의 원리이다.[21]

다원론=경험론의 요체는 역시 '관계'이다. 들뢰즈에 따르면, "니체에게 힘 개념은 또 다른 힘과 관계를 맺는 힘이라는 개념"[22]이지만, '거리를 두고' 관계되기 때문에, 힘들은 따로따로 있으며 함께 뒤섞여서는 안 된다. 도처에 막간interstice이 있다는 것이다. 유일한 연속된

---

20 『니체와 철학』, p. 26, 57쪽, 60頁. Nietzsche, *Der Wille zur Macht*, Alfred Kröner Verlag, §331. [옮긴이] [ ] 안은 글쓴이의 번역.

21 『니체와 철학』, p. 7, 25쪽, 29-30頁.

22 『니체와 철학』, p. 7, 26쪽, 30頁.

우주로의 용해가 아니다. 니체의 우주는, **베르그손의 설탕물이 아니며**, 거품이 이는 비눗물이나 소다수처럼 다공성多孔性의 우주일 것이다.

니체에게 '의미'나 '가치'를 지닌 것은 힘들의 관계이다. 힘들의 관계는 어떤 힘의 '관점'에서 보느냐에 따라 상이한 '해석'이 이루어진다. 관점마다 상이한 세계 해석이, 아니 상이한 비전의 세계가 있는 듯하다. 이런 니체의 '원근법주의perspective'를 들뢰즈는 인식의 상대주의가 아니라 '존재론적 다원론'으로서 강하게 수용했다고 생각된다.

들뢰즈는 니체의 다원론과 라이프니츠의 '예정조화설'을 비교한다.

라이프니츠의 『모나돌로지』에서는, 세계에의 복수의 관점인 '모나드'의 무리를 다루고 있다. 그렇지만 『의미의 논리』에 따르면, "라이프니츠는 관점들을 배타적인 규칙에 복속시켰으며, 그리하여 각 관점은 수렴하는 한에서 서로에게 열려 있었다. 똑같은 도시에 대한 관점들."[23] 라이프니츠의 철학에서 '똑같은 도시'란 유일한 신에 의해 조화가 예정된 유일한 '공가능적compossible'인 '가장 좋은' 세계를 가리킨다. "반대로 니체에게 관점은, 분기[발산]에 대해 열리고 이것을 긍정한다. 각 관점에 대응하는 것은 다른 도시이며, 각 관점은 다른 도시이다."[24] 이렇게 말하고, 들뢰즈는 니체의 편을 든다. 상이한 관점마다, 도시=세계의 분리된 복수성을 인정하는 것이다.

들뢰즈는 라이프니츠를 "사건의 최초의 위대한 이론가"라고 찬양하며, 니체의 원근법주의를 **예정조화를 제거한 모나돌로지**인 양 간주하고 있는 것 같다.[25] 들뢰즈에 따르면, 라이프니츠의 시야에서는 모든 "술어, 즉 사건"을 '전-개체적'인 수준에서 병립시키며, 이것들의 조

---

23 『의미의 논리』, p. 203, 295쪽, (上) 302頁.

24 앞의 책, 같은 곳. [옮긴이] 이하 divergence는 분기로 옮기지만, (수렴과 대칭적인 의미에서의) 발산으로 이해해야 하는 대목도 있을 것이다.

합에서, (i) 하나의 '공가능적' 세계로 수렴하는 경우와, (ii) '공불가능 incompossible'한 다른 세계로 분기하는 경우를 나누고 있다.[26]

『의미의 논리』에서는 나아가 다음과 같이 말한다.

> 도시들 사이의 거리만이 도시를 통일하고 도시의 계열·집·도로의 분기divergence만이 도시를 공명시킨다. … 니체의 원근법·원근법주의는 라이프니츠의 관점보다 더 심오한 기법이다. 왜냐하면 분기가 배제의 원리이기를 그치고, 이접disjonction이 분리의 수단이기를 그치며, 공불가능한 것이 이제 소통의 수단이기 때문이다.[27]

이런 서술로부터는 제반 공불가능성을 넘어서 새로운 '통일', '공명', '소통'을 추구한다는 것을 분명하게 간파할 수 있다. "분기가 배제의 원리이기를 그친다"는 것은 라이프니츠의 신학에 대한 비판이다. 하지만 이 표현과 다음의 "이접이 분리의 수단이기를 그친다"라는 표현은 같은 뜻일까? 일부러 다음과 같이 나눠보자.

---

25 『의미의 논리』, pp. 200-201, 292쪽, (上) 298頁. "사건의 철학"의 형성에 있어서 들뢰즈가 라이프니츠 철학으로부터 계승한 논점들에 관해서는, 다음의 연구가 상세히 논하고 있다. 國分功一郎, 「特異性, 出来事, 共可能性——ライブニッツとドゥルーズ(1)」, 『情況』第三期五巻七号, 2004년.

26 가령 카이사르가 "루비콘 강을 건넜다/건너지 않았다"라는 상반되는 술어=사건을 예로 든다면, 하나의 현실 내지 가능 세계에서 카이사르가 상반되는 운명을 둘 다 겪는다는 일은 있을 수 없다=모순이다. 하지만 복수의 사건=술어를 포함한 한 개체로서의 카이사르 이전에(=전-개체적으로), "루비콘 강을 건너다", "루비콘 강을 건너지 않다"라는 사건=술어를 병립시킨다면, 그 전자가 이 현실에 있어서 개체 '카이사르'와 관련된 다른 술어=사건과 '공가능'하다고 생각된다(달리 말하면, 이 현실은 개체 '카이사르'와 술어 '루비콘 강을 건너지 않다'를 공불가능하게 하는 여러 가지 사건=술어의 다발이다).

27 『의미의 논리』, p. 203, 295-296쪽, (上) 302頁.

(1) 공불가능성(분기)을 배제의 원리로 한다: 예정조화

(2) 공불가능성(이접)을 분리의 수단으로 한다.

(3) 공불가능성을 소통의 수단으로 한다.

이상에서 (3)은 구조주의적 전체론에 대응한다고 생각된다. 나는 (2)의 분리separation라는 말에 레비나스의 반-스피노자주의가 울려 퍼지게 한다. (2)를 (1)로부터 구별하고, 또한 (3)으로 전개되기 직전에 (2)를 자율적인 것으로 만든다는 사변을, 구조주의적 전체론(의 정치적 효과로서의 존재론적 파시즘)에 대한 저항으로서, 시도할 수는 없을까? 『니체와 철학』의 담론구조에 입각해 말하면, 이 사변은 **존재론적 다원론**으로서의 원근법주의가 결혼의 은유와 더불어 **다원론적 존재론**으로 로고스화되기 직전의 것에 집착한다는 것을 가리킨다. 그런데 들뢰즈는 여럿인 차이에 관한 존재의 일의성을 주장했다. 니체 해석의 맥락에서 일의적 존재는 영원회귀의 하나의 원환에 상당하는 것이며, 그것은 "우연의 전체, 전적인 우연tout le hasard"을 '단 한 번' 긍정하는 — 모든 그때마다 우연의 효과=결과의, 그래서 어쩔 수 없다それでしかない라는 필연성을 긍정하는—'주사위 한 번 던지기'의 회전[선회]이라고 표현된다.[28]

> 회귀하는 것은 하나가 아니지만, 회귀하기 자체는 다양한 것 혹은 여럿[복수]에 관해 긍정되는 하나이다. 달리 말하면, 영원회귀에 있어서의 동일성은 회귀하는 것의 본성이 아니라 반대로 상이한 것을 위해 회귀한다는 사실을 가리킨다.[29]

---

28 『니체와 철학』, p. 32, 66-67쪽, 70頁.

그렇지만 이 장에서는 **존재론적인 다원론/다원론적인 존재론의 사이에서** 개입의 여지를 모색하고 있다. 아래의 구절에서 전자는 요술처럼 빠르게 후자로 전화된다.

그 자체에 있어서의 긍정, 그리고 첫 번째의 긍정으로서의 긍정은 [여럿의] 생성이다. 그러나 긍정이 생성을 존재로 고양시키거나, 존재를 생성에서 추출하는 또 다른 긍정의 대상인 한, 긍정은 존재이다. 그 때문에 그 모든 역능[능력]에 있어서 긍정은 이중적이다. 즉 우리는 긍정을 긍정한다. 첫 번째의 긍정(생성)은 존재지만, 그러나 이 긍정은 두 번째의 긍정의 대상으로서만 존재이다.[30]

긍정을 '이중[적]'으로 함으로써, 생성은 존재가 된다. 들뢰즈는 "우리는 긍정을 긍정한다"고 일반화한다. 즉 '우리'는 일반적으로, 긍정을 긍정한다(해야 한다). 다음의 의문이 생기게 된다. 첫 번째의 긍정=생성만을, 그것만으로 (자기) 향락할 수는 없을까?

보조선을 그어보자. 들뢰즈가 서거한 이듬해인 1996년, 가시무라 하루카樫村晴香는 『현대사상』지의 추도호에 기고한 「들뢰즈의 어디가 잘못되었는가」라는 논문에서, 들뢰즈의 니체 해석을 격렬하게 공격했다. 가시무라에 따르면, 니체가 『즐거운 지식』의 단장 341에서 말했던 '데몬'에 의한 영원회귀의 계시는 "비유-교설이 아니라 실체로서의 세부를 지닌 사상적 체험-병이었다."[31] '고독의 끝'에서의 데몬의

---

29 『니체와 철학』, p. 55, 101쪽, 105頁.

30 『니체와 철학』, p. 214, 321쪽, 359頁.

31 樫村晴香, 「ドゥルーズのどこが間違っているか?――強度=差異および二重のセリーの 理論の問題点」, 『現代思想』, 第二四巻一号, 1996년, 174頁.

방문도, "이 거미도, 나무 사이의 이 달빛도, 또한 이 순간도, 이 자기 자신도, 똑같이 회귀하지 않으면 안 된다"는 것도, 가시무라가 생각하기에는 니체의 체험인 것이지, 우화가 아니다. 그리고 니체는 "자기의 체험-실체에 매혹이라기보다 유린당한" 것이지만, 들뢰즈에 관해 말한다면 그는 "니체의 체험-담론에 매혹당한" 것일 뿐이라고 단정했다.[32] 혹은 "바꿔 말하면, 니체에게는 진리=섬망譫妄=병의 발생 현장이 있는데 반해, Dz[들뢰즈]에게는 병의 수집 활동이 있다."[33] 가시무라는 들뢰즈의 영원회귀 해석을, "a를 b로 차이화하는/관계시키는 즉자로서의 차이의 경위境位=영원회귀라는 생각"이라고 요약한 다음, 결국 들뢰즈는 니체가 체험했던 '차이-강도의 장'의 '삐걱거림'을 공유하지 않거나 혹은 니체에게 고유한 '불행과 흥분'을 존중하지 않고, 들뢰즈의 담론은 "원만한 행복의 낌새"를 띠고 있다고 비판하는 것이다.[34]

가시무라는 영원회귀의 계시를 분열증적 정체성identity의 붕괴로 해석한다는 강한 독해를 하고 있다. 니체에게서 "무수한 것"의 회귀라는 체험은 "명확하게 병적인 현장이며, 슈레버가 신과의 '무수'한 신경 접속을 얘기하고, 소년 리처드가 에테르 냄새를 맡고, '여기에는 무수히 많은 갓난아이가 있다'고 외치고, 혹은 조용하게 흔들리는 한 개의 보리 이삭이 분열병자의 눈에는 날카로운 금속처럼 예리하게 빛나고 분해되는 때와 다르지 않다"고조차 말해진다.[35] 병력학에서 니체

---

32 앞의 책, 181頁.

33 앞의 책, 176頁. 가시무라의 이 비판에 의거해 아즈마 히로키는 들뢰즈의 철학에도 '부정신학 체계'로서의 로고스가 있다고 봤다(東浩紀, 『存在論的, 郵便的』, 198-199頁[아즈마 히로키, 『존재론적, 우편적』, 238-239쪽]).

34 앞의 책, 175頁.

의 병은 "매독에 의한 진행성 마비"로 추측되었지만, 그것을 "정형적
인 진행성 마비"가 아니라 "분열증적인 진행성 마비 schizophrenieartige
Paralyse"로 보는 연구도 있으며,[36] 니체와 슈레버 등을 동렬同列에 놓
는 것은, 어느 정도까지는 가능한 일인지도 모른다. 가시무라를 편든
다면, 다음과 같이 말할 수 있을 것이다. 들뢰즈의 경우는, 여럿인 차
이에 관한 **하나의 존재론**에 착지한다. 즉 두 번째의 긍정에 이르러야만
한다―생성(여럿인 차이의)만으로는 불충분하며, 생성을 존재시키는
것이다. 그런데 니체 쪽은 생성의 역동성dynamism이 푹 잠겨 있을 뿐
이다. 생성하는 '무수한 것'이란, 판타즘phantasm적, 픽션적인 주어진
것의 빗발침이다. 이것은 차이의 두 번째 긍정보다 앞의, 결혼=존재
보다 앞의, 차이의 첫 번째 긍정에만 푹 잠겨 있는 것이다.[37]

그렇다면 『니체와 철학』의 들뢰즈는 두 종류의 적을 상대하고 있
는 게 아닐까?

한쪽 적은 여럿인 차이를 대립·모순으로 처박아버리는 '변증법
논자'이며, 이것은 명시되어 있다. 그러나 잘 보이지 않는 또 다른 적
도 있다. 그것은 여럿인 차이를 긍정하지만, 긍정을 이중화하지 못하
고, 여럿인 차이에 관한 하나의 존재론에 이르지 못하는 자이다. 그것

---

35 앞의 책, 177頁.

36 小林真, 『ニーチェの病跡――ある哲学者の生涯と旅·その詩と真実』, 金剛出版, 1999년,
   152頁. 이 소견은 다음에 기초한다. Wilhelm Lange-Eichbaum, *Nietzsche. Krankheit
   und Wirkung*, Lettenbauer, 1948.

37 가시무라의 해석은 어쩌면 클로소브스키의 『니체와 악순환』을 염두에 두고 있다. 들뢰즈
   의 해석에 비해 클로소브스키의 경우는 니체의 '여러 가지의 충동', '무수한 다른 나'로의
   분열과, 그것에 맞서는 "스스로를 유지하고자 원하는 투쟁"의 긴장tension을 강조하며,
   아리아드네의 실에 대한 언급은 있음에도 불구하고 들뢰즈처럼 그것을 예정된 구원(은총)
   으로 만들지는 않는다. Pierre Klossowski, *Nietzsche et le cercle vicieux*, Mercure de
   France, 1969, chap. 2, 3.

은 [빗발치듯] 쏟아져 내리는 '무수한 것', **여럿인 차이의 난무에, 그것들을 제대로 종합하지 않고 대응하는 자**—신체와 정신이 단편의 모래폭풍처럼 되는 '독신자', '단독자'인 것이다.

4-3 디오니소스와 아리아드네의 결혼

최종적으로 『니체와 철학』은 긍정의 긍정에 관해, 결혼의 은유를 전경화한다. 신의 커플, '디오니소스와 아리아드네'에 대한 언급은 1장의 처음에 다음과 같이 나타난다.

> 니체적 여성 비하는 존재하지 않는다. 왜냐하면, 아리아드네는 니체의 최초의 비밀이고 여성의 최초의 힘puissance이며 영혼이고 디오니소스적 긍정에서 분리할 수 없는 약혼녀이기 때문이다. 그러나 극성스럽고 부정적이며 훈계하길 좋아하는 여성의 힘, 끔찍스러운 어머니, 선과 악의 어머니, 삶을 비하하고 부정하는 어머니는 완전히 다른 것이다.[38]

이상을 토대로, 단숨에 페이지를 넘겨보자. 결론에 들어가기 직전에, 5장의 마지막에서부터 두 번째 절에서는, 이중의 긍정과 결혼에 관해 다음과 같이 상세하게 말한다.

> 영원회귀는 생성[변화]과 존재를 '최대한 접근시켜서', 한쪽을 다른 쪽에 의해 긍정한다. 이 접근을 수행하기 위해서는, 나아가 두 번째의 긍

---

38 『니체와 철학』, p.24, 53-54쪽, 56頁.

정을 해야만 한다. 그 때문에 영원회귀는 그것 자체로, 하나의 결혼 반지anneau nuptial인 것이다. 디오니소스적 우주, 영원한 원환은 결혼 반지이며 결혼식의 거울이다. 이 거울은 이것에 자신을 비춰볼 수 있는 혼(아니마)을, 하지만 또한 스스로를 비춤으로써 이 거울을 반영할 수 있는 혼을 기다리고 있다. 그 때문에 디오니소스는 한 명의 여성 약혼자une fiancée를 원한다.[39]

아리아드네는 '디오니소스적 긍정과 불가분한 약혼자'이며, 그녀는 첫 번째 긍정을 '반영'하는 '결혼식의 거울'로 간주된다. 영원회귀는 '결혼 반지'이며, 그것은 두 사람의 (긍정적인) 다름을 긍정하는 또 다른 긍정이다. 그것이 (함께) 존재하는 것이다. 존재=결혼. 니체-들뢰즈의 '결혼존재론'이라고도 말해야 할 것.[40] 그리고 '초인'이란 "즉, 디오니소스와 아리아드네의 아이"에 다름없는 것이다.[41]

들뢰즈는 "우리는 긍정을 긍정한다"고 당연한 듯 썼다.

때문에 '우리'는 긍정의 긍정=결혼 존재론을 긍정해야 마땅한 듯하다. 달리 말하면, 일반적으로 '우리'는 **잠재적으로 기혼자여야만** 한다는 것 같다. 『차이와 반복』의 전조로서 『니체와 철학』을 중시한다면, 존재의 일의성과 (이상화된) 이성애의 결혼, 그리고 생식이라는 제도, 즉 이성애-생식-규범성은 서로를 보충하는 것이 아닐까? 그렇지만 위와 같이 말하면 '상호긍정에 의한 공-존재'라고 약속할 수 있는 테마는, 이성애-생식-규범적이지 않아도 될 것이다. 동성애의 관계라도, 친자식을 얻을 수 없는 관계라도 좋을 것이다. 들뢰즈의 '결혼' 개념은 외연이 그렇게 확장되어야만 한다. 그렇다고 하더라도, 가시무

---

39 『니체와 철학』, p. 215, 323쪽, 361頁.

라의 비판 이후, 재차 물어야 하는 것은, 들뢰즈는, 반드시 이성애-생식-규범적인 것은 아니라 하더라도, 어떤 사랑의 모습을 취한다고 해도, **상호 긍정에 의한 공-존재를, 당연한 것 마냥 목적화·규범화하고 있는 게 아니냐**는 것이다.

거꾸로 말하면, 이 장에서 나는 '상호 긍정하지 말고, 공-존재를 목적화·규범화하지 않는 자들'을 『니체와 철학』의 디테일에서 찾아내고자 하며, 그 위에서, 그런 자들이 그래도, 목적성·규범성 없이, 후험적으로a posteriori 공립의 기회chance를 물색하고 있는 상황을 생각하고 싶은 것이다.

에가와 타카오는 『니체와 철학』 새 번역본의 「역자 해설」 말미에서 다음과 같이 질문하고 있다.

영원회귀는 들뢰즈 자신의 '사건의 철학'에서 정점을 이룬다. 그러나 무엇인가가 사고되고 있지 않은 게 아닌가. 바로 거울의 파괴이다. 사고 속에, 머릿속에, 뇌 속에 늘 거울이 존재하는 것이다. 니체에게서조차도 그러하다. 니체의 철학 속에 파괴적인 거울이, '혼례[결혼식]의 거울'이, 즉 '긍정'과 '긍정의 긍정' 사이의 난반사亂反射가 있음을 알 수 있다. 그러나 참된 문제는 파괴적인 거울이 아니라, 오히려 이런 거울 자체를 파괴하는 것이며, 그것을 파괴하는 것이다.[42]

---

40 다음의 논자는 허무주의의 초극에 있어서 '여성적 모멘트'가 불가결하다는 이 맥락에 대해 호의적으로 언급하고 있다. 다음을 참조하라. Tamsin Lorraine, *Irigaray and Deleuze: Experiments in Visceral Philosophy*, Cornell University Press, 1999, pp. 162-163.

41 『니체와 철학』, p. 217, 326쪽, 365頁.

암시적인 구절이다. 여기서 '혼례의 거울'의 파괴란 어떤 것일까?

방금 전에, 니체-들뢰즈가 말하는 '결혼'을 상호 긍정에 의한 공-존재라고 규정했다. '혼례의 거울'이라는 은유는 상호 긍정의 그 '반사'를 말하고 있는 것이다. 그리고 상호 긍정의 반사가 (다양한 타자들로) 여기저기로 확대되는 것은, '난반사'로 표현될 수 있다. 그의 '혼례의 거울'의 **파괴는** "사고되지 않는다." 우리의 **논의 맥락**에서 '혼례의 거울'의 파괴란 상호 긍정에 의한 공-존재의 목적화·규범화를 취소하는 것에 대응할 터이다.

에가와의 해설은 수수께끼 같은 한 문장으로 끝난다. "거울을 파괴할 수 있는 신체, 그것이 기관들 없는 신체라고 불리는 것이다."[43] 기관들 없는 신체corps sans organes란 조직화될organisée 수 없는 신체이다. 그것은 공시적으로는, 올바르게 기능적인 기관일 수 없는 부분들로 이루어진 기괴한 부분전체론적 합으로서의 신체이며, **그리고 통시적으로는, 재생산=생식의 계보를 절단할 수 있는 신체이다.** 그렇다면 기관들 없는 신체에 의한 '혼례의 거울'의 파괴란, 세계를 가로로도 세로로도 '다상적多傷的'으로 하는 것이라고 말할 수 있을 것이다.

이상을 받아들여, 다음의 수사학에 주목하고 싶다. 들뢰즈는 디오니소스와 아리아드네의 결혼에 도달하기 직전에, 긍정의 긍정을 보여주는 첫 번째의 경우로서 '친구들의 관계'를 들고 있다.

(1) **차라투스트라의 두 마리 동물인 독수리와 뱀.** 영원회귀의 관점에서 해석된 경우, 독수리는 위대한 연도, 우주적 시기 같은 것이며, 또 뱀은 이

---

42 江川隆男,「ニーチェの批判哲学——時間零度のエクリチュール」,『ニーチェと哲学』수록, 458-459頁.

43 앞의 책, 459頁.

위대한 시기 속에 삽입된 개별 운명 같은 것이다. 그러나 이 정확한 해석은 그래도 여전히 불충분하다. 왜냐하면 이 해석은 영원회귀를 전제하고, 또한 영원회귀가 유래하는 선先 구성적인 요소들에 관해서 아무것도 말하지 않기 때문이다. 독수리는 커다란 원을 그리며 활공하고 planer 있는데, 이 독수리의 목 주위에는 뱀이 '먹이 비슷하게가 아니라 친구로서comme un ami' 휘감겨 있다. 사람들은 여기서 가장 자랑스럽게 여기는 긍정은 이 긍정을 대상으로 취하는 두 번째의 긍정을 따라서 이중화되어야 하며 또 동반되어야 한다는 필연성을 볼 것이다.[44]

위와 같은 서술에서 '독수리와 뱀'의 관계는 성적인 어조tone를 포함하고 있지 않는 듯 느껴진다. 독수리와 뱀에 의한 원환의 이중화는 '우애'이다. 동물들의 우애도 그 나름대로 이중의 긍정을 나타내고 있다. 그러나 곧바로 뒤에서 들뢰즈는 "(2) **신의 커플, 디오니소스와 아리아드네**"라는 항목으로 옮겨간다. 이 이행은 성적이지 않은 우애로부터 성의 성취로서의 결혼으로 이행한다는 인상을 준다. 그리고 성적이지 않은 우애는 마치 **첫 번째 이중의 긍정에 불과할 뿐이라**는 듯하며, 그 위에서 **두 번째의 이중의 긍정으로서의 이성애**가 필요하다는 것 같다. 다른 한편으로 독수리와 뱀—둘 모두 남성명사다—의 우애에 있어서의 성애화의 가능성은 억압되고 있다.

사실 위의 것에는 독일어를 프랑스어로 번역할 때의 문제가 관련되어 있다. 들뢰즈의 서술에서 '친구'는 un ami라는 남성형이다. 때문에 둘 모두 남성명사인 독수리와 뱀의 남성끼리의 우애가 디오니소스와 아리아드네라는 이성애 커플과의 대비에 있어서 비-성애화

---

44 『니체와 철학』, p. 214, 321-322쪽, 360頁.

되는 듯이 보였던 것이다. 니체의 원문에 들어맞지 않으면 안 된다. 그렇게 하면, 원래 독일어에서, '독수리ein Adler'는 남성명사지만, 다른 쪽인 '뱀eine Schlange'은 여성명사라는 것을 깨닫게 된다. 그리고 들뢰즈의 쪽에서 un ami인 부분이, 원문에서는 "여성들·걸프렌즈 Freundin"라고 되어 있다.[45]

Ein Adler zog in weiten Kreisen durch die Luft, und an ihm hieng eine Schlange, nicht einer Beute gleich, sondern einer Freundin: denn sie hielt sich um seinen Hals geringelt.

이것은 요시자와 덴자부로吉沢伝三郎의 일본어 번역본에는 다음과 같이 되어 있다.

한 마리의 독수리가 광대한 원에다 원을 다시 그리며 공중을 날고 있었다. 그리고 이 독수리에게, 사냥감처럼이 아니라, 여자 친구처럼 한 마리의 뱀이 매달려 있었다. 왜냐하면 뱀은 독수리의 목을 휘감고 있었기 때문이다.[46]

독일어 원문에서 독수리와 뱀의 에피소드는 오히려 이성애의 디오니소스를 띠고 있는 것처럼 생각된다. 그렇지만 복잡하게도 Freundin이라는 말은 우애인지/성애인지 애매하게 한다. 그것은 성애로부터 분리된 친구일 수도 있으며, 약하게/강하게 성애적 관계일

---

45 Nietzsche, "Also sprach Zarathustra", in *Nietzsche Werke. Kritische Gesamtausgabe*, Hg. Giorgio Colli und Mazzino Montinari, Bd. IV-1, Walter de Gruyter, 1968, S.21.

46 ニーチェ, 『ツァラトゥストラ』, 吉沢伝三郎 訳, 上巻, ちくま学芸文庫, 1993년, 43頁.

수도 있기 때문이다. 그런데 여기에 대응하는 『니체와 철학』의 한 구절은 다음과 같은 것이었다.

L'aigle plane en larges cercles, un serpent enroulé autour de son cou, 'non pareil à une proie, mais comme un ami'.

여기서 Schlange(뱀)와 Freundin의 여성성은 제거되어 있다. 또 "먹이|une proie"이라는 단어만 여성명사라는 것도 정곡을 찌르는 독해를 권할지도 모른다. 남성들은 결코 "여성으로서의 먹이[사냥감]"가 되지 않는 것이다. 즉, 남성들의 여성화를 거부함으로써, 남자들의 'homosocial'한 친밀권의 외부에서, 여성을 표적으로 삼아야 할 먹이[사냥감]로서 자리매김하고 있다고 보이지 않는 것도 아니다. 그렇지만 우리로서는 독일어와 프랑스어 사이의, 단어의 성을 직접적으로 straight 대응시킬 수 없는 번역 공간에 머물러보자. 여기서는 남성들인 ami는 동시에 여성의 Freundin이기도 하며, 또한 남자의 애인으로서의 ami일 수도 있다. 우애/성애, 이성애/동성애의 직접적인 분절화는 어지럽혀져 있다. 다음과 같이 말해보자. 여성이기도 하고 남성이기도 하며, 어느 하나로 귀착되지 않는 (번역을 확정할 수 없는) 뱀이 디오니소스와 아리아드네의 결혼에 이르기 직전에 친구들에게 몸을 의지할 때의 이 몸의 **여러 가지의 휘어짐[휘감김]**, 이것들은 결혼반지로서 완성되기 직전의, **영원회귀의 포물선의 복수의 조각들**morceau일지도 모른다고.

정리한다. 『니체와 철학』의 결혼존재론을 이성애-생식-규범적이 아닌 일반적인 '상호 긍정에 의한 공-존재'론이라고 평가하고 싶다고 해도, '남자의 우애에서 여자와의 결혼으로'라는 소박한 스토리의 사용이 있는 이상, '이성애에 의한 상호 긍정에 의한 공-존재'가 가장 전면에 있다는 것은 더 이상 부정할 수 없다. 그래서 앞의 논의에서는 Freundin을 un ami로 번역한 실수를 중요시하고, 이런 미세한 점에서, 젠더 트러블gender trouble을 안고 있는 친구들 사이의, 비성애적/성애적이라는 경계가 불안정한 관계를 위치지은 것이었다. 이리하여 떠오르게 되는 번역의, 커뮤니케이션의 어긋남과 불가분한 '젠더·섹슈얼리티의 번역 공간'은 상호 긍정에 의한 공-존재=결혼의 약속, 약혼의 확실함으로부터 도망치며, 이런 의미에서 예측할 수 없는 이별, 배신, 무관심화의 황야이기도 하다. 에가와가 암시하는 '혼례의 거울을 기관들 없는 신체로 파괴한다'는 사태는, 스스로에게 있어서 부분들 사이에, 예측할 수 없는 이별, 배신, 무관심화가 일어나는 신체, 즉 통각統覺을 완성할 수 없는 신체가 서로 '휘감겨' 있으며, 확실하지 않은 연합을 이룬다는 경험론—흄적인—에 대응할 것이다.

『니체와 철학』을 결혼존재론과 존재론적 다원론 사이에서 흔들리게 하는 것. 존재론적 다원론이란 이성애-생식-규범적이지 않은 단독자 내지 독신자, 그러나 고립되어 있을 뿐만 아니라 그 몸의 휘어짐—힘의 기욺—에 의해, 여럿인 타자에게 비뚤어진 관계를 부여할 수 있는, 이른바 '자기 향유의 당사자들'의 정치에 다름없다.

조금만 『니체와 철학』에서 벗어나보자. 후년의 들뢰즈는 허먼 멜빌의 단편소설 「바틀비」에 대한 언급에서 "독신자의 공동성"이라는 것을 찬양하기도 한다.

멜빌이 묘사한 바틀비는 어떤 작업을 부탁받더라도 I would prefer not to라는 기묘한 영어로 거부하는 인물이다. 들뢰즈는 여기서, 바틀비와 같은 고립에 기초하여 그 생성변화를 생각하고자 했다. 즉 "멜빌에 따르면, 그것은 **독신자들의 공동성**communauté des célibataires

이며, 그 구성원을 무제한의 생성변화로 이끈다. **어떤** 형제이고 **어떤** 자매지만, 누군가의 형제, 누군가의 자매가 아니라, 어떠한 '속성'도 사라지고 있는 만큼, 보다 진실에 다가서고 있다."[47] 독신자들은 더 이상 '속성'을 갖지 않더라도, 각각 구별될 것이다. 그리고 독신자들은 "형제끼리의 동성애적 관계로까지 발전하며, 형제와 자매 사이의 근친상간적 관계를 거친다"고 간주된다. 탈속성화 내지 비인칭화됨으로써 '어떤'(하나의) 개체성이 샤프하게 다듬어진다. 이것이 분신적 관계를 최대한 근접시키면서, 그래도 원격 유지하는 '동성애'나 '근친상간'의 공동성을 시사한다. 규범적이지 않는 이성애가 있다고 한다면, 그것도 또한 분신적인 근접성으로서의 동성애나 근친상간과 마찬가지로 (외재성의) 평면 위에서 이루어질 것이다. 이러한 비규범적인 (성-)관계의 구성이, 그 '믿음' 내지 '신뢰'에 의한 공동성의 후험적인 구성인 것이며, 들뢰즈에 따르면, 바로 그것이 경험론의 정치적인 내실로서의 '프래그머티즘'이다.

우선 맨 처음 행해지는 것은 **과정**에 있는 세계, **군도**로서 있는 세계의 긍정이다. 조각들을 맞춰서 전체를 재구성하는 퍼즐이 아니라, 오히려 시멘트를 바르지 않고 돌을 자유롭게 쌓아올린 벽과도 같은 것이다. 여기서 각각의 요소는 그 자체로 가치를 갖지만, 그러면서 다른 요소들과 관련해서도 가치를 가진다. … 그러나 이를 위해서는 인식하는 주체, 유일무이한 소유자가 탐험가의 공동성, 바로 군도의 형제들에게 자리를 내주어야 한다. 이 형제들은 인식을 믿음croyance이 아니라 오히려 '신뢰confiance'로 대체해야 한다. 다른 세계를 믿는 것이 아니라, 이 세계에

---

47 들뢰즈, 「바틀비 혹은 상투어」, 『비평과 임상』 수록, p. 108[『비평과 진단』] 154쪽, 176-177頁.

대해, 그리고 신에 대해서도 인간에 대해서도 품고 있는 신뢰이다. …

프래그머티즘이란 군도와 희망의 이런 이중적 원리인 것이다.[48]

흄이나 멜빌 등 영미의 맥락에 대한 들뢰즈의 논의에서는 세계의 전체성이 말끔하게 다원론으로 산개되는 셈인데, 그 한편에서, 특히 『의미의 논리』에서는, 대상=x에 의해 매개되는 체계, 구조주의적 전체론이, 한마디로 '부부의 문제'로 파악되고 있기도 하다. 『의미의 논리』 31계열 「사고에 관하여」에서는 "심층의 사고가 독신이고 우울증적 사고가 잃어버린 약혼을 꿈꾼다고 한다면, 표면의 사고는 기혼이거나, 아니면 부부의 '문제'를 사고한다"고 한다.[49] 이것은 쉽게 말하면, 세상의 부부는 많든 적든 '문제'를 안고 있기 때문에, 그것이 부부의 공명을 유지하는 매개체가 된다는 것이리라. 문제가 있기에 오히려 언제나 '소통의 필연성'이 유지된다는 것이다.[50] 어떤 특권적인 (사랑의) 문제란, 그것을 통해 모든 사물을 관계짓는 대상=x에 다름 아니다.

---

48 앞의 책, 『비평과 임상』, pp. 110-111, 157-158쪽, 180-181頁.

49 『의미의 논리』, pp. 254-255, 359쪽, (下) 78-79頁.

50 니체의 『디오니소스 송가』의 '아리아드네의 통곡'에는 "혹여 서로 사랑할 것이라면, 우선 먼저 서로 미워하지 않아야지?"라는 구절이 있는데, 이런 이중구속double bind의 부정성 ='문제'에 의해 디오니소스와 아리아드네 또한 매개되고 있다. [옮긴이] 이중구속이란 그 레고리 베이트슨의 용어로, 동시에 서로 모순되는 두개의 메시지를 받은 이가, 그 모순을 지적하지 못하고, 또한 응답하지 않을 수 없는 상태를 가리킨다.

4-4 허무주의의 철저

다시 『니체와 철학』으로 돌아가자. 약혼자 아리아드네는 디오니소스
=주체를 환대하는 특권적인 한 명의 타자이다. 그런데 그리스 신화에
서 아리아드네는 애인이던 테세우스를 '미로'에서 탈출시키기 위해
하나의 '실'을 준 자였다.

> 아리아드네가 테세우스와 사귀던 동안에는, 미로는 거꾸로[정반대로]
> 파악되었다. 미로는 우월한 가치들에 열려 있었고, 실은 부정적인 것과
> 원한의 실, 도덕적인 실이었다. 그러나 디오니소스는 아리아드네에게
> 자신의 비밀을 알려준다. 즉 진짜 미로는 디오니소스 자신이며, 진짜
> 실은 긍정의 실이라는 것을. '나는 너의 미로이다.' 디오니소스는 미로
> 와 황소, 생성과 존재이지만, 그러나 그의 긍정이 그 자체로 긍정되는
> 한에서만 존재하는 생성이다.[51]

이상에서는, 테세우스가 들어간 미로는 부정적인 대립이나 모순
이 켜켜이 쌓여 있는 원한의 미로였다고 해석된다. 우울[증]의 미로이
다. 거기서 실을 드리우더라도, 실이 이끄는 곳은 원한을 더욱 울적하
게 만드는—초월적인—환영의 출구일 뿐이다. 우울[증]의 미로에서
해방되려면, 미로 자체를 여러 가지 차이가 긍정적으로 생성변화되는
장으로 가치 전환하고, 또 이 생성변화를 한 개의 실에 의해 덧씌우지
=존재하게 만들지 않으면 안 된다. 이 가치 전환에서 아리아드네=실
은 하나인 타자이기를 계속한다. 미로 자체는 여럿이지만, 미로의 여

---

51 『니체와 철학』, p. 216, 324쪽, 362頁.

럿에 응하여[따라] 한 개의 실이 거듭거듭 주어지며, 그때마다 한 개이면서 그것은 반복할 때마다 상이한 경로route를 그린다. 여기서 우리는 다음과 같이 묻는다. 미로의 여럿에 응하여[따라] 끊겨 있는 실이 원한의 미로를―결혼적으로가 아니라―이중화하는 것 아닌가라고 말이다. 생성의 존재로 단도직입적straight으로 향하지 않는다는 선택지는 없는가? 생성과 존재 사이의 기묘한queer 갈등 ….

혹은 '생성의 존재와는 다른 식으로'의, 미로=실의 복수성을 요구하는 것이다.

원래 긍정적으로 한 개의 실은, 부정적으로 한 개의 실과 표리일체 아닌가?

『니체와 철학』에서는 허무주의를 세 단계로 나누고 있다. 우선 (1) "신, 본질, 선, 진리" 같은 이름으로 '초감성적[초감각적] 세계', '삶보다 우월한 가치들'을 상정하고, 반면 삶을 '과소평가[비하]'한다는 '부정적 허무주의'가 있다. 그다음으로, (2) "초감성적 세계와 우월적 가치들에 맞서서 반작용하고[반동적으로 활동하고], 그것들의 존재를 부정하고, 그것들의 모든 타당성을 부인한다"는 단계, '반동적 허무주의'가 있다. 이 두 번째 단계는 즉, 신을 죽이는 것에 상당한다. 그러나 신을 죽였다고 해도, (3) 곧바로 반동적인 힘이 자율화하고―살해된 신의 사체, 흔적으로부터도 도망치려고 하며―"바깥으로 이끌려지기보다는 오히려 수동적으로 소멸해버리는 편이 낫다"고 하는 '수동적 허무주의'의 단계에 이르러버린다.[52] 이 세 번째 단계가 니체가 말하는 '최후의 인간'의 상태이다.

그런데 위와 같은 세 단계에서 일관되게 현안이 되고 있는 것

---

52 지금까지는 『니체와 철학』, pp. 169-171, 259-263쪽, 288-292頁. [옮긴이] [ ] 안은 글쓴이의 번역.

이 하나 있다. 그것은 초감성적/감성적 세계를 분단하는 하나의 빗금slash이다. 이 하나의 선線의 피안—이상의 영역—을 동경하여 차안—현실의 삶—을 폄하거나(부정적 허무주의), 피안을 무화시키거나(반동적 허무주의), 오로지 차안에 있어서 자멸하거나(수동적 허무주의). 세 단계는 이렇게 다시 제시할 수 있다. 때문에 허무주의의 초극이 있을 수 있다고 한다면, 그것은 초감성적/감성적 세계를 분단하는 이 하나의 선 자체를 철저하게 말소하는 것에 다름 아니다.

그것이 허무주의의 철저로서의 허무주의의 초극이다.

들뢰즈에 따르면, 허무주의는 "능동적으로 자기 파괴하는 것"으로 격화된다. 그것은 복수의 힘의 선에 의해 스스로를 갈가리 찢어발긴다. 차안과 피안을 나누는 하나의 선, 이상적인 가치(선)/그렇지 않은 가치(악)를 나누고 '도덕'의 단수성을 파괴하고, 다상화多傷化하는 것. 모든 사물은 복수의 힘의 선의 교차이며, 복수의 관점에서 해석되며, 복수의 가치의 물음에 의해 횡단된다. 그 한복판에서 능동적인 자기 파괴가 이루어진다—"디오니소스적 갈가리 찢김lacération dionysiaque은 다수적 긍정의 직접적인 상징이다."[53] 그렇지만 들뢰즈에게 **디오니소스적 갈가리 찢음은 첫 번째의 긍정일 뿐이었다.** 그렇다면 두 번째의 긍정을 거듭하는 아리아드네는 도대체 어디서 오는 것일까? 아리아드네가 이상화된 하나의 타자라는 것은, 허무주의의 원래의 동인이었던 차안과 하나의 선을 사이에 두고 갈라서 있는 피안의 **초월적 [越的]인 이타성의 그 흔적**이 아닐까? 아리아드네의 이상화된 여성성은 일단 신의 죽음을 거쳐서, 그래도 부활하는 하나인 신-성神-性, 신성

---

53 『니체와 철학』, p. 18, 45쪽, 48頁. cf. Nietzsche, *Der Wille zur Macht*, §1052[일본어판, 527-528頁]. "── [사지가] 갈가리 찢겨진 디오니소스는 삶의 **약속**이다. 그것은 영원히 재생하고, 파괴로부터 돌아올 것이다."

한 성性이 아닐까?

우울증을 초래하는 초월성이기를 그만두고서도 남는 하나의 선은 이상화된 이성異性의 파트너와 함께 열어젖혀야 할, 다음 세대를 경계짓는 하나의 선으로 가치가 전환된다. 특권적으로 하나인 여성의 그 단수성에 의해, 남성의 정체성은 일원화된다. 혼례의 거울은 그렇게 서로 반사하는 두 사람의 포용[愛 ば 皿]이다. 이 '결혼 존재론'의 수사학은 칸트적인 상관주의의 대전제인 '우리들'의 재생산=생식의 일반적general인, 유전적인genetic 욕망을 어디까지나 유지하려 들기 때문에 요청되는 것처럼 생각된다. 들뢰즈의 철학은 한편으로는 비인칭적인 정신을 산재시키는 '존재론적인 다원론'을 생각나게 한다. 그러나 동시에 들뢰즈 철학은 이성애 규범성의 발생기generator로서도 기능하는, 이질적인hetero '우리'의 지속을 나(우리)에 대해 강제적으로, 자명한 예정으로 삼아버린다고 생각되는 것이다. 그렇지만 이 예정은 통시적으로도 공시적으로도 조직화되지 않은 기관들 없는 신체로서의 "독신자들의 공동성"에 의해 타격을 입게 된다면, 분쇄된다. 그것은 혼례의 거울에 의해 계속 반사하기로 예정되는 관계가 아니라, 서로 아무런 특권성도 없는 타자들의 그때마다 임시적인 마주침에서 이루어지는 예정 없는 반사로서의 분신화만을, 공동성의 후험일 뿐인 요청으로 삼는 것이다.

거듭 말해보자. 비인칭화되는 것 혹은 디오니소스적인 갈가리 찢음에 의해 어떤 하나의 개체성이 샤프하게 다듬어진다면, 분신적인 자타 관계를 최대한 근접시키면서, 그래도 원격[일정한 거리]을 유지하는 '동성애'나 '근친상간'의 공동성이 있을 수 있으며, 또한 규범적이지 않은 이성애가 있다고 한다면, 그것도 또한 분신적인 근방-성近傍-性으로서의 동성애나 근친상간과 마찬가지로 (외재성의) 평면 위에서 이루어질 것이다. 확실히 '우리'의 거처와 역사의 재생산은 속정俗情에 의존해 유기적으로 계속 살아남는다고 하더라도, 그 한복판에서 특정한 유형의 '우리'의 헤게모니를 해체하고자 한다면, '우리'의 돌연 일어날지도 모르는/일어나고 있을지도 모르는 소멸을, 다만 유기적 죽음이 아닌 소멸의 우연성을 눈여겨봐야만 한다. 그것은 상식·양식적인 인간으로서의 '우리'의 **초월론성의 절멸**을 늘 이미, 묵시록적인 의미를 담지 않고, 통과하고 대기하는 것이다.[54] '우리'도 포함한 모든 사물이 이른바 '외재적인 관계의 야성野性'으로서의 자연사에서 발생하고 소멸하기도 한다는 것을 문자 그대로 인정하는 것이다. 그렇게 인정하면서, 발생/소멸의 무감동과 속정에 의존한 유기적인 생사의 드라마 사이에서, 여러 존재들과 불확실하게 공립共立하는 것이다.

---

54 랑시에르에 따르면, 상관주의 비판의 철저에 있어서는 '우리'의 '절멸'에 관한 (상관주의에 있어서 불가능한, 사변적인) 사고가 필요하다. Ray Brassier, *Nihil Unbound*, chap. 7.

제5장

개체화의 요청: 『차이와 반복』에서의 분리의 문제

앞의 『니체와 철학』의 논의를 경첩으로 삼아 이 글은 이 5장부터 후반부의 논의로 들어간다. 지금부터 초점이 되는 것은 3-6「부정신학 비판, 복수적 외부성, 변태하는 개체화」에서 제기된 개체성=공립성共立性=통합[모둠] 개념이다.

5-0 후반부 서론: 관계주의에서 무관계의 철학으로

도대체 왜 들뢰즈(&가타리)의 생성변화론을 추구하는 데 있어서 이 글은 개체화론을 중시하는 것일까? 우리는 "생성변화를 어지럽히고 싶지 않으면 너무 움직여서는 안 된다"라는 잠언을 지침으로 삼아왔다. 생성변화하는 데 있어서 '너무 움직이지 않는다'는 것은 과잉되게 자기 파괴하고 무수한 타자들로의 접속 과잉이 되며, 그리고 마침내 세계가 혼연일체가 되는 것을 막는 일이다. 비의미적 절단의 샤프한 선에 의해 접속의, 관계맺음의 과잉화에 제동을 건다. 이것은 관계의 외재성을 인정하는 것에 해당한다. 즉 자타의 모든 관계들에 의해 자타의 본질이 소진된다고 하는 브래들리적인 일원론에 반대하는 것이다(2-3). 다원론을 취하기. 구별된 사물 사이에서 임시적 연합을, 해리를, 재연합을 실험하기. '너무' 움직이지 '않는' 것이지 '움직이지 않는' 것이 아니다. 다른 곳으로 접속하는 것에서 전면적으로 철수하는 것이 아니다. 전면적인 접속과 전면적인 절단은 표리일체의 전말顚末이기 때문이다(신경증/파라노이아와 우울증). 3-6 「부정신학 비판, 복수적 외부성, 변태하는 개체화」에서 논했듯이, 들뢰즈(&가타리)의 세계는 여러 가지 '부분', '단편'의 콜라주이다. 분열분석에서 어떤 전체whole는 부분의 부분전체론적 합으로 생각된다. 그들에게는 접속도 절단도 부분적이다. 너무 움직이는 것은 아니지만, 움직이지 않는 것도 아니다. 이 균형balance은 타자로의 부분적인 관계맺음과, 부분적인 무관계의 균형을 가리킨다.

들뢰즈 철학의 특질로서의, 생성변화의 절약économie.

그는 텍스트의 곳곳에서 잠언 같은 말투로 '절약의 요청'을 명기했다.

절약의 요청이란 **딴 곳으로부터 분리된 자기의 주소[거처]의 윤곽**, 즉 개체성 혹은 개체의 자기-향유를 유지하는 것의 요청이다. 생성변화의 에코노미économie를 나타내는 '너무 움직이지 마라'라는 잠언으로부터는, 이리하여 '개체화의 요청'을 도출할 수 있게 된다.

3장에서는 접속적 들뢰즈의 포지티브와 네거티브에 해당하는 생기론적/구조주의적 전체론이 '관계주의'의 일종이라고 말했다. 이들 쌍둥이 같은 전체론으로부터 들뢰즈를, 그의 흄주의의 과장에 의해 논점을 이탈[脫輪]시키는 이 글은 '관계주의 비판'을 시도하는 것이다.

1970~80년대 일본에서 구조주의~포스트구조주의, 그리고 포스

트모던론의 수용은 관계주의의 유행 역사의 일부였다. 예를 들어, 히로마츠 와타루廣松涉의 체계나 마루야마 게이자부로丸山圭三郎의 소쉬르 해석 등을 상기하고 싶다. 그들에게 전형적인, 아시아의 문화 배경과 '실존주의에서 관계주의로'의 변동shift을 결부시키는 태도는 접속적 들뢰즈의 국지화localization와 밀접하게 연관되어 있을 것이다.[1]

많은 관계주의 담론은, 메이야수가 말하는 '상관주의'로서 전체론화되고 있다. 히로마츠의 경우는 '현상'이, 마루야마의 경우는 '시니피앙'이 '상관 미디어'이다. 그러나 메이야수에 의한 '상관주의 비판'

---

1 廣松涉, 『哲学入門一歩前——モノからコトへ』, 講談社現代新書, 1988년, 220頁. "物物적 세계상에서 일[事]적 세계관으로의 전환은, 반anti-실체주의적=관계주의적이라는 한에서는, 어디까지나 이런 한에서는, 불교철학, 그중에서도 대승불교계의 어떤 유파가 설파하는 대목과 공통되는 부분을 갖고 있습니다." 또한 丸山圭三郎, 『言葉と無意識』, 講談社現代新書, 1987년, 156頁. "그의 [=대승불교 중관파中觀派의] 핵심인 '연기'설에 따르면, 모든 사태[事象]는 관계에 의해서만 존재한다. 말하자면, 아리스토텔레스가 말한 실체, 나가르주나가 말하는 '자성自性'의 부정에도 불구하고, 이것은 고스란히 소쉬르의 '자의적 가치'(=근거 없는 관계)의 세계일 것이다. 그리고 그 원인을 존재 환기 기능으로서의 '말'에서 본다는 점에서도 공통적이다." 이런 담론에서는 자주, 서양 근대의 개인주의(그 연원은 아리스토텔레스의 실체론으로 간주된다)보다 아시아적이고 세계적이기도 한 관계주의에 높은 값을 매긴다. 뉴아카데미즘 주변의 상황은 일본의 전근대 및 근대화에 대한 애증, 그리고 '근대의 초극'이라는 애매한 꿈을 둘러싼 변주의 일부이다. 이 점에 관해서는 cf. 宇野邦一, 『ドゥルーズ——群れと結晶』, 河出書房新社, 2012년, 序章. 우노字野는 마루야마 마사오丸山眞男에 의해 일본의 '오래된 층[古層]'이라고 여겨진 "차례차례로 되어가는 모양새(つぎつぎになりゆくいきほひ)"가 "성가시게도 **언뜻 봐서** 리좀적"이라는 것을 검토한 후, 다음과 같이 결론 내린다. "확실히 그러한 자연, 자발, 자생으로서의 '리좀'이라면, 이 나라의 '풍토'에 만연해 있다. 그러나 자율이고 자유이며, 결코 자기생성이 아니라, 대화와 항쟁 속에 있으며, 자발인 듯한 리좀 없이는 … 방종조차 막지 못하고, 소유하고 확장하는 자기(에의 배려)와 더불어 있는 그리스, 서구의 리좀을 생각하지 않으면 …, 리좀의 가능성 따위는 없다"(39頁). [옮긴이] 마루야마 마사오가 주창한 문구를 의역한 것인 "차례차례로 되어가는 모양새"는 주체적으로 무엇인가를 '한다'기보다는 자연스럽게 차례차례, 잇달아 '되어 가는' 혹은 '진척되는' 것을 중시하고 그런 기세에 몸을 맡기는 것을 뜻한다. 마루야마 마사오는 이것이 일본인의 사고와 역사의 흐름을 풀고 이해하기 위한 열쇠라고 말한다.

과 이 글에서 시도되고 있는 '관계주의 비판'은 논의의 범위scope를 달리 한다. 왜냐하면, 상관주의가 아닌 관계주의도 있을 수 있기 때문이다. 관계주의 비판에서는 '상관 미디어' 없이 자족적인 세계 자체에 있어서의 관계들의 전체론이 문제가 된다. 메이야수의 논의에서는 이런 **비-상관적인 관계주의**가 여전히 작용하고 있다. 메이야수의 공격 대상은 자연법칙의 항상성(=자연의 균일성)이었다. 법칙이란 사물을 관계시키는 것이다. 메이야수는 개개의 사물이 아니라 그것들을 관계시키는 법칙들을 표적으로 삼으며, 후자에 관해 절대적으로 우연한 변화를 주장했다. 때문에 사물을 모두 서로 비-인과화하고 산산이 흩어지게 하는 것이 아니다(하먼에 의한 지적, 2-4 「메이야수와 하먼」). 대략적으로 말하면, 『유한성 이후』에서 절대적인 우연에 의한 세계의 소멸/생성은 어떤 관계주의적 세계에서 다른 식으로 관계주의적인 세계로의 절단적인 변화인 것처럼 보인다.

그런데 2000년대 초에 하먼은 이렇게 말한다.

아마 '맥락화contextualization'는 우리의 시대의 지적인 사명이었다고, 20세기의 운명은 **전체론** 개념을 위해 싸우는 것이었다고 말할 수도 있으리라. 오늘날 전체론은 학계의 작업에서 승리를 거두고 있는 명제이며, 여러 날 동안 이것은 세계를 독립적인 덩어리chunks로 갈라치기 하는 상식적 경향에 비해 상쾌한 바닷바람처럼 느껴지고 있다. 나는 미국의 가장 탁월한 교육자 중 한 사람이 대학 교육의 진정한 **의의**가 학생에게 '모든 것은 접속되어 있다Everything is connected'고 가르치는 것이라고 말한 것을 들은 적이 있다. 그렇지만 이렇게 맥락을 선호한 나머지 독립적인 실체와 본질을 내던져 버리는 것은, 예전에는 해방적이었다고 하더라도 지금은 더 이상 그렇지 않다. '맥락성'이나 '관계성

relationality' 패러다임은 오늘날 우리의 사고의 구석구석을 지배할 정도로, 우리의 정신 속에 새겨져 있다.[2]

이런 경향을 하면도 기회 있을 때마다 '관계주의relationism'라 부르며 비판한다. 그것은 개개의 사물의, 서로 절대로 분리된 무한한 심층, 프라이버시를 존재론적으로 인식[인정]하기 위해서다. 사물에 대한 그 어떤 접속access도 모든 사물에 대한 관계에서는 있을 수 없다. 예를 들어 '불이 창고를 태우는' 경우, 불은 인화성인 한에서의 창고를 태우더라도, 창고의 형형색색의 질(입구 디자인, 실내에 밴 냄새 등등)에 관해서는 '파악grasp'할 수 없다.[3] 이런 생각은 사물 일반으로 확장된 '전적인 타자'론이라고 말할 수 있다. 실제로 하먼의 배경에 있는 한 명은 레비나스이며, 하먼의 주장은 레비나스의 타자론으로부터 인간의 특권성을 삭제하여 얻어진 하나의 귀결일 것이다. 그리고 윤리적인 함의로서, 모든 사물로 확장된 레비나스주의는 모든 사물에 잠재하는 역능의 '풍부함'을 옹호하는 것처럼 보인다. 그런데 레비나스의 하이데거 비판은 **공동화라는 선의에 기초한 전체론**에 대한 비판에 의해 동기 부여됐다. 그러나 레비나스는 전체화된 공동성을 비판하기 위해, 무한하게 복잡한 타자로의 관계—책임의 관계=이성ratio—를

---

2 Graham Harman, *Tool-Being*, p. 174.

3 Harman, *Guerrilla Metaphysics*, p. 78. [옮긴이] "…불은 무한한 속도로 건물로 번져나가는 것이 아니라 건물의 내벽, 스프링클러 시스템 같은 상이한 수준의 저항에 직면하며, 건물의 인화성보다 훨씬 미묘한[감지하기 힘든] 건물의 그 어떤 측면도—건물의 형형색색의 천장, 유겐트 양식의 입구, 퀴퀴하게 배어 있는 냄새—파악하지 못한다. 즉, 불은 너무도 어리석어서 건물의 이런 특징들 중 그 어떤 것도 파악하지 못한다. 마찬가지로, 인간도 너무 제한되어 있어서 벽의 도처에 있는 낡아빠진 배선을 감지하지 못한다. 너무 늦어버렸을 때까지도 말이다."

요구했다. 이에 대해 이 글은 전체화된 공동성/**무한** 책임의 관계=이성이라는 대립에서 벗어나고자 한다. 복수의 유한한 무인도로. 이 이미지에 의해 제시되는 것은 전체화=폭력화에서 벗어나고 또 윤리화=탈폭력화(평화화)의 철저함에서도 벗어나는, 분리된 힘들의 이따금의 접촉 그리고 어긋난 상황이다.

이 글은 사물의 '가난함'을 존재론적으로 제1차화하는 논의로 향한다. 흄-들뢰즈에게 '전체화가 불가능한 단편'으로 이루어진 개체(=관계 다발)는 그때마다 유한한 구성이다. 이것을 '가난한 개체'라고 부르자. 이에 반해 하먼에게 개체는 무한한 잠재력potential을 감추고 있는 것이다. 그러나 가난한 개체는 후험적으로 생성변화함으로써 새로운 역능을—이념적으로는 무한히—얻을 수 있을지도 모르지만, **얻을 수 없을지도 모른다.** 그렇게 타자와 자신을 이른바 '존재론적으로 제1차적으로 체념하는' 것을 생각해보면 어떨까? 무한하게 풍부해질지도 모른다는 희망—이 희망과 한 쌍을 이룬, 당분간의 유한성에 대한 체념(이것이 라캉에게 상징적 거세였다)—에 의해 유도되는 것이 아니라, 그 위에서 그래도, 새로운 관계를 요구할 수 있을까? 어떤 가난함에서 다른 가난함으로의 생성변화를 서로 교착시키는 공동성—이것이 들뢰즈의 흄주의로부터 과장적으로 독해되는 '존재론적 유한성'의 실천적 의의이다.

전체론적인 발상에 있어서의 **본래적이고 미래적인** 공동성에의 지향은, 다양한 이기주의로 분단된 세계로부터 우리를, 아니 세계 자체를 해방시킨다고 하는 일종의 규제적 이념이며, 이것은 오늘날에도 유효성을 잃지 않고 있다. 그렇지만 인터넷과 전 지구적 경제가 지구를 뒤덮고 있는(접속 과잉) 동시에 상이한 신조가 다방향으로 대립하고 있는(절단 과잉) 21세기의 단계에서 관계주의의 세계관은 우리를 숨 막히게 하는 것이기도 하다. 철학적으로 재검토되어야 할 것은 접속/절단의 범위를 조정調整하는 리얼리즘[실재론]이며, 상이한 유한성 사이의 협상negotiation이다. 오늘날의 포스트포스트구조주의가 오히려 '무관계의 철학'이라고 불릴 수 있는 과제를 도마 위에 올리는 것은 이러 현황[현재성]에 대한 대응이라고 생각된다.

메이야수의 경우에는 절대적인 우연으로, 다른 식의 세계가 생성될 수 있다. 당장의 세계로부터 인과적으로 끊겨진=무관계의 다른 식의 세계로의 변화이다. 혹은 6장에서 다시 한 번 건드릴 말라부의 경우, 뇌손상이나 뇌병변에서는 예전의 인격으로부터 절단된 (부분적으로) 무관계한 새로운 인격이 생길 수 있다고 주장하며, 그런 동일성의 절단에 대해 포지티브한 의의를 인정하려고 한다. 하먼은 그 나름대로 실체주의를 복권시키고, 객체object는 존재론적으로 산산이 흩어진다고 주장했다. 접속 과잉에서 절단으로, 혹은 유한성으로. 그리고 과거의 포스트구조주의의 소용돌이에 있어서는, 특히 들뢰즈는 관계주의로부터 부분적으로 분리한다는 과제를 선구적으로 명시했다고 평가할 수 있다. 포스트포스트구조주의로서의 말라부, 메이야수, 하먼 등의 작업은 이리하여 무관계의 철학이라는 얼핏 보면 살벌한 시점視點에서 내려다볼 수 있으며, 그리고 절단적 들뢰즈는 바로 이런 조짐을 드러낸다.

무한한 접속 과잉에서 부분적인 무관계로, 즉 유한한 접속과 절단으로.

이 경우의 '유한'은 관계할 수 있는 범위가 이것에 갇혀 있다는 것을 **곧바로** 의미하는 것이 아니다. 관계할 수 있는 범위는 다양하게 넓게/좁게, 긴밀하게/성기게, 몇 번이라도='무한 가능'적으로 재설정reset될 수 있지만, 그때마다 임시적인 순간은 한정되어 있다. 부분적인 관계들의 깊숙한 곳에, 하나의 무한한 주체=충족 이유는, 없다. '결여'로서의 충족 이유도 없다. 이런 생각이, 들뢰즈에게서의 흄주의와 니체주의의 단락[합선]으로부터 얻어지고 있다. 이런 것은 메이야수의 철학과 다르다. 왜냐하면 메이야수에게 일차적인 풍경은 단편의 이합집산이 아니라 법칙적인 관계맺음의 상황이며, 법칙의 우연적인 변화이기 때문이다. 다른 한편으로, 하먼의 대상 지향 철학과는 관계주의 비판을 공유하지만, 그것과도 다르다. 왜냐하면 하먼은 대상을 개개로 산산이 흩어지게 하더라도, 그것들의 역능의 무한의 '나머지'—나머지라는 표현이 5-4의 키워드가 된다—를 실체적이라고 생각한다. 이에 반해, 이 글의 경우에는 사물의, 그때마다의 유한한 관계 다발에 대해서만 실재성을 인정하고, 그것들은 가능 무한적으로 갱신될 수 있지만, 그러나 갱신이 멈춰지는 경우도 있을 수 있다='나머지' 없이 될 수도 있다고 생각하기 때문이다.

*

이제부터 이 5장에서는 들뢰즈의 주저인 『차이와 반복』의 4장과 5장의 개체화론을, 다음인 6장에서는 3-6 「부정신학 비판, 복수적 외부성, 변태하는 개체화」의 연장선상에서 『의미의 논리』에서의 기관들 없는 신체=개체의 위치를 고찰한다. 앞의 4장부터 들뢰즈의 텍스트에 대한 자세는, 미세한 수사학에 주목하면서 해석을 부연하는 식으로, 탈구축적인 성격을 강화하고 있다. 이제부터 이 글의 후반부에서는, 굳이 세부사항에 연연하는 해석을 통해 접속적 들뢰즈/절단적 들뢰즈의 길항拮抗과 융통融通을 분석한다.

5-1 의욕 없는 타자와 초월론적 어리석음

『차이와 반복』의 한복판에 위치하는 3장 「사유의 이미지」에서 들뢰즈는 철학이 어떻게 개시되어야 하는가라는 물음에 하나의 대답을 내놓는다.

들뢰즈의 진단에 따르면, 많은 철학자는 뭔가의 "주관적 혹은 암묵적인 [또 다른 종류의] 전제[들]"로부터 철학을 개시하는 것에 대해 자주 무자각하다고 여겨진다.[4] 그것은 암암리에 이루어지는 '선先-철학적 이해'이며, 이것을 들뢰즈는 '사유의 이미지'라 부른다. 그리고 들뢰즈는 "모두가 개념 이전에, 선-철학적인 양태로" 특히 "사고하는 것, [즉] 존재한다는 것은 어떤 의미인가"를 "알고 있다", "승인=재인 reconnaître"하고 있다고 전제한다는 것에 대해 의심을 던지는 것이다. 예를 들어 데카르트가 "나는 사고한다, 고로 나는 존재한다"를 의심할 수 없는 시작점으로 삼을 때는 누구든 '자아', '사고하다', '존재하다' 정도는 알고 있을 것이라고 전제하고 있는 셈이다. 하이데거라면, '존재'하는 것에 관한 사람들의 '선-존재론적 존재 이해'에 의존하고 있다. 그때, 그들 철학자는 모든 사람들=전 세계tout le monde를 최저한의 '상식sens commun'과 '양식bon sens', 즉 '공통의·좋은 방향'으로 집약하고, 모든 사람들의 대리인을 임명한다.[5] 그렇게 함으로써 거꾸로 그들은 '공약할 수 없는·나쁜 방향'으로 엇나간 타자를 철학할 수 있

---

4 『차이와 반복』, p. 169, 289쪽, (上) 345頁. [옮긴이] [ ] 안은 옮긴이.

5 『차이와 반복』, p. 170, 291-292쪽, (上) 347-348頁. [옮긴이] 국역본에서는 tout le monde를 '모든 사람들'로 옮기고 있으나, 프랑스어에서 이 단어는 '전 세계'를 뜻하기도 한다. 한편, 글쓴이가 지적하는 대목은 프랑스어판의 p. 173, 국역본의 294쪽까지 포괄한다.

는 권리로부터 미리 배제하게 된다. 들뢰즈에 따르면, 이런 배제는 모종의 '도덕'의 강요이다. 들뢰즈가 요구하는 것은, 사고의 '도덕적 이미지'로부터 벗어난 사고이다. 모두와 마찬가지로 도덕적인 것이 아닌, 엉망진창인 타자가 어딘가에 있는 것이다.

> 모두[모든 사람들]가 알고 있는 것을 알지 못하고, 모두가 승인=재인하고 있다고 간주되는 것을 겸손하게 부정하는 그 누군가가 있다. [설령 한 명뿐이라고 해도, 바람직한 겸손함으로]. 이런 사람은 대리-표상하는 일에는 결코 말려드는 법이 없을뿐더러, 그것이 어떤 것이든 아무것도 대리-표상하려 들지 않는다. 그는 선한 의지=할 의욕bonne volonté과 자연적 사유를 부여받은 어떤 특수한[개별적인] 자라기보다는 오히려 악한 의지=할 의욕 없음mauvaise volonté으로 가득 찬 어떤 특이한 자로서, 자연 안에서나 개념 안에서는 결코 사유하지 못하고 만다. 오로지 이런 자만이 아무런 전제도 없는 자이다. 오로지 이런 자만이 실질적으로 시작[재개]하고, 또 실질적으로 반복한다.[6]

모든 사람으로 동일화할 수 없는, 할 의욕이 없는 타자로서 시작[재개]하는 것. 들뢰즈에 따르면, "사실상 인간들이 사유한다는 것은 드문 일이고, 또 어떤 고양된 취미 안에서 사유한다기보다는 오히려 어떤 돌발적인 충격 속에서 사유하는" 것이며,[7] "사유에 있어서 일차적인 것은 불법침입, 폭력이며, 적이며, 그 어떤 것도 철학=지혜의 사랑을 전혀 가정하지 않으며, 모든 것은 지혜에 대한 혐오misosophie에

6　『차이와 반복』, pp. 170-171, 292쪽, (上) 349頁. [옮긴이] [ ] 안은 글쓴이의 것이나, 원문에 충실한 것은 아니다.

7　『차이와 반복』, p. 173, 296쪽, (上) 354頁.

서 출발한다."[8] 들뢰즈에게 사유의 진정한 시작은 모든 사람들=전 세계로부터의 중도 탈락dropout이다. "세계 안에는 사유하도록 강제하는 뭔가가 있다. 이 뭔가는 어떤 근본적인 **마주침**rencontre fondamentale 의 대상인 것이지 결코 어떤 재인의 대상이 아니다."[9] 예상 밖의 이타성[他性]과의 마주침(=사건)에 있어서, 개개인은 상식·양식에 안주하는 것으로부터 떼어내진다. 사유는 다름인 사건의, 그 재인 불가능성에 의해 견인된다trigger. 이것을 들뢰즈는 '이미지 없는 사유'라고 부른다. 이미지 없는 사유는 우연히 발생할 수밖에 없다. 쇼크[돌발적인 충격]로서, 흔들리게 하는 것으로서. 사유는 느닷없이 바깥에서 오는 주어진 것=이미지—어떤 '문제'를 포함한—에 의해 놀라게 되는 자세이다. 그렇다면 이미지 없는 사유란 이해의 규약protocol 없이, 영문도 모른 채 이미지에 의해 호되게 얻어맞는 것에서 시작된다고 규정할 수 있을 것이다. 그 조건으로서의 '할 의욕이 없음'=수동성이 '초월론적 어리석음bêtise transcendantale'이라고 불린다.

들뢰즈는 사유에 얽혀 있는 부정성을 두 가지로 나눈다. 첫째는 재인의 실수miss일 뿐인 '오류erreur'이며, 둘째는 근본적인 사유의 무능을 나타내는 '어리석음'이다. 어리석음은 사유에 있어서 오류보다 깊은 위협이지만, 그 때문에 오히려 어리석음은 사유의 창조적인 조건이 될 수 있다. 사건의 기습공격을 겪고 망연자실해**질 수 있다**는 마이너스의 힘이 바로 어리석음이다.

그런데 흥미롭게도 『차이와 반복』의 들뢰즈는 초월론적 어리석음을 논할 때 일종의 인간중심주의에 호소한다. 들뢰즈에 따르면, 인

---

8 『차이와 반복』, pp. 181-182, 311쪽, (上) 372頁.

9 『차이와 반복』, p. 182, 311쪽, (上) 372頁.

간만이 어리석게=창조적으로 될 수 있다. 이를 테면, "어리석음은 동물성이 아니다. 동물은 '어리석은' 존재[바보]이기를 방해하는 그것에 특유한[종적] 형식들에 의해 보호받고 있다."[10] 이, 동물의 '그것에 특유한 형식들'이란 도대체 무엇일까? 들뢰즈의 발걸음에서 인간을 다른 동물로부터 구별하는 논의의 효시는 가장 초창기의 텍스트인 「본능과 제도」(1955)이다. 이 글을 쓸 당시의 들뢰즈는 고등학교 교사였는데, 이 글에서 들뢰즈는 동물들에 비해 인간은 "본능이 없다"고 규정하고, 그 때문에 인간은 다양한 '제도'를 만들 수 있다는 생각을 드러냈다.[11] 이런 구별은 아마 『차이와 반복』에 이르러서도 실효되지 않는다. 앞의 인용에서 동물이 갖고 있는 "그것에 특유한 형식들"은 본능을 가리키는 것 같다. 즉 동물은 사유의 패턴이 본능적으로 **유한하기** 때문에 언제나 영리하고, 즉 영문도 모른 채 쇼크로부터 보호받는 것이며, 본능에서 벗어나 어리석게=창조적으로 될 수 없다. 다른 한편, 인간은 사유에 있어서 유한성을 결여하고 있으며, 때문에 무한하게 어리석게=창조적으로 될 수 있다.[12] 이와 같은 대비는 라캉의 이론을 상기시킨다. 인간의 '욕망하는 사유'는 메워지지 않는 '결여'를 둘러싼 무한한 시행착오이며, 그것이 본능의 결여에 상당한다. 대문자의 '결여', 즉 나의 (성의) 기댈 곳의 부재를 둘러싸고 계속되는 불안,

---

10 『차이와 반복』, p. 196, 334쪽, (上) 401頁. [옮긴이] 여기서 '어리석음'으로 옮긴 단어는 bêtise이고 뒤의 '어리석은' 존재는 bête이다. 이것은 '바보'라는 뜻으로 옮겨질 수도 있으나 원문과 어원을 감안해 이렇게 옮겼다. bête는 짐승을 뜻하는 말이다.

11 Gilles Deleuze, "Instincts et Institutions", p. 27, (上) 38頁.

12 들뢰즈의 '초월론적 어리석음'론에 있어서의 인간중심주의에 관해서는 데리다의 고찰이 있다. Jacques Derrida, "The Transcendental "Stupidity"("Bêtise") of Man and the Becoming-Animal According to Deleuze," in *Derrida, Deleuze, Psychoanalysis*, ed. Gabriel Schwab, Columbia University Press, 2007.

그것은 죽음의 불안이다. 들뢰즈의 구별을 따른다면, 어쩌면 동물은 이런 불안에 시달리지 않으며, 광기를 띠지도 않으며, 그리고 '결여'를 메우는cover 대상a, 나아가 생톰Sinthome[13]으로서의 예술 작품을 만들지도 않을 것이다(3-5).

인간은 사유에 있어서 본능적인 유한성을 결여하고 있기 때문에, 대문자의 '결여'를 둘러싸고 계속되는 어리석은 존재이다. 이렇게 주장하는 이른바 '마이너스의 인간중심주의'는 공허한 '존재=사건'의 편력에 의해 만상万象을 매개하는 구조주의적 전체론의 세계와 빈틈없이 상관한다. 인간의 트라우마와 **세계의 트라우마**가 단도직입적으로 상관하고 있는 것이다. 그렇지만 이 글에서는 뒤에서, 들뢰즈에게 '마이너스의 인간중심주의'의 권외圈外를 나타내는, **별개의 동물론**을 관건으로 삼고자 한다. 1장에서 예시했듯이, 들뢰즈는 동물로의 생성변화를 종종 권했다. 왜 동물이 되라고 권한 것일까? 그것은 인간적인 어리석음으로부터 벗어나는 것을 겨냥하고 있는 것이 아닐까? 그렇다고 해서, 동물의 본능적인 영리함 속에 갇히는 것도 아니라면, 어떨까? 그렇다면, 본능적인 영리함과 불가분할 것인 또 하나의 어리석음, '동물적 어리석음'이라는 테마가 부상하게 될 것이다. 이 글은 마지막 9장에서 이런 물음을 전개하기로 한다.

느닷없이 "사유하도록 강제하는 것"에 임했을 때의 (인간의) 어리석음, 사유 불가능성. 그것을 신비적으로 떠받드는 것은, 그러나 들뢰즈가 요구하는 것이 아니다. 중요한 것은 도래하는 **이** 이타성[他性], 사건의 이러저러한 이것임이며, 느닷없는 트러블trouble에서 사유가

---

13 [옮긴이] 라캉의 신조어로, 생톰le sinthome은 '증환'으로 번역 가능하며, '생 토마스(성 토마스)'에서부터 '생 테 톰므(종합 인간)'까지 일련의 연상적 의미를 파생시킨다. 슬라보예 지젝 지음, 박정수 옮김, 『HOW TO READ 라캉』, 웅진지식하우스, 2007 참조.

옴짝달싹 못하는 상태에 빠지는 일이 있다고 하더라도, 사유하는 **이** 실천은 당분간은 그럭저럭 변통할 수 있는 **이** 방식에 의해 마주침에 응할 것이다. 『차이와 반복』의 3장 이후에서는, (i) 우리의 사유 불가능성을 자극하는 '무엇인가'를 손에 쥐려고 하는 것을 '이념Idée', '문제problème'(=잠재적인 것)의 추구로서 4장 「차이의 이념적 종합」에서 다루고, (ii) 그에 반해 이런 식으로 응하는 것, **이** '해解'를 내는 것(=개체화·현동화)을 5장 「감각되는 것의 비대칭적 종합」에서 다룬다.

5-2 아이러니에서 유머로 되돌아가기

예를 들어 어떤 자유기고가가 있는데 가파르게 수입이 줄어서 속이 끓고 있다. 그녀/그는 이런 사태에서 어떤 문제에 직면하고 있는 것일까? 이런 현황은 어떤 문제의 표현일까? 생각하기도 싫을 것이다. 소셜 게임social game[14]으로 불안을 달래고, 재빨리 이불을 뒤집어쓰고 심란해져서 누워버린다. 그렇지만 생활이 걸려 있다. **생각하지 않을 수 없다.** 왜 '원고 의뢰가 줄어든' 것일까, '원고료가 싸진' 것일까? 이런 현황actualité은 잠재적인 '관계들=비[율]들rapports'의 동향économie을 표현하고 있다. 상이한 관계들=비[율]들은 상관하여 변화한다. 예를 들어 어떤 토픽을 둘러싼 잡지/인터넷의 영향력의 관계=비[율], 잡지 원고/웹 원고의 문자 단위의 관계=비[율], 시청각/문자 콘텐츠에 충당되는 예산의 관계=비[율] … 등등의 변화의 상관이다.

---

14 [옮긴이] 컴퓨터나 휴대전화의 소셜네트워크서비스(SNS)로 제공되는 게임의 총칭.

… '경제적인 것'은 고유하게 말해서 주어진 것이 결코 아니라, 언제나 현동화actualisation의 형식들에 의해 은폐되어 있기에 해석해야 할 어떤 차이적=미분적 잠재성virtualité différentielle을 지칭하며, 항상 해解의 경우들에 의해 은폐되어 있는 어떤 테마, 어떤 '문제 제기적인' 것을 지칭한다.[15]

뭔가의 트러블―예를 들어 앞의 '갑자기 수입이 줄었다'라는 경제적인―은 관계들=비[율]들의 다양성multiplicité을 거기에 잠재시키고 있다. **현동적인** 트러블로 "은폐되어 있기에 해석해야 할" **잠재성**이란 관계들=비[율]들의 다양성인 것이다. 관계들=비[율]들의 다양성에 있어서 우리는 뭔가의 '문제' 내지 문제 [제기]적인 '이념'에 대치対峙한다. 앞의 인물은 "자유기고가로서 벌이를 늘리려면 어찌하면 좋은가" 같은 문제=이념에 있어서 살아갈 것이다. 갑자기 자주 쓰는 팔을 자유롭게 쓰지 못하게 된 자는 "자주 쓰는 팔을 사용하지 않고도 스트레스가 적은 생활을 하려면 어찌하면 좋을까"라고 하고, 우울이나 환각이 덮쳐온 자는 "이 악몽이 어서 빨리 지나가게 하려면 어찌하면 좋을까" 같은 문제=이념에 있어서 살아갈 것이다. 이것들을 '푸는' 것, 해解를 내는 것은 잠재적인 관계들=비[율]들의 뒤얽힘에 응하는, 일정한 준비 자세를 만드는 것이나 다름없다.

잠재성=문제성=이념성을 들뢰즈는 '미분적微分的'이라고 형용한다. 고등학교에서 배우듯이, 2차곡선의 변수에 미분의 조작을 하면, 그 곡선의 기울기 변화를 나타내는 1차 함수를 얻을 수 있다. 후자는 전자에 있어서 잠재적인 벡터장을 개시하는 것이다. 거꾸로, 원래의

---

15 『차이와 반복』, p. 241, 406쪽, (下) 56頁.

2차함수는 현동적이다. 들뢰즈는 그러나 잠재성의 영역을 오로지 수학화하고 싶은 것은 아니다. 경제적인, 복소수적인, 정서적인, 물리적인 등등의 다채로운 범주에 있어서의 동향=화살표는 어느 것도 특권적이지 않다고 생각해야 할 것이다. 가장 추상적인 것은 '관계=비[율]'의 개념이다. 『차이와 반복』의 문제=이념론은 관계의 형이상학이며, 미적분론은 그중 한 가닥의 실[系]일 뿐이다.[16]

잠재성의 영역에서는 이질적인 관계들이 서로 접속되어 있다. 아무리 사적private이고 작은 문제더라도 무수한 다른 문제군에 연루되어 있다 … 와 같은 관계주의의 낌새가 여기서도 짙다. 그렇지만 실천적으로, 우리의 생로병사에 있어서는, 문제(를 둘러싼 관계들=비[율]들의 배치)를 폭력적으로 단순화해서라도, 일정한 해解를 낼 수밖에 없다. 그런데 일정한 그때마다의 임시적인 해를 내려고 하기 전에, 원래 문제의 구조가 일정한 방식으로 특정되어야만 한다. 문제=이념론에는 다음과 같이 두 개의 단계가 있다고 생각된다. (1) 다른 문제군으로의 접속 과잉(모든 문제의 혼연일체)으로부터, 어떤 하나의, 몇 가지의 문제를 절단해야만 한다—즉 너무 움직이지 마라. (2) 그렇지만 그리하여 샤프해진 문제는 다른 문제군으로의 과잉이 아닐 접속에 있어서 다른 모양으로 바꿔 말해지는 것이 아니라면, 풀리지 않는다[해가 없다]—즉 너무 움직이지 말라고 하더라도, '너무 ~하지 않는' 식으로 움직이지 않으면 안 되는 것이다.

들뢰즈는 "~란 무엇인가Qu'est-ce que?"라는 형태로 '본질'을 묻는

---

16 곤도 가즈노리近藤和敬의 검증에 따르면, 『차이와 반복』에서의 미분법 이해는, 예전에 앨런 소칼 등에 의해 비난받았듯이, 일부 혼란스럽다. 그러나 4장에서 긴요한 것은 잠재적인 '이념'의 분야의 제시이며, 미분법의 해석은 그 예시의 하나일 뿐이며, 4장의 주된 '논증근거'가 아니다. 近藤和敬, 「『差異と反復』における微分法の位置と役割」, 『ドゥルーズ/ガタリの現在』 수록.

것을 규탄한다.

들뢰즈에 따르면, "이념은 단연코 본질이 아니"며, "이념의 대상인 한에서의 문제는 정리적定理的인 본질 쪽에 있다기보다는 오히려 사건들, 변용들, 우연들 쪽에서 발견된다."[17] 그렇지만 철학의 '합리주의'의 역사에서 이념, 관념idée, 이데아는 자주 사물의 "추상적이고 죽은 본질"이었다. 들뢰즈가 말하길 '~란 무엇인가?'라는 물음은 사물을 묻기 시작할 때의 '예비 교육적'인 첫걸음이다. 앞에서 예시했듯이, 절실한 문제=이념은 "어떻게 하면 좋을까"라는 행동action의 고민을 야기한다. 그럼에도 불구하고 처음에 내뱉은 '~란 무엇인가?'에 계속 집착한다면 어찌되겠는가. 들뢰즈에 따르면, 결국 "'~란 무엇인가?'라는 물음이 활력을 불어넣는 것은 이른바 아포리아적 대화뿐이다. 즉 물음의 형식 자체에 의해 모순 속으로 빠져들고 허무주의에 이르게 되는 그런 대화뿐인 것이다."[18] 이런 '허무주의'의 전통이 소크라테스의 '아이러니', 즉 상대편의 믿음을 뒤흔드는 화법에서 시작해 헤겔의 모순론에 이른다고 한다.

소크라테스의 아이러니가 진지하게au sérieux 받아들여졌을 때, 변증술 [문답법] 전체가 그 교육학적 입문의 측면과 혼동될 때, 지극히 골치 아픈 귀결들에 이르게 됐다. 왜냐하면 이때 변증술은 문제들의 학이기를 그치게 되며, 궁극적으로는 부정적인 것 및 모순의 단순한 운동과 혼동되어버리기 때문이다. … 이런 관점에서 보면, 헤겔은 '~란 무엇인가?'라는 물음을 진지하게 받아들였던 오랜 전통의 종착점이다….[19]

---

17 『차이와 반복』, pp. 242-243, 408쪽, (下) 59頁.

18 『차이와 반복』, p. 243, 409쪽, (下) 60-61頁.

19 『차이와 반복』, p. 243, 409쪽, (下) 61頁.

사유를 시동할 터인 아이러니는 '진지하게[곧이곧대로]' '~란 무엇인가?'의 캐물음에서 헤어나지 못하며 경직되어버릴지도 모른다. 자유기고가의 예로 돌아가자. 이 궁상맞음은 도대체 '무엇인가?'—그것은 '착취다!', '소외다!' 등등이라는 식으로 개괄하는 것은 '예비 교육적'으로 유익하더라도, 그런 막다른 골목에 있다고 부르짖는 것(필요하다고 해도 그것)만으로는, 즉, 잠재적인 관계들=비율들의 뒤얽힘으로 기어들어가 구체적인 협상의 여지를 몇 가지 꺼내보지 않으면, 생활은 실제로는 어찌 할 수가 없다.

아이러니의 경직화를 피하기 위해 필요한 것은 유머다.[20]

유머로 향하고, 아이러니를 중단하는 것.

들뢰즈에 따르면, "변증술이 그 재료를 뒤섞자마자" 시작의 '~이란 무엇인가?'보다 구체적인 물음, 즉 "예비 교육적인 목적을 향해 공전하는 대신에 '얼마만큼', '어떻게', '어떤 경우에'—그리고 '누가?'—가 도처에서 울려퍼진다. 우리는 좀 더 나중에 이런 물음들의 역할과 의미를 보게 될 것이다."[21] 이리하여 '~란 무엇인가?'의 추상성과 '누가?'의 개체성 사이에서 들뢰즈의 잠재적인 차이의 철학은 개체화의 철학으로 향하는 것이다. 지금 인용한 대목에서 '좀 더 나중에'란 『차이와 반복』 5장(=마지막 장)이다. 거기서 점차 들뢰즈는 "이념이 **얼마만큼**과 **어떻게**의 물음에 응답했다면, 누가의 물음에 응답하는

---

20 이로니ironie라는 프랑스어 발음을 사용한다면, 유머humor는 '위무르humour'로 표기해야 하지만, 이것은 일반적이지 않다. 이 글에서는 하스미 시게히코蓮實重彦가 번역한 『마조흐와 사드』와 고이즈미 요시유키小泉義之가 번역한 『의미의 논리』에서의 아이러니/유머라는 표기를 고스란히 따른다. [옮긴이] 김상환이 번역한 『차이와 반복』에서는 유머를 일관되지 못하게 해학이나 익살로 번역하고 있다.

21 『차이와 반복』, p. 244, 410쪽, (下) 61-62頁.

것은 바로 개체화이다"라고 모호하지 않게 말하게 된다.[22] 그리고 **개체화야말로 유머이다**는 규정도 이루어진다―"그것[이념]은 아직 개체를 모른다. 그리고 바로 강도=내포량의 기법으로서의 유머가 개체와 개체화의 요인들을 조종한다jouer."[23]

개체화야말로 유머이다.

1960년대의 들뢰즈에게 아이러니와 유머는 대쌍 개념이 된다. 그리고 이 글의 해석에 따르면, 아이러니/유머라는 대립은 들뢰즈 철학에서 잠재적/현동적이라는 가장 중요한 대립이 지닌 실천적인 의미를 분명히 해줄 것이다.[24]

아이러니/유머는 원래 『차이와 반복』 전인 1967년에 출판된 『자허-마조흐 소개』에서 사디즘/마조히즘이라는 대립과 겹쳐졌다. 아이러니는 사디즘 쪽에, 유머는 마조히즘 쪽에 자리매김되었다. 나중에 8장에서 검토하겠지만, 『자허-마조흐 소개』에서 (a) 아이러니란 모든 법의 무근거성을 폭로하려는 태도이며, (b) 유머란 법을 그 해석에 의해 조롱하는 것으로 간주된다. 이런 정식은 『차이와 반복』의 서론에도 마찬가지로 서술되어 있다.[25]

---

22 『차이와 반복』, p. 317, 525쪽, (下) 208頁.

23 『차이와 반복』, p. 317, 525쪽, (下) 209頁. [옮긴이] 국역본에서는 개체를 모르는 것이 반어, 즉 아이러니라고 하지만, 내용을 감안하면 '이념'이 타당한 듯 싶다. 또한 jouer는 여기서 '유희하다'라기보다는 '조종한다, ~를 가지고 논다' 등의 의미에 가깝다.

24 들뢰즈가 큰 틀로서 아이러니보다도 유머를 우선시했다는 것은 지금까지도 지적되어 왔다. 예를 들어 Claire Colebrook, *Irony*, Routldege, 2003, chap. 7. 혹은 檜垣立哉, 「パラドックスとユーモアの哲学」, 『瞬間と永遠』 수록, 169-173頁. 선행 연구에 비해서 이 장의 특징은 아이러니/유머의 대립을 『차이와 반복』 제4·5장의 담론 구조의 골격으로 해석하는 것이다.

25 『차이와 반복』, p. 12, 34쪽, (上) 30-31頁.

5-3 두 개의 현동성

이 절에서는『차이와 반복』4장과 5장에서의 개체화를 둘러싼 수사학의 착종을 분석한다.

기준이 되는 인용 두 개를 내걸어둔다.

4장에 따르면, 미분법은 "순수 사유의 대수학이며, 문제들 자체의 고차적인 아이러니적 기법이다―즉 '선악을 넘어서'에 있는 유일한 계산법이다."[26]

5장에 따르면, "유머는 개체가 결정하는 분화différenciation들과 관련하여 解의 경우로서의 개체의 놀이를 증언하는 반면, 아이러니는 문제들의 미분법[계산] 혹은 문제들의 조건의 규정하는 데 필요한 차이=미분화에 착수한다."[27]

이상에 기초한다면, 아이러니의 방향에서는 '잠재성', '미분적'인 '차이', '이념' 및 '문제'라는 개념이 호환된다고 볼 수 있다. 이 개념들을 아래에서는 '아이러니적 잠재성'으로 표현하여 다룬다. 다른 한편으로, 유머의 방향에 관해서는 어떨까? 이쪽에 관해서는 사실상 좀더 꼼꼼한 해석을 해야만 한다.

이제, 아까 "유머는 개체가 결정하는 분화différenciation들과 관련하여 解의 경우로서의 개체의 놀이를 증언한다"는 부분을 보자. 아래에서는 이를 아이러니적 잠재성과 쌍을 이루는 것으로서, '유머적 개체화'라고 표현해보자. 유머적 개체화는 '분화différenciation'를 '결정한다'고 여겨진다. 그렇다면 순서는 '유머적 개체화'가 앞서고, 분화는

---

26 『차이와 반복』, p. 235, 397쪽, (下) 45頁.

27 『차이와 반복』, pp. 317-318, 525쪽, (下) 209頁. [옮긴이] 원문을 감안해 '[계산]'을 덧붙였다.

그다음이 될 것이다. 다른 대목에서도 들뢰즈는 "개체화는 권리상 분화에 선행한다"고 분명히 말하고 있다.[28] 그런데 『차이와 반복』 4장에는 "다음의 네 가지 용어는 동의어이다—'현동화하다', '분화하다', '적분하다', '해를 구하다résoudre'"라는 서술이 있기 때문에,[29] 현동화와 분화의 위치값은 같다[동등하다]고 봐도 좋을 것이다. 나아가 "현동화를 명령하는 것은 언제나 개체화이다."[30] 그렇다면, 이상의 맥락들에서는 유머적 개체화→현동화=분화라는 순서가 상정된다고 생각될 수 있다.

아이러니　　→　　유머적 개체화　　→　　현동화=분화

(=미분적 차이, 이념, 문제)　　　　　　　　(=적분하다, 해를 구하다)

그런데 『차이와 반복』의 수사학은 자세히 보면 좀 더 복잡하게 얽혀 있다. 들뢰즈는 개체화와 현동화를 동일시하는 듯한 서술도 하고 있는 것이다. 방금 전의 결론에서 현동화는 개체화에 대해 분명히 이차적이었다. 그런데 이 점에 애매함이 있는 듯하다.

개체화는 그와 같은 문제의 해를 요구하는 작용으로서[문제에 대한 해결의 활동으로서], 혹은 결국 마찬가지기는 하지만, 포텐셜의 현동화로, 나아가 어긋나는 것들disparates의 소통으로 출현한다.[31]

이런 서술은 혼란을 초래한다. 어떤 사정일까? 다음과 같이 말할

---

28 『차이와 반복』, p. 318, 526쪽, (下) 210頁.

29 『차이와 반복』, p. 272, 454쪽, (下) 117頁.

30 『차이와 반복』, p. 323, 533쪽, (下) 219頁.

수 있지 않을까? 즉, (i) 유머적 개체화가 현동화=분화보다 선행하는 한편, (ii) 들뢰즈는 현동화 개념을 넓은 의미에서 사용하는 경우가 있으며, 현동화는 때에 따라 =분화도 되고, =개체화도 된다고 말이다. 이런 (i), (ii)를 아울러서 강하게 해석을 작동시켜보면, 『차이와 반복』 4장과 5장에는 이른바 '개체화에 경도된 현동화'와 '현동화=분화'라는 현동화의 두 가지 측면이 잠복해 있는 것처럼 보인다.

여기서 『차이와 반복』을 젖혀둔 관점에서 주시해보자. 사물의 생성장치[生成機序]를 서술하는 일종의 체계론(일반 형이상학)이라고 하는 『차이와 반복』에서, 존재론적으로 제1차적인 잠재성의―미분적인 차이, 관계=비[율]의―분야에 대해 현동성의―적분적인 동일성의―차원은 2차적이다. 이 제1차적/2차적이라는 구별은 **전자보다 후자가 열등하다는 가치 부여가 아닌 동시에 가치 부여이기도 하다.** 들뢰즈는 한편으로는 잠재성의 영역으로 향하지 않고 현동성에 있어서 사고하는 것, 즉 사물의 동일성을 표상할 뿐인 사고를―상식·양식에 사로잡혀 있는 것이라고―비판한다. 사물에는 현동성**과** 잠재성의 쌍방이 있다. 그렇지만 다른 한편으로 들뢰즈가 언제나 현동성에만 의거하는 사고를 본래적이 아니라 저열한 사고라며 배척하고 있다는 것은 의심할 수 없다. 이것은 베르그손주의와 니체주의의 혼합물amalgam이다. 요컨대 차이·관계 자체로 향하는 사고야말로 긍정적인 것이며, 동일성에 얽매이는 표상적 사고에서 벗어나야 하는 것이다. 그렇지만, 들뢰즈의 텍스트에서 현동적인 범주를 완전히 혐오·경멸하는 것

---

31 『차이와 반복』, p. 317, 524쪽, (下) 207-208頁. [옮긴이] 원문은 "acte de solution d'un tel problème"인데, 이것은 위의 두 가지 뜻으로 모두 옮겨질 수 있다. [ ] 안의 것은 국역본이다. 한편, 국역본에서는 disparate와 disparaté 등을 모두 '불균등한, 불균등(성)'으로 옮기고 있으나 이 말의 원래 뜻이 '서로 어울리지 않는 부조화'나 '괴리乖離'이기에 '어긋남' 등으로 옮겼다.

은 부적절하다. 한편으로, 혐오·경멸되어야 할 표상적 사고가 의거하는 것은 **잠재성의 현동화의 이른바 강 하류**로서의 현동화=분화뿐이다. 이에 반해 들뢰즈가 권장하는 것은 **잠재성의 현동화의 이른바 강 상류**로 거슬러 올라가 사유하는 것이다. 즉, (a) 이념적으로는 잠재성 자체를 향해 사유하더라도, (b) 실천적으로는 잠재성의 현동화의 중간지대, 개체화에 경도된 현동화에 있어서 사유한다. (a)는 아이러니이고, (b)는 유머이다.

홀워드의 『들뢰즈와 창조의 철학: 이 세상의 바깥으로』(2006)도 "현동성의 개념 자체 속의 차이"를 지적한다. 그러나 안타깝게도 홀워드의 경우는, 앞서 봤던 "베르그손주의와 니체주의의 혼합물"에 의한 우열 판단 말고는 고려하지 않는다. 이를테면, "고귀한 대 천한, 소수자적 대 다수자적, 리좀적 대 수목적, 유목적 대 정주적, 탈영토화된 대 영토화된─들뢰즈가 이것들을 이해하듯이, 이것들 및 이원론과 관련된 다른 것들은 무엇보다도 현동성 자체 내부의 차이에, 즉 현동성을 공고화하거나 깨뜨리는 경향이 있는 짜임새들configurations 사이의 차이에 적용된다."[32] 홀워드는 대략 바디우의 들뢰즈관을 계승하며, 들뢰즈 철학은 현동성=개개의 동일성을 '타파'하고 '일자-전체'로서의 잠재적인 존재(=신=자연)에 내재할 것을 요구하는 '신비주의'와 다름없다고 주장한다. 홀워드에 따르면, 들뢰즈적 태도는 현동적인 수준에서 이뤄지는 정치·사회의 구체적인 변혁으로부터의 이탈detachment일 뿐이다. … 이런 홀워드의 읽기는 **들뢰즈 철학 자체의 아이러니적 환원**이다. 즉 홀워드는 들뢰즈 철학이란 '무엇인가?'라는 아이러니적인 추궁 끝에, 구체성 없는 신비적인 '일자-전체'에 맞부딪쳐

---

32 Peter Hallward, *Out of This World*, p. 82.

게임오버된다. 그렇지만 원래 들뢰즈는 『차이와 반복』 4장과 5장에서 그런 부정신학적인 전말顧末을 경계하고, 이를 피하기 위한 유머적 개체화라는 방법을 결코 속삭이지 않고 말하고 있다.

현동성의 '타파'는 절반쯤에서 멈추지 않으면 안 된다.

개체화에 경도된 현동화를 사유하는 것. 아이러니에서 유머로 되돌아가는[되짚어 가는] 것이다.[33]

그것은 표상적인, 상식·양식적인, 속정俗情적인,[34] 사물의 임시로 고정된 동일성의—언제나 다양한 정치성을 띠고 있다—가장자리에서 작동하고, 표상의, 상식·양식의, 속정의 생성변화에 참가한다. 어떤 임시 고정된, 그때마다의 임시적인 정체성(개체성≒현동성)에서 다른 방식으로 임시 고정된 정체성으로. 모든 정체성을 타파하여 "이 세상의 바깥"으로 나가는 것이 아니다. 이 세계를 다양한 도주선을 따라 분석=절단하고 다시 짜는 것이다.

들뢰즈 철학의 주된 역동은 '잠재성의 현동화'이다. 하지만 잠재성의 현동화에는 두 개의 의미=방향이 있음을 명시해야 한다. 잠재성의 현동화는 한편으로 차이의 웅성거림이 동일성의 표상으로 회수되는 것인 동시에, 다른 한편으로 이것은 일단 아이러니적 잠재성을 향하기 때문에, 유머적 개체화로 되돌아가는[되짚어 가는] 것이다. 이런 실천적 지침은 존재론적 지침이기도 하다. 아이러니적 잠재성으로의 '진지하게[곧이곧대로]' 너무 움직임은, 역逆초월적인 피안의 정립이 될 수도 있기 때문에, 도중에서 되돌아가[되짚어 가] 유머적 개체화로,

---

33 [옮긴이] '오리카에스折り返す'는 '(천이나 종이를) 되접어 꺾다', '(가던 곳을) 되짚어 오다 혹은 가다' 등을 뜻한다. 여기서는 '되돌아가다', '반환점을 돌다' 등으로 옮긴다. 프랑스어의 retourner, retournement에 상응하는 단어로 보인다.

34 [옮긴이] 세상 물정이나 속되고 천한 마음을 가리킨다.

샤프하게 개개의 구체성으로 내려가야 한다. 이것을 '개체화의 요청'이라 부르자. 바로 이것이 들뢰즈 철학 그 자체의 에코노미économie, 절약적economic 구조이다. 아이러니의 절약, 너무 움직이지 않기. 샤프한 개체들(자기-향유) 쪽으로 되돌아간다[되짚어 간다]고 하는 **절약의 에코노미**가 잠재적인 관계=비[율]의 접속 과잉을 '일자-전체'화하는 **집약의 에코노미**(생기론적·구조주의적 전체론)로부터, 감속에 의해 탈선하는 것이다.

5-4 강도=내포성의 윤리

존재자 각각의 임시적 정체성이 아니라 모든 관계들=비[율]들의 네트워크로서의 존재 자체의 분야를 제1차적으로 생각해보면, 존재자 각각이 샤프하게 무관계할 수 있는 가능성은 존재론적으로 2차적인 것일 뿐이다. 이런 의미에서 관계주의를 채용한다면, 개체성을 깔보는[헛되게 하는] 것은 매우 쉽다. 『차이와 반복』의 4장도 관계주의—"이념은 아직 개체를 모른다"—의 일종이라고 생각됐다. 『차이와 반복』은 5장에 들어가서야 드디어 적극적으로 '개체를 안다'는 것이다. 그러면, '전-개체적'인 잠재성에서 어떻게 개체화가 일어나는 것인가? 『차이와 반복』 4장과 5장은 어떻게 가교되어 있을까? 『차이와 반복』은 5장에서, 하나의 마법의 말[주문]을 등장시킨다.

강도는 개체화하고 강도량들은 어떤 개체화 요인들이다.[35]

---

35 『차이와 반복』, p 317, 524쪽, (下) 207頁.

'강도=내포성intensité.' 들뢰즈를 다소나마 아는 자에게는 친숙한 개념이다. 이하, 강도 개념에 관해 유포되어 있는 교과서적 설명은 잊은 척하기를 바란다.[36] 이 절에서는 강도 내지 '강도의 차이'라는 언표가 『차이와 반복』 5장의 **개체화론의 수사학에서 어떤 위치값을 갖는가**를 형식적으로 분석하고 싶다.

왜냐하면 텍스트의 사실로서, '강도의 차이'는 『차이와 반복』의 테마인 비-표상적인 '차이'를, 다시 그 위에 덮어 쓴 것에 지나지 않는다고 보이기 때문이다. 무슨 말인가.

5장은 다음과 같이 시작된다.

차이란 [칸트적 의미에서 감성적인] 다양한 것[잡다雜多]이 아니다. 다양 [잡다]은 주어진 것이다. 그러나 차이는 주어진 것이 차이에 의해 주어지는 바로 그것이다[그 주어진 것은 차이를 통해 비로소 주어진다]. 차이는 다양으로서의 주어진 것이 그것에 의해 주어지는 바로 그것이다[차이는 그것을 통해 주어진 것이 잡다로서 주어지는 그 무엇이다]. 차이는 현

---

36 예를 들어 마누엘 데란다는 들뢰즈의 강도=내포성의 논의를 현대 수학 및 현대 물리학의 관점에서 재서술한다. Manuel DeLanda, *Intensivel Sciencel andl Virtual Philosophy*, Continuum, 2002[마누엘 데란다, 『강도의 과학과 잠재성의 철학: 잠재성에서 현실성으로』, 김영범·이정우 옮김, 그린비, 2009]. 하라 가즈키原一樹는 강도=내포성의 장인 '스파티움spatium' 개념의 유래를 지각의 심리학사 속에서 찾고 있다. 原一樹, 「「強度」概念再考——その内在的理解の深化に向けて」, 『ドゥルーズ/ガタリの現在』 수록. 그리고 들뢰즈가 질베르 시몽동Gilbert Simondon이나 레이몽 뤼이예Raymond Ruyer의 개체화론을 재활용하고 있다는 사실도 이미 검증되고 있다. 廣瀬浩司, 「個体化の作用からアナーキーな超越論的原理へ——シモンドンとドゥルーズ」, 『情況』, 第三期四巻三号, 2003년. 뤼이예에 관해서는 米虫正巳, 「ドゥルーズ哲学のもう一つの系譜について」, 『ドゥルーズ/ガタリの現在』 수록. 이 해석들은 『차이와 반복』과 과학들을 대응시키고자 하는 것으로서는 생산적이나, 그러나 이 절에서는 그런 해석을 굳이 덮어두고 들뢰즈의 개체화론의 담론 구조에만 주의를 집중한다.

상이 아니며, 현상에 이 더없이 가까운, 본체적인 것이다⇒차이는 현상의 본체[누메나]에 가장 가까이 있다.[37]

이렇게 칸트의 용어를 사용해 (잠재적인) 차이=본체적인 것, (현동적인) 다양[잡다]=현상이라는 구별이 이뤄진다. 그런 후에 "그 어떤 현상도, 그것의 조건이 되는 부등성을 가리킨다"는 주장으로 나아간다. 현상의 조건이 되는 '부등성'은 어려운 말이 아니다. 예를 들어 어디선가 물이 흐른다는 현상이 있을 때, 높이의 부등성=차이가 그 조건이 된다는 것이다. "즉 수준의, 온도의, 압력의, 장력의, 포텐셜의 차이, **강도의 차이.**" 이런 수사학은, 유물론으로 기울 것을 강요하고 있는 것처럼 생각되지만, "그 어떤 현상도, 그것의 조건이 되는 부등성을 가리킨다"는 것은, 일반적으로 사물은 관계=비[율]로서의 잠재적인 차이에 의해 조건지어진다고 하는, 4장의 관계주의를 반복해서 말하는 것에 지나지 않는 것이 아닐까? 실제로, 들뢰즈 자신이 이것을 인정해버린다고 생각된다. 다음 구절에 주의하면 좋겠다.

'강도의 차이'라는 표현은 동어반복tautologie이다. 강도=내포성은 감각될 수 있는[감성적인] 것의 이유에 해당하는 차이의 형식이다. 모든 강도는 차이적(=미분적)이며, 차이 그 자체이다. 모든 강도는 E-E'이고, 이때 E 자체는 ⟨e-e'⟩를 지시하며, e는 ⟨ε-ε'⟩을 지시하며, 이런 과정은 계속 이어진다. 즉 각각의 강도는 이미 어떤 짝짓기이며(여기서 이 짝을

---

37 『차이와 반복』, p. 286, 475쪽, (下) 144頁. [옮긴이] 국역본에는 'le divers'를 '다양'이 아니라 '잡다'로 옮긴 이유에 관해 다음과 같은 적확한 역주가 붙어 있다. "이제까지는 '상이한 것', '상이성' 등으로 옮겼다. 상이하다는 것은 공통성뿐 아니라 내적 종합의 가능성도 없는 상태를 가리킨다. 여기서는 칸트의 용법을 존중하여 잡다로 옮긴다. 칸트에게서 감성적 직관을 통해 주어진 내용은 잡다하다고 지칭된다."

이루는 각각의 요소는 다른 질서에 속하는 요소들의 짝들을 차례대로 지시한다), 이리하여 강도=내포성은 양의 고유하게 질적인 내용을 드러낸다. 무한하게 이분화되고, 무한에 이르기까지 공명하는 차이의 이와 같은 상태를 우리는 **어긋남**disparité이라고 부른다. 어긋남, 다시 말해서 차이 혹은 강도(강도의 차이)는 현상의 충족 이유이며, 현상하는[나타나는] 것의 조건이다.[38]

즉 뭔가의 차이의 짝, 가령 '색채의 대비'를 예로 든다면, 그것은 다른 차이의 짝, '빛의 파장의 차이'의 표현이며, 그것도 또한 … 등등으로 계속된다는 것이다. 특히 '강도의'라고 말해지는 차이는 **요컨대 차이이다.** 이것을 알고 있다고 생각하고 넘어가더라도, 위의 구절에서 불가해한 것은 '차이적[=미분적] 강도'라는 표현이다. 이 différentiel 은 단순히 '차이의'인가, 아니면 '미분적'이라는 것도 함의하는 것일까?[39] 굳이 이해력이 나쁜 해석을 해보자. 만일 미분적 강도(의 차이)라는 복합 개념이 있을 수 있다면, 다음의 의문이 나오게 된다. 4장에서 미분적 차이는 전-개체적이었다. 그것은 개체화의 요인으로서의 강도의 차이이기도 하다면, 전-개체적인 차원으로부터 개체화가 일어나게 되는 것의 이유가 또 다시 전-개체적인 차원으로 회부되어버릴 것이다. 이것은 설명의 순환이 아닌가?

이번은 이해력이 좋은 해석을 해보자. 아무래도 들뢰즈는 전-개체적인 차원에 있어서 **내재적으로, 그것 이외의 요인을 외삽하지 않고** 개체화가 일어난다는 것을 설명하고 싶은 모양이라고 말이다.

---

38 『차이와 반복』, p. 287, 476~477쪽, (下) 146頁.
39 자이츠 오사무財津理의 번역에서는 '차이적=미분적 강도'가 된다.

개체화가 일어나는 이유를 5장에서는 '설명 불가능'하다는 표현으로 억지로 관철시킨다.

들뢰즈에 따르면, 세계는 하나의 '나머지reste'라고 한다.

세계는 신이 계산하는 동안 '만들어진다se fait.' 만일 이 계산이 잘 맞아떨어진다면si le calcul était juste, 세계는 존재하지 않을 것이다.[40]

들뢰즈는 "[강도의] 차이의 산출은 정의상 '설명 불가능하다inexplicable'"고 인정한 다음, "사유 자체의 심층으로 그 설명 불가능한 것을 [안으로] 접어넣는 것impliquer을 어떻게 회피할 수 있는가"라고 말하는 데 이른다.[41] 또 "어떻게 사유의 심장부에 사유 불가능한 것이 없지 않을 수 있겠는가"라고 당연하기 그지없는 주장이 이루어진다.[42] 들뢰즈에게 설명=사유 불가능성과 설명=사유는 불가분하다.

위와 같은 설명을 어떻게 해석하면 좋을까? 일단은 차이의 복층적인 짝이라는 테마로 돌아가보자. "현상의 충족 이유"는 어떤 수준에서 분석하든, 더욱 깊은 (강도의) 차이의 짝과 관계 맺어진다. 이것은 어떤 현상의 이유에는 이유의 이유가 있고, 이유의 이유의 이유가 있고 … 라는 소급을 말하고 있다. '현상의 충족 이유'를 더욱 더 소급할 수 있다는 것 자체가 늘 이미 남아도는 것이다. 그리고 현상의 충족 이유의 무한한 나머지가 이처럼 '만들어져버리는' 이 세계에 [안으

---

40 『차이와 반복』, p. 286, 475쪽, (下) 144頁.

41 [옮긴이] expliquer와 impliquer는 짝을 이루는 말이다. 두 단어는 주름pli이라는 어근을 공유한다. 이에 따라 전자는 주름을 '밖으로 펼쳐내다'와 '설명하다'를, 후자는 주름을 '안으로 접다'와 '함축하다'를 뜻한다. 아래에서 글쓴이는 이런 어원에 입각해 표현하고 있다. 따라서 안-주름으로 적은 것도 함축이라는 의미로 이해하면 좋겠다.

42 『차이와 반복』, p. 293, 486쪽, (下) 158頁.

로] 접혀져 있다impliquer.

이것은 라캉적 시니피앙 연쇄로서의 욕망의 인과성과 완전히 같은 구조이다.

인과성의 무한소급을 모조리 남김없이 펼쳐낼=설명할expliquer 수는 없다.

들뢰즈는 expliquer라는 동사를 세계적·신적으로 **또한** 인간적으로 이용한다는 수사학에 의해 이 세계 자체의 존재론적인 '풀어 펼치기의 불가능성'과 '우리'에게 있어서의 인식론적인 '설명=사고 불가능성'을 불가분으로 만들고 있다. 이런 expliquer의 이중성 때문에 모든 사건은 '우리'에게 상관하는 이 세계에만 [안으로 주름] 접혀져 있으며impliquer, 모든 것은 서로 [안으로] 접혀져 있다=접속되고 있다는 것이 **내포성=강도**intensité라는 개념의 알맹이가 된다. 이것은 존재론적인 커뮤니케이션 필연성(토드 메이의 논문을 상기하라)이다. 존재론적인 커뮤니케이션 필연성은, 남김없이 풀어 펼칠=남김없이 설명할 expliquer 수 없는'나머지'가 있기 때문에, 보증된다. 거꾸로 사물을 남김없이 expliquer해버리는 것은, 커뮤니케이션 필연성에 대한 위반이 될 것이다. 그것은 즉 **필연적인 공동성으로부터의 분리**이다. 『차이와 반복』의 개체화론에서는, **필연적으로 공동화되고 있는 한에서의** 개체들을 생각하고 있다. 이것은 사실은 이하에서 보듯이, 라이프니츠의 모나돌로지를 본보기로 삼고 있다.

모든 이질적인 관계=비[율]의 상호간의 안-주름implication(함축)을 어디까지나 그것에 내재적으로, 어떻게 다시 생각하면, 개체(들의 공동성)를 인정할 수 있을까? 다음의 구절이 중요하다.

그것[강도=내포성]은 이런 관계들=비[율]들 안에, 그리고 '이념들' 사이에 새로운 유형의 구별을 도입한다. 이제 '이념들', 관계들=비[율]들, 이런 관계들=비[율]들의 변이들, 특별한 점들은 **어떤 의미에서 분리된다** en quelque sorte séparés. 이것들은 공존하는 대신에, 동시성이나 계기 繼起의 상태에 들어선다. 그렇지만 모든 강도=내포성은 서로의 안으로 함축되고impliquées, 각각의 강도=내포성은 저마다 다른 것을 안에 담고 다른 것에 담긴다[봉인하고 봉인된다]. 그런 까닭에 각각의 강도=내포성은 '이념들'의 다양하게 변화하는 전체성totalité, 미분적인 관계=비[율]들의 가변적인 총체ensemble를 계속 표현한다.[43]

이 직후에 들뢰즈는 "개체화와 표현에 관련된" 라이프니츠의 이론을 칭찬한다.

제5장에서 강도=내포성의 도입은 이념적인 관계들=비[율]들의 총체 속에 '어떤 의미에서'의 '분리'를 일으킨다. 그리고 이것은 세계에 복수의 모나드를 도입하는 것에 해당한다. 이 세계는 서로의 안으로 함축되는[서로의 안으로 주름 접히는] 수많은 '주름'으로 이루어져 있다는 이미지가 떠오른다. 이런 경우, '어떤 의미에서 분리되다'라는 유보가 매우 중요하다. 강도적인 모나드는, 별개로 있으면서도, 완전히 샤프하게 분리하는 [죄다 모조리 샤프하게 분리하는] 것이 아니라 '어떤 의미에서' 연결되어 있다, 접속되어 있는 것이다. 세계의 한 조각의 천에 있어서. 개체들이, 마치 세계의 한 조각의 천의 이곳저곳에 [주름이] 접혀져 있는 수많은 주름, 구김살, 트러블로서 존재하는 듯이.

---

43 『차이와 반복』, p. 325, 536쪽, (下) 222-223頁. 강조는 인용자. [옮긴이] 여기서 "각각의 강도=내포성은 저마다 다른 것을 안에 담고 다른 것에 담긴다"고 번역한 대목을, 국역본은 "각각의 강도는 저마다 봉인하고 봉인된다"로 옮기고 있다. 이것은 envelopper라는 단어가 사용되고 있기 때문이다. 하지만 이것은 뭔가를 막는다는 의미에서의 봉인이 아니라 포함시킨다는 의미, 그러니까 'impliquer'와 같은 의미이다.

어떤 의미에서의 분리라는 것은 무슨 말인가?

들뢰즈는 다음과 같이 생각한다. 강도적인 모나드는 잠재적인 관계=비[율]의 일부만을 '명석clair'한 방식으로, 그 밖의 모든 것은 '혼동된confus' 방식으로 표현한다. 세계의 어떤 지대(강도적인 모나드)에서의 명석한 관계=비[율]는 다른 지대에서는 '혼동'할 수 있다. 반대로 세계의 어떤 지대에서는 혼동인 관계=비[율]가 다른 지대에서는 명석할 수 있다. 이런 얘기는 모나돌로지의 개요와 일치한다. 앞의 논의 맥락에 비춰서 바꿔 말하자. 강도적인 모나드, 개체들은 각각 상이한 방식으로, 이념적인 관계=비[율]의 일부를, **나머지로의 그라데이션을 깔보지[업신여기지] 않고 유한에 초점을 맞춤**으로써, 똑같은 하나의 이 세계를 표현하고 있다.[44]

이듬해에 『의미의 논리』의 들뢰즈는 니체의 원근법주의를 지지하고, 라이프니츠의 예정조화설을 비판한다. 이 글의 논의 맥락에서 말하면, 예정조화설이란 모나드가 각각 **너무** 분리되는 것을 방지하는 정책이다. 다른 한편, 앞서 언급한 『차이와 반복』의 대목에서는 '어떤 의미에서'라는 유보를 동반한 분리 개념이 '서로'의 '안-주름[함축]'과 양립하고 있다. 여기서 들뢰즈는 개체들의 '어떤 의미에서 분리되다'는 것이 '어떤 의미에서'라는 미묘한 형편에서 벗어나버릴 위험을, 라이프니츠와 마찬가지로, 그러나 신에 기대지 않고, 피하고자 하는 것

---

44 스즈키 이즈미鈴木泉는 이념/개체라는 대비에 있어서, 후자가 전자(=잠재성)에 기초하면서도, 거기로 환원·소거되지 않는 것을 상세히 논하고, 그것을 갖고 바디우—가 들뢰즈에게서의 잠재성(=이념의 영역)의 역초월화를 비판했던 것—에 대해 반론하고 있다. 鈴木泉, 「潜在性の存在論──前期ドゥルーズ哲學の射程」, 『情況』第三期四巻三号, 2003년, 201-202頁[스즈키 이즈미 지음, 김상운 옮김, 「들뢰즈의 초기 철학과 잠재성의 존재론」, 『오늘의 문예비평』 2006년 가을 통권 62호, 2005, 226-259쪽]. 그러나 스즈키는 개체의 공동성을 존재론적으로 예정하는 것의 정치성에 관해서는 논하지 않는다.

이 아닐까?

들뢰즈의 다음과 같은 '윤리적' 개입은 위와 같은 목적에 들어맞는다고 생각된다.

제5장에서, 들뢰즈는 "우리는 강도=내포성에 관한 '윤리'에 빠지는 것tomber을 각오한 다음에"라는 문구를 끼워넣는다.[45] 이 '빠진다'라는 표현은 '강도=내포성의 윤리'를 언급하는 것이 차이의 일반 형이상학에 있어서 다소나마 불순하고 외삽적이라는 자각을 나타내고 있을 것이다 … 라고 말하는 것은 정곡을 찌르는 읽기일까?[46]

강도=내포성의 윤리학은 단지 두 가지 원리만을 지닌다.—가장 낮은 것까지 긍정하기, 자신의 주름을 (너무) 바깥으로 펼치지 않기=자기 자신을 (너무) 설명하지 않기ne pas (trop) s'expliquer가 그것이다.[47]

첫 번째 원리인 "가장 낮은 것까지 긍정하기"는 곧바로 이해할 수 있다. 이를 두 가지로 해석해두자. 한편으로, 이것은 차이의 복층적인 커플을 모든 수준에서 긍정하라=실천적으로 생각하라는 것이다. 다른 한편으로는, 상식·양식에 비춰서 '최저'의 평가를 받는다고 하더라도, 반드시 거기에 잠재해 있는 차이의 교향, 관계들=비[율]들의 네트워크를 존중해야 한다는 것이다. 다음으로, 두 번째 원리는 "자신의

---

45 『차이와 반복』, p. 302, 501-502쪽, (下) 177頁. [옮긴이] 일본어 번역본은 'quantités intensives'을 '강도량'으로 번역하지 않고 '강도=내포성'으로 옮기고 있으나, 이는 잘못된 것이다. 그럼에도 불구하고 인용자의 논의 맥락을 존중한다.

46 레이놀즈도 '강도량의 윤리'를 '윤리-정치적'이라고 형언하고, 들뢰즈의 존재론에 대한 그 대체 보충성을 깨닫고 있다. Reynolds, "Transcednental Priority and Deleuzian Normativity," pp. 102-103.

47 『차이와 반복』, p. 314, 520쪽, (下) 201頁.

주름을 (너무) 바깥으로 펼치지 않기=자기 자신을 (너무) 설명하지 않기"이다. 이 수사학을 신중하게 다루고 싶다. 이것도 절약, 정도의 문제인 것이다.

그러면 거꾸로 "자신의 주름을 (너무) 바깥으로 펼치기=자기 자신을 (너무) 설명하기"란 무슨 의미인가? 이것은 모든 관계=비[율]의 상호적 안-주름implication(관계주의)으로부터 세계의 어떤 지대=모나드가 샤프하게 분리되어버리는 것을 의미할 것이다. 사물[物事]에 관한 설명을, 유한한 요인factor에 의해 모조리 다 해버리는 것이다. 설명에 '나머지'를 남기지 않는 것. 어떤 사물[物事]에 관해 샤프한 단언을 함으로써, 다른 모든 사물[物事]로 연장될 수 있는 화살표를 절단하는 것이다.

왜 들뢰즈는 trop를 괄호에 넣은 것일까?

그것은 절약의, 정도의 수사학이 지문의 논리보다 애매한 사정에 의거하기 때문이 아닐까? 그렇다면 어떤 사정일까? 들뢰즈는 자신의 주름을 (너무) 바깥으로 펼치지 않기=자기 자신을 (너무) 설명하지 않기를 **바란다**고 생각한다. 이 욕망을 윤리화하고 있다. 들뢰즈는 다음과 같이 빗댄다.

> 우리는 자신이 알고 있는 더러운 상말을 모두tous les mots sales 뱉어버린 아이를 꾸짖는 아버지같이 되어야 한다. 그렇게 꾸짖는 것은 단지 그것이 나쁜 짓이기 때문만은 아니다. 그것은 또한 아이가 모든 것을 한 번에 뱉어버렸기 때문이며, 이 아이가 영원회귀에 함축된impliquée 미묘한 재료를 위해 아무런 나머지reste도 남기지 않았기 때문이다.[48]

---

48 앞의 책, 같은 곳.

갑작스러운 생생함에 약간 놀라게 되지는 않을까? 아이가, 곧 어떤 모나드가 '더러운 상말을 모두' 말해버릴 때, 그자는 모든 타자에게로 접속되는 '혼동'된 '나머지'로의 그라데이션gradation을 끊어버리게 된다. 그리하여 세계의 나머지, 아니 **나머지로서의 세계**를 인정하지 않게 되면, 영원회귀는 일어나지 않는다. 모든 차이를 매개하는 영원회귀(구조주의적 전체론)는 사실상 모나돌로지적인 공동성을 그 조건으로 삼고 있다. 그리고 모나돌로지적 공동성은 더 이상 신이 없는 (즉 라이프니츠부터 니체 이후로 점프하고 있다) 이상, 인간='우리'—친자, 아니 **부자의 계보**를 축으로 재생산되는 '우리'—에게로 **윤리적으로 요청하여** 유지할 수밖에 없는 것이다. 그런 사정이 이상의 인용으로부터 드러나게 된다.

들뢰즈가 '우리'의 이름으로, '아버지'로서, 아이=모나드를 '꾸짖다'라고 한 비유는 놀라운 것이리라. 그리고 이 들뢰즈=아버지라는 입장을 정신분석적 의미에서의 아버지에 대응시켜본다고 하는 시도에 유혹되더라도, 무리가 있는 것은 아니다. 상기하자. 라캉 이론에서 아버지란, 계속해서 욕망하는 것으로 아이를 인솔하고, 또한 **무한한** 욕망은 할 수 없다고 체념하게 만드는 자였다. 이 '상징적 거세'는, 모나돌로지에 있어서는 다음의 것에 대응한다. 자기=모나드는 무한하게 혼동된 '나머지reste'로 그라데이션하는 유한한 명석함—명석함의 유한한 프레임의 윤곽이 샤프하게가 아니라 소프트하게 뭉뚱그려지고 있다—으로 세계를 표현하고, 또한 세계에 관해서 무한하게 명석해지는 것은 할 수 없다는 것이다. 그런데 들뢰즈·가타리의 『안티 오이디푸스』는 '계속해서 욕망하는 것의 무한성을 연기延期하는 체념'이 아니라 유한성의 긍정을 요구했다고 볼 수 있다. 들뢰즈·가타리의 분열분석을 『차이와 반복』 5장으로 향하게 해보면, 후자에 깔려 있는

'신 없는 모나돌로지'는 해체될지도 모른다. 왜냐하면 분열분석은 더이상 '어떤 의미에서'의 여지에 있어서 접속 과잉으로 될 수 있는 것이 아닌, **샤프하게 분리하는 타자의 샤프한 개체화**의, 그 무관계성에 대한 직면을 요구하고 있는 담론으로 해석할 수 있기 때문이다.

그나저나 들뢰즈는 도대체 무슨 권리로 아이가 내뱉은 말을 '더 럽다sales'고 판단할 수 있는가. 강도=내포성의 윤리에서는 '가장 낮은 것'까지 긍정하려는 것이 아니었는가. 어쩌면 들뢰즈는 강도=내포성의 윤리 이전에, 말해야 할 것/말하지 말아야 할 것을 나누는 뭔가의 도덕에 암묵적으로 의거하고 있다. 말해서는 안 되는 상말, 철없고 유치한 '분리적 단언', 그것은 '대리-표상적인 [일방적인] 단정'에 다름아니다. 즉 자신이야말로 대리자라는 듯한 태도로, 사물[物事]의 특정한 측면만을 무한한 해석 가능성의 풍부함으로부터 탈취하는 것이다. 여기에서 하나의 역설이 부상한다. 그것은 절대적으로 분리된, 샤프하게 개체화된 타자 A는 '전제적專制的'인 대리자로서 다른 모든 것을 종속시키게 되는 것이 아닌가—즉 A는 샤프하게 분리하면 분리할수록, 비A의 모든 것에 대해 상위의 입장에서 접속 과잉으로 되는 게 아닌가라는 역설이다. 이것이 '초월'의 발생일 것이다. 이것을 피하기 위해 들뢰즈는 '어떤 의미에서'의 분리에 있어서 의사소통할 수 있는 '우리'는 세계의 무한한 해석 가능성을 잘라버려서는 안 된다고 요청하는 것이다. 그렇지만 내재적으로 공동화되지 않고, 그렇다고 해서 초월화되려고도 하지 않는 분리라는 세 번째 길도, 들뢰즈 철학은 은밀하게 시사하고 있는 것이 아닐까.

『차이와 반복』 5장은 '타자autre'라는 개념을 논함으로써 막을 내린다. 들뢰즈는 일반적인 autre가 아니라 인간에 한정하여 '타인'이라고 번역되는 autrui라는 단어를 사용한다.

들뢰즈에 따르면 타인이란 '선험적인a priori' '구조'라고 한다.

타인은 "자신을 구성하는 [풍부한] 표현성으로부터 분리될 수 없으며ne peut pas être séparé", 그것이 "실재성의 주위에 있는 가능성들의 우글댐"의 표현이다.[49]

분명히 말해지고 있듯이, 타인은 풍부한 표현성―계속해서 욕망하는 것의 잉여―으로부터 **분리될 수 없다.** 아니 **분리되어서는 안 된다.** 들뢰즈에 따르면, 타인의 '얼굴visage'은 다름인[다른-] '가능 세계'를 표현하고 있다고 여겨진다. 실재의 다양한 다른 면인 그것들을 '우리'는 존중하지 않으면 안 되는 것이다. 원래 **선험적으로**, 타인은 다른 모든 타인으로부터 분리될 수 없기 때문에. 타인이 표현하는 여러 가지 가능세계는 실재성을 파열시킬 때까지 분리되지 않는다.

이상의 흐름에서 들뢰즈는 '강도=내포성의 윤리'를 다음과 같이 재정식화한다.

… 타인과 더불어 자신의 주름을 너무 바깥으로 펼치지 않는 것=자기 자신을 (너무) 설명하지 않는 것, 타인의 주름을 너무 바깥으로 펼치지 않는 것=타인을 너무 설명하지 않는 것, 자신의 [암묵적=]함축적 implicite 가치들을 유지하는 것, 그 표현들 바깥hors에서는 실존하지 않는 모든 표현되는 것들을 **우리의 세계에 서식하도록 만듦**으로써, **이런 우리의 세계**를 증식시키는[다양화하는] 것.[50]

이리하여 들뢰즈는 신의 예정조화를 '우리'의 예정조화로 대체한다.

49 『차이와 반복』, p. 334, 550쪽, (下) 242頁. [ ] 안은 인용자.
50 『차이와 반복』, p. 335, 550쪽, (下) 244頁. 강조와 [ ] 안은 인용자.

그렇지만 '우리'의 예정조화는 선험적인 것처럼 **요청될** 수밖에 없다. 들뢰즈는 이 요청에 의해 바로 거꾸로 '우리'가 성립되지 않는다는 것, 즉 무엇을 가지고 '더럽다'고 단언하는지 알 수 없게 되고, 개체가, 그것이 표현하는 가능세계가 샤프하게 분리하고, 실재성 자체가 산산이 흩어지게 되는 것에 대한 두려움을 시사하고 있는 것이다.

『차이와 반복』은 최종적으로 '언어 활동langage'을 공동화의 원리로 격상시킨다.

언어 활동, 랑가주langage가 있는 한 '우리'—언어 존재[말존재]로서의 인간—는 늘 이미 공동화되어 있을 것이라고 생각하는 것이다. "타인의 구조와 이것에 상응하는 언어 활동의 기능은 본체noumène의 현현manifestation을, 표현적 가치들의 상승을, 요컨대 지금까지 말해졌던 차이의 내면화intériorisation 경향을 확실하게 대리-표상하는 것이다."[51] 정리하자. 『차이와 반복』 4장에서 5장으로의 전개는 '우리'의 공동성으로의 '차이의 내면화'이며, 번역의 결정 불가능성([밖으로 주름을] 펼쳐 냄의 무한한 나머지) 때문에 영속하는 언어 활동에 의해 커뮤니케이션 필연성을 보증 받은 타인들이, 지금까지의 모든 논의를 '대리-표상'하는 것이다. 위의 한 문장이 5장의 마지막 문장이다. 이리하여 『차이와 반복』의 마지막 장이 막을 내린 것이다.

그럼에도 불구하고 5장 이후의 결론에서 들뢰즈는 "타인-구조가 더 이상 기능하지 않는 바로 그 지역들에까지 도달해야 한다"고 말하기도 한다. 무슨 말인가.

타인의 너머, 거기서는 "특이성들이 순수 '이념' 안에서 전개되고 분배되며", "개체화의 요인들이 순수한 강도=내포성 안에서 할당

---

51 『차이와 반복』, p. 335, 552쪽, (下) 245頁.

되어 있다"고 간주되며, 이것은 "인간적이고 집단적인 게임"이 아니라 "신적divin이고 고독한 게임"이라고 한다.[52] 그리고 후자의 "신적이고 고독한 게임"에서는 "우연의 전체, 전적인 우연tout le hasard이 긍정된다"고 한다. 이 전적인 우연을 [주사위 굴림을 통해] 내놓는 "[주사위들의] 상이한 던지기들은 매번 수적으로 구별되는 것이 아니라 **형식적으로** 구별된다. [왜냐하면] 상이한[서로 다른] 규칙들은 모든 순번fois을 가로질러 존재론적으로 어떤 유일하고 똑같은 던지기의 형식들이기 때문이다."[53] 이 대목은 『니체와 철학』 이후의 영원회귀론이며, 때문에 이 결론이 말하려고 하는 것은 구조주의적 전체론에 상당한다. 상이한 것들을 품고 있는 차이 자체, 한번 던지기의 개념. 이것이 『차이와 반복』에 따르면 "근본적radicale 기원이 (영원회귀의 언제나 자리바꿈 된 déplacé 원환 안에서) 기원의 부재absence d'orgine로 전도되는 지점"이라고 여겨진다.[54] '기원의 부재'라는 것은 '결여'로서의 충족 이유, 즉 설명=[밖으로 주름을] 펼쳐냄의 불가능성을 의미한다. 그것이 '신적이고 고독'한 것이다. 그렇지만 앞 장에서 『니체와 철학』의 탈구축을 시도했기에, 지금으로서는 이 '신적인 고독'에도, 그것을 포옹할 **신적인 약혼**이 몰래 기입되어 있는 게 아니냐고 의심하여 억측하지 않을 수 없다. 들뢰즈에게 "신적이고 고독한 게임"은 "인간적이고 집단적인 게임"의 재생산(=생식)**의 영도zero degree로서의 조건**이 되어버리는 것이 아닐까? 이 장에서 나(우리)는 이 고독한 듯한 신과 '우리'의 변함없이 계속되는 재생산 게임의 공범 관계를 절단하고자 시도해왔던 것이다.

---

52 『차이와 반복』, p. 361, 590쪽, (下) 295-297頁.

53 『차이와 반복』, p. 362, 592쪽, (下) 298頁. [옮긴이] 국역본은 forme와 formel을 각각 형상, 형상적이라고 옮기고 있다. [ ] 안은 옮긴이.

54 『차이와 반복』, p. 363, 593쪽, (下) 299頁.

그 '더러운' 것인지 아닌지 모르는 단언에 의해 분리하는 아이의 이타성[他性]의, 다른-성의 부조리한 (폭)력. 혹은 '우리'의 '어떤 의미에서'의 예정조화 없이 분리되어가는 사건들의 그 부조리한 (폭)력. 『차이와 반복』은 그것을 엿보면서 억압하고 있다. 이 세계의 주어진 우연성을, '결여'로서의 충족 이유에로 집약하지 않으려면, 어떻게 하면 좋을까? 아마 이 세계의 주어진 우연성은, 샤프하게 분리되는 다른 세계들, 그것들을 표현하는 개체들의 병립으로서 긍정된다. 그것은 "신적이고 고독한 게임"보다 더 나아간 것, 아니 그 철저이다. 아이들의 게임으로. 작은 대리자, 억압자일지도 모르는 아이들과의, 더러운지 아닌지 모르는 아이들의 세계들과의, 그때마다의 임시적인[잠정적인] 협상을 다시 시작하는 것으로.

제6장

표면, 심층, 요도: 『의미의 논리』에서의 기관들 없는 신체의 위치

들뢰즈·가타리 이전에, 혼자인 들뢰즈는 기관들 없는 신체를 『의미의 논리』에서 개념화했다. 들뢰즈는 여기에서 아르토를 범례로 삼아 분열증을 해석한다. 『안티 오이디푸스』는 이런 아르토론의 연장선상에 있다. 『의미의 논리』는 라캉의 영향을 강하게 받은 책이며, 동시에 라캉에게서 분리되는 책이기도 하다. 기관들 없는 신체는 라캉에 대한 『의미의 논리』의 양면성의 골짜기에 위치하는 개념이다. 이 장에서는 『의미의 논리』에서 기관들 없는 신체를 등장시킬 때의 레토릭에 관해 고찰하고, 『안티 오이디푸스』에서의 기관들 없는 신체―'전체화하지 않은 전체'=개체―의 전사前史를 정신분석의 어휘를 통해 밝힌다.

6-1 표면의 무-의미: '균열'

『의미의 논리』는 두 개의 양상을 지니며, 제13계열 「분열증자와 소녀」를 경계로 전반부/후반부로 나뉜다. 전반부는 '의미sens'의 자격을 둘러싼 언어철학의 일종, 아니 시니피앙의 철학(라캉적인)이며, 이 것이 들뢰즈의 표현으로는 '비-물체적incorporel'인 '표면surface'에서의 '사건'의 철학으로서 수행된다. 후반부에서는 표면이 '붕괴'하고, '물 체적corporel'인 '심층profondeur'이 노출되며, 언어가 실조失調되는 상 황—혹은 언어가 성립하기 이전의 상황—을 분열증(통합실조증)론으로서 고찰하게 된다. 전반부는 시니피앙의 철학이며 후반부는 시니피 앙을 상실한 **신체의 철학**의 일종으로 볼 수 있다.

전반부에서 들뢰즈의 물음은 칸트적 의미에서 **초월론적**이다. 들 뢰즈가 '표면'이라고 부르는 것은 언어를 매개해[통해] 살고 있는 '우 리'=언어존재[말존재]**에 있어서의** 세계이다. 언어와 상관하는 세계 가 성립하고 있다며, 들뢰즈는 그 조건을 묻는다. 이것이 표면의 '정 적 발생genèse statique'론이라고 불린다. 이와 반대로, 후반부에서 들 뢰즈는 모든 것을 흉적으로 재개한다. 퇴행적으로. 즉 말로 넘쳐 난 표면 아래infra의, 즉 심층의, 단편적인 사물이 날아 흩어졌을 뿐 인 상황에서, 한 장의=이어진 표면은 어떻게 이루어지는가—주체 의 '체계화'—를 묻게 된다. 이것이 심층으로부터의 '동적 발생genèse dynamique'론으로 불린다.

표면	비물체: 의미 = 사건	결과 = 효과
	↑	↑
심층	물체	원인

전반부의 주인공은 루이스 캐럴이며, 후반부는 아르토이다. 그리고 병력을 달리하는 두 명의 작가 모두에게 매혹당한 들뢰즈 이 사람은 전

반부와 후반부를 오가는 제3자인 것이다. 『의미의 논리』에는 캐럴/아르토에 대한 들뢰즈의 제3의 위치가 **표면과 심층 사이에** 기입되어 있다—그것은 표면도 심층도 아닌 이른바 '중간층'일까?

이 절에서는 우선 정적 발생에 관해 정리하자.[1]

들뢰즈에 따르면, '의미'는 '사건'을 표현한다. 『의미의 논리』에서는 에밀 브레이에Émile Bréhier의 『초기 스토아철학에서의 비물체적인 것의 이론La théorie des incorporels dans l'ancien stoïcisme』(1908)에 의거하여, 의미·일[事]의 '비물체적'인 차원을 사물[物]·신체의 '물체적'인 차원으로부터 구별한다—"스토아파는 물체의 두께에 대해, 초원의 안개(안개도 물체이기 때문에, 안개 이하의 것)처럼, 표면에서만 상연되는 비물체적인 사건을 대립시킨다…".[2] 들뢰즈는 심층의 물체를 '원인'으로 하여 표면이라는 비물체적인 '결과=효과'(의미, 사건)가 발생한다고 생각한다. 표면은 결과=효과인데, 원인인 심층의 물체로부터 독립해 있으며, 후자로 환원되지 않는다. 예를 들어 "비가 내린다"라는 글에서 표현되는 의미=사건은, 확실히 물체인 물방울—물분자, 산소와 수소의 원자, 그리고 소립자—을 원인으로 한다. 하지만 그 결과=효과로서의 사건 '비가 내린다'도 실재적(비물체적으로)인 것이며, 원인=물체로 환원되어야 하는 것은 아니다.

그런데 전반부에서 주된 테제는 의미=사건의 본성은 '무-의미 non-sens'라는 것이다. 이것이 『이상한 나라의 앨리스』 등에서의 캐럴의 말장난에 의해 예시된다.

---

1 전반부에서의 '정적 발생'론에 관해서는 윌리엄스의 해석도 참조했다. James Williams, *Gilles Deleuze's Logic of Sense: A Critical Introduction and Guide*, Edinburgh University Press, 2008.

2 『의미의 논리』, pp. 14-15, 51-52쪽, (上) 23頁.

이성적인(상식·양식을 깨뜨리지 않는) 의사소통에서는 글의 진위를 분간할 가능성을 다양하게 지키려고 한다. 그러나 들뢰즈의 발상에서 언어 자체의 위력은 오히려 비-이성적인 표현에 존재한다. 예를 들어, 캐럴의 조어에서 뭔가 생물을 가리키는 듯한 '스나크snark'는, 해석하려고 하면, '스네이크(뱀)가 되다', '스네일(달팽이)이 되다', '샤크(상어)가 되다'처럼 다채로운 생성변화(되기)로 발산해버릴 것이다.[3] 이처럼 사물의 의미가 잠재적으로 다방향으로 발산하고 있는 영역을 '표면'이라고 부르고 있는 것이다. 특별한 조어가 아니더라도, 모든 말은 콘텍스트를 따라 다방향으로 의미를 발산시킨다. 어떤 시니피앙에 관해서, 무한하게 수신처들을 발산시킨다면, 그것은 (접속 과잉으로서의) 무-의미가 된다. 모든 시니피앙이 잠재적으로 다방향으로 지나치게 움직이는 무-의미이다. 이렇게 파악한다면, 들뢰즈적 표면은 라캉의 시니피앙 연쇄, 그리고 데리다의 에크리튀르론과 흡사하다.

진/위를 둘러싼 논쟁의 장은 캐럴적인 표면에서 파생되는 상부구조이다. 그것은 표면/심층으로부터 구별되며, '높은 곳hauteur'이라 불린다. 뒤엉킨 (무-)의미의 영역이 그 위의 정통적인orthodox '명제'를 **떠받치면서 교란한다.** '건강한' 경우에 표면과 높은 곳은 불가분하다. 이 두 가지가 물체적인 심층이나 인프라로부터 자율적이라는 것, 물체의 깊이에 언어가 먹혀들지 않는다는 것이 언어 사용의 조건이다. 다음의 점에 주목하자. 높은 곳을 상부구조로 간주한다면, 그 직접적 하부구조는 표면이다. 하지만 진정한 하부구조인 심층에 착목한다면, 표면도 상부구조에 지나지 않는다. 캐럴의 문학은 더욱 위기적인 상황에서 본다면, 파생적인 것이다.

---

3 캐럴의 텍스트에서는 뱀의 본성에 관해 제한없이 다양한 서술이 이루어진다. 루이스 캐럴, 『스나크 사냥』, 이북코리아, 2013.

높은 곳hauteur	명제의 진/위	현동적인 동일성
↑ 조건지어짐		
표면surface	의미=사건	잠재적인 차이
__↑ 결과=효과		
↓ 분열증화		
심층profondeur	의미의 붕괴	

들뢰즈에 따르면, 표면에는 '균열'이 있다고 한다. 어떤 것일까?

앞의 snark에 관해서는, '스네이크snake 되기'와 '스네일 snail되기'와 '샤크shark 되기' 등등의 생성변화를 병립시키는 **복수의** '~와'가 있다. 이것들이 표면의 균열fêlure이다. 복수의 '와'=균열이 다발하고 있다. 구체적으로는 그렇게 생각된다. 그렇지만 『의미의 논리』는 구체적으로 복수의 '와'=균열의 모든 것에 관해 하나의 과정을 수립한다. 들뢰즈는 의미가 분기하는, 차이화하는 것의 일반 조건으로서 **초월론적으로 유일한** '균열'을 생각한다. 이리하여 우리는 앞의 3장에서 논했던 구조주의적 전체론과 다시 마주친다. 유일한 '균열'이란 "이질적인 계열을 두루 돌아다니고[편력하고], 한편으로는 계열을 조율하고 공명하게 만들고 수렴하게 만들며, 다른 한편으로 계열을 분기시켜 각 계열에 다수의 분기[분리접속]들을 도입한다"는 '역설적 요소',[4] 또한 "무-의미로서 결정되고 끊임없이 계열을 가로질러 순환하는 심급=x"이다. 이것은 구조주의적 전체론의 요체로서의 '초월론적 시니피

---

4 『의미의 논리』, p. 83, 143쪽, (上) 126頁.

앙'이며, 또 이것이야말로 일의적인 '존재=사건'에 다름없다.[5]

캐럴의 세계는 '균열'이 '두루 돌아다님'으로써 유지되는 표면의 세계이다. 다른 한편으로, 심층으로의 전락이 일어난다면, 그 경우는 표면이 '균열'에 의해 편력되는 것 이상으로 **더 갈라지는** 경우에 해당될 것이다. 이것을 들뢰즈는 제13계열 이후에, 분열증의 경우로서 고찰하기 시작한다―"위협은 원래 지각 불가능하다. 그러나 몇 걸음만 나아가면 균열faille이 더 커졌다는 것을 알게 된다. 표면의 모든 조직화는 이미 사라져버렸다."[6] 분열증자로서의 아르토 쪽으로. 아르토와 캐럴의 자세[économie]는 타협 없는 준별된다. 캐럴의 경우는 '도착자pervers'이며, 분열증자가 아니라고 간주된다.

라캉파는, 신경증·도착·정신병이라는 세 개의 구조를 구별하고 있다. 프로이트 이후 정신분석에서는 신경증이야말로 상식·양식(에 따르겠다고 고군분투하는 것)의 기초에 상당한다고 생각해왔다. 『의미의 논리』의 3층구조는 대체로 이것에 대응한다고 생각할 수 있다.

높은 곳: 신경증névrose	명제의 진/위
표면: 도착perversion	의미=사건
심층: 정신병psychose	의미의 붕괴

들뢰즈는 13계열의 마지막에서, "캐럴의 모든 것을 준다 해도 우리는 앙토냉 아르토의 작품 하나도 주지 않을 것이다"라고 말한다.[7]

---

5 『의미의 논리』, p. 87, 149쪽 (上) 133頁.

6 『의미의 논리』, p. 101, 165쪽, (上) 152頁.

7 『의미의 논리』, p. 114, 179쪽, (上) 170頁.

이 문장은 바로 『의미의 논리』의 이중구속double-bind을 보여주는 것이다. 들뢰즈는 한편으로, 차이의, 사건의 존재론을, 캐럴에 기대 얘기한다. 들뢰즈는 표면의, 도착의 철학자이고자 한다. 그럼에도 불구하고 심층으로 전락하는 **사고**accident에 표면의 모험adventure을 능가할 수 있는 가치가 있음을 인정한다. 들뢰즈가 차지하고 있는 자리는 캐럴과 아르토 사이를 부침하는 것이다.[8]

6-2 심층의 밑-의미: 다공성·다상성

심층으로의 전락(분열증화)에 있어서 아르토의 발언은 신체의 경련적 고통에 직결된다. 즉 "단어는 잘디잘게 산산조각 나며, 음절, 문자lettres, 특히 자음으로 분해된다. 이 자음은 특히 신체에 직접적으로 작용하며, 신체에 침투하며 신체에 상처를 입힌다."[9] 심층에는 "**더 이상 계열이 전혀 없다**"고 규정된다.[10] 심층에서는 더 이상, 다양한 (무-)의미, 다방향으로의 번식이 이루어지지 않는다. 즉 심층은 **절단 과잉**

---

8 프랑수아 도스는 다음과 같이 말한다. "『의미의 논리』의 이 '13계열'은 신체에 있어서 작동하는 힘들의 역능이 언어적 작용 속에 침입한다는 정신병적 병리를 허용하는 발견이 보인다는 점에서, 들뢰즈의 사상 편력 속에서 중요한 위치를 차지한다. 이 장을 썼을 때, 들뢰즈는 아직 가타리와 만나지 않았으며, 정신분석적 세계는 그에게 아직 완전히 소원한 것이었다. 그러나 여기서 제기된 문제에는, 곧 다가올 만남이 각인되어 있는 것 같다. 또한, 이것 이후 들뢰즈가 구축하는 저작은, 그가 그로부터 자신을 해방시킨 아카데미즘의 요청에 응하는 것이 아니게 되며, 그 자신의 신체를 표현하는 것이게 된다고 말해도 좋을 것이다." François Dosse, *Gilles Deleuze et Félix Guattari: Biographie croisée*, Éditions la Découverte, 2007, pp. 194-195.

9 『의미의 논리』, p. 107, ***쪽, (上) 161頁.

10 『의미의 논리』, p. 111, 176쪽, (上) 166頁.

인 것이다. 비의미적으로. 멜로디는 구축되지 않으며, 자음적인 단편만이 사방팔방에서 타악기 소리처럼 후드득percussive[11] 떨어져 내린다. 『의미의 논리』에서는 아르토가 캐럴의 시 「재버워키Jabberwocky」를 프랑스어로 번역한 것을 예로 들고 있다. 아르토는 거기서, 캐럴의 넌센스보다 더 깊은 넌센스로, 예를 들어 "루르그에가 르아르그에이고 랑금브드가 루아르그암브드를 가질 때까지Jusque là où la rourghe est à rouarghe a rangmbde et rangmbde a rouarghambde"라는 글을 내뱉는다.[12] 마치 주문과도 같은 이 말은, 굳이 분석하자면, 의미 작용을 하지 않는 것은 아닐지도 모른다. 그렇지만 들뢰즈에 따르면, 이런 말은 "기절 상태에 빠져서 과잉으로 후두음의 부하를 짊어지게 하며, 또 다른 기능을 갖고 있는 듯하다."[13]

들뢰즈는 여기서 프로이트에 의거하여 분열증의 특징으로서 피부, 즉 표면에 "무수하게 작은 구멍"이 뚫려 있다는 감각에 관해 기술하고 있다. 다음의 구절이다.

---

11 [옮긴이] 원래 percussive는 '충격의'라는 의미였지만, 음악에서 타악기percussion 또는 감쇠음減衰音을 많이 사용한 곡조나 그런 음악을 가리킨다.

12 원문은 다음과 같다. "Jusque là où la rourghe est à rouarghe a rangmbde et rangmbde a rouarghambde," アントナン・アルトー『アルトー後期集成I』, 宇野邦一・岡本健訳, 河出書房新社, 2007년, 218頁. [옮긴이] 『의미의 논리』, p. 110, 175頁이며, 국역본에는 번역되어 있지 않다.

13 『의미의 논리』, p. 103, 167쪽, (上) 154頁. [옮긴이] 이 구절은 글쓴이의 인용을 대체로 반영했다. 그러나 원문은 다음과 같다. "그러나 혼성어들은 기절 상태에 놓이고 후두음을 너무 많이 담고 있어서 또 다른 기능을 갖고 있는 듯하다Même les mots-valises semblent avoir une autre fonction, pris dans des syncopes et surchargés de gutturales." 여기서 혼성어로 옮긴 mots-valises는 한 단어의 첫 부분과 다른 단어의 뒷부분을 합쳐서 만든 말이다. 가령 모텔motel이라는 단어는 motorcar와 hotel로 합쳐서 만들어진 말이다. 따라서 '기절 상태'로 옮긴 syncope는 이렇게 단어의 앞부분과 뒷부분이 빠져나가고 남은 부분을 가리키는 '어중음소실語中音消失'로 옮길 수 있다.

아르토는 말한다. 그것은 표면적일 뿐이라고. 아르토의 천재성에 생명력을 불어넣은 계시, 매우 경증의 분열증자도 인식하고 자기 방식대로 살아가는 계시는 이렇다. 그에게는 **표면이 없다, 표면이 더 이상 존재하지 않는다.** 아르토에게 캐럴은 어떻게 바닥의 모든 문제들로부터 보호되고 새침 떠는 소녀로 비치지 않을 수 있었을까? 분열증적인 최초의 명증성évidence은 표면에 구멍이 나 있다crevée는 것이다. 바로 더 이상 신체의 표면은 없기 때문에 사물과 명제 사이의 경계선도 더 이상 없다. 분열증적인 신체의 최초의 면모aspect는 일종의 신체-여과기이다. 프로이트는 표면과 피부에 무한히 작은 구멍이 뚫려 있다고 파악하는 것이 분열증자의 태도aptitude라고 강조했다. 그 결과, 신체 전체는 심층일 뿐이게 된다. …[14]

표면은 "무한히 작은 구멍" 때문에 망가진다[파열되어 있다]. 여과기처럼 다공적이게 된다. '사물과 명제' 사이를 가로막은 한 장의 표면이, 스크린이 상실된다. 이것은, 표면을 편력하는 궤적에 의해 그것을 한 장으로 했던 '균열'의 분산이다. 표면의 다공화란, 균열의 복수화이다.

이제 3-6 「부정신학 비판, 복수적 외부성, 변태하는 개체화」에서 예시했던 아즈마 히로키의 논의를 검토해야 할 단계이다. 아즈마는 『의미의 논리』에서의 심층에 데리다적인 "우편=잘못된 배달의 체계"를 대응시킨다. 거꾸로, 표면은 부정신학적으로 성립한다. 심층이란 목적지의 유일한 미규정성='균열', 즉 '결여'에 유인되지 않고, 산산이 흩어져 떠돌아다니고 있는 복수의 '죽은 문자dead letter'의 영역이

---

14 『의미의 논리』, p. 106, 171쪽, (上) 159-160頁.

된다.[15] 또 아즈마의 논의를 토대로 고쿠분 고이치로國分功一郎는, 심층에서는 "산산조각 난 단편적인 사건의 파편"이 산란하고 있다고 표현한다.[16] 심층이란 벌거벗음의 '공-불가능성'의 황무지이다. 그곳은 "무수히 작은" 타자성이 날아와 엇갈릴 뿐인, 매개(커뮤니케이션)하는 '존재=사건'이 성립하지 않는, 무관계의 황무지인 것이다.

심층의 노정이 물체·신체성의 노정이라고 하는 것은 어떤 것인가? 아즈마와 고쿠분은 이 물음을 다루지 않는다. 다음의 서술에 주목하자. 들뢰즈는 아르토의 경험에 관해 "한 그루 나무, 한 개의 기둥, 한 송이 꽃, 한 개의 지팡이가 신체를 가로질러", "다른 신체가 우리의 신체 속에 침투하고, 신체의 부분들과 공존한다"고 묘사하고 있다.[17] 이 사태는 분열증의 흔치 않은 환각이다. 상상될 수 있는 사건이 언어의 스크린을 거치지 않고, 물체로서 날아온다. 이른바, "술어=사건" **즉 물체**라는 등식이다. 실재와 환상은 더 이상 구별할 수 없다. 사물corps과 신체corps는 술어=사건의 산란된 자료체corpus가 된다. 『디알로그』에서는 다음과 같은 한 문장을 읽을 수 있다.

신체들은 물리적, 생물학적, 심리적, 사회적, 언어적verbal일 수 있다. 이것은 언제나 신체들 혹은 자료체corpus이다.[18]

---

15 東浩紀, 『存在論的, 郵便的』, 196頁[아즈마 히로키, 『존재론적, 우편적』, 236쪽] 이하, 「appendix——ドゥルーズ『意味の論理学』について」. 아즈마의 논의와 이 글의 차이는 이 장의 주 29에서 말한다.

16 國分功一郎, 「特異性, 出来事, 共可能性——ライプニッツとドゥルーズ(2)」, 『情況』第三期五巻八号, 2004년, 231頁.

17 『의미의 논리』, p. 106, 171-172쪽, (上) 160頁.

18 『디알로그』, p. 66, 103쪽, 92頁.

무관계의 황무지, 비의미적 절단의 과잉. 그것이 "밑-의미의 지역 une région d'infra-sens"으로서의 심층의 상황이다.[19] 그리고 밑-의미란 말과 물物로 나눌 수 없는 **사물** 자체이다.

산란하는 밑-의미의 부스러기는, 그렇지만 산산이 흩어져 있는 것만은 아니다.

들뢰즈에 따르면, 저 "루르그에가 르아르그에이고 랑그무브두하고 갖고 랑그무브두가 르아르그아무브두를 가질 때까지" 같은 글에서는, "단어가 조각난 유기체의 수동으로 되는 대신에 부분들 없는 신체의 능동이 되도록 하기 위해 단어를 활성화하고 단어에 숨을 불어넣고 단어를 적시거나 태우거나" 한다.[20] 아르토의 단어는 더 이상 루이스 캐럴적인 (무-)의미를 생산하지 않는 한편, 통합[모둠]된 울림을 갖춘 단어로서, '음조적tonique'인 몸[体]을 이루려고 한다. 밑-의미의 부스러기는, 일정한 통합[모둠]을 형성할 수 있는 것이다. 이 글의 어휘로 바꿔 말한다면, 아르토는 비의미적으로 절단된 단편에 의해 청각 이미지의 부분전체론적 합을 만들어내는 것처럼 생각된다. 여기서 기관들 없는 신체라는 개념이 『의미의 논리』에서 처음 등장하는 것이다.

> … 이 음조적인 가치에 영광스런 신체가 대립하며, 이것은 분열병적인 신체의 새로운 차원, 부분들 없는 유기체이며, 모든 것을 공기 주입·공기 호흡·증발·유체적 전달에 의해 행한다(앙토냉 아르토의 고차적 신체 또는 기관들 없는 신체).[21]

---

19 『의미의 논리』, p. 110, 175쪽, (上) 165頁.

20 『의미의 논리』, p. 110, 175쪽, (上) 164頁.

끝부분에서 "고차의 신체 또는 기관들 없는 신체"로 치환되기 전에 있는 "부분들 없는 유기체"라는 표현은 완전히 매끈한 구루guru 같다는 인상을 줄지도 모른다. 여기서는 확실히 유체流体라고 표현되어 있다. '부분들 없는'이라고 형용됨으로써 '유기체' 개념은 그 전체성wholeness만을 나타내고 있는 듯하다. 임시로, '부분'과 '단편'을 구별해보고 싶다. '부분들 없는 유기체'는 부분은 갖지 않더라도 단편을 소재로 삼고 있다. 이 유기체는 **의미적인 부분**은 갖지 않지만 **비의미적인 단편**을 소재로 하고 있다. 이런 해석은 위의 인용을 재빨리 『안티 오이디푸스』에서의 "부분들을 전체화하지 않는 전체"에 접근시킨다. 다음 절에서는 『의미의 논리』에서의 논거를 더욱 꼽아보자.

이런 심층의 상황은 분열증자에게 내면적인 것만이 아니다. 들뢰즈는 세계의 심층에 있어서의 사물의 비의미화에, 사고를 미치고 있다. 원래 『경험주의와 주체성』에서는, 내면을 미리 통일하고 있는 모종의 원리―라캉에게서의 초월론적 통각―가 있음을 인정하지 않는다. 흄주의자인 들뢰즈에게 주체화는 도래할 사건들의(그 인상·관념의), 외재적이고 후험적인 연합에 의한 것이었다. 흄적 주체화는 심층에 있어서의 기관들 없는 신체의 출현에 호응한다. 사건의 자음적인 단편이 난타당하는 황무지로부터, 약속 없이, 개체적인 구역, 통합[모둠], 기관들 없는 신체가 생겨난다. 이것이 주체화=개체화이다. 개체는 다양한 외부성·타자성을 콜라주한 가설의 연합이며, 그것은 비바람에 노출되어 부분적으로 변질되고 급락되고 윤곽이 바뀐다. 에가

---

21 『의미의 논리』, p. 108, 173쪽, (上) 162頁. 유체적(流体的)인 기관들 없는 신체는, 아사다 아키라에 따르면 "힘들의 원질료(原質料)"이며, "너무도 빨리 달렸기 때문에 녹아서 버터가 되어버린다"고 하는 "ちびくろさんぼ"의 'トラ'라고 비유되고 있다(浅田彰, 『逃走論』, 55頁). 이에 반해 이 글에서는 이하, 부분 대상의 일그러진 콜라주로서의 기관들 없는 신체라는 규정을 강조한다.

와 타카오는 그의 들뢰즈론인 『존재와 차이』(2003)에서, "진정으로 후
험적인 경험은 자신의 경험의 조건들을 파괴하며, 그것들을 변화시킨
다"고 말한다.[22] 다음과 같이 바꿔 말해보자. 복수적인 외부로부터 날
아오는 술어=사건의 타격damage에 의해 내면 **안**의 상황뿐 아니라, **내
면의 윤곽 자체가 파괴적으로 변화를 겪는** 것을 들뢰즈는 고려하고 있다는
것이다.

들뢰즈는 『의미의 논리』 후반부에서 바깥으로부터의, 타격에 의
한 생성변화의 다양한 사례를 논한다. 사고에 의한 신체 장애, 또 알
코올이나 마약의―뇌에 대해 직접 작용하는―타격. 제1차 세계대전
에서 부상을 입은 시인 조 부스케Joë Bousquet의 하반신 불수나 스콧
피츠제럴드Francis Scott Key Fitzgerald의 알코올 의존에서도, 그들은 "신
체 속에 균열을 실현시켰던" 것이며, 그런 자들은 '불가침의 권리'를
갖고 있다.[23] 아르토처럼 만년의 니체도 그렇다고 간주된다. 이런 병
치는 심인적心因的/기질적器質的이라는 구분의 무효화를 함의하기 시
작한다. 분열증에서 신체장애로, 마약으로. 내면적인 정신분석으로부
터 외재적인 '약독분석'으로서의 '분열분석'으로.

---

22 江川隆男, 『*存在と差異――ドゥルーズの超越論的経験論*』, 知泉書館, 2003년, 17頁.

23 다음 대목도 언급해둔다. "…부스케가 상처의 영원한 진리에 관해 얘기할 때, 그것은 자신
의 신체가 담지하고 있는 몸서리치는 개인적 상처의 이름으로 얘기하는 것이다. 피츠제럴
드나 라울리가 비물체적인 형이상학적 균열에 관해 얘기할 때, 자신들의 사유의 장소와
장애, 사유의 원천과 고갈, 의미와 무의미를 거기서 동시에 찾아낼 때, 두 사람은 자신들이
마시고 신체 속에 균열을 실현시킨 알코올의 자격을 갖고 그렇게 한다. 아르토가 사유의
침식에 관해 본질적인 동시에 우연적인 무엇인가라고 얘기할 때, 근본적인 무능력이지만
그럼에도 불구하고 고도의 힘이라고 얘기할 때, 그것은 이미 분열병의 바닥에서부터 얘기
하고 있는 것이다. 각자가 무엇인가의 리스크를 무릅쓰고, 이 리스크를 가장 멀리 밀고나
가 그로부터 불가침의 권리를 이끌어낸다." 『의미의 논리』, pp. 183-184, 271-272쪽, (上)
273頁.

그래서 표면의 도착자 캐럴과, 심층의 장애적 작가들을 아울러 칭찬하는 제3자 들뢰즈는 자신을 "추상적으로 사유하는 자"라고 손가락질하면서, 다음과 같이 자조하게 된다.

추상적으로 사유하는 자가 지혜와 분별의 충고를 할 때, 그자에게는 뭐가 남을까? [충고할 때는] 언제나, 물가에 머문 채 브스케**의** 상처에 관해, 피츠제럴드**의** 알코올 의존과 라울리**의** 알코올 의존에 관해, 니체**의** 광기와 아르토**의** 광기에 관해 말하는 것일까? 그런 한담閑談의 전문가가 되는 것일까? [이런 것들에] 사로잡히게 된 자가 깊이 빠지지 않기만을 바랄까? … 아니면, 균열을 길어 보이게 할 정도까지는 조금만 자신이 보러 가고, 조금만 알코올 의존이 되고, 조금만 광기가 되고, 조금만 자살 충동을 갖게 되고, 조금만 게릴라 병사가 되지만, 균열을 치유 불가능한 정도까지 너무 깊게 하지 않지 않는다는 것일까?[24]

인상 깊은 구절이다. 들뢰즈에게 고유한 길 잃음이다. 그는 **사고** accident**와 중독**addiction에 대치하고, 표면 아래에서 흔들리고 있다. 또 이렇게도 말해진다. "… 피해자나 진짜 환자를 특징짓는 [균열의] 충만한 실현을 조심하면서, 사건의 반–실현contre-effectuation, 배우나 무용수의 단순하고 평탄한 재현에 매달리는 것은 가능할까? 이 모든 물음들은, 그렇다, 언제나, 두 개의 측면, 두 개의 과정[=표면과 심층]은 본성이 다르다고 생각하는 자의 우스꽝스러움ridicule을 고발하고 있다."[25] 표면에 안주할 수도 없지만, 심층에 푹 빠져들면, 죽음의 리스크가 있

---

24 『의미의 논리』, p. 184, 272쪽, (上) 273-274頁.
25 『의미의 논리』, p. 183, 271쪽, (上) 273頁.

다…. 때문에 부침하면서, 표면과 심층 사이에서 **불순하게** 살아갈[거처할] 수밖에 없다. 그런 어중간함을 '우스꽝스러움ridicule'이라고 자조하지 않는 들뢰즈가 있는 것이다. 이 '가운데 층[中層]'에 있어서, 들뢰즈 고유의 사유의 이미지가 체體를 이루고 있다고 생각된다. 1960년대 후반의 들뢰즈는 아마도 심층에 기울어 있었다. 타고난 호흡기 질환 때문에 들뢰즈는 『의미의 논리』가 나온 1969년, 구멍 난 한쪽 폐를 절제해야만 했다(술도 꽤 마셨다고 말했다).[26]

관조하고 피로, 관조하고 피로, 그리고 그것 이하에서, "소진한다épuiser"라는 것.

말년의 베케트론인 『소진된 것』(1992)에서의 긴박하고 메마른 어조는 1960년대 후반의 들뢰즈에게도 함유되어 있으며, 그것은 들뢰즈·가타리의 떠들썩한 1970년대에도 통주저음通奏低音으로서 줄곧 울려 퍼지고 있었을 것이다.

소진된 것, 그것은 피로한 것보다 훨씬 더 이상의 것이다. … 피로한 것은 더 이상 그 어떤 (주관적인) 가능성도 갖고 있지 않다. 따라서 최소한의 그 어떤 (객관적인) 가능성도 실현할 수 없다. … 피로한 것은 단지 실현을 소진했을 뿐이지만, 반면 소진된 것은 모든 가능한 것을 소진하는 것이다[더 이상 아무것도 가능하게 할 수 없는 것이다].[27]

---

26 François Dosse, *Gilles Deleuze et Félix Guattari: Biographie croisée*, Éditions la Découverte, 2007, p. 217. 음주에 관해서는 Gilles Deleuze et Claire Parnet, "B comme Boire", in *L'Abécédaire de Gilles Deleuze*, réalise par Pierre-André Boutang, Éditions Montparnasse, 1996.

27 들뢰즈, 『소진된 인간』, p. 57, 23쪽, 7頁. [옮긴이] [ ] 안은 글쓴이의 번역.

"모든 가능한 것을 소진하는" 자는 바로 그 망연함에 있어서 타자로 생성변화하고 있다. 소진된 생성변화, 그것은 그 작동을 눈치 챌 수 없는, **지각할 수 없는** (것으로의) **생성변화**에 다름없다. 그런데 말라부는 『새로운 부상자들』(2007)에서 『소진된 것』의 이 구절을 인용하면서, 들뢰즈가 소진이라고 부른 사태를 문자 그대로 체현하는 것은 '뇌 손상'이나 '알츠하이머병'에 의해 자기의 내력이 단절되고 딴 사람처럼 되어버린 자가 아닌가라는 기질적 해석을 제기하고 있다.[28] 말라부에 따르면, 무의식의 심인성은 뇌의 조형성에 의거하고 있다. 말이나 이미지에 의해 촉발[변용]된 변화도 조형적인 뇌의 변화이다. 교통사고와 애증의 트라우마는, 마찬가지로 물체적인 타격이다. 바깥으로부터의 타격이 이전의 자기로부터 새로운 자기=타자의 '분리séparation'를 초래한다—이것을 말라부는 "파괴적인 조형성plasticité destructirice"이라고 부른다.[29] 나아가 그녀는 무의식에서의 '섹슈얼리티'에 대해 각자의 조형적인 뇌의 특성을 '세레브랄리테(뇌-성腦-性)cérébralité'라

---

28 말라부에 따르면, "베케트적 등장인물, '소진된 것'을 묘사한 이런 말들은 또한 완벽하게 신경학적 환자를 특징짓는 것이 아닐까? 이 가능성의 소진에 기초한 가능성[이 가능적인 것의 소진의 가능성], 소진된 자의 정체성을 형성하는 것은 프로이트적 조형성의 특징인 선행 상태의 존속과는 아무 관련이 없다. 소진된 것의 경우 아무것도 존속하지 않는다. 아니 오히려 존속하는 것은 무이다." Catherine Malabou, *Les Nouveaux blessés. De Freud à la neurologie penser les traumatismes contemporains*, Bayard, 2007, p. 106.

29 자기의 변태 이전/이후의 '분리.' "외상적 사건은 어떤 의미에서 그 주체를 발명한다. 외상을 겪은 개인의 과거는 바뀌며, 그것이 순수하고 단순하게 망각하는 것에 의해 파괴되지 않을 때[순수하고 단순하게 파괴되지 않을 때, 혹은 망각에 처해지지 않을 때], 과거는 **또 다른 과거**로 생성한다. 따라서 결코 일어나지 않은 이 과거를 떠맡기 위해 **새로운 주체**가 등장한다[무대에 진입한다]. [자신의] 죽음을 예견하고, 자신이 죽어가는 것을 지켜보는 것은 더 이상 똑같은 자기[주체]가 아니다. 분리는 더 이상 선취[예견]되는 것이 아니라, 바로 변태[탈바꿈]에 있어서 완수된다[일어난다]." Malabou, *Les Nouveaux blessés*, p. 253. [옮긴이] [ ] 안은 옮긴이가 영어판을 참조해서 덧붙였다.

고 부르면서 구별한다. 말라부의 이 정신분석 비판은 『천 개의 고원』에서의 '약독분석'에 가까운 것이라고 볼 수 있다. 즉 사건을 '마약적 내재성'으로 향유하고, 그 의미부여의 무한 소급에 말려들게 하지 않을 때의, 비의미적으로 생성변화하는 개체성을, 말라부의 경우는 '세레브랄리테'로서 파악하는 것이다. 파괴적 조형성은 **뇌신경을 하나의 범례로서**, 기억·역사의 철학을 시사할 것이다. 전면적으로 인과적이지 않은, 도처에 절단이, 비의미적 절단이 내달리고 있는 세계사·자연사의 철학. 몇 개의 망각에 의해 다공적多孔的인. 부분적인 무관계화의 선에 의해 다상적多傷的인. 안/밖을 나누는 한 장의 스크린[막], 즉 유일한 '균열'의 편력[두루 돌아다님]에 의해 한 장인 스크린이 구멍투성이가, 상처투성이가 된다. 거기서 어떤 통합[모듬]을, 기관들 없는 신체를, 역사의 자료체를 만드는 것이다. 이상은, 초기 들뢰즈의 위상학topology에 의해 제거할 수도 있다. 한데 묶임의 '우리'의 대륙/그것의 이면인 '타자'의 대양이라는 양쪽을 가르는 한 선이 구멍투성이가, 상처투성이가 된다. 중간에는 복수의 무인도가 산재하고 있다─그것들이 기관들 없는 신체=개체들인 것이다.

6-3 항문적, 요도적, 성기적

들뢰즈는 제27계열 「구순성」부터, "사물의 상태들에서 사건들로, 혼합물들에서 순수한 선들로, **심층에서 표면들의 생산으로** 직접적으로 나아가는 동적 발생"의 서술을 시작한다.[30] 그것은 정신분석적 서술이며, 영국의 정신분석가 멜라니 클라인에 의한 유아기(전-오이디푸스기)의 이론과 라캉에 의한 팔루스의 이론을 아울러 채용한 것이다. 들뢰즈는 심층에서부터의 표면의 동적 발생을 단편적인 '부분 대상'의 산포[흩어짐]에 있어서의 '자아' 형성에 대응시킨다.

클라인에 따르면, 유아는 처음에는 "파라노이아-분열증 태세 position paranoïde-schizoïde"(이하 '분열증 태세[체제]'로 약칭)에서 살고 있다.[31] 이 태세[체제]에서 어머니의 유방과 신체는 단편적으로만 파악될 수 있다. 어머니의 단편은 "좋은 대상/나쁜 대상"이라는 대극對極으로 분열되어 있다고 여겨진다. 『의미의 논리』는 이 점에 대해 이의를 드러낸다. 들뢰즈는 분열증 태세[체제]에 좋은 대상이 존재한다는 것을 인정하지 않는다. 부분 대상의 단편성은 나쁘다고 간주된다. 부분 대상은 '박해자'이다. 그래서 들뢰즈는 나쁜 불연속적인[산산이 흩어진]/단편화된 부분 대상에 대해 좋은 대상이 아니라 '기관들 없는 신체'를 대립시킨다.[32]—"부분들 없는 유기체, 기관들 없는 신체, 입도 항

---

30 『의미의 논리』, p. 217, 312쪽, (下) 24頁. 이하에서 보듯이, 잡다한 부분 대상이 단일한 팔루스에 의해 통합된다는 과정은, 아즈마 히로키에 따르면, 우편=잘못된 배송 체계를 부정신학 체계에 의해 '억압'하는 것에 상당한다. '데리다-아즈마의 이원성'에 의한 이 해석에서는, 기관들 없는 신체의 의의가 물어지지 않는다. 이 글에서는 부정신학화의 도중에 출현하는, 개체적인 통합[모둠] 개념으로서의 기관들 없는 신체야말로 들뢰즈의 독특한 테마이며, 그것은 우편=잘못된 배송론誤配論에 더해서 명시되어야 할 또 하나의 부정신학 비판의 논거라고 생각한다.

31 [옮긴이] 일본에서는 여기에 나오는 position을 '태세態勢'라고 옮긴다. 이것은 '자세'와 호환 가능한 용어이다. 또 국역본은 이를 '위치'라고 번역한다. 그러나 이 단어는 오히려 '체제regime'라는 의미에 가깝다. 따라서 이하에서는 모두 '태세[체제]'로 표기한다.

32 鈴木泉, 「ドゥルーズ 『意味の論理学』を読む——その内的組み合せの解明」, 『神戸大学文学部紀要』第二七号, 2000년, 67頁. "들뢰즈는 망상-분열성 태세[체제]와 우울성 태세[체제]의 방향부여에 관련해 클라인 이론을 비판한다. 클라인은 좋은 대상과 나쁜 대상을 같은 자격으로 망상-분열성 태세[체제]에 있어서의 받아들임과 투사의 대상으로 하지만, 받아들임 되는 나쁜 대상과 대립항을 이루는 것은 받아들임의 대상으로는 되지 않는 전체로서의 '기관들 없는 신체'…이며, 이 두 항이 이드와 자살 사이의 대립·두 개의 심층의 대립·항문의 주제와 요도의 주제의 이중성을 형성한다.

문도 없이, 모든 섭취나 투사를 포기하고, 그 대가로 완비complet된 기관들 없는 신체." 여기서 부분 대상/기관들 없는 신체라는 대립은 프로이트에게서의 '이드ça/자아moi'의 대립에 겹쳐진다고 간주된다.[33]

들뢰즈는 좋은 대상을 분열증 태세[체제] 후의 '우울증 태세[체제] position dépressive'[34]에 특징적이라고 생각한다. 정확하게 말하면, 좋은 대상은 분열증 태세[체제]의 도중에, 선행하는 것인 양 도입된다. 즉 그것은 "첫 번째부터 이미 상실된 것, **상실되어버린 것**으로서만 나타나고 등장하는" 것이다. 이것이 높은 곳의 '초월성'transcendance en hauteur을 담지한다고 여겨진다.[35] 결여하고 있는 것, **늘 이미**―"거기에 그 탁월한 통일성=단일성unité이 있다."[36] 여기서 들뢰즈는 라캉 쪽으로 가까워진다. 좋은 대상은 유일한 '결여'=팔루스에 상당한다.

정리하자. 들뢰즈의 동적 발생론에서는, 난립하는 부분 대상의 무리[群]에 "부분들 없는=기관들 없는 신체"의 전체whole를 대립시킨다고 하는 부분전체론적인mereological 입론을 하고 있는 한편, 동시에 그것에 선행하는 듯한 '결여'=좋은 대상의 '통일성=단일성'을 도입하고 있기도 하다.

부분들을 통합[모둠]하는 단일한 팔루스는 『차이와 반복』에도 등장하고 있으며, 아즈마 히로키는 그 대목을 『의미의 논리』에서의 동적 발생론에 상당하는 것으로 다룬다.[37] 『차이와 반복』에 따르면, "모

---

33 『의미의 논리』, pp. 219-220, 316-317쪽, (下) 28頁.

34 [옮긴이] dépressif는 답답하여 의기소침한 상태를 가리키는 형용사이며, 우리가 일상적으로 사용하는 단어인 억울抑鬱은 본래 '마음이 답답하여 불쾌하거나 개운치 않음'을 뜻한다. 그러나 여기서는 '우울'로 번역한다. 그러나 이를 7장에 등장하는 '멜랑콜리 mélancolie'와 혼동해서는 안 된다.

35 『의미의 논리』, p. 221, 319쪽, (下) 31-32頁.

36 『의미의 논리』, p. 221, 320쪽, (下) 31-32頁.

든 잠재적이거나 부분적인 모든 대상들 아래에서, 라캉은 상징적인 기관으로서의 '팔루스'를 발견한다."[38] 이렇게 말한 후에 들뢰즈는 계속해서, "그[라캉]가 팔루스라는 개념을 그렇게 확장할 (즉 그 개념에 모든 잠재적인 대상을 포섭subsumer시킬) 수 있는 것은" 등등이라고 말한다. 라캉적인 팔루스는 복수의 '잠재적 대상'=부분 대상을 모두 '포섭'하는 단일한 무언가이다. 이에 비해 『의미의 논리』에서 산산이 흩어져 있는 부분 대상에는, 두 개의 산산이 흩어져 있지 않은 운명이 준별되고 있는 것에 관해 새롭게 해석되어야 한다—기관들 없는 신체로, 또한 팔루스로. 이 대립은 '전체화하지 않는 전체/전체화하는 전체'의 대립과 겹쳐진다고 생각된다.

한편에는, 늘 이미 '결여'하고 있는 좋은 대상의 '통일성=단일성unité', 그리고 다른 한편에는 기관들 없는 신체의 '완비성完備性(complétude)'이다. 후자는 들뢰즈에게 독특한 개념일 것이다.

들뢰즈는 여기서, 부분 대상의 '항문적'인 세분화와, 나중에 성립하는 '성기적=팔루스적' 통일과의 **중간**의 상황에 주목하고 있다. 그것은 '요도적'인 상황이다. 요도란 성기 속에 있으면서 좁은 의미에서는 성적이지 않은 부분이다. 기관들 없는 신체는 요도적인 것이다.

… 요도의 테마를 항문의 테마와 같은 평면에 둘 수 있는 것 같지 않다. 왜냐하면 똥이 어떤 때는 독극물이라며 꺼려지고 어떤 때는 다른 조각[단편]을 더 잘게 부수기 위한[더 세분화하기 위한] 무기로서 이용되는 기관들과 조각들에 늘 속한다면, 반대로 오줌은 **모든 조각[단편]들을 통합**

37 東浩紀, 『存在論的, 郵便的』, 204-205頁. [아즈마 히로키, 『존재론적, 우편적』, 245-246쪽.]
38 『차이와 반복』, p. 136, 235쪽, (上) 280頁.

[모둠]하여 결합할[lier tous les morceaux ensemble] 수 있고, 기관이 없어진 신체의 충만한 심층에 있어서 세분화[*잘게 부숨]을 극복할 수 있는 축축함의 원리en principe mouillé를 입증하기 때문이다. 그리고 분열증자가 모든 언어를 습득하면서도, 이 분열증 태세[체제]로까지 퇴행한다고 가정한다면, 분열증자의 언어에서 재발견되는 것이 파열된 똥들의 조각인 단어-수동과, 물의 원리나 불의 원리에 의해 용접된 블록 blocs soudés인 단어-능동 사이의 이원성과 상보성이라는 것은 놀랍지 않을 것이다.[39]

기관들 없는 신체=자아는 **팔루스에 의한 통일=단일화가 아니라** 금세 공사의 '불'처럼 작용하는 오줌에 의해 복수의 부분 대상을 '통합[모둠]하여 결합한다.'[40] 기관들 없는 신체는 역시 여러 단편[조각]들을 소재로 한 콜라주, 패치워크[잡동사니], 즉 **연합이다**. 다른 한편으로, '결여'의 통일성=단일성은 단편의 구체성을 없애고 '전체화하는 전체'일 것이다. 기관들 없는 신체는 단편의 구체성과 이웃해 있다. 궁극적인 연속체가 아니라 다공적·다상적인, 시작試作의 통합[모둠]이다.

신체=자아를 통합[모둠]하는 이 단계는, 라캉적으로 말하면 '거울 상 단계', 즉 자아의 이상적 이미지를 획득하는 단계가 아닐까? 거울 상 단계에 관해 『의미의 논리』에서는 여러 가지의 "전前-성기적인 지대나 성감대"를 연결하기 위한 '간접적'인 방법으로서 짧게 언급될

---

39 『의미의 논리』, p. 220, 317쪽, (下) 28-29頁, 강조는 인용자. [옮긴이] 지금까지 '단편'이라는 단어가 많이 사용됐는데, 글쓴이는 fragment는 일관되게 단편이라고 옮기지만, morceau는 단편이라고 할 때도 있고 조각이라고 할 때도 있다. 일본어 원문의 경우에는 일일이 구별하여 표기할 수 없었다. [ ] 안은 글쓴이, [*] 안은 옮긴이의 것이다. 또 굵은 글씨의 "lier tous les morceaux ensemble"는 "모든 조각들을 전체로 묶을"로 옮길 수 있다.

뿐, 곧바로 팔루스에 의한 '직접적이고 대역적大域的인 통합[모둠]'으로 역점을 옮기고 있다.[41] 들뢰즈는 라캉의 기여와 관련해서는 오로지 상징적 거세를 중시할 뿐이다. 거울상 단계에서의 자아의 상상적인imaginaire 통합[모둠]은 불안정하며, 때문에 언어(상징계)로의 자아의 등록이 필수였다. 그런데 들뢰즈의 동적 발생론의 수사학에서는, 라캉에 대한 의거에 있어서 거울상 단계론을 부수적으로만 다루기 때문에, **상징계의 우위화로 향하면서도, 그것에 의해 상상적인 통합[모둠]을 반드시 열등한 것으로 간주하는 것은 아니라**는 균형을 보이고 있는 것처럼 생각된다. 기관들 없는 신체가 이뤄질 요도기尿道期는 **마치 상징적으로 초극되지 않아도 되는 거울상 단계인 듯**하며, 라캉에게 이것은 상징적 거세의 실패인 정신병(분열증)을 포지티브하게 평가하는 『안티 오이디푸스』의 하나의 조짐이 아닌가라고 추리할 수도 있다.

---

40 들뢰즈에게 '요도적'인 기관들 없는 신체가 중요하다는 점을 깨닫게 해준 것은 가시무라 하루카樫村晴香인데, 그것을 팔루스의 성립 직전에 위치시키는 분석은 이 글의 독자적인 것이다. 가시무라가 제시한 '증례 들뢰즈'의 풍부하고 시사적인 진단에 관해서는 앞으로도 더 음미가 필요할 것이다. 이를 테면, "[들뢰즈에게서는] 예를 들어 기관들 없는 신체의 개념도, 그 구성 도상에서의, 유체적-요도적인 것 같은, 고유한 국상局相을 지닌 부분이야말로 정말로 인상적이며, 이것은 캐럴이나 카프카 등등에 있어서, 항상 '유동적'인, 신체의 '부분적-순간적 신축운동伸縮運動'에 관해 말해질 때, 동시에 환기된다. 그리고 베이컨의 그림에서 단적으로 볼 수 있는, 긴장형 분열증catalepsy적이 아니라, 거꾸로 **분리적인 신체 운동**—즉, 언어-의식 총체의 압력(억압)을 배경으로, 의식의 완전한 외부로부터 원초적인 운동이 회귀-돌출하며, 혹은 그것이 증후症候로서 이용되는, 신경증-분열증적, 혹은 도착적인 과정이 아니라, **신체제어회로 자체의 모종의 오버피드백적인overfeedback 사건에 의해, 언어회로를 거치지 않고 생겨나는, 이른바 국지적인local 신체 표층의 이변異變**에 관해, 그의 서술은 빛나고 있다." 樫村晴香, 「ドゥルーズのどこが間違っているか?」, 191-192頁. 강조는 인용자.

41 『의미의 논리』, p. 233, 332쪽, (下) 46頁.

성기적	초자아	'결여', 좋은 대사, 상징적 팔루스
요도적	자아	기관들 없는 신체
항문적	이드	부분 대상

항문/요도의, 세분화/통합[모둠]의 상보성은, 흄적인 '와'의, 해리하고/연합한다는 양의성에 대응한다. 클라인의 대상관계론은 영국의 이른바 '군도적 사고'의 계보에 있어서 흄주의와 공명하고 있으며, 그 울림을 증폭시켜 『안티 오이디푸스』는 성립했던 것이다.[42]

그러나 분열증 태세[체제]와 우울증 태세[체제]는 동시에 작동하고 있다. 기관들 없는 신체=자아의 형성은 '결여'에 의해 동기부여**된다**. 제28계열 「섹슈얼리티」, 제29계열 「선의는 당연히 벌받는다」에서 들뢰즈는 아이의 신체 표면을 최종적으로 팔루스에 의해 통일=단일화하게 된다. 결말은 이리하여 라캉적이게 된다. 즉 성기기性器期의 중심화이다.

이것[팔루스]은 빠져들어야 할 것이 아니라, 대지의 얇은 비옥층으로 향하는 보습의 날처럼, **표면에 하나의 선**을 긋는 것이다. 성기대로부터 나오는 이 선은 모든 성감대를 연결하며, 따라서 성감대의 이음매를 확보하거나 안감을 두르고, 모든 부분적 표면들을 아이의 신체 위에서 하나의 동일한 표면으로 하는 것이다. 더욱이 이 선은 어머니 자신의 신체에서 표면을 수선하고, 물러난 아버지를 다시 돌아오게 만드는 것으

---

42 멜라니 클라인에게 심적 발달은 분열증 태세[체제], 우울증 태세[체제], 그리고 오이디푸스 콤플렉스로 발전되는 것인데, 들뢰즈의 해석에서는 분열증 태세[체제]가 해소되지 않고 유효하게 계속된다고 생각하고 있다. 다음의 연구는 이것을 중시하고 있다. Nathan Widder, "From Negation to Disjunction in a World of Simulacra: Deleuze and Melanie Klein," *Deleuze Studies*, 3-2, 2009.

로 간주되기도 한다. 이 오이디푸스적이고 팔루스적인 국면에서는 두 부모가 날카롭게 둘로 쪼개지며, 어머니는 치유되어야 할 상처 입은 신체의 측면을 떠맡고prenant sur soi, 아버지는 다시 돌아오게 만들어야 할 좋은 대상의 측면을 떠맡는다. 그러나 이런 국면에서 아이는 [*성기대의 잘 정초된 특권 덕분에] 자신의 고유한 신체에 있어서 표면의 구성과 지대들의 통합[모둠]을 추구한다.[43]

이 대목은 3-5 「가타리와 라캉」에서의 라캉 해석에 바탕을 두고 다음과 같이 읽을 수 있다. 부분 대상의 공격에 시달리는 신체의 '부분 표면'들을 팔루스에 의해 결합한다는 것은, 타자 1이 욕망하는 **하나의** 무엇인가=상상적 팔루스(-φ)라고 하며, 그것에 의해 타자 1=어머니를 자신에게 묶어두려고 하는 것, 즉 타자 1이 곁에 있기도 하고/없기도 하다는 단편성을 해소하고자 하는 것이다. 이것이 어머니의 '복원'이다. 그런데 타자 1이 사실상 타자 2=아버지와 관련되어 **있던** 것이며, 후자의 욕망을 욕망하고 **있었다.** 타자 1의 단편성은 '타자 1은 타자 2의 욕망을 욕망**하고 있었기**' 때문이다. 즉 아이에게는 어찌 할 수 없는 타자들에게서의 '결여'가 **원래 있었다.** "다시 돌아오게 만들어야 할 좋은 대상"은, 이 '결여'의 장에 해당하는 것이며, 그것이 상상적 팔루스와는 구별되어야 할 상징적 팔루스(Φ)이다.

방금 전에, '상징적symbolique으로 초극되지 않아도 되는 거울상 단계'라는 아이디어를 제시했는데, 이것은 바꿔 말한다면, 단일한 상징적 팔루스를 목적화하지 않고, 상상적 팔루스의 불안정성에 그 나름의 끈기consistance가 있음을 인정하는 것이 아닐까? 부분 표면들을

---

43 『의미의 논리』, pp. 234-235, 334-335쪽, (下) 48-49頁.

상상적 팔루스에 의해 접속하는 것, 그것이 기관들 없는 신체의 형성이며, 상상적인imaginaire 개체화이다. 앞의 인용에서 들뢰즈는 상징적 팔루스를 목적화했다고 읽었지만, 다음의 한 절에 주목해야 한다.

> 사실상 좋은 대상은 분열증적인 두 개의 극을 떠맡고 있다. 즉 좋은 대상이 그로부터 힘을 끌어내는 부분 대상의 극과, 좋은 대상이 그로부터 형태forme를, 즉 완비성complétude이나 통합성intégrité을 끌어내는 기관들 없는 신체의 극이다.[44]

좋은 대상은 다음과 같은 의미에서 기관들 없는 신체에 의거하고 있다. 좋은 대상은 기관들 없는 신체로부터 그 '형태forme'를 얻으며, 그리고 형태를 갖는다는 것이 기관들 없는 신체의 '완비성', '통합성'인 것이다. 단편[조각]들을 연결한 기관들 없는 신체는 형태를 갖는다.[45] 단일한 상징적 팔루스='결여'와, 기관들 없는 신체로의 형태화=개체화. 양자의 관계를 어떻게 생각해야 할까?

『안티 오이디푸스』에서는 '결여'의 중심화에 대한 비판이 분명하게 서술되어 있다.

> 부분 대상들은 시기상조인 전체성[총체성]의 직관 속에서 파악되며, 마찬가지로 자아는 이 자아의 실현[완수]에 선행하는 통일성의 직관 속

---

44 『의미의 논리』, p. 221, 318-319쪽, (下) 30頁.

45 3-6 「부정신학 비판, 복수적 외부성, 변태하는 개체화」의 맥락으로 돌아가보면, 기관들 없는 신체는 일종의 형태성의 개념이기 때문에, 말라부가 말하는 '조형적인 것le plastique'이라고도 생각되지만, 말라부의 경우와는 달리 기관들 없는 신체는 여기서 **복수의** 부분 대상의 통합[모둠]인 것이며, 그 때문에 들뢰즈의 경우에서는, '복수적인 차이의 철학'과 '변태하는 개체화의 철학'이 서로 배척하지 않고 동시에 작동하고 있는 것이다.

에서 파악된다고 흔히들 말한다(멜라니 클라인에게도, 분열증적 부분 대
상은 우울증 국면에서의 완전한 대상의 도래를 준비하는 하나의 전체와 관련
되어 있다). 그런데 이 전체성[총체성]-통일성totalité-unité은 부재absence
의 어떤 양상에서만, 즉 부분 대상들과 욕망의 주체들에 '결여되고 있
는' 것으로서만 정립된다는 것은 분명하다. …초월적인 무엇인가와 공
통의 무엇인가를 외삽함으로써 성립하는 [정신]분석의 조작은 도처에
서 발견된다. 하지만 이 어떤 것이 보편적-공통적인 것은 오직 욕망에
결핍을 도입하기 위해서이다. 즉 이 보편적-공통적인 것의 부재라는
특정한 양상으로 인물들과 자아를 고정하고 특유화하고, 또 양성의 분
리접속에 배타적 의미[방향]를 강요하기 위해서 그러는 것일 뿐이다.[46]

이상을 토대로 결론을 내리자. 한편으로, (1) 상징적 팔루스의 성
립을 정상적normal이라고 하고, 기관들 없는 신체=상상적 팔루스로
의 고착·퇴행을 인정한다는 것은 보통의 정신분석과의 타협이다. 다
른 한편으로, (2) 오히려 기관들 없는 신체의 형태성에만 입각하는 것
이 또 다른 길, 분열분석일 것이다. 표면은, (1)에 따르면, '결여'의 편
력에 의해 단일한 확장이 된다. 그러나 (2)의 경우에서는, 가봉된[임시
로 봉해진] 복수의 부분 표면의 패치워크[잡동사니]도 좋은 것이며, 그
것은 단일의 표면이 아니라, 다상적·다공적이면서 그래도 통합[모듬]
되어 있는, 이른바 '전前-표면'이다. 전-표면을 만들고자 시도하는 것
은, 무한하게 거리가 떨어져 있는 타-성他-性과 잘못된 마주침을 되풀
이 하지 않는 욕망이다. 그것은 스스로의 임시적인 형태의 콜라주를
즐긴다는 의미에서 자기-향유이다.

---

46 『안티 오이디푸스』, p. 86, 135-136쪽, (上) 141-142頁.

『안티 오이디푸스』 이후에는, 심층의 분열증 태세[체제]에 있어서 콜라주된 전-표면만이 분열분석의 분야로 남겨진 것이 아닐까? 전-표면은 나중에 '공립평면共立平面', '내재평면'이라고 불리는 것이며, 그것은 『의미의 논리』에서의 심층/표면이 한 장에 축약[수축]된 것이라고 생각할 수 있다. 또 표면은 도착적이고 심층은 정신병적인 것이었다. 『안티 오이디푸스』의 담론은 분열증=정신병론으로 일원화되는 것처럼 보이지만, 기관들 없는 신체가 전-표면이라고 해석한다면, 『안티 오이디푸스』는 반쯤은 도착적이기도 하다. 들뢰즈·가타리에게 스키조는 선행하는 도착론의 울림을 수반하고 있다. 거슬러 올라가면, 이것은 8장에서 검토하는 『자허-마조흐 소개』로부터도 오는 사정이다. 들뢰즈·가타리에게 건강화된 분열증이라고 할 때 이 건강화의 핵심은 우선 **정신병과 도착의 오버덥over dub(다중녹음)**을 정신병으로부터 절단하는 것이다.[47] 그러나 그것만이 아니다. 『의미의 논리』의 정신병이 신체장애나 중독 등 기질적인 트러블에 인접했다는 것을 상기한다면, 들뢰즈(&가타리)에 의한 정신병과 도착의 오버덥은 어쩌면 정신병과 도착뿐만 아니라 기질성 장애까지도 더한 삼중의 오버덥이 되는 것이다―분열분석과 약독분석을 겹쳐놓기.

---

47 나는 다음 글에서 들뢰즈(&가타리)에게 '정신병과 도착의 오버덥over dub'이라는 논점을 제시했다. 千葉雅也, 「あなたにギャル男を愛していないとは言わせない──「クール·ジャパノロジー」と倒錯の強い定義」, 『思想地図β』, 第三卷, 2012년. 또 다음 논문에서는 라캉에게 도착의 원리인 '부인'과 정신병의 원리인 '배제'라는 별개의 개념을 들뢰즈의 도착론이 함께 사용하고 있다는 것을 지적하고 있다. 小倉拓也, 「ドゥルーズにおける「倒錯」の問題── 一九六0年代におけるその展開と帰結」, 『年報人間科学』(大阪大学) 第三三号, 2012년.

제7장

루이스 울프슨의 어중간함

들뢰즈에게 아르토는 분열증을 비할 데 없는 방식으로 예술로 승화시킨 영웅이다. 이 장에서는 이것과 비교하면서 들뢰즈의 문학론에서 중요한 또 한 명의 분열증자인 미국인 루이스 울프슨에 주목하고 싶다. 울프슨도 언어의 문젯거리trouble를 안고 있는 인물이었다. 들뢰즈의 평가에 따르면, 울프슨은 그 병을 아르토만큼으로는 승화할 수 없었다고 한다. 그럼에도 불구하고 울프슨의 예술성에 있어서의 어중간한 지위를 들뢰즈는 나름대로 옹호했다.

들뢰즈가 쓴 최초의 울프슨론은 울프슨의 자전적 저작인 『분열증자와 언어들』(1960)의 프랑스어판 서문으로, 그 제목은 「분열학 schizologie」이다. 이 글은 나중에 개정되어, 말년의 『비평과 임상』에 2장 「루이스 울프슨 또는 수법」으로 수록된다.[1] 두 판본에서 들뢰즈는 울프슨의 언어태言語態를 레이몽 루셀의 소설과 비교하고 있다. 그리고 울프슨은 루셀과 같은 문학을 달성할 수 없었다고 평가된다. 이렇게 한 다음, 『비평과 임상』의 판본에서는 아르토와의 비교도 이뤄지며, 울프슨은 아르토와 "같은 '수준'에 있는 것이 아니"라고 단정한다.

7-1 Don't trip over the wire

울프슨은 평소 자신의 어머니와 모어인 영어에 의해 박해를 당하고 있다고 느꼈다.

> … 그녀[=어머니]는 어떤 때는 옆방에서 싸돌아다니고, 미국제 라디오
> 를 크게 틀어놓고, 열쇠도 자물쇠도 갖고 있지 않은 환자[=울프슨]의
> 침실로 큰 소리로 들어오며, 또 어떤 때는 늑대처럼 살금살금 걸어와
> 방문을 살포시 열고서는 아주 잽싸게 영어로 문장 하나를 외친다.[2]

덧붙여 그는 어머니 때문에 음식이 '다양한 유충'으로 오염됐다고 느낀다―"그의 죄의식[죄책감]은 어머니가 영어로 말하는 것을 들었을 때 못지않게 음식을 먹었을 때 커진다."[3] 울프슨은 유방에 달라붙은 기관인 입술의 두 가지 용법인 먹다/말하다의 쌍방에서 위협을 당하고 있는 셈이다. 그는 어머니=타자1에 관해 안심할 수 없다. 모유도 말도 나쁜 부분 대상의 무리일 뿐이며, 이것들을 공적인 의미권에 안착시킬 수도 없다. 그는 자신을 지키기 위해 사적으로 독특한 조작을 한다. 그것은 단편화된 어머니인 영어―모유의 물보라―를 외국어들의 요소로 치환하여 재구성하는 것이다(음식을 먹을 때는 음식의 '칼로리'나 '화학식'을 깊이 생각하고, 값이나 기호계를 외국어와 관련시킨다). 들뢰

---

1   『의미의 논리』 13계열도 다음의 자료에 기초한 울프슨론을 포함한다. Louis Wolfson,
    《Le schizo et les langues ou la phonétique chez le psychotique》, in *Les Temps
    modernes*, 218, juillet 1964.
2   질 들뢰즈 지음, 「루이스 울프슨 혹은 기법」, 『비평과 임상』, p. 24, 33-34쪽, 35頁.
3   같은 글, 『비평과 임상』, p. 25, 35쪽, 37頁.

즈의 고찰에서는 다음의 사례를 범례로 삼았다.

Don't trip over the wire, 즉 줄에 걸려 넘어지지 말라는 문장은
Tu'nicht trebucher uber eth he Zwirn이 된다. 출발 문장은 영어이
지만, 도착 문장은 독일어, 프랑스어, 히브리어 등 잡다한 언어에서 차
용한 문장 시뮬라크르—즉 '수다 떨기의 탑'이다. 이 문장은 d를 t로, p
를 b로, v를 b로 바꾸는 변형의 규칙들을 개입시키지만, 또한 전도의
규칙들도 개입시킨다(영어 Wire는 독일어 Zwirn에 의해서는 충분히 포괄되
지 않기에 wir을 riv로, 혹은 오히려 rov로 뒤집은 러시아어 prolovoka를 내세
울 것이다).[4]

울프슨은 모어의 문장을 빈틈없이 다언어의 소재를 연결한 콜라
주로 삼아버린다. 중요한 것은 거기서 울프슨이 문장의 원래 울림을
일그러뜨리면서도 지키고자 하고, 또 문장의 뜻을 바꾸려고 하지 않
는다는 점이다. 울프슨은 어머니적인 것을 완전히 파괴하지는 않는다.
이미지와 의미는 어머니적인 것을 가까스로 똑같게même 지키면서, 복
수의 외부성(=다언어)을 섞어버림으로써 그 형식·형태form를 왜곡한
다. 왜곡되기에 동일적identique이지 않게 되지만, 그것은 같은 것의 상
이한 번역이다. 이리하여 구성되는 것은 어머니의 일그러진 '분신'에
다름없다. 다른 식으로 어머니가 되기.

루셀의 경우에도 음소를 조작해 글을 변형한다. 가령, "낡아빠진
당구대의 쿠션 위에 적힌 흰색 문자les lettres du blanc sur les bandes du
vieux billard"라는 글에서 b를 p로 규칙적으로 치환함으로써 "연로한

---

4 같은 글, 『비평과 임상』, p. 19, 26-27쪽, 26頁. 이 사례는 Louis Wolfson, *Le Schizo et les
langues*, Gallimard, 1970, pp. 204-213.

도적 패거리들에 관한 백인의 편지les lettres du blanc sur les bandes du vieux pillard"로 변형하는 식이다. 이것은 프랑스어 안에서의 조작이며, 또 새로운 의미 작용의 생산을 노리고 있다.[5] 『비평과 임상』에서는 장-피에르 브리세Jean-Pierre Brisset의 경우도 거론된다. 브리세도 음소를 조작한다. 브리세는 프랑스어에 외국어를 개입시키는 탓에 울프슨에 좀 더 가깝다고 생각된다. 하지만 들뢰즈에 따르면, 루셀이나 브리세에 비해 울프슨의 증례症例는 충분히 예술적이지 않다.[6] 루셀이나 브리세는 '순수한 사건'을 표현하는 반면, 울프슨은 그렇지 않다는 것이다.

> 루셀의 수법procédé을 예술 작품으로 만드는 것은 원래의 문장과 그 전환[변환] 사이의 간극écart이 증식하는 경이로운 이야기들로 채워져 있고, 이런 이야기들이 출발점을 언제나 더 멀리 밀어내고, 마침내 출발점을 완전히 숨겨버린다는 것이다. … 그것은 언어 활동langage 안에서 작용되며[수행되며], 또한 그 출현 조건은 물론이고 그 효력 발휘effectuation의 상황도 초과하는 그런 순수 사건들이다. … 브리세에게서도 마찬가지다. 즉 사건의 미지의 면을, 혹은 그가 말하듯이, 언어langue의 다른 면을 구해내는 것. … 그런데 울프슨에게서는 이와 유사한 것이라곤 아무것도 없다. 즉 병원적病源的이거나 병리학적인 것으로서의

---

5 [옮긴이] 이상은 국역본 28쪽.

6 울프슨, 루셀, 브리세의 차이는 다음과 같이 요약된다. "울프슨에 관해 말하면, 울프슨의 문제는 언어들의 번역인데, 똑같은 의미와 똑같은 음흡을 보존하기 위해 모든 언어가 무질서하게 재결합되지만, 그러나 영어라는 모어를—모든 언어는 모어로부터 똑같은 음을 떼어낸다—체계적으로 파괴함으로써 재결합된다. … 루셀은 프랑스어와 동음이의어적 언어를 구축하며, 브리세는 동의어적 언어를, 울프슨은 영어의 유음이의어類音異議語적 언어를 구축한다." 같은 글, 『비평과 임상』, p. 21, 29쪽, 29-30頁.

체험된 공백vide, 간극은 변환할 말과 변환된 다양한 말들 사이에서, 그리고 변환 자체 안에서 존속한다. ··· 변형들은 한 사건의 장대한 몫에 결코 이르지 못하고 그것들의 우연한 정황과 경험적 실효화에 들러붙은 채로 있다.[7]

울프슨은 "한 사건의 장대한 몫"을 얻지 못한 채 병들어 있다. 그래서 『임상과 병리』에서는 더 나아가 아르토를 소환하는 것이다. 아르토가 "모어로부터 떼어내는 것은 더 이상 그 어떤 언어에도 속하지 않은 숨결로서의 말mots-souffles이며, 유기체로부터 떼어내는 것은 더 이상 세대를 갖지 않는 기관들 없는 신체이다."[8] 아르토의 문학은 국적으로부터의 분리를, 그리고 '세대'—의 재생산=생식—로부터의 분리를 희구하고 있다. 그렇게 평가된 아르토에 비하면, 울프슨의 경우에는 어머니적인 것을 둘러싼 고민에 너무 얽매여 있으며, 승화가 불충분한 것이다.

울프슨은 이것[=아르토의 경우]과 똑같은 '수준'에 있지 않다. 왜냐하면 문자는 아직 어머니의[모국어의] 말에 속해 있으며, 숨결은 앞으로 외국어의 단어 속에서 발견될 것이기 때문이며, 따라서 그는 음과 의미의 유사ressemblance라는 조건 안에 여전히 사로잡혀 있기 때문이다. 즉 그에게는 **창조적인** 통사론syntaxe이 결여되어 있다.[9]

울프슨은 한편으로 (i) '순수 사건'을 표현하지 않으며, 동시에 다

---

7 같은 글, 『비평과 임상』, pp. 21-22, 30-31쪽, 30-31頁.
8 같은 글, 『비평과 임상』, p. 28, 38쪽, 42頁.
9 같은 글, 『비평과 임상』, p. 28, 38-39쪽, 42頁.

른 한편으로, (ii) 아르토처럼 신체적인 외침을 내뱉는 것도 아니다. 그런데 이 (i)은 『의미의 논리』의 구도에 있어서 표면의 루이스 캐롤의 기능에 대응한다. 당연히 (ii)는 심층의 아르토이다. 울프슨은 (i)에도, (ii)에도 속하지 않는다. 울프슨의 분신적인 변형은 표면의 예술과도 심층의 예술과도 비슷하지만, 예술에 이르지 못한다. 이것을 이 장에서는 루이스 울프슨의 '어중간함'이라고 부르고 싶다. 그리고 이것을 나는 6-3 「항문적, 요도적, 성기적」에서 논했던 "표면과 심층 사이", 즉 복수의 부분적 표면을 [누더기로] 짜깁기하여, 전-표면을 형성하는 것에 대응시키려고 한다.

표면과 심층 사이에는, 예술 미만이자 예술에 인접하는 일정한 통합[모듬], 요도적인 통합[모듬]이 위치하고 있다. 항문적으로 작열하는 심층의 예술과 성기적인 허초점虛焦点을 지닌 표면의 예술 사이에서. 그리고 들뢰즈 본인이 심층과 표면 사이에 위치해 있었다. 이렇게 들뢰즈와 울프슨의 겹침을 가정한다면 어떨까? 들뢰즈의 콜라주적인—이라고 스스로 인정했던—문체의 준-예술적인 질은 '요도적인 어중간함'의 미학에 속하는 것이 아닐까?

들뢰즈 왈, 울프슨은 확실히 아르토처럼 '싸우고' 있는 것이리라.

… 이것은 똑같은 고통을 지닌 똑같은 본성의 싸움이며, 이[=울프슨의] 싸움도 상처 입히는 문자에서 생기 있는 숨결로, 병든 기관들에서 우주적이고 기관들 없는 신체로 우리를 이행시켜줄 것이다. 어머니의 말과 거친 문자에, 울프슨은 다른 한 언어나 여러 언어의 단어들에서 생겨난 행동을 대립시키지만, 그 단어들은 하나의 새로운 음성적 기록으로 용해되고 진입할 것이며, 하나의 액체적인 총체성이나 두운적頭韻的인 연

속성을 형성할 것임에 틀림없다.[10]

   그렇지만 안타깝게도 울프슨은, "하나의 유체적인 전체성 혹은 두 음적인 연속성"을 만들어내고자 했지만 만들 수 없었다. 전체성이, 연속성이 불충분한 것이다. 즉 매끈하게 일체화되지 않았다. 울프슨은 기관들 없는 신체를 형성하는 도상에 있다. 그렇다면 울프슨의 언어-신체는 **어중간한** 기관들 없는 신체**이다**라고 적극적으로 말해도 좋지 않을까?

   『비평과 임상』에서는 1970년의 텍스트에 다음과 같이 에필로그를 추가·수정했다.[11]

   아마도 울프슨은 가장자리 위에 머물러 있다—광기의 수인으로서, 광기의 거의 이성적인 수인으로서, 가까스로 얼핏 봤을 뿐인 형상들을 자신의 수법procédé으로부터 끌어낼 수도 없는 채로. 왜냐하면 문제는 이성의 경계선을 넘어서는[돌파하는] 것이 아니라 비이성의 경계선을 승리자로서 가로지르는 것이기 때문이다. 이 경우 우리는 설령 모든 것이 무참하게 끝난다고 해도 '정신적 건강'에 관해 말할 수 있다. 그렇지만 삶과 앎의 새로운 형상들은 울프슨의 정신병적인 수법 속에 여전히 갇혀 있다. 그의 수법은, 어떤 측면에서는 비생산적인 채이다. 그럼에도 불구하고 그것은 이 영역에서 이뤄진 가장 위대한 실험 중 하나이

---

10 같은 글, 『비평과 임상』, p. 28, 39쪽, 42-43頁.

11 1970년의 텍스트 「분열학」의 결말은 이렇다. "울프슨의 책은 이 영역에서 이뤄진 가장 위대한 실험 중 하나이다. 이런 의미에서 정신병에 있어서의 모든 것은 언어를 가로지르지만[빠져나가지만], 그러나 말의 의미 작용이나 지시 작용과는 전혀 무관한 것이다." Gilles Deleuze, "Schizologie", in *Le Schizo et les langues*, p. 23.

다. 그 때문에 울프슨은 다음과 같이 '역설적으로' 말하는 것에 집착하는 것이다. 즉 자빠진 채, 멈춰선 채 있는 편이 때로는, 더 멀리 가기 위해 일어나는 것보다 더 어렵다….[12]

이 대목에서 들뢰즈는 울프슨의 어중간함을 '가장자리 위', '경계선'에서의 체류라고 묘사한다. 울프슨의 과제는 광기와 이성의 문턱에서 가까스로 '정신적 건강'을 실현하는 것이다. 그러나 그의 노력은 '어떤 의미에서 비생산적인 채로' 있다. 어중간한 것이다.

거꾸로 아르토의 경우에 관해 들뢰즈는 '액체적', '연속적'이라고 여겨졌던 기관들 없는 신체의 그 **유동성·연속성을 이성화하고 있는, 너무 이상화하고 있는** 것이 아닐까?

울프슨은 저 "줄에 걸려 넘어지지 마라"는 경계선의 불안―어머니적인 것, 즉 나의 '충족 이유'와 내가 접속되고 단절되는 리듬, 연합되고 해리되는 리듬에 있어서의 불안과 흥분―에 있어서 복수적인 외부성으로 도망쳐 들어가고 있다. 아르토라면 "더 멀리 가기 위해 일어날" 수 있을 정도로 강건했을지도 모른다. 그렇지만 울프슨처럼 "자빠진 채, 멈춰선 채로 있는 것"도, 그것은 그것으로도 또한 하나의 역능이 아닐까?[13] '어중간함의 역능'에 대한 긍정을, 적극화해보는 것. Don't trip over the wire, 즉 "줄을 넘어서 여행하지 마라." 경계선을 넘은 여행trip은 실패할지도 모른다 … 그래서, 너무 움직이면 안 된다. 하지만 움직이지 않는 것은 아니다. 오버도스overdose 직전에, 차안에서 분신하는 것이다. 쓰러진 채로 있는 그 장에서, 옆으로 제곱되기. 그것이 '때로는 어려울' 것이다. 복수의 외부성이 교착하는 경

---

12 들뢰즈, 「루이스 울프슨, 혹은 기법」, 『비평과 임상』, pp. 32-33, 44-45쪽, 50頁.

계에서, 표면과 심층 사이에서, 단편들을 소재로 한 분신을 통합[모듬]하기. Tu'nicht trebucher uber eth he Zwirn — 이처럼, 다상적·다공적인 경계선 그 자체로, 생성변화하는 것이다.

7-2 성공한 멜랑콜리

들뢰즈의 비평에서 아르토의 외침은 "어떤 언어에도 속하지 않는" 외부 — 그것은 거대하고 단일한 바다가 아닌가? — 로, "비이성의 경계선을 승리자로서 가로지른다." 다른 한편 울프슨은 주어진 스스로의 조건(=어머니적인 것)을 변형한다. 복수의 분신이 하나의 고향과 하나의 저편[彼方]의 중간에 산재해 있다. 섬들로서. **현실적인** 기관들 없는 신체는 울퉁불퉁하고 들쑥날쑥하며, 어중간한 승화의 산물이며, 언제든 시작試作될 수밖에 없을 것이다. 영웅화된 아르토의 너무나 매끈한 '기관들 없는 신체의 극한'에서 울프슨에게서의 '기관들 없는 신체의 사실'로.

정신분석의 역사에서 다언어의 취급이라는 테마는 프로이트의 증례인 '늑대인간'으로 우리를 유도한다 — 늑대의 아들wolf-son이라는 이름이 이 소급에 박차를 가하며, 그의 어머니는 바로 "늑대처럼 살금살금 걸어와" 위협하듯이 오는 것이었다. 그런데 '늑대인간'에 대한 프로이트의 해석은 『천 개의 고원』의 제2고원에서 격렬하게 비판

---

13 호리 치아키堀千晶는 울프슨이 "자기 자신과 자신이 놓여 있는 상황에 대해 일정한 거리를 지켰"고, 그 때문에 "메마른 문체와 맑은 눈빛"으로 독특한 "뛰어난 지성과 긍정의 정신"을 읽어내고 있다. 堀千晶, 「ウルフソン——寡黙なバベルの塔の下で」, 『ドゥルーズ 千の文学』 수록, 宇野邦一·堀千晶·芳川泰久編, せりか書房, 2011년, 77-78頁.

된다. 들뢰즈·가타리의 이 비판을 아래에서는 니콜라 에이브러햄과 마리아 토록의 『늑대인간의 언어 표본』을 참조하면서 검토하자. 에이브러햄과 토록은 다언어 사용자였던 '늑대인간'의 발언을 특이한 집요함으로 분석하고 있다.

환자인 러시아인 청년은, 네 살 무렵, 흰 늑대가 나무 위에 '여섯 마리인지 일곱 마리인지' 나타난다고 하는 불안한 꿈을 계기로 동물공포증(늑대만이 아니라 다양한 동물이 [공포의] 대상이 되었다)이 되며, 그로부터 종교적인 강박신경증으로 이행했다. 프로이트의 분석은 이 꿈에서 '거세불안'을 보고, 늑대는 아버지의 상징이라고 판단하고, 그로부터 '원原광경'=부모의 성교 장면의 재구성으로 나아가는 식으로 전개되었다.

이와 같은 것에 대한 『천 개의 고원』 제2고원 「1914년: 늑대는 그저 한 마리인가 여러 마리인가?」의 비판은 아주 간단하다. 프로이트는 늑대의 '무리'를 단일한 아버지의 대리-표상으로 삼는다. 늑대의 복수성은 가족 내에서의 거세라는 하나의 '균열'에 의해 포섭되어버린다. 하지만 무리는 무리로서 긍정되어야 한다. 들뢰즈·가타리에 따르면, 이 꿈은 무리를 이룬 늑대가 되는 욕망을 나타낸다. 그리고 늑대들을 그 위에 얹고 있는 하나의 나무는 그것들을 공립시키는(통합[모듬]하는) 기관들 없는 신체라고 간주된다.[14]

에이브러햄과 토록의 경우는, 이 꿈에 관해 보고하는 늑대인간의 이야기에서 다언어의 울림을 알아듣는다. 모어인 러시아어, 나중이 돼서야 익힌 독일어, 그리고 "영국인 여성 가정교사"에서 유래하는 영어, 이것들에 걸쳐 있는 분석이 놀라운 연상에 의해 수행된다(세

---

14 『천 개의 고원』, pp. 42-43, 65-68쪽, (上) 72頁.

세한 단계는 생략하지만, 이 글에서는 연상의 방법과 최종적인 해석을 파악할 수 있다면 된다).[15] 우선 "나는 밤이 되자 침대에 누워 있다는 꿈을 꿨다ch habe geträumt, dass es Nacht ist, und ich in meinem Bett liege"라는 글에 관해, 러시아어의 "꿈을 꾸다vidiet son"를 고려하면(러시아어의 로마자 표기는 에이브러햄과 토록에 따른 것), 러시아어의 "증인vidietz"과 "아들son"— 그리고 영어의 witness와 son—이 나타난다. "아들"인 늑대인간은 "증인"으로서 어떤 사건과 맞닥뜨린 듯하다…. 어떤 사건인가? "오래된 호두나무alter Nussbäume"라는 구절의 '오래된'은 '늙은이의old's'이며, "호두나무"의 러시아어 oriekh로부터는 **유음類音**인 '큰 죄hriekh'라는 말이 나타난다. "늙은이의 큰 죄"이다. 그리고 "흰 늑대들weisse Wölfe", white wolves은 "영어-러시아어의 유음어類音語"로서 wide goulfik(гулфик), 즉 "넓게 열린 (바지의) 앞이 벌어져 있음"이다. "여섯 마리인지 일곱 마리의 무리였다Es waren sechs oder sieben Stück"에 관해서는 "여섯 마리의 무리sisteron"="누이siestorka"일 것이다….

이렇게 애브러햄과 토록의 해석은 '누이'를 덮친 사건으로서의, "크게 열린 (바지의) 앞이 벌어져 있음"을 보인다고 하는 "늙은이의 큰 죄"에 봉착하는 것이다.

원래는 늑대인간의 **누이가** 아버지에 의해 유혹되었다. 그녀는 그 트라우마를 동생=늑대인간의 사이에서 반복하고, 그를 유혹했던 것이다. 그때 늑대인간은 방어를 위해 '증인'의 입장으로 도망치고, 누이의 유혹에 노출된 자신, 누이, 아버지 같은 복수의 페르소나를, 서로 해리시켜 '체내화incorporation'했다. 이상이 세 종류의 언어에 의해 '암호화crypter'되어 있다는 것이다.

---

15 Nichlas Abraham et Maria Torok, *Le Verbier de l'homme aux loups*, Flammarion, 1976, chap, 3.

체내화된 '매장실crypte.' 에이브러햄과 토록의 개념으로서, '체내화incorporation'는 '받아들임[내투사]introjection'과 준별된다. 한편으로 "우리는 '자아'를 받아들여진[내투사된] 것의 총화總和로 이해하고, 받아들임을 리비도와 그 상징적 표명을 위한 가능하고 무수히 많은 도구와의 마주침으로 정의한다."[16] 받아들임에 의해 만들어진 자아, 그것은 여러 가지 타자와의 관계맺음을, 이른바 **소화 흡수**한 '총화'이다. 받아들임의 실패가 체내화라는 트러블—**소화 불량** 같은—이다. 체내화의 경우 자아 속에 타자들이—복수적인 외부성으로서—매장=암호화crypter되고 유령처럼 잔존한다. 충격적인 경험에 관해서, 관계하는 요소의 받아들임에 성공했다면, 그것은 '애도'의 성공이다. 그렇지 않은 경우, 즉 애도의 작업에 실패한다면 '멜랑콜리melancholy'에 빠지게 된다. 멜랑콜리는 유령들의 체내화이다.[17]

모리 시게유키森茂起에 따르면, 애브러햄과 토록이 제기한 '늑대인간' 상像은 현대적으로는, '다중인격', '해리성 동일성 장애'와 가까운 것이다. "외상적 체험에 의해 '해리'가 생기고, 학대자·피해자·구제자 같은 교대인격이 생겨나는 현상은 오늘날 해리성 동일성 장애(DID)로 기술되고 있다. '늑대인간'의 경우는 어디까지나 어느 정도 통합[모듬]된 … 대표 인격이 있고, 전이기관 속에 체내화된 인격이 나타나는 데 그치기에 DID라고 진단할 수는 없지만, 이해의 방향을 공유하고 있음은 틀림없다."[18] 이 글에서 해리/연합이라는 대칭어는

---

16 Ibid., p. 89. (앞의 책, 17頁.) 페렌치 산도르Ferenczi Sándor에게서의 자아 개념에 관해서는 다음을 참조하라. Maria Torok, "Maladie du deuil et fantasme du cadavre exquis" [1968], in *L'Écorce et le noyau*, Flammarion, 2001.

17 다음을 참조하라. Abraham et Torok, "Deuil ou mélancolie, Introjecter-incorporer" [1972], in *L'Écorce et le noyau*.

18 森茂起, 「解説」, アブラハム&トローク, 『狼男の言語標本』 수록, 267頁.

흄-들뢰즈에 있어서의 통합[통일]의 원리 없는 주체를, 해리성 동일성 장애와 가깝게 해서 이해시키는 매개였다.[19]

『늑대인간의 언어 표본』에 대해 데리다는 중요한 서문을 붙였다. 데리다에 따르면, 받아들임/체내화를 개념으로는 준별할 수 있다 해도 이것들 사이의 사실상의 경계는 애매하지 않느냐는 것이다.

> 자아가 그 자신 내부에 낯선 자를 낯선 요소로 간직하면 간직할수록, 자아는 그것을 더 배제한다. 자아는 받아들임introjection을 모방한다. … 매장실은 하나의 욕망의 지하 납골당이다. **개념적인** 경계선과 마찬가지로, 받아들임을 체내화로부터 분리하는 **지형학적** 칸막이topographical divider는 이념적으로는[원리적으로는] 엄밀하면서도, 사실상 칸막이가 모든 종류의 독자적인 타협을 배제하는 것은 아니다.[20]

다음과 같이 해석해보자. 받아들임의 완전한 달성, 이른바 **너무도** 성공한 애도는 이상적인 것일 수밖에 없다. 자아는 늘 이미 애도의 성공과 실패 사이에서, 슬픔의 소화=승화와 멜랑콜리 사이에서 재구성된다. 받아들임의 총화인 자아는 따라서 누구에게나 많든 적든 다양한 매장실에서 다상화·다공화된 자아가 된다.

에이브러햄과 토록의 해석은 복잡하고도 고전적인 정신분석이며,

---

19 오사와 마사치大澤真幸는 들뢰즈·가타리에게 분열증이 사실상 다중인격적인 상태가 아니라는 가설을 제시한다. "… 『안티 오이디푸스』는 개아個我가 통일체가 아니라 무수한 분자적인 입자의 집합과 같은 것이라고 역설한다. 얼마든지 세밀한 교대인격으로 분해되는 듯이 보이는 다중인격자는 이 교의에 완벽하게 적합하다." 大澤真幸, 『〈自由〉の条件』, 講談社, 2008년, 300-301頁.

20 Jacques Derrida, "Fors. Les mots anglés de Nicolas Abraham et Maria Torok", in *Le Verbier de l'homme aux loups*, p.18.

모든 것을 가족 이야기로 귀착시키고 있다. 이런 점에서 『천 개의 고원』의 프로이트 비판은 에이브러햄과 토록에게도 마찬가지로 들어맞지 않을 수 없다. 그렇지만 복수적인 매장실이 **가족도 포함한** 잡다한 타자들에서 유래한다는 확장된 이해로 바꾼다면, 이것은 분열분석적일 것이다. 가족 이야기에서 '세계사'로의 확장.『비평과 임상』제1장 「문학과 삶」에서는 다음과 같이 말하고 있다.

> … 작가는 어떤 저항할 수 없는 작은 건강을 향유하고 있다. 이 작은 건강은 그에게는 너무 크고 너무 강하고 숨이 막히게 하는 사물에서 그가 보고 들었던 것에서 유래하며, 이 이행은 그를 녹초가 되게 만들지만, 그럼에도 불구하고 뚱뚱하고 지배적인 건강이라면 불가능하게 만들어버렸을 생성변화들을 그에게 주기도 한다. 자기가 보고 들었던 것으로부터 작가는 눈이 충혈되고 고막에 구멍이 뚫린 채 돌아온다.[21]

> 문학은 정신착란délire이다. 하지만 정신착란은 아버지-어머니에 관련된 사태가 아니다. 민중들=인민들, 인종들, 부족들이 지나가지 않고 세계사에 신들리지[사로잡히지] 않는 정신착란은 존재하지 않는다. 모든 정신착란은 역사-세계적이며, '인종들과 대륙들의 이동déplacement'인 것이다.[22]

울프슨에 의한 다언어의 콜라주도 복수의 매장실의 표현이라고 가정하자. 이 가정 위에서 아르토와의 대비로 돌아가 말하면, 아르토

---

21 들뢰즈, 「문학과 삶」, 『비평과 임상』, p. 14, 20쪽, 17頁.
22 Ibid. p. 15, 20쪽, 18-19頁.

의 영웅성과 울프슨의 어중간함 사이에는 받아들임/체내화, 애도의 성공/실패=멜랑콜리의 애매함을 간파할 수 있지 않을까? 아르토의 너무 매끈한 기관들 없는 신체의 이상이란 받아들임의 완수이며 너무 성공한 애도이다. 그렇지만 울프슨의 경우는, 그리고 아르토도 현실에서는, 어중간한 기관들 없는 신체를, 즉 복수의 매장실이 새겨 넣어진 자아를 가까스로 유지하고 있는 것이 아닌가. 그것이 들뢰즈가 말한 '작은 건강'이다. 그것은 곧 너무 실패하지 않는 애도로서의 멜랑콜리와 너무 성공한 애도 사이에서 거주하려는[살아가려는] 노력이며, 형용모순적인 개념을 만든다면 이것은 '성공한 멜랑콜리'가 아닐까? 이것이야말로 자기-향유가 아닐까?

울프슨은 어머니를, 그의 단일한 시원始原을 결코 박살내지 않았다. 그 닮은 모습을 복수적인 외부성으로 콜라주했던 것이다. 그는 **시작돼버린** 그의 실존을, 도중의 세계사에 있어서 **수많은 어머니의 분신에서 다시 태어난다**는 듯이, 동시에 몇 번이나 재개하는 것이다.

제8장

형태와 부인: 『감각의 논리』에서 『자허-마조흐 소개』로

프랜시스 베이컨을 논한 『감각의 논리』에서 들뢰즈는 "윤곽을 구출하는 것sauver le contour, 베이컨에게 이것보다 더 중요한 것은 없다"고 말한다.[1] 베이컨이 그려낸 인물상은 비틀려지고 일그러지고 부분적으로 뭉뚱그려지더라도 윤곽을 유지한다. 베이컨의 회화는 '구상적figuratif'이지 않다. 즉 모델에 대응하는 재현은 아니지만, [그렇다고] 형태[모습]를 전면적으로 무산시키는 것도 아니다. 그는 모델에 종속되는 재현이 아니라 자율적인 '형상figure'을 얻고자 한다. 이를 위해 모델에서 얻어낸 이미지를 다양하게 '왜곡déformation'한다. 그리하여 "아무것도 한계지어져 있지 않지만, 여전히 자신의 윤곽인" 듯한 "하나의 선"을 요구한다.[2] 형상의 윤곽은 재현으로부터의 도주선이다. 그리고 재현으로부터의 도주선을 너무 미쳐버리게 하지 않기.

앞 장에 이어 여기서도 어중간하다는 것을 둘러싼 적극적 고찰이

---

1   들뢰즈, 『감각의 논리』, [71]頁.

2   앞의 책, 같은 곳.

과제이다.

미레유 뷔뎅은 『사하라: 들뢰즈의 미학』(1990)에서 들뢰즈에게 '고차적 경험론'이란 "형태(또는 개체화)의 피안에 있는 어떤 특이성의, 무형태적aformel이고 강도적인 세계를 밝히는 것"이라고 요약한다.[3] 이 때문에 들뢰즈가 찬양하는 것은 형태라는 '감옥적 심급'으로부터의 '자유'를 요구하는 예술가라고 한다.[4] 하지만 이것에는 단서가 붙어 있다. 들뢰즈는 형태를 모조리 폐지하지 않는 베이컨을 지지한다. 왜냐하면 뷔뎅이 말하길 "순수한 무형태는 형태에 갇힌 세계와 마찬가지로 고정적인 것"이기 때문이다. 형태는 "낙하 방지책garde-fou"으로서 '실천적'으로 필요한 것이다.[5] 그렇지만 뷔뎅의 결론에 따르면, 형태의 **실천적**인 필요성과 탈-형태화 내지 '반反-형태화catamorphise'의 이론적인 지위는 대등하지 않다.[6] 전자는 대체 보충적인 것이다.

이 글에서는 임시로 고정된 상태를 존중하는 들뢰즈의 미세한 몸짓을 전경화해왔다. 더욱이 그런 맥락의 실천성을 이론보다 부차적인 것으로 여기지 않고 높이 평가했다.

『감각의 논리』 12절에서는, 구상에서 벗어나는 두 개의 방법을 들고 있다. 하나는 모델을 참조하지 않고, 그려진 것 자체가 모델인 '순수형식forme pure'의 회화, 피트 몬드리안 등의 '기하학적 추상'이다. 다른 하나는 오로지 '비형태적informel'인 힘을 풀어놓으려 하는 '아르 앙포르멜art informel'이나 잭슨 폴록 등의 전면적인allover '추상표현주

---

3 Mireille Buydens, *Sahara. L'esthétique de Gilles Deleuze*, Vrin, 1990, p. 57[미레유 뷔뎅 지음, 안구·조현진 옮김, 『사하라』, 산해, 2006년].

4 Ibid. pp. 90-91(앞의 책, 106頁).

5 Ibid. pp. 58-63(앞의 책, 73-79頁).

6 Ibid. p. 93(앞의 책, 109頁).

의'이다. 이에 비해 베이컨의 경우는 제3의 길이다. 베이컨이 그리는 것은 순수형식으로도 환원되지 않고, 완전히 비형태적이게 되어버리지도 않는 왜곡된 형상이기 때문이다.

8-1 순수형식과 비형태 대 왜곡된 형상

『감각의 논리』는 '순수형식과 비형식'이 아니라 '왜곡된 형상'을 긍정한다. 이 선호는 다음의 테마와 결부시켜 고찰할 수 있다. '법'과 '마조히즘'이다. 베이컨이 마조히스트였다는 것은 공공연한 사실이다. 거기서 『감각의 논리』에서 『마조흐와 사드』로의 가교를 생각한다. 흥미로운 것은 마조히스트=베이컨의 비밀을 『마조흐와 사드』에 의해 해독하는 것이 아니라, 거꾸로 『마조흐와 사드』에 있어서의 일종의 형태의 철학을 전경화하는 것이다.

들뢰즈는 『자허-마조흐 소개』 7절 '법, 유머, 아이러니'에서 다음과 같이 설명한다. (1) 플라톤주의는 법의 '고전적' 지위를 나타낸다. 고대 그리스에서 경험적인 '법들lois'은 초월적인 '좋음'의 이데아를 대리-표상하는 것이었다. 때문에 그것들은 '좋음'에 비추어 정당화될 필요가 있다. 한편으로는 현행법의 정당성을 의심하는 가운데, 다시 본래의 '좋음'을 추구하는, 그것으로 '상승'시키는 것이다. 이것을 들뢰즈는 '아이러니'라 부른다. 다른 한편으로는 본래의 '좋음'으로부터 오히려 '하강'하고, 경험적으로 '최고 좋은' 법을 '비준'하는 것이다. 이것을 들뢰즈는 '유머'라고 부른다(이하, 5-2 「아이러니에서 유머로 되돌아가기」에서 예시되었다).

아이러니는 법을 무한하게 상위에 있는 '좋음' 위에서 정초할 수 있게 해주는 사유의 놀이이다. [반면] 유머는 무한하게 훨씬 더 정의로운 '최고 좋음'에 의해 법을 비준할 수 있게 해주는 이런 사유의 놀이이다.[7]

그 후, (2) 칸트의 『실천이성비판』은 더 이상 '좋음'의 이데아에 의거하지 않는 새로운 도덕철학을 제시했다. 여기서 법은 그 '형식'에 의해서만, 동어반복으로서 스스로를 보증하게 된다. 칸트에게 "도덕적 법은 내용과 대상, 영역과 정황circonstances에서 독립된 순수형식을 표상한다."[8] 이데아=유머로부터 분리되고, 자신의 form(형식·형태)만으로 성립하는 이 법은 흡사 '기하학적 추상'과도 같은 것이다―즉 '순수형식'의 회화이다. 들뢰즈에 따르면, 여기서 아이러니와 유머는 법의 정당화 수단이 아니라 법을 '전복'시키는 두 개의 도발이 된다고 한다. 그리고 법의 아이러니적 전복은 사디즘의 특징이며, 다른 한편으로 법의 유머적 전복은 마조히즘의 특징이라고 규정된다.

5장에서 우리는 『차이와 반복』의 개체화론이 유머론임을 검토했다. 이제 그것은 마조히즘으로 바꿔 말해진다. 개체화론은 유머=마조히즘론인 것이다.

사디즘/마조히즘의 구별과 관련된 『자허-마조흐 소개』의 주장은 다음과 같이 요약된다.

프로이트는 기학적嗜虐的[9] 사디즘/피학적 마조히즘을 서로 반전될 수 있는 한 쌍의 도착(사드-마조히즘)이라고 생각했다. 현재에도 유포되어 있는 이해일 것이다. 그런데 『자허-마조흐 소개』에서는 사드-

---

7 들뢰즈, 『자허-마조흐 소개』, p. 72, [『매저키즘』] 98쪽, 104頁.
8 『자허-마조흐 소개』, p. 72, [『매저키즘』] 99쪽, 105頁.
9 [옮긴이] 잔학한 일을 즐긴다는 뜻.

마조히즘의 '변환론transformisme'을 근본적으로 비판하고, 각각을 별개로 다루는 "형태론적 정신분석psychoanalytic formelle"을 요청한다.[10] 이 '형태론'이라는 표현에서는 두 개의 의미를 찾아낼 수 있다. 첫 번째로, "형태론적 정신분석"을 한다는 것은 두 개의 도착을 각각 사드의 문학의 실천/자허-마조흐의 문학의 실천에 입각하여 재구성한다는 의미이다. 두 사람의 문학은 단순하게 대조적인 것이 아니라, 각각에게 특이한 forme을 갖는 것이다. 들뢰즈는 "[사디스트와 마조히스트는] 각각이 충분하고 완전한 드라마를 연출한다"면서, 문학에 입각해 사디즘/마조히즘을 구별한다.[11] 위와 같은 것에 덧붙여 두 번째로 주목해야 할 것은 『자허-마조흐 소개』의 여기저기에서 사디즘/마조히즘의 차이가 바로 '형태'에 대한 태도의 차이로서 설명된다는 것이다.

마조히즘은 무엇보다 형태적formel이며 드라마적이다. 즉 그것은 어떤 특수한 형태론un formalisme particulier을 거침으로써만 고통과 쾌락의 결합에 도달하는 것이며, 특정한 이야기를 거침으로써만 죄의식을 갖게 된다는 것이다.[12]

거꾸로 사디즘은 모든 형태의 '부정négation'을 본질로 삼는다. 들뢰즈는 피에르 클로소브스키의 논의를 기초로 사드에게서의

---

10 『자허-마조흐 소개』, pp. 65-67, [『매저키즘』] 89-92쪽, 95-98頁. [옮긴이] psychoanalytic formelle은 '형식적 정신분석'으로 옮길 수 있으나 글쓴이의 의도를 존중해 그대로 옮긴다.

11 『자허-마조흐 소개』, p. 40, [『매저키즘』] 52-53쪽, 58頁.

12 『자허-마조흐 소개』, p. 95, [『매저키즘』] 131-132쪽, 136頁.

'두 개의 자연'을 언급한다.[13] 한편으로, 경험적인 이 세계는 부정이 불철저한 '이차적 자연nature seconde'이며, 거기서의 "파괴는 아직 창조나 변신métamorphose의 역envers일 뿐이다." 사드는 '이차적 자연'의 피안에 '순수 부정négation pure'을 체현하는 '일차적 자연nature première'이라는 이념을 멀리서 바라본다. 그것은 이차적인 이 세계에서는 실현 불가능하다. 그렇기에 사디스트는 순수 부정을 '논증'하고자 하며, 귀납법으로 그렇게 하듯이, 차안에 있어서의 불충분한 파괴 활동을 '누적'하고 '가속'한다—피안에 있어서의 순수 부정의 간접 증거로서. "사드의 주인공은 예술 애호가가 아니며, 심지어 수집가는 더욱 아니다."[14] 사디스트에게 이차적 자연의 형태들은 **파괴되어야 할 어중간한 것**일 뿐이기 때문이다. 추구되는 것은 비형태화인 것이다.

　그런데 마조히즘은 '형태론'적이었다. "마조흐의 소설 기법에서 첫째 요소는 미학적이고 조형적esthétique et plastique이다."[15] 무슨 뜻일까? 왜냐하면 마조히즘의 경우는, "세계를 부인하거나 파괴하는 것은 중요하지 않으며, 하물며 이상화하는idéaliser 것도 중요하지 않기" 때문이다.[16] 마조히즘에서는 **사디즘과는 다른 식의 부정성**이 작동하고 있다. 이것을 가리키기 위해 들뢰즈는 '부인dénégation'이라는 개념을 사용한다. 부인이란 다음과 같은 조작이다. 이 세계가 이러하다고 하는 '현실성'을 인정하지 않는, 그러나 파괴 활동 없이, **주어진 것의 소재를 사용해**, 더욱 '이상적'인 세계의 형태를 마음대로 구축해버린

---

13 『자허-마조흐 소개』, pp. 24-25, [『매저키즘』] 30-32쪽, 36-37頁.

14 『자허-마조흐 소개』, p. 61, [『매저키즘』] 84쪽, 90頁.

15 『자허-마조흐 소개』, p. 61, [『매저키즘』] 83쪽, 89頁.

16 『자허-마조흐 소개』, p. 30, [『매저키즘』] 36쪽, 43頁. [옮긴이] 글쓴이는 'idéaliser'을 '이념화하다'라고 옮겼으나 이후의 내용을 보면 '이상화하다'가 적절할 듯하여 수정했다.

다. 이 세계가 이러하다는 것을, 파괴적이 아니라 부정하고, 다른 식을 제안하는 것이다. 제 멋대로의 궁리를 거듭해서 말이다. 들뢰즈에 따르면, 마조히스트는 '변호사'를 닮았으며, "순수하게 이상적인 근거fondement를 출현시키기 위해 실재적인 것의 정당성bien-fondé에 이의를 제기한다. 이런 조작opération은 마조히즘의 법적 정신과 완벽하게 일치한다."[17] 마조히스트는 무엇인가의 '페티쉬fétishe'를 소재로 한 '특수한 이야기'에 의해 이 세계를 다중화한다. 그것은 기존의 사실과 법 구문의 몇 가지를 독자적으로 연합하는, 변호사적인 콜라주이다. 그것은 **초월적이 아닌 외부성**을 이 세계에 있어서의 이 세계의 분신=해리라는 식으로 실현하는 것이나 다름없다.

그러면 아이러니/유머의 놀이를 검토하자. 사디즘은 아이러니적으로 상승한다.

법은 '선[좋음]'에 의해 근거지어질 수 없으며, 우선 그 형식 위에 세워져야 한다는 관념에서 출발해, 사드의 주인공은 법에서 고차적인 원리로 거슬러 올라가는 새로운 방식을 발명한다. 그러나 이 원리는 '법들을 파괴하는 제일차적 자연의 비형태적인 원소'élément informel d'une nature première destructrice des lois'이다.[18]

사디즘의 방법은 바로 칸트의 도덕철학에 대응하는 것이다. 사디스트=아이러니스트는 이차적 자연의 모든 형태를 파괴하고, 순수형

---

17 『자허-마조흐 소개』, p. 30, [『매저키즘』] 37-38頁, 43頁. [옮긴이] 일본어판의 번역을 옮기면 다음과 같다. "현실성의 정통한 권리주장에 이의를 제기하고, 순수하게 이상적인 거점을 출현시킨다. 그런 조작은 마조히즘의 법학적 정신에 딱 일치하고 있다."
18 『자허-마조흐 소개』, p. 79, [『매저키즘』] 107쪽, 113頁.

식인 대문자 '법'으로 향한다. 동어반복인 '법'의 배후에서 이제 '고차의 원리'='선'은 소멸하고 있다. '법'의 배후는 철저하게 무-기원'an-archie', 아나키한 것이다. 순수형식의 동어반복은 형태의 절대적 불특정성='비형태적 원소'를 수반하고 있다.[19] 이리하여 『감각의 논리』에서 **베이컨적이지 않은** 추상회화의 두 종류였던 '순수형식과 비형태'는 사디즘=아이러니적 상승에서 발견된다—기하의 동어반복과 전면적인 도주선의 아나키. 이것에 대해 들뢰즈는 베이컨을 이로부터 구별했듯이, 마조흐를 사드로부터 구별하여 '소개'한다.

> 법이 그것에 복종하는 자의 죄책감을 길러낸다고 하는 또 다른 근대[현대]적 발견에서 출발해, 마조흐의 주인공은 법에의 귀결로 하강하는 새로운 방식을 발견한다. 그는 금지당한 쾌락을 가능케 하기 위한 조건으로 징벌을 삼음으로써, 죄책성을 '선회시키는tourner' 것이다. 이런 식으로 마조히스트는 방식만 다를 뿐, 사디스트 못지않게 법을 뒤집는다renverser.[20]

마조히스트는 법을 '문자 그대로' 따르며, 징벌을 쾌락의 원천으로 삼는다. "법을 말 그대로, 문자 그대로à la lettre 취한다. 법의 궁극

---

19 메이야수에 의한 충족 이유율의 소거는 사디즘=아이러니의 방법을 닮았다. 그의 경우도, 이 세계가 이러하다는 것은 동어반복tautology일 뿐이며, 또한 "모든 것은 붕괴할 수 있는" 것이었다. 그러나 메이야수에게 그 '붕괴'는 실현 불가능한 것이기는 해도 희구되어야 할 이념 같은 게 아니다. 세계는 실제로 (이차적 자연의 수준에서) 붕괴할 수 있으며, 또한 그것은 희구되는 것이 아니라 그렇게 될 수 있다고 말해지기까지 한다. 메이야수의 경우는 사드=칸트와 비슷하지만 '불가능성=규범성'을 소거한다는 점에서 사드=칸트적이지 않다.

20 『자허-마조흐 소개』, p. 79, [『매저키즘』] 107쪽, 113頁.

적 혹은 일차적 성격에는 이의를 제기하지 않는다. 마치 이런 성격[의 힘]에 의해 법이 우리에게 금지하는 쾌락들을, 법이 자신을 위해 마련해 놓은 것처럼 행동한다."²¹ 그런 흔들림을 표현하는 것이 '선회시키다tourner'라는 동사이다. 다음과 같이 말해지기도 한다. "법은 원리로 거슬러 올라감으로써 아이러니하게 뒤집혀지는renverser 것이 더 이상 아니라, 귀결을 깊이 규명함으로써, 유머러스하게, 비스듬하게 선회된다tourné."²² 들뢰즈는 안타깝게도 이 수사학에 대해 더 이상의 설명을 하고 있지 않다. [그러므로] 다음과 같이 해석해보자. 마조히즘에서는 '법'의 자기로의 회귀가, 사디즘과는 다른 의미=방향으로 선회하고 있는 것이 아니냐고 말이다. 순수형식인 '법'의 동어반복이 아니라, 불순하게 형태를 남긴 (소문자) 법의 동어반복. 임의의 법이 "문자 그대로" 작동할 때, 이 자기 회귀에 의해 법은 지각할 수 없을 정도로 유사한 타자에게로 자신을 왜곡해버린다. 법의 동어반복의 이 사이클—그것은 당장 이 세계에 있어서, 주어져 **버리고 있는** 법을 다른 식에서의 '[주어져] 버리고 있다'로 변형하는 것이다.

8-2 순수 부정과 죽음의 본능

『자허-마조흐 소개』는 프로이트의 『쾌락원리를 넘어서』에서 나오는 '메타 심리학'을 격찬하고, 이로부터 '죽음충동' 또는 '타나토스' 개념을 빌려온다. 그러면 사드-마조히즘의 변형론에 대한 비판과 『쾌락

---

21 『자허-마조흐 소개』, p. 77, [『매저키즘』] 105-106쪽, 111-112頁. [옮긴이] [ ] 안은 인용자의 추가.
22 『자허-마조흐 소개』, p. 77, [『매저키즘』] 106쪽, 112頁.

원리를 넘어서』에 대한 호의라는 두 측면은 어떻게 양립하는가?

이를 위한 예비적 고찰로『자허-마조흐 소개』에 대한 두 개의 논평을 살펴보자.

첫째, 말라부는 강연 〈다형성多形性은 유년기를 결코 도착시키지 않을 것이다〉(2002)에서 들뢰즈와 데리다의 프로이트 비판에서 공통성을 보고 있다. 한편으로 프로이트는 유년기의 무의식에서 '다형 도착'이라는 성질을 찾아냈다. 프로이트는 무의식을 '조형적plastique'이고, 변이를 그만두지 않는 장으로 제시한다. 하지만 데리다에 따르면, 이 다형 도착은 근본적으로 동일적인 주체의 성질이다. 무의식이 아무리 차이화해도, 심적 생활의 한 가닥 길이 분열하는 일은 없다.『자허-마조흐 소개』도 이것에 불만을 품고 있다. 말라부에 따르면, 들뢰즈도 프로이트에게 "사실상 다형성polymorphism은 자기 자신에게 동일적인 채로 남은 한 행위[심급]의 무한한 변경 운동을 내포한다"고 보고, 이에 맞서기 위해 사도-마조히즘이라는 한 쌍의 반전성反轉性을 비판했다고 간주된다.[23] 데리다와 들뢰즈는 무의식이 주체의 동일성을 거듭해서 난조亂調에 빠뜨리기를 마다하지 않는 '차연' 내지 '차이와 반복'의 장임을 각각 강조하고 있는 것이다.

둘째로, 모니크 다비드-메나르의『들뢰즈와 정신분석』(2005)에 따르면,『안티 오이디푸스』의 욕망론의 싹은 이미『자허-마조흐 소개』에 잉태되어 있었다. 들뢰즈·가타리가 권장하는 것은 '쾌락plaisir'에의 도달―에 좌절하고, 재도전하고 좌절한다는 라캉적인 '향락

---

23 Catherine Malabou, "Psymorphism Never Will Pervert Childhood," in Derrida, Deleuze, Psychoanalysis, p. 66. [옮긴이] 인용자의 번역은 다음과 같다. "다형성은 사실상 역설적이게도 그것 자신에 계속 동일적인 심급이 제한 없이 변용해가는 운동을 가리킨다."

jouissance'—이 아니라, 대상들에 관계하는 과정에 오로지 내재한다는 욕망이었다. 그런데 '순수 부정'이라는 '부재의 이념'을 향해 공격성을 늘려가는 사디즘은 쾌락에의 불가능한 도달이라는 모델에 붙들려 사로잡혀 있다. 들뢰즈에게 마조히즘은 내재적인 욕망의 원형 prototype이며, 그것은 『안티 오이디푸스』의 선취라고 평가할 수 있다.[24] 이 글에서도 들뢰즈·가타리의 분열분석은 사실상 '분열-마조분석'이라고 생각한다. 『천 개의 고원』에 따르면, "마조히즘은 하나의 CsO[기관들 없는 신체]를 추구하고 있다."[25] 그러나 다비드-메나르의 논의는 성급하게도 마조히즘을 우위로 만들고 있다. 텍스트에 입각하면, 이는 불충분한 독해이다. 왜냐하면 『자허-마조흐 소개』는 사디즘/마조히즘의 각각의 논리를 분리하여 긍정하고 있기 때문이다.

　『자허-마조흐 소개』에서 [프로이트의] 『쾌락원리를 넘어서』를 칭찬한 것은 무엇보다 우선 사디즘의 특징에 관한 규정과 불가분하다. 사디즘, 칸트주의, 프로이트의 메타심리학은 평행적인 것으로 간주된다. 이것들에서는 모두 경험적 수준과 그 '피안'=초월론적인 수준의 준별이 중심 문제인 것이다.

　　… 이 근원적인 자연[=제일차적 자연]은 정확하게 말해서 **주어지는 것**일 수 없다. 이차적 자연만이 경험 세계를 구성하며, 부정은 부정적인

24　Monique David-Ménard, *Deleuze et la psychanalyse*, PUF, 2005, p. 36. "욕망에 가능한 문화의 발명에 있어서, 그리고 욕망의 목적으로서의 쾌락을 괄호에 넣는 데 있어서도, 마조흐는 사드보다 앞서고 있다." 또한 다음의 푸코에게 보낸 편지에서는 "쾌락은 욕망의 내재적 과정을 중단한다"고 하고 있다. 다음을 참조하라. G. Deleuze, "Désir et plaisir", *Deux régimes de fous. Textes et entretiens 1975-1995*, éd. préparée par David Lapoujade, Minuit, 2003에 수록.

25　『천 개의 고원』, p. 188, 292쪽, (上) 312頁.

것의 부분적 과정 속에서만 주어진다. 그 때문에 근원적인[순진무구한] 자연은 필연적으로 어떤 '이념'의 대상이며, 순수 부정은 하나의 착란 délire, 하지만 그러한 것으로서의 이성의 어떤 착란이다. 합리주의는 사드의 작품에 조금도 '들러붙어 있지' 않다[합리주의는 조금도 사드 작품의 '겉치레' 장식이 아니다]. 그는 이성에 고유한 착란의 이념으로까지 철저하게 나아갈 필요가 있었던 것이다.[26]

프로이트는 『쾌락원리를 넘어서』에서, 마음의 모든 것을 지배할 터인 '쾌락원리'와 모순하듯이, 사람은 왜 괴로운 기억을 되풀이하여 상기하는가라고 묻는다. 프로이트는 거기서 쾌락원리를 넘어선 '피안'을 가정한다. 그것이 죽음을 향하는 충동이며, 타나토스이다. 들뢰즈에 따르면, 죽음을 요구하는 것은 단지 쾌락원리의 '예외'가 아니다. 프로이트는 애당초 왜 쾌락원리가 '원리'로서 성립할 수 있는지, 그 이유를 생각했다. 『자허-마조흐 소개』의 10장 「죽음의 본능이란 무엇인가」에서는, "프로이트의 모든 텍스트 중에서 걸작인 『쾌락원리를 넘어서』"는 "바로 철학적"이며, 그것은 '원리'의 성립에 관해 다시 묻는 '초월론적' 고찰이라고 평가된다.[27] 프로이트는 이런 피안의 가설을 "사변에 불과하다"고 말했다. 그러나 이 한걸음에 의해 정신분석은 칸트의 초월철학에 합류했다. "쾌락원리에 예외는 없지만, 그 원리에는 환원할 수 없는 **잔여**résidu가 있다. 쾌락원리를 거스르는 것은 아무것도 없지만, 이 원리에 외적인 어떤 것과 이질적인 어떤 것 —즉

---

26 『자허-마조흐 소개』, p. 25, [『매저키즘』] 31쪽, 37頁. [옮긴이] 강조는 옮긴이가 원문을 참조하여 추가했으며, [ ] 안은 글쓴이의 번역어이다. 또 여기서는 délire를 '망상'이 아니라 '착란'으로 글쓴이가 표기하고 있음에도 유의하라.

27 『자허-마조흐 소개』, p. 96, [『매저키즘』] 134쪽, 138頁.

피안 … 이 존재하는 것이다."[28] 들뢰즈는 『쾌락원리를 넘어서』를 전혀 흐릿하지 않게 칸트화하고 있다. 그리고 정신분석에 있어서의 '죽음과 파괴'의 테마를, 경험적/초월론적이라는 수준으로 반씩 갈라서 이해하도록 촉구하는 것이다.

『쾌락원리를 넘어서』에서 프로이트는 생[명]의 충동과 죽음의 충동, 즉 에로스와 타나토스를 구별한다. 하지만 이 구별은 또 다른, 더 심대한 구별, 즉 죽음 혹은 파괴의 충동 자체와 죽음의 **본능**의 구별에 의해서만 파악될 수 있을 뿐이다. 왜냐하면 죽음과 파괴의 충동은 무의식 안에서 주어지거나 제시되지만, 언제나 생[명]의 충동과 서로 뒤섞인 가운데 주어지거나 제시된다. '에로스'와 결합combinaison되는 것은 타나토스의 '현전화présentation'의 조건과도 같다. 따라서 파괴, 파괴 속의 부정적인 것은 쾌락원리에 종속된 구축 혹은 통일화unification의 역envers으로서 필연적으로 제시된다.* 바로 이런 의미에서 프로이트는, 무의식 안에서 '부정Non'(순수 부정)은 찾아볼 수 없다, 왜냐하면 무의식 속에는 상반되는 것들이 일치하고 있기 때문이라고 말할 수 있었던 것이다. 여기서 우리가 죽음의 본능이라고 말했을 때, 이것은 오히려 거꾸로, 순수 상태에서의 타나토스를 가리킨다. 그런데 타나토스 자체는 설령 무의식 속에서조차도, 심적 생활에 주어질 수 없다. 감탄할 만한 텍스트들에서 프로이트가 말하듯이, 그것은 근본적으로 침묵하고 있다. 그럼에도 불구하고 우리는 그것에 대해 이야기해야 한다[그것을 문제 삼지 않으면 안 된다].[29]

---

28 『자허-마조흐 소개』, p. 97, [『매저키즘』] 135쪽, 139頁.

여기서 '에로스와 결합되'면서 작동하는 '죽음과 파괴의 충동'은 경험적이며, 다른 한편으로 '죽음의 본능'='순수 상태의 타나토스'는 초월론적이다. 그리고 들뢰즈는 곧바로 "죽음과 파괴의 충동과 죽음의 본능을 구별하는 것은, 사드적인 두 개의 자연이나 요소의 구별과 긴밀하게 대응한다"고 말하고 프로이트와 사드를 밑에서 통하게 만든다.[30]

하지만 질문은 다음이게 된다. 즉 이런 사드적인 사변적 방식 외에 다른 '방식'은 여전히 없는 것일까?[31]

여기서 들뢰즈는, 순수 부정을 논증하는 사변과는 상이한, 죽음의 본능과 관련한 '다른 방법'이 있다고 생각한다. 그것이, 즉 마조히즘에 있어서 작동하고 있을 터이다.

『자허-마조흐 소개』에서의 마조히즘은 사디즘과 유착하고 있는 한에서의 프로이트의 사고로부터는 제외된 것이면서도, 다른 한편으로 동시에, 『쾌락원리를 넘어서』를 사디즘적이지 않은 운명으로 바꾸는 기회를 [부여하는] 역할을 한다. 장황하게 말한다면, 『자허-마조흐 소개』라는 텍스트는, 사디즘적인 『쾌락원리를 넘어서』와 마조히즘적

---

29 『자허-마조흐 소개』, pp. 27-28, [『매저키즘』] 34-35쪽, 40頁. [옮긴이] [ ] 안은 글쓴이의 번역이다. 그런데 *가 붙은 문장의 일본어 번역본은 다음과 같다. "따라서 파괴, 그리고 파괴에 포함된 부정성은, 필연적으로, 구축으로서, 쾌락원리에 대한 종속적인 융합으로서 나타나게 될 것이다." 여기서 문제는 envers이다. "Si bien que la destruction, le négatif dans la destruction, se présente nécessairement comme l'envers d'une construction ou d'une unification soumises au principe de plaisir."

30 『자허-마조흐 소개』, p. 28, [『매저키즘』] 35쪽, 41頁.

31 앞의 책, 같은 곳.

354

인 『쾌락원리를 넘어서』의 **넘어서[피안]**를 프로이트 정신분석의 극한에서 묻는 것을 그 핵심으로 하는 것이다. 그 때문에 마조히즘 쪽에서 정신분석에 대해 언급하는 것은 사디즘의 경우와 비교하면 아무래도 혼동된[판명하지 않은] 것이 되지 않을 수 없다.

8-3 부인, 1차 마조히즘

문제는 '부인' 개념이다. 이 부정성은 파괴적이지 않다. 또 하나의, 혹은 하나 이상의 허구적인 세계를—또 다른 피안, 이른바 **차안적인 피안을**—구축하는 것. 마조히스트는 이를 위해 상대와 특수한 '계약'을 맺음으로써, 그 영역에서, 경험적인 세계를 "일종의 미결정 상태, 중간 상태"로 변화시킨다. 계약이란 픽션의 가설이다. 상이한 관계맺음의 자유=공간space을 개척하는 것. 이 세계에 있어서 세계의 분신을, 계약에 의해 구축한다—그것은 관계의 '외재성의 평면'을 새롭게 개척하는 것이다. 이렇게 해석한다면, 들뢰즈의 마조히즘론은 흄주의와 겹치게 되며, 그리고 양자의 분간은 이뤄지지 않게 된다.

들뢰즈는 페티시즘론을 이용해 마조히즘론을 조형造形하고 있다. "물신fetish이란 여성적 팔루스의 이미지 또는 대체물이며, 즉 여성에게 페니스가 갖춰져 있지 않다는 것을 부인하는 하나의 방법인 것이다."[32] 그래서 들뢰즈는 곧바로 "부정과 중지의 과정으로 정의될 수 있는 페티시즘은 본질적으로 마조히즘에 속한다"고 판정한다. 이 논의 전개는 매우 단락적이며[짧으며], 수수께끼 같다. 원래 프로이트에

---

32 『자허-마조흐 소개』, pp. 28-29, [『매저키즘』] 36쪽, 41-42頁. cf. Sigmund Freud, "Fetischismus", [1927], in *Gesammelte Werke*, Bd. XIV, Fischer, 1999, S. 312-313.

게 부인은 페티시즘의 기제(어머니의 페니스의 부재=거세를 못 본 것으로 하는 것)였다. 들뢰즈는 마조히즘을 페티시즘으로 환원하고 있는 것일 지도 모른다. 그런데 사디즘에서는, 페티시즘은 '이차적'으로 밖에는 기능하지 않는다고 간주된다.[33] 사디즘은 '페티시의 파괴'로 향한다.[34] 이에 반해 들뢰즈는, "제일차적인 페티시즘 없이는 마조히즘은 존재하지 않는다"고 말하기까지 한다.

세계를 부정nier하거나 파괴하는 것이 중요하지 않으며, 하물며 이념 화하는 것이 중요한 것도 아니다. 세계를 부인dénier하고, 부인함으로 써 중지시키고, 환상phantasme 속에서 중지되어 있는 이상적인 것으 로 스스로를 열어가는 것이 중요한 것이다. 순수하게 이상적인 거점 fondement[근거]을 등장시키기 위해서 실재적인 것의 정당성bien-fondé 에 이의를 제기하는 것. 이와 같은 조작은 마조히즘의 법[학]적인 정신 과 완벽하게 일치한다. 이 과정이 본질적으로 페티시즘으로 이끈다는 것은 놀랄 것도 없다. 마조흐와 그 주인공의 주요한 물신fétiche은 모피, 신발, 채찍 자체, 그리고 기묘한 모자이다. 그는 이것들을 『모피를 입은 비너스』의 변장처럼, 여성들에게 괴상한 옷차림을 하도록 입히고 싶었 던 것이다.[35]

이상으로부터 다음과 같이 말할 수 있지 않을까? 『자허-마조흐 소개』에서 행해지는 것은 사실상 '비-페티시즘으로서의 사디즘'과 '페티시즘으로서의 마조히즘'의 대비이며, 중요한 것은 가학/피학이

---

33 『자허-마조흐 소개』, pp. 29-30, [『매저키즘』] 37쪽, 43頁.
34 『자허-마조흐 소개』, p. 65, [『매저키즘』] 쪽, 95頁.
35 『자허-마조흐 소개』, p. 30, [『매저키즘』] 37-38쪽, 43頁.

아니라 **페티시즘론으로서의 형태론**이 아닌가라고 말이다.

마조히즘에서는 쾌락에의 도달이 "최대한으로 연기된다." 도중에, 어중간한 곳에서의 포즈, 임시로 고정된 형태—마조흐의 여주인공은, "채찍을 내리치거나 모피를 반쯤 벗어 보이는 짓거리를 중지하고 [도중에 문득 멈추고], 중지의 미결정 상태에 놓아버린다."[36] 여주인공= 어머니가 그녀에게 새겨진 하나의 '균열'을 폭로하려고 하기 직전에, 혹은 차안에서 일시정지가 되며—'균열'의 안쪽에서 그녀의 진리를 아이러니적으로 추구하는 것이 아니라, 직전에 유머적으로 되돌아가 [되짚어 가]—그녀의 의상의, 부분 표면의 누더기에 아이는 스스로를 정위한다. 마조히스트는 의상으로 생성변화하고 있다. 마조히즘의 피학은 스스로를 평평하게 하고, 부분 표면의 콜라주로 하는 것이다.

들뢰즈는 두 유형의 '반복'을 구별하게 된다.

> 마조흐에게서 심미적[미학적]이고 연극적인 중지는 사드에게서 나타나는 기계적이고 누적적인 되풀이réitération에 대립된다. … 따라서 반복은 사디즘 안에도, 마조히즘 안에도 있다. [그러나] 그 형태는 전적으로 다르다. 사디즘적 반복은 사디스트적 가속성accélération과 응축 안에서 그 의미를 발견하는 반면, 마조히즘적 반복은 마조히스트적인 '응고figement'와 중지 안에서 그 의미를 발견하기 때문이다.[37]

---

36 『자허-마조흐 소개』, p. 31, [『매저키즘』] 38-39쪽, 44頁. [옮긴이] 글쓴이의 인용은 누락된 구절이 있다. "그녀는 채찍을 내리치거나 모피를 반쯤 벗어 보이는 짓거리를 중지하기 때문이다. 그녀는 자신의 자세를 고정시키는[얼어붙게 만드는] 거울에 자신의 모습을 비추고 있기 때문이다(Parce qu'elle suspend le geste d'abattre le fouet ou d'entrouvrir ses fourrures. Parce qu'elle se réfléchit dans un miroir qui arrête sa pose)."

마조히즘과 페티시즘을 유착시킴으로써 들뢰즈는 파괴적이지 않은 부인에 의한, 사드=칸트적이지 않은 **철학**을 제시하고 있다. 이 세계에 있어서 세계가 분신하기 위한 조건=초월론성을 **몇 가지의 주어진 것의 소재, 이미지**에 있어서 긍정하는 철학이다. 다비드-메나르의 정리에 따르면, 사디스트의 사변이 '보편화universalisation'를 목표로 하는 반면에, 마조히스트는 '사례별로 각각cas par cas' 계약을 고안한다.[38] 이 대비를 원용하여, 다음과 같이 정식화하자. 한편으로 사디즘=아이러니적 철학은 보편=하나인 '결여'를 파고드는 초월론 철학이다. 다른 한편으로, 마조히즘=유머적 철학은 '사례별로 각각'에서의, **여럿인 경험의 주어짐으로 찢어져 있다**. 지금 여기서 시끄럽게 떠드는 경험의 단편 각각이 복수적인 외부성이다. 이것은 경험의 다른 식에 대한 조건을 경험의 단편들로부터 얻는, 즉 **경험의 단편들을 복수적으로 초월론적인 것으로 하는** 입장이며, 이것이 들뢰즈의 '초월론적 경험론'인 것이다.

사디즘/마조히즘의 쌍은 사드=칸트적 초월론성/마조흐=흄적인 초월론적 경험론성이라는 쌍을 고안하는 것에 상당한다. 양자는 어떤 관계에 있는가?

지금부터는 자세하게 탐색하지 않으면 안 된다. 속도를 늦추면서 나아가자.

『자허-마조흐 소개』 제3장 「사드와 마조흐의 상호보완성은 어디

---

37 『자허-마조흐 소개』, p. 31, [『매저키즘』] 39쪽, 45頁. [옮긴이] 원문 자체를 해체하여 번역했다. 글쓴이의 인용구를 그대로 옮기면 다음과 같다. "마조흐에게서 심미적[미학적]이고 연극적인 중지는 사드에서 나타나는 기계적이고 누적적인 되풀이에 대립된다. … 따라서 반복은, 사디스트적인 가속성[accélération]이나 농축으로서 의미를 갖지만, 그래도 마조히스트적인 '응고'와 중지로서 의미를 갖게 됨으로써 철저하게 이질적인 두 개의 형태를 취하게 된다."

38 David-Ménard, *Deleuze et la psychanalyse*, p. 35.

까지 가는가?」에서 들뢰즈는 원래 프로이트에게 사디즘으로부터 마조히즘으로의 변환은 그리 쉽지 않았다고 보고 있다. 두 개의 전제가 있다.[39] (1) 프로이트에 따르면, 사디즘이 최초이며, 이것이 반전돼 자아로 향해질 때, 스스로를 공격하는 마조히즘이 생긴다. (2) 하지만 또한 사디스트는 고통과 쾌락의 연결—들뢰즈는 이것을 "쾌락과 고통 사이의 하나의 체험된 [생생한] 연대lien vécu"라고 표현한다—을 알고 있다. 사디즘은 (처음부터) 확실하게 "마조히즘적 경험expérience masochiste"을 포함한다.[40] 들뢰즈는 이런 두 가지 점은 반드시 모순되는 것은 아니며, 상이한 유형의 사디즘을 설명하는 것이라고 일단 주장한다. 하나는 순수한 "공격적 사디즘"이며, 다른 하나는 타자의 고통을 즐기려고 하는 "쾌락주의적 사디즘"이다. 위와 같은 (1) 사디즘의 반전이라는 가설과 (2) 마조히즘적 경험이라는 가설, 이 두 가지가 절충되면, 사디즘이 우위에 있는 가운데 사드-마조히즘이라는 단위가 성립한다.

그렇지만 위와 같은 것에 관해 들뢰즈는 세 개의 논점을 든다. 『자허-마조흐 소개』 제9장 '정신분석'에 의하면,[41] (A) 프로이트에게는 공**격적이고 성적**인 리비도는 대상이 아니라 자아로 향해지는 데 있어서 '탈성화脫性化'된다는 테제가 있다. 스스로에게로 향하는 성적이지 않은 공격, 그것은 자아를 벌하여 통제하는 '도덕'의 담지자로서의 초

---

39 이하 『자허-마조흐 소개』, pp. 38-39, [『매저키즘』] 50-51쪽, 55-56頁.

40 프로이트의 다음 설명이다. "… 인간은 이 아픔을 타인의 위에 보내면서, 괴로워하고 있는 대상과 동일화함으로써, 마조히스트적으로 스스로 그것을 향유하게 되는 것이다." Freud, "Triebe und Triebschicksale"[1915], in Gesammelte Werke, Bd. X, Fischer, 1999, S. 221.

41 이하 『자허-마조흐 소개』, pp. 89-92, [『매저키즘』] 124-128쪽, 129-133頁.

자아의 힘이다.[42] 이것을 고려하면, 마조히즘의 가능성은 수수께끼 같은 것이 된다. 왜냐하면, 마조히즘의 고난은 분명히 성적이기 때문이다. 들뢰즈에 따르면, "따라서 마조히즘은 단순한 반전retournement(되돌아감)보다 오히려 반전되는 것le retourné의 재성화resexualisation에 의해 정의된다."[43] 그렇다면 다음의 물음에 직면하지 않을 수 없다. 스스로에게로 향하는 공격성의 '재성화'는 어떻게 일어나는가?

(B) 거기에는 "마조히즘에 고유한 '에로스성' 같은 것"에 관련되어 있다고 한다.

> … [초자아에 의한] 처벌은 예비적인 쾌락[쾌감]을, 일종의 **도덕적** 쾌락을 구성할 뿐이다. 이것은 성적 쾌락에 있어서는 준비를 할 뿐이거나, 혹은 그것을 가능케 해줄 뿐이다. 그러면 처벌의 **육체적** 고통과 결부된 성적 쾌락은 실제로는 어떻게 발생할까? 성화sexualisation는 마조히즘적인 에로스성érogénéité masochiste 없이는 결코 완수될 수 없다고 말해도 과언이 아니다. 마조히스트의 고통과 성적 쾌락 사이에는 하나의 체험된 [생생한] 유대로서의 물질적인 토대가 없어서는 안 된다. 프로이트는 '리비도의 동시적 흥분coexcitation libidinale'이라는 가설을 원용하는데, 그것에 따르면, 적절한certaine 양적 한계를 넘어선 과정과 흥분은 에로스화된다고 한다. 이와 같은 가설은 [다른 요소로는] 환원 불가능한 마조히즘적 본질fond이 실존한다고 인정한다.[44]

---

42 Freud, "Das Ich und das Es"[1923], in *Gesammelte Werke*, Bd. XIII, Fischer, 1999, S. 258. 프로이트에 따르면, "대상 리비도에서 나르시스적 라비도로의 전화"에는 "성 목표의 단념 내지 탈성화, 즉 일종의 승화라는 것이 수반된다"고 간주된다.

43 『자허-마조흐 소개』, p. 91, [『매저키즘』] 126쪽, 131頁.

44 앞의 책, 같은 쪽.

『쾌락원리를 넘어서』에서 프로이트는, 자아에 있어서 본질적인 마조히즘의 가능성을 생각했다. 예를 들어, 재해신경증자災害神経症者의 경우에 고통의 상기를 멎게 할 수 없다는 사실은, "자아의 수수께끼 같은 마조히즘적 성향"을 생각나게 하기 때문이다.[45] 또한 프로이트는『마조히즘의 경제론적 문제』에서 "몇 가지의 부정확한 점을 도외시한다면, 유기체에 있어서 작동하는 죽음의 충동—원原 사디즘—은 마조히즘과 같다고 말할 수 있다"고 서술하고 있기도 하다.[46] 들뢰즈는 이런 배경을 감안하면서 강한 자극의 에로스화에서는 "다른 요소로는 환원 불가능한, 마조히즘적인 본질"을 인식할 수 있다고 서술하고 있는 것이다.

(C) 초자아에 의거하는 도덕은 자신이 자신을 벌한다고 하는 재귀적인 공격이지만, 그러나 마조히스트는 누군가에게 벌을 받는다는 수동적인 입장을 취한다. 들뢰즈에 따르면, 누군가에게로 공격성을 떠넘기는 것, 즉 '투사投射' 또한 '재성화'라는 사태에서 일어난다고 간주된다.

"마조히즘적 에로스성"인 것, 고苦와 쾌快의 "하나의 체험된 유대 un lien vécu", 요컨대 "마조히즘적 본질"이라고 밖에는 말할 수 없는 것, 이것은 도대체 무엇인가.『자허-마조흐 소개』는 프로이트와 더불어, 파생적이지 않은 "1차 마조히즘"의 개념에 봉착하고 있다. 여기서 1차 마조히즘을 중시하는 논자로서, 퀴어이론의 선구자인 레오 베르사니Leo Bersani를 참조한다. 베르사니는 주저인『프로이트적 신체』

---

45 Freud, "Jenseits des Lustprinzips"[1920], in *Gesammelte Werke*, Bd. X, Fischer, 1999, S.11.

46 Freud, "Das ökonomische Problem des Masochismus" [1924] in *Gesammelte Welke*, Bd. XIII, S.377.

(1986)에서 다음과 같이 말한다. "섹슈얼리티가 마조히즘에 있어서 존재론적으로 정초되고 있는 한, 인간의 유기체는 산란하는 자극에 노출된 시기와 저항적인 혹은 방어적인 자아 발달 사이의 간격gap에서 생존할 수 있다."[47] 즉 1차 마조히즘은 자아가 타자와의 다상적인 관계를 견뎌낼 수 있기 위한 조건이며, 그것 없이는 생·성生·性은 불가능하다고 하는 것이다. 그렇지만 『자허-마조흐 소개』에서는, 성급하게 사디즘을 2차화할 수 없다. 사디즘은 마조히즘과, 반전적으로가 아니라 연관하고 있는 것이다. 이것을 말하기 위해 『자허-마조흐 소개』는 앞서 일별했던 '두 개의 반복'론으로 향하는 것이다.

탈성화/재성화는 사디즘의 문제이기도 하다. 사디즘은 공격적이고 성적인 리비도를 대상으로 돌리는 동시에, 순수 부정으로 향하는 "논증적 사고로서의 사고의 침착성"을 가진다. 사드 문학의 특징은 '포르노그래피/pornographe/포르노 작가'로서의 '흥분성'이 아니라 오히려 '포르놀로지스트/pornologiste/포르노 학자'라고 불리는 '의기소침/무기력apathie'이다.[48] 또 마조흐 문학에서도 "난잡성[외설성]은 그대로 부인되고 중지된다."[49] 아무튼 "마치 탈성화된 것이 그것으로서, 그리고 새로운 방식으로 재성화된 것 같다. 이런 의미에서 냉담함과 냉혹함은 도착적 구조의 기본적인 요소이다. 이 요소는 사드적인 의기소침은 물론이고 마조흐적인 냉담함의 이상 속에서도 찾아볼 수 있다."[50] 그렇다고 해도, 재성화는 어떻게 일어날 수 있단 말인가?

---

47 Leo Bersani, *The Freudian Body: Psychoanalysis and Art*, Columbia University Press, 1986, p. 39.

48 『자허-마조흐 소개』, p. 26, [『매저키즘』] 33쪽, 39頁.

49 『자허-마조흐 소개』, p. 32, [『매저키즘』] 39쪽, 45頁.

50 『자허-마조흐 소개』, pp. 101-102, [『매저키즘』] 142쪽, 145頁.

8-4 쾌락원리의 두 가지 피안

들뢰즈에 따르면, "도착적인 재성화resexualisation의 역량[힘]은 탈성화
désexualisation의 냉담함의 강도가 높을수록 그만큼 더 강력하고 확장
되며,"[51] 최대한도로 '냉담'하다면, "재성화는 현장에서, 일종의 도약
saut 안에서 이뤄진다"고 한다. 이 '도약'과 관련된 다음의 인용문은
난해하다.

> **현장에서의 도약**saut sur place이란 무엇을 뜻하는가? 우리는 앞에서 마조
> 히즘에서도 사디즘에서도 **되풀이함**réitération이 지닌 기능의 특수한 역
> 할을 나타냈다. 즉 그것은 사디즘의 양적 축적과 서두름précipitation이
> 며, 마조히즘의 질적 중지와 응고성figeage(옴짝달싹 못함)으로 나타난
> 다. … 사디즘과 고통의 분명한 연결, 마조히즘과 고통의 분명한 연결
> 은 사실상 이 되풀이함의 기능에 종속되어 있다. … 본질적인 것은 다
> 음의 사실이다. **고통은 그 용법을 조건짓는 반복의 형태와 관련되었을 때에만**
> **가치를 갖게 된다는 것이다.**[52]

재성화를 초래하는 '현장에서의 도약'은 아무래도, 어찌됐든 '반
복'에 의해 일어나는 것 같다. 그러나 이것은 설명이 되고 있을까? 인
용의 후반부로부터 알 수 있는 것은, 두 가지 유형의 반복이 사디즘/마
조히즘을 나눈다는 것이다. 사디즘의 본질은 "양적 축적[누적성]과 서
두름[가속성]"의 반복이다. 마조히즘의 본질은 "질적인 중지와 응고성

---

51 『자허-마조흐 소개』, p. 102, [『매저키즘』] 142쪽, 145頁.
52 『자허-마조흐 소개』, p. 103, [『매저키즘』] 143-144쪽, 147頁.

[옴짝달싹 못함]"의 반복이다. 이와 같은 것은 가속하다/중지하다—혹은 감속하다—반복**행위**라는 차이에 의한 **두 가지 유형의 현장에서의 경험론**으로, 지금까지의 모든 논의를 귀착시키는 것처럼 생각된다.

이 장의 해석에서 마조히즘은 경험론적이었다. 마조히즘은 주어진 경험의 부분을 조건으로 삼아, 다른 식의 경험을 분산시킨다. 다른 한편, 사디즘은 경험할 수 없는 '결여'로 향한다. 그 '결여'는 간접적으로 논증되는 것일 수밖에 없다. 사디스트는 **현장에서는** 파괴의 누적[축적]·가속을 하고 있다. 사디즘에 있어서도, 격화되는 반복의 **경험적인 쾌감** 없이는 '결여'의 논증의 '의기소침'**과** 재성화라는 상반되는 것을 이중으로 경험할 수 없는 것이다.[53]

그런데 이후 들뢰즈는, "그럼에도 불구하고 이런 결과는 실망시키며, 반복이 쾌락을 가져다준다 … 는 관념으로 환원되는 것 같다"고 부언한 다음,[54] 쾌감을 위해 반복하는 것이 아니라 반복에 쾌감이 '종속'된다고 결론 내린다.

… 이제 독립적이고 무시무시한 힘puissance으로서의 반복을 동반하고 이것을 뒤따르는 것은 쾌락[의 힘]이다. 쾌락[쾌감]과 반복은 서로 역할을 맞바꿨다. 여기에 현장에서의 도약, 즉 탈성화와 재성화라는 이중적 과정의 효과가 있다. 둘 사이에서는 죽음 본능instinct de mort이 이야기를 하고 있는 것 같다. 하지만 도약은 마치 한순간에 현장에서 이뤄

---

53 어떤 경험적인 쾌락에 의해 붙들려 있지 못하고 '결여'에 근사적인 동일화를 하는 것은, 이념적으로는 자살에 상당한다. 도중에서의 경험적인 쾌락에 의한 붙들림은 대상 a의 불순함에 의해 농락당하는 것이며, 그것이 없으면 생존할 수 없다. '현장에서의 도약'이란 대상 a에 농락당해 '결여'에 상상적인 덮개를 씌워두는 것이리라.

54 『자허-마조흐 소개』, pp. 103-104, [『매저키즘』] 144쪽, 148頁.

지는 것이기에, 말하기를 주도하는garder 것은 언제나 쾌락원리이다.[55]

이제야 『자허-마조흐 소개』에서 『쾌락원리를 넘어서』가 어떻게 취급되는지를 분명히 할 수 있을 것이다.

사디즘과 마조히즘에 있어서 죽음의 본능은 상이한 반복의 경험으로서 작동하는 것이다. 한편으로, 사디즘에 있어서의 순수 부정은 유일하고 진정한 '결여=죽음'이며, 그것은 현장에서의 '가속하는 반복의 경험'에 있어서의 극한이다. 다른 한편, 마조히즘에 있어서의 파괴적이지 않은 부인은 '복수의 죽음=분신'이며, 그것들은 '중지의 반복의 경험'에서 실현된다.

『자허-마조흐 소개』의 10장 「죽음의 본능이란 무엇인가?」에서 들뢰즈는 프로이트의 사변의 진전을 두 단계로 나누고 있다. 마치 쾌락원리에는 두 단계의 '피안[넘어]'이 있다는 듯이 말이다.

(1) 첫 번째 피안, 그것은 '구속liaison, Bindung'에 기초한 에로스이다.[56] 들뢰즈에 따르면 "쾌감[쾌락]이 체계적으로[일관되게] 추구되고 고통이 체계적으로 기피된다는 방식으로 원리가 조직되기" 위한 '초월론적' 조건을 물은 것은 **흄이며** 그리고 프로이트라고 한다.

철학자 흄은 이미 이렇게 지적했다. 즉 심적 삶[정신생활]에는 고통이 있는 것처럼 쾌락[쾌감]도 있다. 하지만 우리가 쾌감과 고통의 관념들을 그 모든 면들에서 [이렇게 저렇게] 뒤집어 봐도retourner 아무 소용이 없으며, 우리가 쾌감을 추구하고 고통을 기피한다는 원리의 형태를 이

---

55 『자허-마조흐 소개』, p. 104, [『매저키즘』] 145쪽, 148頁.

56 [옮긴이] liaison은 말 그대로 무엇과의 연결, 묶음, 묶임을 가리킨다. 그러나 여기서는 글쓴이의 의도를 존중해 '구속'으로 옮긴다. 사실 일본에서는 흔히 이렇게 번역된다.

로부터 결코 끌어낼 수 없을 것이다. 프로이트도 같은 말을 했다. 즉 심적 삶에는 쾌감과 고통이 자연스럽게 있지만, 그것은 산재해 있으며, 방임 상태에 있으며, 확산하고 떠돌고 있고, '구속되지 않는다.'[57]

쾌락원리보다 권리상 선행한다고 상정되는 것은 고통과 쾌감의 원초적인primitive '방임 상태', 자극의 무리[群]이다. 자극의 무리가 일정한 통합[모둠]에 '구속'되지 않으면, "쾌감이 체계적으로[일관되게] 추구되고 고통이 체계적으로 기피된다"는 것은 있을 수 없다. 『쾌락원리를 넘어서』에서는 "자극을 감수感受할 수 있는 기질이 미분화未分化된 소세포 상태가 되고 있다"는 유기체의 이미지로 마음을 모델화하고 있다.[58] 거기서 프로이트는 "마음의 장치 속에 흘러 들어오는 에너지의 '구속'은 자유롭게 흐르는 상태에서 정지된 상태로 옮겨지는 것에 있다"고 말했다.[59] 이 구속Bindung이야말로 쾌락원리의 첫 번째 피안인 것이다. 그러면 왜 흄인가? 이와 연관된 대목이 『차이와 반복』의 2장에 포함되어 있다. 여기서 들뢰즈는 흄에서 출발하여 논의한 관조=축약[수축]을 프로이트의 구속과 동일시한다. 그는 다음과 같이 말한다. 관조=축약[수축]은 '생물-심리학적 생명[삶]'에 있어서의 개체화의 과정이다.[60] 내리쬐는 빛을 받아내고, 그 물리 특성을 축약[수축]함으로써 '눈'이 만들어진다―"눈은 빛을 구속하는 것이며, 눈 자

---

57 『자허-마조흐 소개』, p. 97, [『매저키즘』] 136쪽, 139-140頁. [옮긴이] 일본어 번역본을 최대한 살리는 방식으로 번역을 했다. 그러나 위의 인용문에서 프로이트에 관한 대목을 원문에 준거하여 번역하면 다음과 같다. "즉 심적 삶에는 쾌감과 고통이 자연스럽게 있지만, 이것은 여기저기에, 자유롭고[방임되고] 산재되고épars 떠다니며flottant '그 무엇에도 묶이지 않은non lié' 상태에 있다."

58 Freud, "Jenseits des Lustprinzips", S. 25.

59 Ibid., S. 31.

체는 구속된 빛인 것이다."[61] 『쾌락원리를 넘어서』에 따르면, 외부세계에 접하는 "미분화된 세포"의 표면은, "그 위치 자체에 의해 분화되어 있으며, 자극의 수용 기관으로서 작동하게 된다."[62] 관조=축약[수축]=구속, 이것은 흄에게서의 연합, 어소시에이션association이며, 습관으로서 유지되는 통합[모듈]이나 다름없다. 신체도, 무의식도, 연합의 습관화에 의해 유지되고 있다―그리고 마조히스트의 긴박緊縛은 산산이 흩어진 소여[주어진 것]의 구속이며, 연합이라는 것이 될 것이다. 『자허-마조흐 소개』에서는 다음과 같이 요약하고 있다.

> 쾌감을 원리로서 가능케 하는 것, 혹은 쾌락원리를 기초짓는 것은 구속 liaison이다. 바로 그렇기에 흥분 자체의 에너지적 구속과 세포의 생물학적 구속이라는 구속의 이중적 형상 아래서, 에로스가 근거fondement로서 발견된다. … 그리고 에로스를 구축하는 이 구속을 우리는 '반복'으로서 규정할 수 있고 또 그렇게 해야만 한다. … 생명의 순간의 반복, 혹은 단세포생물에서조차 필수적인 결합union의 반복인 것이다.[63]

그런데 일이 여기에 이르러 들뢰즈는 피안을 한걸음 더 심화시키게 된다.

---

60 『차이와 반복』, pp.128-129, 222-223쪽, (上) 263-266頁. [옮긴이] 국역본의 220쪽에는 이런 구절이 있다. "생물심리학적 삶은 어떤 개체화의 장을 함축한다."

61 『차이와 반복』, p. 128, 222쪽, (上) 264頁. [옮긴이] 구속이 아니라 본래의 뜻으로 옮긴다면, 이 구절은 다음과 같다. "눈은 빛을 묶는다. 눈은 그 자체가 어떤 묶인 빛이다(L'oeil lie la lumière, il est lui-même une lumière liée)."

62 Freud, "Jenseits des Lustprinzips", S.25.

63 『자허-마조흐 소개』, p. 98, [『매저키즘』] 137쪽, 140-141頁. [옮긴이] 마지막의 '결합(union)'은 '구속'과 같은 말로 보인다.

초월론적 탐구에서 고유한 것le propre d'une recherche transcendantale은 마음대로 그것을 막을arrêter 수 없다는 것이다. 하나의 기초는 이것이 출현하는 바닥-없음sans-fond 안에서, 가일층의[여전히] 피안au-delà으로 재촉당하지précipité 않고, 어떻게 한정[규정]할 수 있을까?[64]

(2) 이것이 두 번째의 피안으로서의, 타나토스에 대한 질문이다. 흄의 이름을 동반한 첫 번째 피안, 영국 경험론으로서의 피안은 '재촉됨'으로써, 가일층의[또 다른] 피안으로 스스로를 초월시키게 된다. '초월론적 탐구'는 그 '고유성'에 있어서 그렇게 하지 않으면 안 된다, **서두르는 것을 멈출 수 없는 것이다.** 이리하여 이제 타나토스가, 죽음의 본능이 발견된다──"흥분과 똑같은 힘이 흥분을 부인하는 것이 아니라면, 흥분은 어떻게 구속되고 또 그것에 의해 '해소'될 수 있는가? 에로스의 피안에 타나토스가 있다. … 구속-반복의 피안에 지우개gomme-반복이 있는데, 이것은 말소하고 죽이는 것이다."[65] 들뢰즈는 사디즘의 순수 부정과 프로이트의 타나토스를 포개놓았다. 사디즘의 반복은 '가속'한다. 이것은 프로이트의 사변이 '재촉당한다'는 수사학과 공명한다. 사드-프로이트에 '고유'한 초월론적 사고는 순수 부정=죽음의 본능을 도달할 수 없는 피안으로 규정하도록 나아가게 '재촉당한다'는 것이다.

---

64 『자허-마조흐 소개』, p. 98, [『매저키즘』] 137쪽, 141頁. [옮긴이] 인용문에서 'précipiter'는 서두르다, 재촉하다라는 뜻과 어떤 나쁜 상태에 빠뜨리다, 몰아넣다 등의 의미가 있다. 이를 감안해 두 번째 문장을 다시 옮기면 다음과 같다. "초월론적 탐구에 있어서 고유한 것은 우리가 그 기초에 마음먹은 대로 다다를 수 없다는 것이다. 그렇다면 근거가 거기서 출현하는 바닥-없음 안으로 추락하지 않은 채 근거를 여전히 피안에서 어떻게 규정할 수 있는가?"

65 『자허-마조흐 소개』, pp. 98-99, [『매저키즘』] 138쪽, 141頁.

생물-심리적으로 구속된 것—경험적인 개체성—을 끊임없이 해체하고, 차이화하는 '지우개-반복'이 없다면, 구속의 다시 하기=연합의 해리와 재연합은 할 수 없다. 이런 의미에서, 사디즘의 방향으로 사변을 재촉하는 것은 관조=축약[수축]=구속으로서의 마조히즘에 있어서도 필요한 것이다. 그 때문에 『자허-마조흐 소개』는 단순한 마조히즘 일원론이 아니다. 주어진 것을 일단 수락하면서, [구속을] 풀어야 한다. 하지만 들뢰즈는 그래도 마조히즘을 [주로] 소개하고, 사디즘을 조연으로 남겨둔다. 왜 그런가? 왜냐하면 사디즘에는 사변을 **너무 재촉하여**, 관조=축약[수축]=구속의 해리 가능성으로서의 '죽음의 본능'을 하나인 '결여'로 경직화시켜버리는 기세가 [있음]을 부정할 수 없기 때문이다. 이리하여 '결여' 없는 순수한 마조히즘이라는 **이상**과 '결여'를 논증하는 사디즘이라는 **이념** 사이에, 너무 재촉해서는 안 된다=너무 움직여서는 안 된다고 하는 절약의 테제를 수반한, 현장에서의 마조히즘을 위치지을 수 있다. 세계·자기의 형태를 모조리 파괴시키지 않고 해리시키며, 다른 식의 관계 다발로 생성변화시키는 마조히스트의—베이컨이 그리는 듯한—형상figure이 중간지대에서 긍정되는 것이다.

데리다는 『우편엽서』(1980)의 2장 「사변하다: "프로이트"에 관해」에서, 다음과 같은 고찰을 보여주고 있다. 데리다에 따르면, 프로이트의 필치는 『쾌락원리를 넘어서』를 정신분석에 한정된 테제로서 규정하고자 하면서, 결론을 계속 연기[지연]하고 있다. 정신분석의 '고유성'을 증명할 메타심리학(=초월론적 고찰)은 순조롭게 끝나지 않는 이야기의 '차연'을 견뎌내고 있다. 그 속에서 프로이트는 바로 죽음의 '고유성'에 집착했던 것이라고 해석되는 것이다.

프로이트가 죽음충동Todestrieb, 죽음의 목적Todesziel, 죽음을 향한 우회Umwege zum Tode, 그리고 '유기체에 고유한 죽음에의 길'eigenen Todesweg des Organismus에 관해 말할 때, 프로이트는 바로 고유성의 법으로서의 생-사la-vie-la-mort의 법을 말하는 것이다. 생과 사가 대립하는 것은 거기에 봉사하는 한에 있어서다. 모든 대립을 넘어서, 어떠한 동일화도 가능한 종합도 없이, 바로 죽음의 에코노미가 물어지고 있는 것이다. 삶과 죽음, 삶 **또는** 죽음이라기보다는 고유한 사건을, 그 고유한 고유화Ereignis를 끊임없이 요구하고, 우회를 지배하는 고유성의[고유한 것의] 법oikos, oikonomia이다.[66]

이 지적은 프로이트의 사변적 욕망을 사디즘의 욕망과 평행화하는 『자허-마조흐 소개』의 가르침을 보강해준다. 타나토스의 정립은 보편적=일면적인univers '결여'로서 죽음을 고유화함으로써 **고유한 죽음으로 목적화된 삶[생명]을 univers하게[보편적=일면적으로] 고유화한다**. 데리다와 들뢰즈가 관심을 기울이는 것은 이 '삶-죽음'의 하나인 에코노미이다. 거기서 데리다는 역시 '구속'에 주목하여 이것이 삶-죽음의 하나인 에코노미를 이타화하고 연기한다는 것을 강조하고 있다.[67] 나는 다음과 같이 결론내리겠다. 관조=축약[수축]=구속에 [주름이] 접혀 넣어진 해리 가능성으로서의 **여러 차례의**, 살아 있는 죽음을 거쳐 가는 것, 그것이 **너무 재촉하지 않고 사디즘적이기도 한** 마조히즘이라고 말이다. 4-1「긍정을 긍정하기」에서 에가와 타카오에 의거해 제시한, 코나투스―고유한 삶-죽음의 장력張力―에 항거한 분신화分身化, 그리고 6-2「심층의 밑-의미: 다공성·다상성」에서 봤던, 말라부가 뇌손

---

66 Jacques Derrida, "Spéculer - sur 'Freud'", in *La Carte postale*, Flammarion, 1980, p. 381. [옮긴이] 강조는 원문 대조하여 옮긴이가 붙였으며, [ ] 안도 옮긴이의 것이다.

상에 있어서 인정하는 자기로부터의 자기의 분리란 삶-죽음의 에코노미를 균열투성이로 하는 분열-마조흐적, 여러 차례의 타자로의 생성변화가 아닐까?

『자허-마조흐 소개』는 가속과 일시 정지 사이에서 그 거주지oikos를 유지하고 있다. 각각에 대응하는 사디즘과 마조히즘은 '사시斜視의 눈'이다[68]—들뢰즈 철학의 두 개의 극으로서의.

---

67 Ibid., p. 420. 구속의 과정에는 삶-죽음의 행선지를 복수화하는 '우편'의 작동이 있다. 데리다에 따르면, "하나의 동일한 작동을, 하나의 동일한 기능을 서술하는 똑같은 언표 속에서, 프로이트는 그것은 1차 과정(pp[=쾌락원리principe de plaisir의 약칭])을 구속하는 것binden으로 이뤄져 있으며, 충동적 생명을 지배하는herrschenden pp를 2차 과정으로 대체하는 것으로 이뤄져 있다고 말한다. 즉, 지배의 전위, 대체이며, 대체보충적 분리로서의 긴밀구조stricture라는 것이다. 두 번째[2차 과정]는 대체보충적 발송envoi supplémentaire이다. 그것은 자유롭게 유동적인 에너지 투여를 비유동적인 에너지 투여로 변형하며, 그것에 우표를 붙이고poser, [일정한 곳에 놓으며] 우송한다poster." [옮긴이] 이와 관련해 사토 요시유키 지음, 김상운 옮김, 『권력과 저항』, 난장, 2012, 195-196쪽 및 각주 100을 참조.

68 『자허-마조흐 소개』, p.42, 59頁.

제9장

동물로의 생성변화

정신분석에서 분열-마조흐 분석으로. 이 전개는 심인성/기질성의 문지방을 엷게 하는 행보이기도 했다. 그리고『천 개의 고원』에서는 약독분석藥毒分析으로 전개된다. 들뢰즈·가타리는 정신분석을 터무니없을 정도로 엄청나게 확대시키고, 외재성의 평면에 다름 아닌 세계 자체에 대한 (정신)분석에 도달하는 것이다.『안티 오이디푸스』이후, 들뢰즈·가타리에게 주인공은 분열증자에서 동물animal로 대체된다고 말해도 지나친 말이 아니다. '동물행동학', 에솔로지éthologie로서의 철학을 식물에도 광물에도 그리고 사물 일반에[도] 부연하는 것. 사물의 '존재-생태론onto-éthologie.'[1]

이 글은 원래 제1장에서 개[犬]나 게[蟹]로의 생성변화를 예로 들면서 시작했다.

동물로의 생성변화에 대한『천 개의 고원』의 태도는 단순하지 않

---

1   예를 들어 다음을 보라. Éric Alliez, *La Signature du monde. Ou qu'est-ce que la philosophie de Deleuze et Guattari?*, Cerf, 1993.

다. 동물로의 생성변화는 '중간지대région médiane'에 지나지 않으며,[2] "수많은 생성변화의 한 예"에 불과하다고 한다.[3] 궁극의 '지각할 수 없는 것으로의 생성변화'로의 도중에 불과한 것이다. 이런 유보를 달면서, 그래도 그들은 동물로의 생성변화를 범례적으로 계속 다룬다. 동물에 대한 이 집착은 어떤 것인가? 들뢰즈(&가타리)는 인간='우리'가 아닌 동물에서 무엇을 관건으로 삼았을까?

9-1 중간의 동물

『안티 오이디푸스』이후 들뢰즈(&가타리)는 『카프카: 소수적인 문학을 위해』(1975)를 계기로, 동물로의 생성변화를 정신분석에 맞선 문학의 토픽으로 논하게 된다. 우리는 3-5 「가타리와 라캉」에서 그들의 정신분석 비판의 요점이 상징계를 우선시하는 1950년대의 라캉으로부터 분리되는 것이라고 강조했다. 『카프카』의 표적도 거기에 있다. 언어 사용의 실조失調에 주목하는 것이다. 예를 들어 카프카의 『변신』에서 거대한 벌레로 변했던 그레고리 잠자가 내뱉는 불분명한 '울부짖는 소리'는 의미 작용을 이루는 시니피앙 연쇄를 불쾌하게 절단하고 있다.

언어는 그 극단 혹은 극한을 향하기 위해 대리-표상적이기를 그친다. 그레고리의 경우 말들이 고통스러운 삐악 소리가 되듯이, '단숨에 단일한 음

---

2 『천 개의 고원』, p. 304, 472쪽, (中) 181頁. [옮긴이] 국역본은 '중앙 지역'이라고 했으나 '중간 지역'이 더 나은 번역이다.

3 『천 개의 고원』, p. 333, 516쪽, (中) 233頁.

조로' 프란츠 [카프카]가 질러대는 비명이 그렇듯이, 고통의 함축은 이런 변모変貌[변신]를 수반한다.[4]

벌레가 내뱉는 **비의미적인** 소음noise의 역할은 아르토의 '숨결로서의 말'에 대응하며, 그것이 대리-표상(=시니피앙 연쇄)에 비의미적 절단을 들여오는 것이다. 그렇지만 반드시 주의해야 한다. 대리-표상 불가능성에 관한 담론이 『차이와 반복』에서는 구조주의적 전체론으로 집약되어 있었다(3-3 「대리-표상 불가능성: 시간의 두 번째·세 번째 종합」). 이 점을 『카프카』에 나오는 다음 문장과 연관시켜보자. 즉 "동물로의 생성변화 전체가 분열증적인 출구와 오이디푸스적인 막다른 골목 사이에서 흔들리고 있는 게 아닐까?"[5] 『변신』에서 "그[그레고리]는 [아버지가] 사과를 냅다 던짐으로써 재오이디푸스화되고", 최종적으로 "오이디푸스적 삼각형의 가부장주의적 원칙"으로 되돌아가버린다고 간주된다.[6] 동물적인 울부짖는 소리="언어의 비-시니피앙[비의미]적이고 **강[렬]도적인 용법**"[7]은 하나인 '결여'로 빨려 들어가 쓰레기[무용지물]가 되어버린다. 이 '막다른 골목'을 어떻게 해결하면 좋을까? 들뢰즈·가타리에 따르면, 카프카에게 "분열증적 출구"의 확대는 『성』과 같은 장편소설에서 발견되는데, 그 과제는 "분자적 다양성"이나 "기계적 배치agencement"의 제시라고 한다. 『카프카』에서 동물이라는 토픽은 울프슨과 마찬가지로 어중간한 것이게 된다.

---

4 들뢰즈·가타리, 『카프카』, p. 42, 60쪽, 41頁.

5 『카프카』, p. 28, 41쪽, 25頁.

6 『카프카』, p. 27, 41쪽, 24-25頁.

7 『카프카』, p. 41, 58쪽, 40頁.

말[馬]이 아직 하나의 동물인 것과 이미 하나의 배치=재편agencement 인 것 사이의 중간intermédiaire이라는 점에서 카프카에게는 아마도 말의 매우 특수한 상황이 있다. 어떤 경우든, 단편소설 속에 있거나 단편소설 속에서 생성변화하는 동물들은 다음과 같은 선택지에 놓인다. 즉 [하나는] 이 동물들이 막다른 골목으로 내몰리고 갇혀버리고 단편소설이 끝나버리는 경우. [다른 하나는] 이 동물들이 스스로를 열고 복수화하며se multiplier 도처에서 출구를 뚫지만, 더 이상 동물이 아닌 분자적 다양체와 기계적 배치에 의해 대체되는 경우. 이 후자는 장편소설에서만 그것 자체로 다뤄질 수 있다.[8]

동물은 '복수화[증식]'된다고 한다. 무리가 되는 것이다. 무리가 된다는 것은 '기계적'이게 된다는 것이다. 이 단계에서는 "마치 동물의 부정적인 극은 중립화되고 긍정적인 극은 다른 곳, 즉 기계와(배치) 쪽으로 옮겨지는 듯하다"고 말해진다.[9] 동물의 '긍정적인 극'이란 복수성, 무리이다. 이와 반대로 '부정적인 극'은 동물의 (인간에게 있어서 상관하는) 노이즈적인 외부성이 하나인 '결여'로 집약되는 것이다. 복수적인 출구와 대문자의 '결여' 사이, 심층과 표면 사이, 바로 이 '중간milieu'이 동물의 '환경milieu'인 것이다.

---

8 『카프카』, pp. 68-69, 91-92쪽, 73-74頁. [옮긴이] 다시 한 번 강조하거니와, 글쓴이는 아장스망agencement을 쿠미카와리組み変わり, 즉 '조 바꿈' 또는 '재편'으로 옮기고 있다.

9 『카프카』, p. 69, 92쪽, 74頁.

9-2 윅스퀼의 진드기

"진드기를 보라, 이 동물[짐승]을 찬미하라voyez la Tique, admirez cette bête"[10]—1970년대 이래, 들뢰즈에게 '진드기'는 하나의 '개념적 배역 personnage conceptuel'이 됐다. 들뢰즈에게는 진드기야말로 동물 중의 동물이다. 들뢰즈의 독특한 진드기론은 1977년의 『디알로그』에 등장 하며, 1981년의 『스피노자: 실천철학』에 추가 보충된—이미 1978년 Revue de synthèse에 일부 발표된—글인 「스피노자와 우리」의 핵심을 이룬다. 그 후 『천 개의 고원』의 제10고원에도 마찬가지의 에피소드 가 삽입된다. 나아가 1988년~1989년에 촬영된 인터뷰 영상 〈질 들뢰 즈의 ABC〉에서 늙은 들뢰즈는 첫 번째 항목인 '동물Animal'에서 가족 화된 개나 고양이에 대한 불쾌감을 나타내면서, 거미나 이, 진드기 등 의 '매력'을 실컷 얘기하게 된다. 이러한 진드기론에서의 수사학은 들 뢰즈적인 동물이 무엇인가를 가르쳐줄 것이다.

'스피노자와 우리'에서의 해당 대목은 다음과 같다.

스피노자 이후 아주 오랜 시기가 지난 후에야, 생물학자들과 자연주의 자들은 동물들의 세계mondes animaux를, 이것들이 지닌 정서들과 촉발 [변용]시키고 촉발[변용]되는 힘들에 의해 정의하고 [이 세계를] 기술 하려고 시도했다. 예를 들어 요한네스 폰 윅스퀼Johannes von Uexküll은 포유동물의 피를 빨아먹는 동물인 진드기에 관해서 이렇게 하고 있다. 그는 이 동물을 세 개의 정서에 의해 정의한다. 첫 번째는 빛에 반응하 는 정서(나뭇가지 위쪽으로 기어오른다), 두 번째는 후각적인 정서(그 나

---

10 『디알로그』, p. 74, 115쪽, 105頁.

뭇가지 밑으로 지나가는 포유동물 위로 떨어진다), 세 번째는 열에 반응하는 정서(털이 없고 열이 더 높은 부위를 찾는다)이다.[11]

진드기는 '세 개의 정서'를 갖고 있다. 즉 세 종류의 타자에 반응할 수 있고 관계 맺을 수 있다는 것이다. 진드기의 세계에는 '빛', '포유류의 냄새', '포유류의 체온'이 있다. 이 세계는 세 가지 스위치의 온/오프on/off, 혹은 온/오프 사이의 '그라데이션'에 의해 성립한다. 진드기의 기관은 세 개의 관계맺음을 현동화하고 있다(눈은 빛을 축약[수축]한 것이라는 『차이와 반복』의 서술을 상기하라, 8-4 「쾌락원리의 두 가지 피안」). 그런데 기관의 잠재적인 역능은 그것[기관]을 해부한다고 하는 현동적인 수준의 분석에서는 분명해지지 않는다. 진드기의 피부가 어떤 특성의 빛에 반응하는가를 알려면, 환경 조건을 바꿔서 '실험'할 필요가 있다. 윅스퀼 등에 의해 개척된 동물행동학, 즉 에톨로지éthologie는 환경의 특성에 따른 행태의 발현을 관찰하는 것이다.

스피노자는 끊임없이 신체에 놀란다. 신체를 갖는다는 것에 놀라는 것이 아니라 신체가 할 수 있는 것에 놀라는 것이다. 신체는 신체의 유genre나 종, 신체의 기관들과 기능들에 의해 정의되는 것이 아니라, 수동에서도 능동에서도 신체가 할 수 있는 것에 의해서, 신체에 가능한 정서들에 의해서 정의되는 것이다.[12]

---

11 『스피노자: 실천철학』, p. 167, 185쪽, 240-241頁. [옮긴이] 한국어 번역본과는 달리 여기서 affect(s)는 변용이 아니라 정서로 옮겼고, 동사 affecter는 '변용시키다'나 '촉발시키다(되다)'로 옮겼다.

12 『디알로그』, p. 74, 115쪽, 104-105頁.

들뢰즈의 진단에 따르면 윅스퀼은 스피노자의 후계자이며, 동물행동학éthologie은 『윤리학』의 구체화이다.[13] 동물행동학, 아니 일반적으로 '행동학'으로서의 윤리를 채용한다는 것은 무엇을 할 수 있는가를 제한하는 바인 도덕을 포기하고, 자신의 역능의 미개척적인 변이variation를 상이한 환경 조건에서 발현시키고자 하는 것이다. 그것은 다음과 같이 바꿔 말할 수 있을 것이다. 행동학으로서의 윤리란 외재성의 평면 위에 올라서며, 이 말은 곧 **자신의 경향성을 불문에 부치며**─자신=항의 본질을 모르게 해두며─다양한 사물'과'의 접속/절단의 됨됨이를 시험한다는 것이다. 이런 의미에서 스피노자-윅스퀼이라는 합성은 들뢰즈의 영미계의 맥락과 겹쳐진다. 가설적으로 말한다면, 들뢰즈·가타리의 '분열분석', '약독분석'은 결과적으로 상당히 북미의 '행동주의 심리학'에 다가서고 있다고까지 생각되는 것이다.[14]

환경 조건에 따라 새롭게 여러 가지로 기능하게 될지도 모른다고 말한다면, 낙천적으로 들릴 수 있을 것이다. 그렇지만 뒤집어 생각하면, 이것은 환경조건의 변화에 대해 초월적으로 안정된 자신의 동일성 따위란 존재하지 않는다는 것이기도 하다. 나(라는 상상)는, 환경에의 관계들의 다발에 지나지 않으며, 그것은 환경 조건을 따라 재편[배치]된다─즉 흄주의이다.

---

13 『스피노자와 표현의 문제』에는 조프루아 상틸레르Geoffroy Saint-Hilaire의 생물학에 대한 언급은 있지만, 윅스퀼에 의거한 윤리학=동물행동학éthique=éthologie에 대한 생각은 아직 제시되지 않았다.

14 들뢰즈·가타리의 '분열분석'을 일종의 행동주의라고 보더라도, 언어와 이미지에 의한 자유연상법이 가치를 잃지는 않는다. 만일 '행동주의적 자유연상'이라고 표현해본다면, 그것은 자신의 자료체corpus의 부분들을 여러 모로 새롭게 늘어놓고, 그것들이 어떤 관계의 접속/단절을 이루는지를 조사하는 것이며, 말과 이미지의 풍경, 도시, 건축 내부를 말에 의해 산책하는 것이다.

진드기에 대한 들뢰즈의 설명은 윅스퀼의 1934년 계몽서인 『동물과 인간의 환경 세계로의 산보Streifzuge durch die Umwelten von Tieren und Menschen』[15]의 서론을 거의 그대로 인용한 것이다. 그런데 윅스퀼의 동물행동학에는 동물이 그 역능에 따라 별개의 '환[경]세계Umwelt'를 갖고 있다는 가설이 있다. 이것은 인간='우리'에게 있어서의 세계 속에 동물들을 객체로서 배치하는 시선을 배척하는 것이다. 윅스퀼에 따르면, 동물들은 각각 환세계의 주체로서 존재하고 있으며, 인간의 개개인마다 상이한 환세계도 수많은 환세계의 하나에 불과하다고 한다.

도대체 왜 특히 진드기인 것일까?

그것은 세 개의 정서 밖에는 갖고 있지 않은 매우 간결한 유한성 때문일 것이다. 윅스퀼에 따르면, "우리는 진드기의 예로부터 모든 동물들에 들어맞는 환세계의 기본적 윤곽[기초적인 구조적 특징들]을 이끌어낼[연역할] 수 있다."[16] 모델 케이스로서 간편하다는 것이다. 하지만 이것만이 아니다. 윅스퀼에 따르면, "그러나 진드기는 환세계에 대한 우리의 통찰을 더욱 넓혀주는 아주 신기한 또 다른 역능을 갖추고 있다."[17] 진드기는, 아니 그 어떤 동물이든, 자신의 환세계에서는 아무 관계가 없는 사물에 무관심하다. 환세계의 필터에 걸려들지 않는 사물은 해당 동물에게는 존재하지 않는 것이나 매한가지다. 그 때문

---

15 [옮긴이] 야콥 폰 윅스퀼 지음, 정지은 옮김, 『동물들의 세계와 인간의 세계』, 도서출판b, 2012. 이 번역본은 1934년의 위 책과 *Bedeutungslehre*(1940)을 합본한 것이다.

16 [옮긴이] 이 구절은 "Streifzüge durch die Umwelten von Tieren und Menschen: Ein Bilderbuch unsichtbarer Welten"의 일본어 번역본을 영어 번역본인 다음을 참조해서 수정했다. Jakob von Uexküll, "A Stroll through the Worlds of Animals and Men: A Picture Book of Invisible Worlds", *Instinctive Behavior: The Development of a modern concept*, trans. & eds., Claire H. Schiller, Internatinal Universities Press, p. 325.

17 앞의 책, 23頁. [옮긴이] 영어판, pp. 325-326.

에, 적절한 자극이 없으면 진드기는 오롯이 '18년 동안'이나 기다릴 수 있다는 것이다. 윅스퀼은 "진드기가 사냥감과 우연히 마주칠 확률을 높이려면, 음식 없이 장시간 살아남을 능력도 갖추지 않으면 안 된다. 물론 진드기의 이 능력은 발군이다"라고 말한다. 왜냐하면, "로스토크Rostock의 동물학 연구소에는 18년 동안 아무것도 먹지 않은 진드기가 살아 있는 채로 보존되어 있었다. 진드기는 우리 인간에게는 불가능한 18년이라는 세월을 기다릴 수 있다."[18] 혹은, 이렇게 말할 수 있는지도 모른다. 진드기는 저 세 가지 역능의 이면에서, 이 세 가지를 중지시키는 네 번째 역능으로서 '기다리는' 것을 할 수 있다고 말이다. 이 네 번째 역능이, 아니 오히려 윅스퀼의 서술 자체가 '가장 주목할 만하다'고 생각되는 것은, **환세계의 내부**에서 사냥감을 '장시간' 기다리는 것의 조건으로서, **환세계의 외부**로 끌려나간 상태에서 '18년 동안'이나 기다린다고 보충 설명을 하고 있기 때문이다. 그래서 아감벤은 『열림: 인간과 동물』(2002)에서 다음과 같이 묻고 있다. "18년 동안에 계속되었던 이 중지 상태에 놓인 진드기와 그 세계에, 도대체 무엇이 일어났는가", "환경과의 관계의 내부에 푹 잠겨 있는 생물이, 그 환경이 절대적으로 결여된 상태에서, 어떻게 생존하는가 등이라는 것이 가능했는가? 그리고 시간도 없이 세계도 없이 '기다린다'고 하는 것은, 도대체 어떤 의미인가?"[19] 즉, 환세계와 불가분한 동물에게 무관심·무관계한 외부로 끌려 나간다고 하는, 있을 수 없는 시공의 경험이

---

18 앞의 책, 같은 곳.

19 Giorgio Agamben, *L'aperto: L'uomo e l'animale*, Bollati Boringhieri, 2002. 아감벤은 자기에게 유의미한 자극이 없는 곳에서 생존한 윅스퀼의 진드기를, 하이데거가 『형이상학의 근본개념』에서 인간의 '근본 기분'이라고 규정했던 '깊은 권태'의 근방에 있다고 보고, 그것에 의해 하이데거에게서의 인간/동물의 존재론적인 구별을 교란시키려고 계획하고 있다.

란 무엇이냐는 것이다. 아감벤의 이 물음은 이미 들뢰즈에게서 싹트고 있었다고 말할 수 있다. 왜냐하면 들뢰즈에게 동물이라고 불리는 자는 **환세계의 외부에 노출되어 매복해 기다리는 자**인 것이었기 때문이다.

〈질 들뢰즈의 ABC〉에서 들뢰즈는 "당신에게 동물이란 무엇인 가?"라는 질문을 받자, "그것은 매복해 있는 존재être aux aguets라고 대답할 것이다"라고 말한다.[20] 진드기는 "나뭇가지 위에서 몇 년이나 기다릴 수 있다." 들뢰즈에게 '매복해 있다'는 것은 환세계의 내부로부터 사냥감을 노리고 있다는 것만이 아니다. 들뢰즈는 더 나아가 동물을 "근본적으로 매복해 있는 존재être fondamentalement aux aguets"라고 정의한 다음, "동물들에게는 평온이 찾아오지 않는다", "먹고 있을 때에도 주위에서 뭔가가 다가오고 있지 않는지 조심하지 않으면 안 된다"며 이른바 '동물적 불안'을 언급한다. 동물들은 환세계의 외부로부터 불시에 다가오는, 위험할지도 모르는 타자를 대비해 매복해 있다 [엎드려 기다리고 있다]. 때문에 불안한 것이다. 자기의 환세계에 타자의 **환세계가 잠식해 들어오는 사건**을 두려워하는 것이다. 그리고 들뢰즈는 이 인터뷰의 마지막에서 "동물이야말로 죽음을 알고 있다"고 단정한다. 동물이야말로 죽음을 안다는 것은 어떤 것인가?

다음 절에서는 크게 우회하여, 들뢰즈에 의한 스피노자/라이프니츠의 대비를 고찰한다.

---

20 Deleuze et Parnet, "A comme Animal", in *L'Abécédaire de Gilles Deleuze*.

9-3 윤리학=동물행동학의 그늘

들뢰즈는『비평과 임상』의 마지막 장인「스피노자와 세 개의『윤리학』」에서『윤리학』을 '빛'의 철학으로 해석하고 있다.『윤리학』은 빛에 의해 신체의 '구조'를 "투명하게 한다"고 평가된다.[21] 바로 빛에 이끌려 움직이기 시작하는 진드기는 ─ "이 눈 없는 동물은 표피 전체에 분포하는 광각光覺을 사용해 망을 보기 위한 길을 찾아낸다"[22] ─ 이런『윤리학』해석의 삽화에 상응하는 것이리라. 그렇지만 앞 절에서 시사하고 싶은 것은 이 삽화의 소극적인negative 면이었다. 빛에 이끌리지 않고 대기하는 진드기. 혹은 일단 빛에 이끌리더라도 멈춰 서버리는 것. 그러한 진드기는 **사냥감을 매복해 기다리는 것보다도 앞선 매복 상태**에 있어서, 저 울프슨처럼 "자빠진 채로"의 어려움을 견디고 있는 것인지도 모른다.[23] 이것이 윤리학=동물행동학의 그늘인 셈이다.

다른 한편, "매복해 있는 존재"라는 표현은 라이프니츠론인『주름』에서도 발견된다. 이 책에서 들뢰즈는 빛의 스피노자와는 반대로, '어두운 바닥sombre fond'에 집착한 철학자로서의 모나돌로지를 축복하고 있다. 들뢰즈에게 '윅스퀼의 진드기'는 스피노자/라이프니츠의 광학적 대비에 걸쳐 있는, 경첩적인 모티프로서 기능하게 된다.

〈질 들뢰즈의 ABC〉에 수록된 것과 같은 해인 1988년의『주름』에서는 모나드의 '지각'을 상세히 논한다.

이것은 이미 5-4「강도=내포성의 윤리」와 관련된 논점이다. 배경을 다시금 들추어보면, 라이프니츠의『모나돌로지』§60에 따르면,

---

21 들뢰즈,「스피노자와 세 개의『윤리학』」,『비평과 임상』수록, p. 176, 246쪽, 292頁.

22 ユクスキュル/クリサート,『生物から見た世界』, 12頁.

23 [옮긴이] 7-1「Don't trip over the wire」330쪽을 참조하라.

"모나드의 본성은 표현적représentatif이다." 그러나 "이 표현은 우주 전체의 세부에 있어서는 혼동되어 있으며confus, 사물의 작은 부분에서만 판명distinct할 수 있을 뿐"이라고 간주된다.[24] 어떤 모나드에 있어서 대부분의 혼동된 영역은 '작은 지각들'(미소표상微小表象)이 [시끄럽게] 웅성거리고 있는, "의식되지 않은 표상"(§14)[25]의 영역이다.

만일 라이프니츠가 동물[짐승]들의 혼의 문제를 그토록 중요시한다면, 이것은 그가 매복해서 기다리는 동물의 보편적 불안inquiétude을 진단하는 방법을 알고 있었기 때문이다. 이 동물은 자신의 쾌락을 고통으로, 수렵[사냥]을 도망으로, 휴식을 운동으로 바꿀 수 있는 것의 지각할 수 없는 기호들을 붙잡으려 애쓴다.[26]

예를 들어 "수프를 먹고 있을 때 몽둥이로 얻어맞는 개의 혼"은 실제로 얻어맞기 전부터, 너무 작아서 "지각할 수 없는 기호sign"를 받아들인다—"발자국 소리, 적의를 품고 있는 인간의 냄새, 치켜들어진 몽둥이의[몽둥이를 치켜들었다는] 인상, 요컨대 감각되지 않는 모든 '불안'"이다.[27] "지각할 수 없는 기호"는 "바다 쪽에 숨어 있는" 것이며, "혼의 바다fond, 어두운 바다fuscum subnigrum은 라이프니츠의 머리를 사로잡고 있다."[28] 여기서 "사로잡다[홀리고 있다]hanter"고까지 말

---

24 G. W. Leibniz, *Monadologie*, §60. 고트프리트 빌헬름 라이프니츠,『모나드론 외』, 백선복 옮김, 책세상, 2007.

25 [옮긴이] §14에 없는 표현이다.

26 『주름』, p.76, 106쪽, 98頁. [옮긴이] [ ] 안은 옮긴이.

27 앞의 책, 같은 곳.

28 앞의 책, 같은 곳.

해지는 "어두운 바닥"에 대한 집착, 이것이 『주름』을 통해 모나돌로지를 **재평가**할 때 중심 문제인 까닭은 예전의 들뢰즈가 스피노자와의 대비에 있어서 어두운 바닥의 라이프니츠에 대해 오히려 비판을 겨누었기 때문이다.

1968년의 『스피노자와 표현의 문제』에서는 "라이프니츠에게 능동과 수동의 분할은 여전히 전통적인 가설(혼이 능동일 때 신체는 수동이며, 그 역도 마찬가지)인 채로 머물러 있다"고 한다.[29] 이 '전통적 가설'은 데카르트에게서도 그랬다(1-5 「심신평행론과 약독분석」). 라이프니츠는 『모나돌로지』 §49에서 다음과 같이 말한다. "피조물은 완전성을 갖고 있는 한에서 외부[바깥, dehors]에 **[능동적으로] 작용한다**고 말해지며, 불완전한 한에서는 다른 피조물에 의해 **[수동적으로 작용을] 겪는다**고 말해진다. 그러므로 모나드가 판명한 표상[지각]을 가진 한에서 모나드에는 **능동 작용[능동]**이 귀속되며, 모나드가 혼동된confuse 표상[지각]을 가진 한에서 모나드에는 **수동 작용[수동]**이 귀속된다."[30] 라이프니츠의 명암법에서 모나드의 지각에 있어서의 판명/혼동이라는 관계=비[율]는 모나드의 능동성/수동성, 즉 완전성/불완전성의 관계=비[율]이다. 들뢰즈에 따르면, 거기서는 "가장 완전한 것이 가장 덜 완전한 것과는 질적으로 다른 양태 **위에** 존재"하며,[31] 절대로 완전한 능동성은 불완전하게만 능동적일 수 있는 것=다소간의 수동성='어두운 바닥'을 갖는 것에 대해서 절대로 우위이다. 『모나돌로지』의 신은, 세계의 모든 것을 바깥으로부터 완전한 판명함에서 내려다본다. 신은 완전하게 능동적이다. 다른 한편, 스피노자는 '바깥'을 필요로 하지 않는다. 스피

---

29 『스피노자와 표현의 문제』, p. 308, 445쪽, 352頁.

30 Leibniz, *Monadologie*, §49.

31 『스피노자와 표현의 문제』, p. 308, 445쪽, 352頁.

노자의 세계는 "가장 완전한 것 **속에** 가장 완전성이 적은 것이 있다"[32]고 하는 '내재성'의 세계이다. 스피노자에게 "신 즉 자연"(=가장 완전한 것)은 세계 전체의 평평하고 절대로[완전히] '밝은 바닥'이라고 말할 수 있는지도 모른다.

어두운 바닥의 라이프니츠와 밝은 바닥의 스피노자. 외부에 한 점의 광원光源을 갖고 있고, 바닥으로 갈수록 어두워지는 세계와 바닥이 라이트박스light box[33]처럼 빛나고, 빛에 의해 모든 것을 피어오르게 하는 세계. 앞의 '스피노자와 세 개의『윤리학』'에 따르면, 라이프니츠에게서는 '어두운 것'이 '모체'로서 존재하는 반면, "이와 반대로 스피노자에게 모든 것은 빛이며, '어둠'도 그림자일 뿐이다."[34]

스피노자에게는 "'어둠'도 그림자일 뿐이다"는 것은 무슨 말인가?

『윤리학』에서 "신체가 할 수 있는 것"을 넓혀가는 첫걸음은 다른 존재자로부터의 '촉발[변용]affection'이다. "예를 들어, 우리의 신체에 미치는 태양의 효과"는 색채나 온도의 "감각 내지 지각"이다. "시간의 어떤 순간에서의 우리의 상태", 즉 "지속의 한 단면"인 촉발[변용]의 여러 가지 모습들을 들뢰즈는 '스칼라 기호'라고 부른다. 그리고 촉발[변용]을 계기로 우리의 신체는 이질적인 상태로 기울어지게 된다. 태양광의 강도 여하에 따라, 우리에게서의 "쾌감 혹은 고통, 기쁨 혹은 슬픔"은 증감할 것이다. 이런 지속적인 (생성) 변화가 '정서affect'이다. 기쁨/슬픔이라는 방향을 갖고 있기에 정서는 '벡터 기호'라고 한다.[35]

---

32 앞의 책, 같은 곳.
33 [옮긴이] 필름 등을 불투명 유리 위에 놓고 관찰하기 위해 쓰이는 상자 모양의 조명 기구.
34 「스피노자와 세 개의『윤리학』」, 『비평과 임상』, pp. 175-176, 246쪽, 291頁.
35 이상은 앞의 글, 『비평과 임상』, pp. 172-173, 242-244쪽, 286-287頁.

어떤 신체가 타자에의 관계에 있어서 어떻게 촉발[변용]되는가, 어떻게 기쁨/슬픔의 정서를 낳는가를 현장에서―행동학적인 실험에서―발견한다는 셈이다.

촉발[변용]은 어떤 신체에 투입된 타자의 신체의 '그림자'라고 표현된다. "우리는 우리 신체 위에 드리워진 신체들의 그림자에 의해 신체들을 인식하며, 또 우리의 그림자에 의해 우리는 우리 자신과 우리의 신체를 인식한다."[36] 두 개 이상의 신체들 사이에서 주고받는 투영의 효과는 각각의 활력을 증대/감소시킨다, 즉 각각을 기쁘게 한다/슬프게 한다. 그리고 다양한 사례에 있어서의 정서의 차이(그 경향성)를 알게 됨으로써 자신의 체질이 드러난다―이 단계에서, "빛은 [신체의] 내밀한 '구조'를 드러냄으로써 신체들을 투명하게 한다."[37] 스피노자―들뢰즈는 기쁜 마주침에 있어서 우리의 신체와 타자의 신체에 걸쳐 있는 '공통 개념'을 증대시키라고 권유한다. 공통 개념의 교향交響[서로 울림], 서로의 활력을 강하게 하는 공존. 빛의 『윤리학』은, 빛나는 '강도의 공동성'의 행동학이다. 『스피노자: 실천철학』에 따르면,

그러나 지금 문제가 되는 것은 관계들이 (그리고 어떤 관계들이[구성관계를 갖는 것들이]) 직접적으로 서로 합성되어 더 '연장된étendu' 새로운 관계를 형성할 수 있는지, 혹은 힘들pouvoirs이 직접적으로 합성되어 하나의 힘을, 더 '강도 높은intense' 하나의 역량puissance을 구성할 수 있는지 여부를 아는 것이다. 문제가 되는 것은 이용이나 포획이 아니라 사회형성력sociabilités과 공동체[의 성립]인 것이다. 개체들은 어떻게 서

---

36 앞의 글, 『비평과 임상』, p. 175, 246쪽, 291頁.
37 앞의 글, 『비평과 임상』, p. 176, 246쪽, 292頁.

로 합성되어 더 우월한 개체를 형성하게 되는가? [어떻게 이 과정은] 무한하게 이뤄지는가?[38]

라이프니츠의 어두운 바닥의 신체론을 이것과 대비시켜 묻지 않으면 안 된다. 그것은 아마도 **투명화=능동화**의 뒤집음[물구나무세움], **불투명화=수동화**의 신체론일 것이다. 『주름』의 마지막인 3부 '신체를 갖기'는 바로 이 테마를 추구했다고 생각된다.

9-4 노마드의 어두운 바닥

『주름』의 3부 서두에 있는 한 문장—"나는 하나의 신체를 가져**야만 한다**. 이것은 정신적인 필요성, '요청exigence'이다. 그리고 첫째로, 나는 신체를 가져야만 하는데, 왜냐하면 내 속에는 어두운 것이 있기 때문이다." 허나 오해하지 않도록 주의하자. "신체만이 정신 안에 어두운 것이 있다는 이유를 설명해준다"(155쪽)는 것이 아니다. 즉 모나돌로지에 있어서 신체는 신체보다 우월한 **정신에 있어서 통제할 수 없는 것**으로서의 신체가 아니다. **원래** "정신은 어둡고 정신의 바닥은 캄캄하며[그림자에 잠겨 있으며]" **그곳이** 신체의 이유인 것이다. "이 신체는 각각의 모나드 위에 드리워진 다른 모나드들의 그림자와도 같은 것이다."[39] 어두운 바닥의 신체론은 타자론의 일종으로 제시되고 있다. 들뢰즈는 후설의 『데카르트적 성찰』에 의한 '타아alter-ego'의 위치 부여를 비판한다. 후설의 방법에서는 "'나 자신의 신체에서 출발하는 통

---

38 『스피노자: 실천 철학』, p. 169, 187쪽, 243-244頁.

각적 전이에 의해' 다른-자아autre-moi, 다른 모나드로서의 낯선 자 l'étranger를 발견하게" 된다.[40] 다른 한편으로, 들뢰즈의 해석에 따르면,

> 라이프니츠에게서는 그 반대로 타아alter-ego는 현상학적 연역보다 앞 선 단계에서 이미 발생했으며, 예정조화에 의해 충분히 설명된다. 혼과 신체의 결합union과 더불어, 지금 내가 소속appartenance되어 있는 것 안에서 발생하고, 나의 소속을 뒤엎어버리는 낯선 자l'étranger는 동물적 인 것이며, 무엇보다도 우선 나의 신체의 유동적인fluent 부분들과 분리 될 수 없는 작은 동물들인 것이다. … 라이프니츠의 체계에 있어서 본 질적으로 보이는 것은 단순한 동물심리학이 아니라 동물적 모나돌로 지이다.[41]

모나돌로지의 경우 '나의' 신체는 늘 이미 타자들의 그림자이 다. 이런 의미에서 '나의' 신체라는 '소속[귀속]'은 늘 이미 '뒤엎어져 basculer' 있는 것이다. 자기-모나드의 정신은 타자-모나드들에게 '빙 의'된 **무의식=신체**를 선험적으로 갖고 있다. 초월론적인 빙의의 수동 성—그렇게 라이프니츠의 머리를 "어두운 바닥이 사로잡고 있는[홀 려 있는, 신들려 있는]" 것이었다.

나의 신체는 타자들에의[타자들과 맺는] 무의식의 관계들에 다름없 다—이것은 관계주의의 일종이다. 그렇지만 이 "동물적 모나돌로지"

---

39 이상은 『주름』, p. 113, 155-156쪽, 147頁. [옮긴이] 국역본은 "seul le corps explique ce qu'il y a d'obscur dans l'esprit"을 "신체만이 정신 안에 애매함[어둠]이 있다는 사실 을 설명해준다"고 적고 있으나, 최소한 'obscur'는 '애매하다'로 옮겨서는 안 된다. 그리 고 '사실'이라기보다는 '이유'에 가깝다.

40 『주름』, p. 144, 194쪽, 184頁.

41 『주름』, p. 146, 197-198쪽, 187頁.

는 모나드들의 고독한 밤으로의 기욺에 있어서 **재평가**되어야만 하며, 낮으로의 기욺을 과장하듯이 약화시키고 없애버리는 것이어야만 한다. '자기-모나드의 어두운 바닥의 일부가, 어떤 타자-모나드에게 있어서는 판명하다. 때문에 타자를 이해=포섭함으로써 자기의 밝음을 연장시킨다'라는 낮의 확대 가능성=신의 조명으로의 점차적 접근에 있어서 상호 의존하는 것으로부터, 그런 게 아니라, 신의 조명을 잃고, 개개의 산산이 흩어진 어두운 바닥에 매복하여 기다리는 것으로. 왜냐하면 모나돌로지에 있어서의 낮의 연장은 심신의 능동성/수동성의 전통적인 '역전관계'에 있어서의 현동화=완전화이며, 이것을 일찍이 들뢰즈는 비판하고 있고, 그 위에서 『주름』은 어둠의 라이프니츠를 재평가하고 있기 때문이다. 나는 다음과 같은 해석을 제안한다.

모나드의 무리인 세계의, 유일한 태양을 없애보자. 즉 신을 지우는 것이다. 그렇게 하면 모나드들은 각각의 어두운 바닥으로 가라앉는다. 수동성으로, 아니 **별개의 불능성**으로 가라앉을 것이다. 유일한 광원光源의 부재에 대응하는 유일한 어둠(에 있어서의 관계주의)이 아니라, 분리된 **별개의 어둠**으로 해산한다. 신에 의해 예정조화되는 것이 아닌, 그리고 **신의 부재에 의해 예정조화되는 것조차도 아닌** 세계, 그의 철학은 디오니소스적인 갈가리 찢김의 '노마돌로지'(유목론)이며, 여기서 나는 별개의 암흑으로 가라앉은 노마드(유목민)들의 매복해 기다리고 있는 모습을, 혹은 어리둥절해 하고 있는 모습을 떠올리고 있다. 모나드의 어두운 바닥으로부터 노마드의 어두운 바닥으로. 거기에 다시 조명을 켜려고 하는 것이다. 어떻게 하면 좋은가? 우리는 이미 천상의 조명을 잃어버렸다. 이번에는 세계의 국소局所에, 재해시의 손전등처럼, 세계 전체에 미치지 않는 작은 조명을, 곳곳에 켜는 것밖에는 할 수 없을 것이다.

빛의 『에티카』에서 찾아낸 것은, 자타의 능동성을 연동시키는 강도의 공동체였다. 반대로, 어둠의 "동물적 모나돌로지"는 관계주의적으로 해석될 경우, (i) 자타의 수동성을 연동시키는 약함의 공동체, 이른바 '약한 강도의 공동체'를 의미하지만, 다른 면에서 동시에, 비관계주의적인 해석의 여지에 있기에 (ii) 자타가 별개로 불능화된다는 '약한 강도의 이산'을 시사하고 있다고 생각된다.

기쁨도 슬픔도 모르는 마비된 상태. 아래-의미의 밑-바닥. 풀리지 않는 암호[매장실]의 거품이 일어남. 그곳은 윤리의 피안 내지 차안이다. 어떻게 해야 하는지 알 수 있는 도덕도 없고, 어떻게 할 수 있는지 알고자 하는 윤리학조차 없다. 예정조화의 암멸暗滅에 의해 우리는 '윤리학조차 없는' 심층으로 떨어진다. 윅스퀼의 진드기는, 거기서, **근본적으로** 매복하고 기다리고 있다. 거기서 다시 조명을 켜는 것이다.

다음과 같은 어떤 순간들에, 자신이 지옥에 떨어진다고 믿지 않을 수 있는 모나드들은 거의 없다. 자신들의 명석한 지각이 차례차례 흐릿해질 때, 이것에 비하면 진드기의 삶이 유달리 풍요롭게 느껴질 정도로 모나드들이 어둠을 헤매고 있을[풍요로워 보이는 그런 밤으로 모나드들이 다시 들어갈] 때 말이다. 하지만 또한 자유와 관련하여, 하나의 혼이 자기를 되찾고 회복했다는 것에 놀라 이렇게 말할 때도 올 것이다. '뭐야, 몇 년 동안 도대체 나는 무엇을 한 거야?'[42]

절망적인 불능성에 빠진 자에게는 세 개의 정서 밖에는 갖지 못한 "진드기의 삶이 유달리 풍요롭게 느껴진다"는 것이다. 진드기로의 생성변화, 그것은 극소수의 역능의 발명으로부터 재발견하는 것이다. 너무 움직이지 말고, 신체의 여유를 점점 넓혀간다. 그렇지만 성공은 예정되어 있지 않다. 즉 재합류해야 할 유일한 낮은 더 이상 없는 것이다. 우리는 별개의[또 다른] 밝음을 발명하기 위해, 별개의 어두운 바닥에서 매복하고 기다리고 있는 것이다. 회복의 실마리는 교착하는 타자들의 그림자이다. 하지만 그것들은 공통된 형태로 암호화되어 있는 것이 아니며—즉 유일한 어둠에 있어서 교착하고 있는 것이 아니며—공통의 암호는 없다. 우리는 특이한 방식으로 암호의 몇 가지를 도려내[빼앗아], 특이한 방식으로 분석하지 않으면 안 된다. 비의미적으로, 특이한 방식으로.

9-5 죽음을 아는 동물

들뢰즈·가타리의 동물론을 나는 굳이 윤리학=동물행동학으로부터 일탈시키고자 했다. 이것은 이례적인 해석일지도 모른다. 윅스퀼의 진드기에 대한 들뢰즈의 논의에 주목하고 있는 브렛 뷰캐넌Brett Buchanan의 『존재생태론Onto-Ethologies』(2008)에서도 스피노자에 대한 오마주를 중심적으로 부각시키고 있으며, 또 들뢰즈가 윅스퀼을 해석할 때 환세계 개념에 큰 역할을 부여하지 않는다는 것도 보고 있다.

---

42 『주름』, p. 123, 169쪽, 160頁. 이 인용은 아마도 들뢰즈 자신의 체험을 말하고 있다. 『주름』 출판 당시의 인터뷰에서 들뢰즈는, "저는 최초의 책을 비교적 이른 시기에 쓰고, 그 후 8년은 아무것도 쓰지 않았는"데, 그 시기는 "제 생애에 있어서의 공백"이었다고 말한다. 『경험주의와 주체성』 후, 베르그손 연구를 거쳐 『니체와 철학』에 이르기까지의 세월. "운동이 성립하는 장소는 다분히 이런 공백 속에 있다." 공백, 그것은 "기억이 사라진 장소"이다. 거꾸로, "정해진 수 외의 유동적인 회상이 과잉일 때까지 증식하고, 그것을 어디에 두고, 어디에 위치시키면 좋은지 모르는 상태"에 빠져들기도 한다. "인간의 생애에서 재미있는 것은 곧 건망증과 기억과잉[les amnésies et les hypermnésies]입니다"(이상은 『대담』, pp. 188-189, 278-279頁).

뷰캐넌은 신체들의 '리듬이 있는rhythmical' 공동화共同化라는 테마에 비해, 환세계의 유한성이라는 문제는 대체로 스피노자-들뢰즈적이지 않다고 믿고 있는 게 아닐까? 들뢰즈는 〈질 들뢰즈의 ABC〉에서 동물이 "세계를 갖고 있는" 데 반해, "흔해빠진 모두의 생활la vie de tout le monde을 살고 있는 많은 인간은 세계를 갖고 있지 않다"고 탄식한다.[43] 이 맥락은, 감히[구태여] 유한한 환세계를 갖는 것을 긍정한다는 테마를 분명히 시사하고 있다.[44]

〈질 들뢰즈의 ABC〉에서는 진드기 등의 작은 세계에 '가난함pauvreté'이라는 표현을 부여한다. 들뢰즈는 '가난한' 세계에 집착하는 것이다. 이 표현은 역시 윅스퀼을 원용한 하이데거의 강의인 '형이상학의 근본 개념들'(1929~1930)을 곧바로 상기시킬 것이다. 거기서 하이데거는 "돌에는 세계가 없다", "인간은 세계를 만든다", 그리고 돌과 인간의 중간에 있기에 "동물은 세계가 가난하다"라는 세 개의 테제를 내걸었다. 하이데거에 따르면,

---

43 Brett Buchanan, *Onto-Ethologies: The Animal Environments of Uexküll, Heidegger, Merleau-Ponty and Deleuze*, State University of New York Press, 2008, pp. 176-177. [옮긴이] 여기서 보듯이, 글쓴이는 'Ethology'를 '동물행동학'이 아니라 '생태론'이라고 옮기고 있다. 보통 '생태론'은 ecology인데도 불구하고 말이다. 아무튼 여기서 일관되게 '에톨로지'가 아니라 '동물행동학'으로 옮겼음에도 불구하고 이런 뉘앙스가 포함되어 있음을 염두에 두는 편이 좋다.

44 엘리자베트 드 퐁트네는 이 "동물은 세계를 갖고 있다"는 발언을 비판적으로 해석한다. 들뢰즈는 결국 "이 세계라는 물음, 언급되어 있지는 않으나 후설이나 포르트만Adolf Portmann, 슈트라우스Strauss나 메를로퐁티 등이 교전한 현상학의 주류적인 테마와 마주치게 되었던 것"이며, "현상학자들은 '세계'를 '의식'과 불가분한 철학소로 삼았지만, 그러나 '의식'이나 '주체' 같은 것은 바로 들뢰즈가 자신의 저작에서 분쇄하고 다양체적, 혹은 '리좀적'인 심급들—공간과 표면의 은유를 사용한—로 대체한 것이리라." Elisabeth de Fontnay, *Le Silence des bêtes*, Fayard, 1998, pp.33-37.

자신을 관련시키는 것을 어떤 것으로서 터득하고 받아들일 가능성이 거론되고 있는 것, 바로 그것 때문에, 동물은 이러한 단적인 형태/방식으로, 다른 것에 의해 제거되어hingenommen 존재할 수 있다. 그러나 이러한 사로잡힘Benommenheit은 동물이 딱딱하게 경직되어 있는, 이른바 마법에 걸려서 움직일 수 없다는 것처럼 해석되어서는 안 된다. 그런 게 아니라, 이 사로잡힘이 행동한다는 것Benehmen의, 어떤 독자적인 유동의 장을 가능케 하며, 즉 이것은 충동된 상태를, 그때마다의 충동 속으로, 순수하게, 충동적인 방식으로 변환하는 듯한 뱀-되기인 것이다.[45]

동물은 자신의 '충동'을 발동하는 요소에 '사로잡혀Benommenheit'[46] 존재한다. 환세계란, 예를 들어 진드기의 경우라면, 세 개의 요소에 '사로잡혀' 있는 구조이다. 동물은 다른 존재자의 그 자체'로서'로부터 배제되어 있다. 반대로 '로서' 구조를 갖는 것은 인간='우리'이다. 인간에게 "세계란 **전체에 있어서의 그것 자체로서 존재하는 것의 개시성이다** Welt ist die *Offenbarkeit des Seienden als solchen im Ganzen*."[47] 이 세계=전체, 즉 존재자의 "그것 자체로서"가 '개시'되는 장이 하이데거에게는 인간의 언어=로고스의 전체였다. 하이데거에 따르면, "언어는 인간 상

---

45 Martin Heidegger, *Die Grundbegriffe der Metaphysik. Welt -Endlichkeit -Einsamkeit*, Vittorio Klostermann, 2004, S.360-361. (마르틴 하이데거, 『근본개념들』, 박찬국·설민 옮김, 길, 2012 ; 『형이상학의 근본개념들』, 이기상·강태성 옮김, 까치, 2001.)

46 [옮긴이] 독일어의 'Benommenheit'는 추위나 충격 따위로 일시적으로 감각을 잃음, 마비됨, 저림, 무감각, 둔해짐, 답답함, 멍해짐, 변덕스러움, 경솔함, 어지러움, (술이나 약물, 충격 등으로 인한) 인사불성, 마취, 망연자실, 깜짝 놀람 등의 의미이다. 원문에는 'とらわれ' 라고 되어 있는데, 이는 '사로잡혀, 붙잡혀'라는 의미이다. 따라서 독일어를 감안하면 '무엇인가에 사로잡혀 옴짝달싹 못한 채'라는 뜻으로 볼 수 있다.

47 Ibid., S. 412. (앞의 책, 448頁.)

호 간의 **본질적인 합치**로부터 생기는 것이며, 이것에 입각해 인간들은 **그의 상호 공동 존재에 있어서 자신들을 에워싸고 있는 존재자에 대해 열려 있다**"고 간주된다.[48] 이런 논의 맥락은 **경험적** 소통의 불완전—바벨탑의 와해—의 고민보다도 인간='우리'가 원래 '상호 공동 존재'라는 것, 요컨대 '어떤 타인이든, 같은 인간'으로서'는 소통할 수 있을 것이다' 라는 **번역 가능성의 초월론적인 필연성**을 당연한 것인 양 주장하고 있다고 생각된다. 하이데거에 의한 인간/동물의 구별은 (i) 비-충동적으로 '이야기로서의 이야기'를 할 수 있는 반성적=반사적reflexive인 공적 공간과 (ii) 충동적으로 이해=관심이 노정되어 있고, 간접적·매개적인 '이야기로서의 이야기'를 할 수 없는 상태 사이의 구별이라고 해석할 수 있을 것이다. 그런데 하이데거는 "동물의 세계는 가난하다"고 말한다고 해도, 이는 동물을 폄하하는 것이 아니라고 부언한다. 하지만 이 논의를 다루었던 데리다의 『정신에 관하여』에 따르면, 거기서 부정적인negative 평가를 보지 않기란 역시 어렵다.[49] 이에 반해, 들뢰즈의 동물로의 생성변화는 정반대의 극단으로 가는 듯하다. 오히려 세계를 가난하게 해야 하는 것이다. 생성변화에 의해 세계를 빈곤화[가난하게 해야] 한다. 그것은 세계의 유한화이다. 이 경우 유한화라는

---

48 Ibid., S. 447. (앞의 책, 484頁.)

49 데리다는 이렇게 말한다. "확실히 [하이데거의] 이 분석은 정도의 차이와 단절한다는 장점을 갖고 있다. 그것은 인간중심주의를 피하는 반면, 구조의 차이를 존중한다. 그러나 그의 분석은 [인간중심주의로부터] 철수한다고 자처하는 경로 자체에 의해—결여나 박탈이라는 이 의미[작용]에 의해—인간의 척도를 여전히 재도입할 수밖에 없다. 이 의미[작용]는 인간중심[주의]적이며, 혹은 적어도 '현존재'의 질문되고 있는 우리를 가리킨다[출전으로 삼는다]. 그것은 비-동물적 세계로부터만, 그리고 우리의 관점으로부터만 그것으로서 나타날 수 있으며 의미를 얻을[끌어낼] 수 있다." Jacques Derrida, *Heidegger et le question. De l'esprit et autre essais*, Flammario, 1990, p. 63(자크 데리다, 『정신에 대해서』, 박찬국 옮김, 동문선, 2005[일본어판, 79頁]).

사태를 우리는 두 가지 의미로 사용한다. (1) 세계를 구성하는 요소를 줄이는[적게 하는] 것. (2) 세계를 구성하는 요소에 대한 반성성을 약화시키는 것, 즉 사물에, 치매적痴呆的인 방식으로 '사로잡히는' 것, 혹은 중독적이게 된다는 것. 바꿔 말하면, (1) 필터링filtering 내지 프레이밍framing과 (2) 어딕션addiction[중독=의존]이다.

가난한 환세계는 그 가난함 때문에 무관심적인 외부를 접한다. 거기서는 무관계로서의 타자의 타자성이 발가벗겨져 있다. 들뢰즈는 벌거벗음의 샤프한 타자성을 내다보고 있다. 그것을 일련의 진드기론의 뉘앙스가 시사하고 있다. 『스피노자: 실천철학』에서는,

광대한 숲에서 일어나는 모든 것들 속에서 오로지 세 개의 정서들만을 지닌 하나의 세계. 배가 불러서 곧 죽어가는 진드기와 오랫동안 단식할 수 있는 진드기, 이 동물이 지닌 촉발[변용]되는 힘은 이리하여 최상[강도]의 문턱과 최악[강도]의 문턱을 갖고 있다.[50]

그리고 『천 개의 고원』에서는,

세 개의 정서, 이것이 진드기가 지닌 정서의 전부이며, 나머지 시간에 진드기는 잠을 잔다. 때로는 수년 동안이나 잠을 잔다. **광대한 숲에서 일어나는 모든 일에 무관심한 채.** 진드기가 보여주는 역량의 정도는 죽기 전에 하는 포식이라는 최상의 극한과 굶주린 채 계속 기다릴 때의 최악의 극한 사이에 놓여 있다.[51]

---

50 『스피노자: 실천철학』, p. 167, 185쪽, 241頁. 강조는 인용자.
51 『천 개의 고원』, p. 314, 487쪽, (中) 199-200頁. 강조는 인용자.

외부='광대한 숲'에서 작은 조명이 [켜져서] 들러붙은 진드기의 세
계. 들뢰즈의 서술은 이런 대비에서 감탄을 담아내고 있지는 않은가?
동물의 '하나의 세계'는 무관심적인 외부로부터 격리되어 있다.

적은 수의 정서만을 갖고 있으며, 우리의 세계 안에도 있지 않고 다른
세계 안에도 있지 않은, 그러나 자신들이 재단하고 오려내고 다시 꿰맬
줄 알고 있는 연합된 세계un monde associé와 **함께** 있는, 그런 단순한 동
물들에서 시작하기. 가령 거미와 거미줄, 이와 머리, 진드기와 포유류
의 피부 구석―이런 것들은 철학적 짐승들bêtes philosophiques인 것이
지 미네르바의 새[부엉이]가 아니다.[52]

들뢰즈에게 '철학적'이라고 형언되는 것은 '단순한 동물'이다. 그
것들은 인간세계의 '안'에는 존재하지 않으며, '다른 세계의 안'에도
존재하지 않는다. '철학적 동물'은 <u>스스로</u> '연결하는 세계'와 '함께'
존재한다―고유한 손전등과 '함께' 존재하는 것이다. 그 어떤 세계의
'안'에도 존재하지 않는다는 이 규정은 다음과 같이 해석될 수 있다.
즉 어떤 존재자와 그의 환세계는 다른 존재자와 그의 환세계와 '공통
개념'을 형성할 수 있지만, 어두운 바닥에 있어서는 분열하고 있는 것
이며, 그것들을 '안'으로 포섭하는 (관계주의적인) 전체는 존재하지 않
는다고 말이다. 이렇게 들뢰즈의 환세계론은 라이프니츠의 환골탈
태―공불가능한 (가능) 세계의 난립을 긍정하는―라는 맥락 속에 자
리매김할 수 있을 것이다. 윅스퀼 자신은 "천문학자의 환세계"나 "심
해 연구자의 환세계"를 상정하고, 인간들도 이해=관심의 차이에 의

---

52 『디알로그』, p. 75, 116쪽, 105頁.

해 별개의 환세계를 갖는다고 생각했다. 그는 상이한 환세계들의 "객관적인 특성을 통합[모둠]해본다면, 태어나는 것은 혼돈뿐일 것이다"라고 말하면서, 그래도 "모든 환세계에 대해 영원하게 갇힌 채인 어느 한 가지"인 '자연'의 실재를 인정하려고 한다.[53]

그러나 들뢰즈에게는 자연이, (본)성이 원래 분열되어 있다.

이제 "동물이야말로 죽음을 알고 있다"는 테제에 해석을 가할 수 있다.

동물이 아는 '죽음', 그것은 자신의 환세계에 있어서 무관심한 외부로부터 오는 타자에 의해 불시에 기습을 당하고, 영문도 모른 채— 왜냐하면 무관심한 외부로부터 습격을 당한 것은, 진드기의 경우 이런 세 개의 파라미터parameter 이외의, 아래-의미적인 무엇인가이기 때문에—죽임을 당할 수 있다는 것이다. "근본적으로 매복해 기다리고 있는 존재"란 즉 **자타의 환세계의 경계에서 서로의 가난함 때문에 샤프하게 분리된 타자성**에 샤프하게 —**무관심한 채 민감하게** —응하는 존재인 것이다.

동물이 죽음에 처해 있으면 있을수록 우리는 훨씬 더 동물이 된다. 그리고 정신주의적인 편견과는 반대로, 동물이야말로 죽는다는 것을 알고 있으며, 그 감각 내지 예감을 갖고 있다. 문학은 로렌스에 따르면 고슴도치의 죽음과 함께, 카프카에 따르면 두더지의 죽음과 함께 시작된다. … 우리는 죽어가는 송아지를 위해 글을 쓴다고 모리츠는 말했다. 언어는 여성적, 동물적, 분자적인 우회로들에 반드시 도달해야 하며, 모든 우회로는 죽음-되기이다[모든 우회로는 죽음을 판돈으로 건 생성변화이다].[54]

---

53 ユクスキュル/クリサ卜『生物から見た世界』, 一五八頁.

쓴다는 것은 죽을 지경에 이른 동물로의 생성변화이다. 그것은 어떻게 쓰는 것인가? 들뢰즈·가타리에 따르면, 작가는 죽어가는 동물들에게 '책임이 있다responsable'고 한다.[55]

베르그손-스피노자주의 쪽에 서 있을 때의 들뢰즈는 타자들의 공생 가능성이 선험적으로 예정되어 있다는 식으로 말하는 것 같기도 하다. 그러나 다른 한편으로 흄-라이프니츠주의 쪽에 서 있을 때의 들뢰즈는 분열된 환세계 사이에서 작렬하는, 철저한 아래-의미적인 사고accident, 혹은 '비의미적인 폭력'을 보고 있다. 우리는 몇 개의 비의미적 폭력을 자신의 어두운 바닥에서 체내화하고 있다. 그 때문에 쓰는 것이다. 성공의 예정 없이, 나의 손전등을, 새로운 손전등과 교차시키기 위해.

환세계 사이에서 쓴다. 그것은 비의미적 폭력에 대해, 마찬가지로 비의미적인 평화에 의해 항거하는 것이다. 그것은 비의미적 폭력의 교착의 한복판에, 그것과 마찬가지로 비의미적인 다수의 무관심의 막간interstice을, 구멍을 열어두는 것이다. 자연사를 다양한 '무관계 다발'로 생성변화시킨다.

어떤 유한한 환세계의 **다양하게 유한한 외부**가 서로 겹치는, 하나이지 않은 중간 지대에서 동물적인 개체들의 샤프한 폭력은 **직접적으로 대결하는 동시에 직접적으로 스치듯 지나가는** 것이며, 거기서 동물적 죽음은 그 우연성의 비의미성과 똑같은 비의미성에서 중지되어 있다.

---

54 「문학과 삶」, 『비평과 임상』, p. 12, 17-18쪽, 14頁. [옮긴이] 마지막의 [ ] 안은 원문에 없는 것이지만, 인용자가 이렇게 번역한 이유가 있기 때문에 살려두었다.

55 『천 개의 고원』, p. 294, 456쪽, (中) 163-164頁. [옮긴이] 해당 대목의 국역본은 다음과 같다. "작가가 마법사인 까닭은, 동물을 자신이 권리상 그 앞에서 책임을 져야 하는 유일한 개체군으로 체험하기 때문이다."

해변의 변호사

무인도로 흘러든다. 그리고 자기 자신이 무인도 자체로 생성변화한다.

들뢰즈의 친구인 미셸 투르니에는 다니엘 디포의 『로빈슨 크루소』를 변주한 소설 『방드르디 혹은 태평양의 끝』으로 1967년—『마조흐와 사드』가 출판된 해—에 데뷔했다. 들뢰즈가 쓴 「미셸 투르니에와 타인 없는 세계」라는 비평이 『의미의 논리』에 수록되어 있다. 들뢰즈의 글은 5장에서 다뤘던 '타인-구조'의 붕괴를 논하는 것이다. 무인도로 흘러든 로빈슨은 세 단계를 거쳐 생성변화된다.

로빈슨은 무인도에 처음 도착했을 때 그곳에 아무도 없다는 사실과 대비함으로써 예전의 세계에서 타인이 "지각 장의 구조"였음을 깨닫게 된다. 이는 "내가 보지 않은 대상의 부분을, 동시에 나는 타인에게 가시적인 것으로서 정립한다"는 관계이다. 이것은 모나돌로지의 틀에 호응한다. 즉 자기-모나드에 있어서 명석하게 표현할 수 없는, 복잡하게 뒤얽힌 세계의 부분은, 무엇인가의 타자-모나드에 있어서

---

1 들뢰즈, 「미셸 투르니에와 타인 없는 세계」, 『의미의 논리』 수록, p. 355, 479쪽, (下) 232頁.

라면 명석할 것이며, 그런 타자를 '타아他我'라고 볼 수 있는 한, 이 세계 안에 절대적인 맹점은 없다는 것이다(공가능적인 세계의 연속률). 그런데 무인도에 있는 지금, 타아는 한 명도 없다. 그렇다면 자기-모나드의 명석한 지대의 가장자리는 복잡하게 뒤얽힌 '그라데이션'으로부터 타아로 연속하지 않고, 자기일 뿐인(동어반복적인) 자기의 윤곽선이 되어버린다. 타아가 존재한다면 뒤로부터 매개裏から媒介될 수 있을 사물은 "비형태적인 것"으로 해체된다.[2] 여기서 자기-모나드는 사디즘=아이러니적으로 노정된 '바닥-없음'의 세계에 [푹] 빠져 있다. "바탕fond에서 나와서 공간과 시간의 질서를 따라 바탕으로 [다시] 돌아가는 상대적으로 조화로운 형태를 대신해, 그저 추상적이고 빛나며 상처를 입히는 선들 말고는, 반역적이고 덥석 깨무는 바닥-없음 말고는 더 이상 아무것도 없다. '원소Eléments' 외에는 아무것도 없다."[3] 여기서는 '순수형식과 비형태'라는 사디즘=아이러니의 두 요인이 있다. 위와 같은 것이 첫 번째 단계, '타인-구조의 사디즘-아이러니적 붕괴'이다. 그렇다면 다음 단계는 마조히즘=유머로 되돌아감[반환]이 될 것이다.

로빈슨은 우선 타인의 상실을 세계의 근본적인 문젯거리로서 체험했다. 빛과 밤의 대립 말고는 아무것도 존속하지 않으며, 모든 것이 상처를 입히게 되고, 세계는 전이와 잠재성을 잃어버렸다. 그러나 로빈슨은 세계에 트러블[문젯거리]을 일으켰던 것은 타인이었음을 (천천히) 발견한다. 타인이야말로 트러블이었다. 타인이 사라지자마자, 다시 [일으켜]

---

2 앞의 글, 『의미의 논리』, p. 359, 484쪽, (下) 238頁.

3 앞의 글, 『의미의 논리』, p. 356, 480쪽, (下) 233頁.

세워지는 것은 날들만이 아니다. 타인이 더 이상 사물들을 서로서로 의지하지 않게 만듦으로써 사물들도 다시 일어선다. 대상으로 향한다고 간주되거나 타인에 의해 표현된 가능 세계로 향한다고 간주되는 것도 없어지며, 욕망도 다시 일어선다. 무인도는 다시 [일으켜] 세워짐으로, 전반화된 우뚝 솟음으로 진입한다.[4]

『마조흐와 사드』를 한마디로 쉽게 고쳐 말해보자. 세계의 공가능성을 떠받치는 타인-구조는 무인도로의 분리에 의해 일단 붕괴됐다. 그러나 로빈슨은 점차 홀로, 무인도와 한 몸이 되어간다. 거기서 자기-모나드는 타인-구조를 상실했다는 상대적 고독으로부터 더욱 분리되어, 무인도의 고독을 **문자 그대로**─가해지는 매질의 고통을 쾌락으로 바꾸듯이, 마조흐=유머적으로 향유하게 된다. 이제 로빈슨은 다른 무엇에 의해서도 보강되지 않는 지각만으로, 단편의 컬렉션 밖에 없는 지각만으로 만족할 수 있다(자기-향유). 이제 로빈슨은 세계의 무한한 깊이를 '이념'적으로 설정하는 것이 아니다. 그때마다 임시적으로[잠정적으로] 나눠진 사물만이, 나눠져서 존재하는 것만이 있으며, 세계에 그것 이상의 잉여는 없게 된다. 이리하여 사물은 그때마다 그것 자체로서 '도로 일어서는' 것이다. 이것은 사물의 동일성, 본질이 남김없이 이해될 수 있다는 것이 아니다. 반대로, 사물은 내속하고 영속할 것인 동일성, 본질을 상실해버린, 그때마다의 임시적일 뿐인 같음성mêmeté을─아주 짧게만 기억되고─갱신된다. 이런 로빈슨은 장기적, 아니 영속적인 문서고archive인 베르그손적인 지속 안에는 없으며, 프로이트-라캉적인 무의식도 잃어버렸을 것이다. 로빈슨이 계속

---

4   앞의 글, 『의미의 논리』, p. 362, 487쪽, (下) 242頁.

로빈슨인 듯 보이는 것은, 아주 짧은 같음성의 연합의 결과=효과일 뿐이며, 그것은 언제―피로에 의해―해체되어도 이상하지 않은 것이다. 위와 같은 것이 두 번째 단계, '타인-구조의 붕괴 후의 마조히즘=유머적인 회복'이다.

『주름』으로 눈을 돌려보자. 위기의 시대로서의 바로크를 살았던 라이프니츠는 '신의 변호사'로 자처했다. 그의 방법은 바로 마조히즘=유머적인 것이었다고 말할 수 있다.

> 철학자는 아직 '수사관'이 아니다. 경험론과 더불어 철학자는 그리 되는 것이다. 또 아직 '판사'도 아니다. 칸트와 더불어 철학자는 그리 되는 것이다(즉, '이성'의 법정). 철학자는 '변호사', 신의 변호사이다. 그는 신의 '대의=이유Cause'를 옹호하는 것이며, 그것은 라이프니츠가 만들어낸 말에 따르면 '변신론théodicée'이다. 물론 악에 직면하여 신을 정당화하는 것은 언제나 철학의 흔해빠진 이야기였다. 그러나 바로크는 장기간에 걸친 위기의 계기[시대]이며, 평범한 위로는 더 이상 쓸모가 없다. 세계의 붕괴가 일어나고, 변호사는 그것을, 정확히 똑같은 세계를 재구축하지 않으면 안 되었지만, 다른 무대 위에서, 세계를 정당화할 수 있는 새로운 원리와 관계 맺지 않으면 안 된다(이 때문에 법해석이 중요해지는 것이다).[5]

이 세계를 '별개의 무대'로―위기의 '부인'을 매개한 위에서―분산시키는 것, "정확히 똑같은 세계"를 '재'구축한다는 기획은 이렇게 주어지고 있는 세계를 일단 문자 그대로 향유하고, 그 쓰디쓴 작동을,

---

5 『주름』, p. 92, 127쪽, 119-120頁.

'법해석'에 의해 가장 좋은 것으로 반전시키는 것이다. 들뢰즈에 따르면, "모든 것이 이유를 갖고 있다"는 라이프니츠의 충족 이유율은 결코 모든 것을 지배하는 '빛나는' 원리가 아니었다. 오히려 "원리를 증식시킬multiplier 것이며, 언제나 이것들 중 하나를 소매에서 꺼낼 것이고, 그리고 이것에 의해 용법usage을 바꿔버리는 것"이 라이프니츠의 독특한 방식이다.[6] 마조히즘=유머에 철저하게 입각해 말한다면, 충족 이유율은 선험적인 원리가 아니라, 변호사의 후험적인 도구일 뿐이다. 이 세계의 '대의=이유'의 수렴 따위를 체념하고 있기 때문에, 우리는 굳이 충족 이유율을 믿고 있는 것이다. 메이야수가 주장하듯이, 이 세계는 순수한 우연에서 시작되었는지도 모른다. 바로 그렇기에 우리는 후험적으로, 세계의 다양한 국소局所에 관해 복수의 이유를 **발명**하는 것이다. 사고와 행위의 그때마다의 임시적인 단면마다 샤프하게 상이한 이유를 발명하는 것이다. 들뢰즈에 따르면, "사례가 주어져 있는 곳에서 원리를 발명한다"는 것이다. "모든 것이 이유를 갖고 있다"는 것은 이 세계의 세부에 대한 페티시즘의 다양성을, '특정한 형태론'의 다양성을 변호하는 중얼거림이다.

　위기의 시대란, 무인도로의 표류에 의해 재개를 되풀이하는 시대이며, 거기서 라이프니츠는 로빈슨=마조히스트처럼―그리고 베이컨처럼―이 세계의 윤곽을 다시 짓고자 한다. 우리는 과거의 들뢰즈가 라이프니츠의 신학성을 단호히 물리쳤다는 것을 알고 있다. 그러나 『주름』의 들뢰즈는 '신의 변호사'의 **변호사** 역할을 맡으려 했다. 신이 없어졌기 때문에 '신의 변호사'가 찾아온 것이며, 라이프니츠의 궁리는 바로 니체적인, 건강 회복의 궁리라며 변호될 수 있는 것이다.

6　『주름』, p. 91, 125쪽, 118頁.

그리고 타인-구조 없는 무인도의 로빈슨은 타아가 아니라 타자와 마주친다. 소년 방드르디다. "오직 방드르디만이 로빈슨이 시작한 변태métamorphose를 안내하고 완수할 수 있으며, 로빈슨에게 그 의미와 목표를 드러낼 수 있다."[7] 이 침입자는 로빈슨의 경험 장에 있어서 대체보충적으로 도움이 되는 것이 아니다. 샤프하게 분리된 타자인 방드르디는 제멋대로 굴 뿐이다. 방드르디는 자신의 즐거움을 위해 로빈슨이 좋아하지 않는 식물을 키운다. 비축된 화약 곁에서 금지되어 있을 터인 담배를 피우다가 대폭발을 일으켜버린다. **파괴를 목적으로 파괴한 것은 아니다.** 즉, 사디즘=아이러니적 파괴가 아닌 것이다. 이것은 **우연히**, 무관심하게 이뤄져**버리는** 파괴이며, 그 때문에 더욱 더 우스꽝스럽고 가혹한 개입인 것이다. 로빈슨과 방드르디 사이에서 일어난 폭발은 전쟁도 아니고 천재지변도 아니며, 무엇인가의 이해=관심에서 일어난 실수조차도 아니다. 그것은 복수의 세계 사이의 [옷의] 스침, '속도의 차이'에 다름없다.

방드르디는 전적으로 다른 식으로 기능한다. 방드르디가 가리키는 것은 참이라고 추정되는 **또 다른** 세계, 유일하게 참일 수 있는 환원 불가능한 분신, 그리고 이 또 다른 세계 위에서 더 이상 방드르디가 아니고 방드르디일 수 없는 타인autrui의 분신이다. 타인이 아니라 타인의 전적인-타자tout-autre, 복제물이 아니라 '분신'.[8]

방드르디는 타아他我가 아니다. 때문에 방드르디의 세계는 자신

---

7 「미셸 투르니에와 타인 없는 세계」, 『의미의 논리』, p. 367, (下) 249頁.

8 앞의 글, 『의미의 논리』, p. 368, 404쪽, (下) 250-251頁.

의 유한한 세계의 범위 밖을 보완해주는 가능 세계가 아니다. 분리된 '참'된 '다른-세계'와의, 성공의 예정도 없고 실패의 예정조차도 없는 공립성共立性은 실험하는 수밖에 없다. 다양하게 주어져 있는 채로, 다양하게 문자 그대로 사물의 배치[재편]으로서의, 어떤 문자 그대로로부터, 다른 식에서의 문자 그대로의 생성변화―그것은 해변에 있어서, 해변 자체로서 수행perform된다. 라캉의 말장난을 빌린다면, "문자 그대로litéral"라는 말은 "해변litoral"으로 비틀어진다.[9] 비형태적 힘의 장으로서의 대양은 섬의 '파인 곳과 나온 곳[凹凸]'을 깎고 또 깎으며, 그것을 순수 형태로, 흔적으로 환원해간다. 그러나 그 한복판인 해변에서는 타자들의 몇 개의 발자국pas이, 무관심한 부정pas이 다시 채찍질하고 있다.

---

9 다음을 참조하라. Jacques Lacan, "Lituraterre", in Autres écrits, Seuil, 2001. (ジャック・ラカン, 「リチュラテール――精神分析・文学・日本」, 若森栄樹訳, 『ユリイカ』第18巻13号, 1986년, 90-101頁.)

후기

본서는 박사학위 논문 『질 들뢰즈와 생성변화의 철학ジル・ドゥルーズと
生成変化の哲学』(도쿄대학교 대학원 총합문화연구과 초역문화과학 전공 표상문
화론 과정, 2012년, 주심: 고바야시 야스오小林康夫, 부심: 고이즈미 요시유키小泉
義之·다카하시 데츠야高橋哲哉·나카지마 다카히로中島隆博·마츠우라 히사키松
浦寿輝)을 고쳐 쓴 것인데, 원래의 논문에서 생성변화해 너무 이질적
인 개체가 되었다. 나는 들뢰즈(&가타리)의 문투에 세밀하게 연연하기
보다는 오히려 그(들)의 곁에서 내 자신을 다른 곳으로 내보내려고 했
다. 본서는 들뢰즈론이자 들뢰즈론이 아닌 어중간한 책이기를, 박사
학위 논문보다 더욱 강하게 방법적으로 추구하고 있다. 시작도 끝도
아니고 중간이 중요하다는 들뢰즈의 주장을 나는 엉거주춤함에 관해
철저하게 사고한다는 모순된 과제로서 받아들였던 것이다. 이 작업에
시간이 너무 많이 걸린 것 같다. 문체도 변했고 작업을 마무리하는 데
상당히 고생했다. 아무튼 학생 시절부터 짊어졌던 짐은 이것으로 일
단 정리됐다. 지금은 새로운 여행 준비를 시작하고 있다.

이 과정에서 많은 분들의 도움을 받게 된 것은 행운이었다.

우선 세 명의 스승께 감사드리고 싶다. 나카지마 다카히로에게는 자유롭게 읽고 쓰는 것을 기초부터 배웠다. 고바야시 야스오로부터는 결정하는 것을 배웠다―어떤 유한한, 나라면 이렇게 쓸 수밖에 없다, 이렇게 얘기할 수밖에 없다는 결정을 하되, 아무런 근거도 없는 용기만으로 견뎌낸다는 것을. 마츠우라 히사키는 학술과 병행하여 문학 실험을 하라고 늘 격려해주었다. 본서가 학술적인 글쓰기 법에서 다소 일탈해 있다면, 이는 마츠우라 선생의 격려에 힘입은 것이다.

또 정신분석에 관해서는 사쿠라이 코헤이栅瀬宏平와 마츠모토 다쿠야松本卓也, 흄과 분석철학에 관해서는 요로즈야 히로유키萬屋博喜의 조언이 곳곳에 반영되어 있다. 그 밖에도 협력해주신 모든 분들께 감사드린다.

그리고 아사다 아키라浅田彰와 아즈마 히로키東浩紀의 작업에 재차 경의를 표하고 싶다. 포스트구조주의에 관한 둘의 선명하고 강렬한 해석이 내 연구를 계속 이끌었다.

마지막으로 박사학위 논문을 단행본으로 내자고 제안해준 가와데 쇼보신사河出書房新社의 아베 하루마사阿部晴政, 지지부진한 원고 수정 작업을 끈질기게 격려하여 완성하도록 이끌어주신 요시다 히사야스吉田久恭에게 깊은 감사를 드린다.

본서를 친구들에게 바친다.

Gilles Deleuze, *Empirisme et subjectivité*, PUF, 1953. 한정헌·정유경 옮김,『경험주의와 주체성』, 난장, 2012년. ジル·ドゥルーズ,『経験論と主体性——ヒュームにおける人間的自然についての試論』, 木田元·財津理 訳, 河出書房新社, 2000年.

Gilles Deleuze, *Nietzsche et la philosophie*, PUF, 1962. 이경신 옮김,『니체와 철학』, 민음사, 1998년. ジル·ドゥルーズ,『ニーチェと哲学』, 江川隆男 訳, 河出文庫, 2008年.

Gilles Deleuze, *Le Bergonisme*, PUF, 1966. 김재인 옮김,『베르그송주의』, 문학과지성사, 1996년. ジル·ドゥルーズ,『ベルクソンの哲学』, 宇波彰 訳, 法政大学出版局, 1974年.

Gilles Deleuze, *Présentation de Sacher-Masoch*, Minuit, 1967. 이강훈 옮김,『매저키즘』(제2판), 인간사랑, 2007년. ジル·ドゥルーズ,『マゾッホとサド』, 蓮實重彦 訳, 晶文選書, 1973年. 본문에서는 원래의 제목인『자허 마조흐 소개』로 표기했다.

Gilles Deleuze, *Différence et répétition*, PUF, 1968. 김상환 옮김,『차이와 반

복』, 민음사, 2004년. ジル・ドゥル_ズ, 『差異と反復』, 財津理 訳, 上下권, 河出文庫, 2007年.

Gilles Deleuze, *Spinoza et le problème de l'expression*, Minuit, 1968. 이진경 옮김, 『스피노자와 표현의 문제』, 인간사랑, 2003년. ジル・ドゥル_ズ, 『スピノザと表現の問題』, 工藤喜作・小柴康子・小谷晴勇 訳, 法政大学出版局, 1991年

Gilles Deleuze, *Logiques du sens*, Minuit, 1969. 이정우 옮김, 『의미의 논리』, 한길사, 1999년. ジル・ドゥル_ズ, 『意味の論理学』, 小泉義之 訳, 上下권, 河出文庫, 2007年.

Gilles Deleuze, *Spinoza, Philosophie pratique*, PUF, 1970, éd. modifiée et augmentée, Minuit, 1981. 박기순 옮김, 『스피노자의 철학』, 민음사, 1999년. ジル・ドゥル_ズ, 『スピノザ——実践の哲学』, 鈴木雅大 訳, 平凡社ライブラリ_, 2002年. 본문에서는 원래의 제목인 『스피노자: 실천 철학』으로 표기했다.

Gilles Deleuze et Félix Guattari, *L'Anti-Œdipe. Capitalisme et schizophrénie*, Minuit, 1972, éd. augmentée, 1973. 『안티 오이디푸스 : 자본주의와 분열증』, 민음사, 2014년. ジル・ドゥル_ズ&フェリックス・ガタリ, 『アンチ・オイディプス——資本主義と分裂症』, 宇野邦一 訳, 上下권, 河出文庫, 2006年.

Gilles Deleuze et Félix Guattari, *Kafka. Pour une littérature mineure*, Minuit, 1975. 이진경 옮김, 『카프카 : 소수적인 문학을 위하여』, 동문선, 2001년. ジル・ドゥル_ズ&フェリックス・ガタリ, 『カフカ——マイナ_文学のために』, 宇波彰・岩田行一 訳, 法政大学出版局, 1978年.

Gilles Deleuze et Claire Parnet, *Dialogues*, Flammarion, 1977, éd. augmentée, 1996. 허희정・전승화 옮김, 『디알로그』, 동문선, 2005년. ; ジ

ル・ドゥルーズ&クレール・パルネ,『ディアローグ——ドゥルーズの思想』, 江
川隆男・増田靖彦 訳, 河出文庫, 2011年.

Gilles Deleuze et Félix Guattari, *Mille plateaux. Capitalisme et schizophrénie 2*, Minuit, 1980. 김재인 옮김,『천 개의 고원: 자본주의와 분열증 2』, 새물결, 2001년. ジル・ドゥルーズ&フェリックス・ガタリ,『千 のプラト——資本主義と分裂症』, 宇野邦一・小沢秋広・田中敏彦・豊崎光 一・宮林寛・守中高明 訳, 上中下巻, 河出文庫, 2010年.

Gilles Deleuze, *Francis Bacon. La logique de la sensations*, Éditions de la Différence, 1981. 하태환 옮김,『감각의 논리』, 민음사, 2008년[개정판]. ジ ル・ドゥルーズ,『感覚の論理——画家フランシス・ベーコン論』, 山縣熙 訳, 法政大学出版局, 2004年.

Gilles Deleuze, *L'Image-mouvement. Cinéma 1*, Minuit, 1983. 유진상 옮김, 『시네마 1: 운동-이미지』, 시각과언어, 2002년; 주은우・정원 옮김,『영화』, 새길아카데미, 2012년. ジル・ドゥルーズ,『シネマ1 *運動イメージ』, 財津 理・齋藤範 訳, 法政大学出版局, 2008年. 본서에서는『시네마 1: 운동-이미 지』로 표기하고, 약칭은『시네마 1』로 한다.

Gilles Deleuze, *L'Image-temps. Cinéma 2*, Minuit, 1985. 이정하 옮김,『시네마 2: 시간-이미지』, 시각과언어, 2005년; 주은우・정원 옮김,『영화』, 새길아 카데미, 2012년. ジル・ドゥルーズ,『シネマ2 *時間イメージ』, 宇野邦一・石 原陽一郎・江澤健一郎・大原理志・岡村民夫 訳, 法政大学出版局, 2006年. 본서에서는『시네마 2 : 시간-이미지』로 표기하고, 약칭은『시네마 2』로 한 다.

Gilles Deleuze, *Le Pli. Leibniz et le baroque*, Minuit, 1988. 이찬웅 옮김,『주름, 라이프니츠와 바로크』, 문학과지성사, 2004년. ジル・ドゥルーズ,『襞——ラ イプニッツとバロック』, 宇野邦一 訳, 河出書房新社, 1998年.

Gilles Deleuze, *Pourparlers 1972-1990*, Minuit, 1983. 김종호 옮김, 『대담 1972-1990』, 솔출판사, 1994년. ジル・ドゥルーズ, 『記号と事件——1972-1990年の対話』, 宮林寛 訳, 河出文庫, 2007年. 본서에서는 『대담 1972-1990』으로 표기한다.

Gilles Deleuze et Félix Guattari, *Qu'est-ce que la philosophie?*, Minuit, 1991. 이정엽·윤정임 옮김, 『철학이란 무엇인가』, 현대미학사, 1996년. ジル・ドゥルーズ& フェリックス・ガタリ, 『哲学とは何か』, 財津理 訳, 河出文庫, 2012年.

Gilles Deleuze, 《*L'épuisé*》, in *Quand par Samuel Beckett*, Minuit, 1988. 이 정하 옮김, 『소진된 인간』, 문학과지성사, 2013년. ジル・ドゥルーズ/サミュエル・ベケット, 『消尽したもの』, 宇野邦一/高橋康也 訳, 白水社, 1994年.

Gilles Deleuze, *Critique et clinique*, Minuit, 1993. 김현수 옮김, 『비평과 진단: 문학, 삶 그리고 철학』, 인간사랑, 2000년. ジル・ドゥルーズ, 『批評と臨床』, 守中高明·谷昌親 訳, 河出文庫, 2010年. 본서에서는 『비평과 임상』으로 표기한다.

Gilles Deleuze, *L'Île déserte et autres textes. Textes et entretiens 1953-1974*, éd. préparée par David Lapoujade, Minuit, 2002. ジル・ドゥルーズ, 『無人島1953-1968』(=上巻) 前田英樹 감수, 宇野邦一·江川隆男·加賀野井秀一·財津理·鈴木創士·鈴木雅雄·前田英樹·松葉祥一·三脇康生·安島真一 訳, 河出書房新社, 2003年.; ジル・ドゥルーズ, 『無人島1969-1974』(=下巻) 小泉義之 감수, 稲村真実·小泉義之·笹田恭史·杉村昌昭·鈴木創士·立川健二·松葉祥一·三脇康生 訳, 河出書房新社, 2003年. 이 책의 일부 내용은 박정태 옮김, 『들뢰즈가 만든 철학사: 생성과 창조의 철학사』, 이학사, 2007년에 수록되어 있다.

Gilles Deleuze, *Deux régimes de fous. Textes et entretiens 1975-1995*, éd.

préparée par David Lapoujade, Minuit, 2003. ジル・ドゥルーズ, 『狂人の二つの体制1975-1982』(=上巻), 宇野邦一 감수, 宇野邦一・江川隆男・岡村民夫・小沢秋広・笹田恭史・菅谷憲興・杉村昌昭・鈴木創士・鈴木秀亘・水嶋一憲・宮林寛 訳, 河出書房新社, 2004年.; ジル・ドゥルーズ, 『狂人の二つの体制1983-1995』(=下巻), 宇野邦一 감수, 宇野邦一・江川隆男・小沢秋広・笠羽映子・財津理・笹田恭史・杉村昌昭・鈴木創士.野崎歓・廣瀬純・松本潤一郎・宮林寛・守中高明・毬藻充 訳, 河出書房新社, 2004年. 이 책의 일부 내용은 박정태 옮김, 『들뢰즈가 만든 철학사 : 생성과 창조의 철학사』, 이학사, 2007년에 수록되어 있다.

너무 움직이지 마라

초판 1쇄 발행   2017년 11월 1일
초판 2쇄 발행   2019년 2월 11일

지은이   지바 마사야
옮긴이   김상운
책임편집   정일웅
디자인   이미지

펴낸곳   (주)바다출판사
발행인   김인호
주소   서울시 마포구 어울마당로5길 17 5층(서교동)
전화   322-3885(편집), 322-3575(마케팅)
팩스   322-3858
E-mail   badabooks@daum.net
홈페이지   www.badabooks.co.kr

ISBN   978-89-5561-943-0 93100